4차 산업혁명 시대의
경영정보시스템

이동훈 지음

한빛아카데미
Hanbit Academy, Inc.

지은이 **이동훈**   hunii@bc.ac.kr

KAIST에서 공학 석사(MIS)와 경영공학 박사(MIS) 학위를 취득했다. 현재 부천대학교 경영학과 교수로 재직 중이며, 경영정보시스템, e-비즈니스 개론, 경영전략 등 경영정보시스템 관련 과목을 강의하고 있다. 주요 업적으로 삼일회계법인에서 경영 컨설턴트로 활동했으며, PM 자격으로 e-비즈니스 국가직무능력 표준시안(한국직업능력개발원, 2004년)을 개발했다. 최근에는 스마트 시티 분야의 연구를 진행 중이며, 부천대학교 도시재생연구센터 책임자로서 부천시와 함께 도시재생대학을 운영하고 있다. 저서로 『전자상거래와 e-비즈니스(개정3판)』(한빛아카데미, 2015), 『지금 당장 재테크 공부하라』(한빛비즈, 2014) 등이 있다.

4차 산업혁명 시대의 **경영정보시스템**

초판발행 2017년 08월 08일
4쇄발행 2022년 07월 07일

지은이 이동훈 / **펴낸이** 전태호
펴낸곳 한빛아카데미(주) / **주소** 서울시 서대문구 연희로 2길 62 한빛아카데미(주) 2층
전화 02-336-7112 / **팩스** 02-336-7199
등록 2013년 1월 14일 제2017-000063호 / **ISBN** 979-11-5664-331-9 93000

책임편집 김성무 / **기획** 김성무 / **편집** 박민정 / **진행** 김성무
디자인 최연희 / **전산편집** 이소연 / **제작** 박성우, 김정우
영업 김태진, 김성삼, 이정훈, 임현기, 이성훈, 김주성 / **마케팅** 길진철, 김호철, 주희

이 책에 대한 의견이나 오탈자 및 잘못된 내용에 대한 수정 정보는 아래 이메일로 알려주십시오.
잘못된 책은 구입하신 서점에서 교환해 드립니다. 책값은 뒤표지에 표시되어 있습니다.
홈페이지 www.hanbit.co.kr / **이메일** question@hanbit.co.kr

지금 하지 않으면 할 수 없는 일이 있습니다.
책으로 펴내고 싶은 아이디어나 원고를 메일(writer@hanbit.co.kr)로 보내주세요.
한빛아카데미(주)는 여러분의 소중한 경험과 지식을 기다리고 있습니다.

Management Information Systems

4차 산업혁명 시대의
경영정보시스템

이동훈 지음

한빛아카데미
Hanbit Academy, Inc.

4차 산업혁명 시대에 경쟁력 있는 경영인으로서 갖추어야 할 최신 정보 기술을 습득하고, 이를 경영 혁신의 전략적 수단으로 활용할 수 있는 실력 있는 인재상을 제시하는 책

'경영정보시스템Management Information Systems, MIS'은 기업 경영에 정보 기술을 활용하기 위한 학문입니다. 즉 기업 경영 시 의사결정에 도움이 되는 다양한 정보를 생성 및 적시에 제공하며, 기업 경쟁우위의 수단으로서 정보 기술을 전략적으로 활용하는 전략정보시스템을 구축하는 데 필요한 학문입니다. 기업에서 정보시스템을 구축할 때 프로그래머는 업종의 환경 및 업무가 생소하기 때문에, 또 도메인 전문가는 기업에서 업무를 수행하는 정보 기술을 잘 알지 못하기 때문에 시스템 구축에 큰 어려움을 겪습니다. 게다가 최근의 경영정보시스템은 기업의 경쟁우위 확보를 위한 업무 프로세스 혁신에 중점을 두고 있어 경영, 정보 기술, 경영전략, 시스템 구축 방법론의 지식을 두루 갖춘 MIS 전문가를 필요로 합니다. 따라서 MIS 전문가는 프로그래머의 능력과 도메인 전문가의 지식을 최대한 끌어내어 경쟁우위를 확보할 수 있는 정보시스템을 구축하는, 기업에서 필수적인 인재라 할 수 있습니다.

이미 시중에는 훌륭한 선배님들이 저술한 MIS 교재가 많이 나와 있고 내용도 흠잡을 데 없이 좋습니다. 그래서 필자가 새로운 MIS 교재를 내놓는다는 것이 무슨 의미가 있을까 싶기도 하고, 독자들에게 어떤 지식과 감동을 줄 수 있을지 두려움이 앞서 집필을 망설였습니다. 또한 필자의 머릿속에 있는 모든 지식은 결국 선배님들과 스승님들의 은혜로 이루어진 것이기 때문에 MIS 분야의 저서를 펴낸다는 데 큰 부담을 가졌던 것도 사실입니다. 필자가 경영정보공학을 전공하여 이 학문에 몸담은 지난 25년동안 IT 분야는 수많은 변화가 있었습니다. 얼마 전까지 인터넷이 붐을 이루더니 이내 전자상거래 시대가 되고, 이어서 소셜 네트워크가 이슈인가 싶더니 최근에는 사물인터넷, 인공지능, 빅데이터 등을 비롯한 4차 산업혁명이 경영정보 분야에서 뜨거운 주제로 떠올랐습니다. 이처럼 시시각각 변화하는 경영 환경 및 정보통신 기술의 발전과 더불어 인터넷의 급속한 발달로 MIS는 4차 산업혁명의 주역이 되는 학문으로 자리 잡기 위해 새롭게 다루어야 할 주제가 많이 추가되었습니다. 한편 기존의 MIS 관련 저서는 MIS 관리론에 치우친 감이 있어 필자는 IT를 중심으로 시대를 앞서가는 책을 펴내기로 마음먹게 되었습니다.

이 책에서는 MIS의 전통적인 주제는 물론이고 정보윤리와 정보보호, 4차 산업혁명, IT 융합, 사물인터넷, 전자정부 3.0, 유비쿼터스 시티, 웹 3.0, ERP, BSC, KMS, UML, 빅데이터, 신경망을 포함한 딥러닝 등 최근 이슈가 되는 정보 기술을 자세히 다루었습니다. 또한 학문의 융합 현상이 급속도로 일어남으로써 MIS와 경영과학, 통계처리, 의사결정, 정보보안 등을 함께 다룰 필요가 있어 이에 대한 개요도 담았습니다. 필자가 아직 학문과 경험이 부족한 상태에서 조심스럽게 집필했지만 앞으로 더욱더 발전시킬 수 있는 초석이 되도록 꼼꼼히 작업했습니다.

다른 사람의 도움 없이 혼자 책을 쓰다 보니 진행이 더뎠는데 긴 시간을 묵묵히 기다려준 한빛아카데미㈜에 감사드립니다. 이 책이 나오기까지 많은 도움을 준 김성무 대리님에게도 진심으로 감사의 마음을 전합니다. 마지막으로, 세상에서 가장 존경하는 어머니 그리고 항상 저와 함께하시는 하나님께 모든 영광을 돌립니다.

저자 **이동훈**

도입 요소

학 | 습 | 목 | 표

● 정보의 개념과 특성을 이해하고 정보의 가치를 정의한다.
● 정보사회에서 거래되는 정보재의 개념을 이해한다.
● 정보사회의 개념과 속성을 이해한다.
● 정보사회의 부정적 요소를 파악한다.
● 4차 산업혁명의 개념과 특징을 이해한다.
● 4차 산업혁명 시대의 도시 생활이 어떠한지 파악한다.
● IT 융합의 개념을 이해하고 국내 IT 융합 발전 방향을 파악한다.

학습 목표

각 장의 학습 내용을 전체적으로 알려주며, 본문 내용의 맥락을 짐작할 수 있도록 주제의 동기와 학습 필요성 등을 제시합니다.

본문 요소

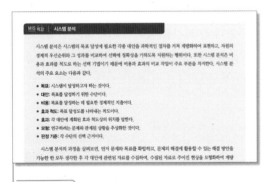

MIS 특강

본문 내용 가운데 좀 더 심도 있게 학습할 필요가 있는 주제를 선정하여 독자가 스스로 심화 학습을 할 수 있도록 구성했습니다. 관련 용어, 기업 사례, 그래프 등을 소개하여 흥미를 배가합니다.

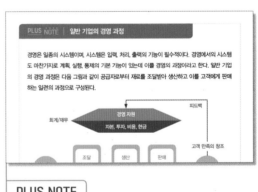

PLUS NOTE

본문의 보충 설명이나 참고 사항 등을 별도로 정리했습니다. 본문 내용을 학습하면서 참고하면 많은 도움이 될 것입니다.

| 마무리 요소 |

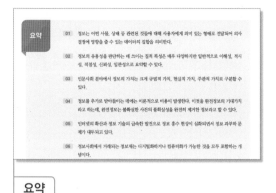

요약

각 장이 끝날 때마다 핵심적인 내용을 요약해서 정리했습니다. 본문에서 익힌 세분화된 지식을 전체적으로 조립하여 완성할 수 있습니다.

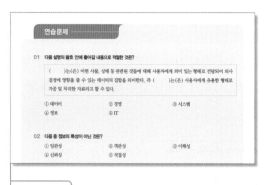

연습문제

본문에서 익힌 내용을 문제 형식을 통해 확인합니다. 단답형, 선택형, 주관식 등 다양한 문제를 풀어보면서 학습 내용을 자신의 것으로 확립할 수 있습니다.

토론 및 과제

본문과 관련하여 심화 학습을 할 수 있도록 적절한 토론 주제와 제출 과제를 제시하여 학습 내용을 학교 현장에서 적용해볼 수 있도록 했습니다.

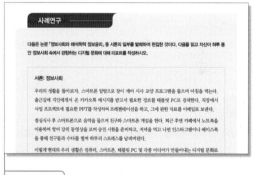

사례연구

본문의 내용과 관련된 연구 논문을 일부 소개하고 연계된 과제를 제시했습니다. 이를 통해 지식을 응용하고 확장할 수 있습니다.

누구를 위한 책인가

경영과 정보 기술의 전반적인 내용을 다루는 이 책은 경영학부(경영학, 경영공학, 유통물류학, 회계학, 경영정보공학, e-비즈니스학, 전자상거래학) 학생과 이 분야에 관심이 있는 일반 독자를 대상으로 합니다. 인문사회 계열 학생도 어려운 정보 기술 내용을 쉽게 이해할 수 있도록 다양한 사례와 그림을 제시했으며, 생소한 용어는 팁을 활용하여 설명했습니다.

강의 보조 자료

한빛아카데미 홈페이지에서 '교수회원'으로 가입하신 분은 인증 후 교수용 강의 보조 자료를 제공받을 수 있습니다. 한빛아카데미 홈페이지 상단의 〈교수전용공간〉 메뉴를 클릭하세요.

http://www.hanbit.co.kr/academy

(일반 독자에게는 연습문제 해답을 제공하지 않습니다.)

무엇을 다루는가

경영 일반과 최신 정보 기술, 기업 경영에 정보 기술을 전략적으로 활용하는 방안, 정보시스템의 운영 및 관리에 대한 내용을 다룹니다. 이를 위해 주제별로 크게 4부로 나누고, 중간고사 및 기말고사를 포함한 16주 수업을 진행하는 데 효과적으로 활용할 수 있도록 13개 장으로 구성했습니다.

1부 경영정보시스템의 개요(1~3장)

정보와 정보화 사회를 이해하고 IT 융합 및 4차 산업혁명에 대해 공부합니다. 경영정보시스템에서 가장 기본이 되는 경영과 정보 및 시스템의 이론적인 내용을 학습하고, 최근 이슈가 되고 있는 정보보호 및 정보윤리에 대해 알아봅니다.

2부 정보 기술 기반 구조(4~7장)

경영정보시스템의 핵심적인 기본 지식으로서 정보 기술과 컴퓨터 시스템의 전반적인 내용을 공부하며, 세부적으로는 데이터베이스와 빅데이터, 정보통신과 사물인터넷 등의 이론적인 내용과 정보시스템 보안을 살펴봅니다.

3부 정보 기술 응용(8~11장)

정보 기술을 기업 경영에 전략적으로 활용하기 위한 정보 기술의 응용으로서 전략정보시스템, 의사결정지원시스템을 알아보고, 지식경영과 지능정보시스템, 전자상거래와 전자정부에 대해 학습합니다.

4부 경영정보시스템 관리(12~13장)

기업에서 정보시스템을 분석하고 설계하는 방법을 알아봅니다. 또한 정보시스템을 운영하고 통제하기 위한 조직 구성, 프로젝트 관리, 정보시스템 설치 및 유지보수, 정보시스템의 평가 및 감사 기법에 대해 학습합니다.

학습 로드맵

PART 01

경영정보시스템의 개요

Chapter 01	정보사회와 4차 산업혁명	정보의 이해, 정보사회의 발전, 4차 산업혁명의 도래, IT 융합의 시대
Chapter 02	경영과 경영정보시스템	경영, 시스템, 경영정보시스템
Chapter 03	정보윤리와 정보보호	정보사회와 정보윤리, 개인정보 보호, 저작권 보호

정보 기술 기반 구조

Chapter 04	정보 기술과 컴퓨터 시스템	정보 기술의 이해, 주요 정보 기술, 기타 정보 기술, 컴퓨터 시스템의 이해, 컴퓨터의 구성
Chapter 05	데이터베이스와 빅데이터	데이터베이스의 이해, 관계형 데이터베이스, 데이터웨어하우스, 데이터마이닝, 빅데이터
Chapter 06	정보통신과 사물인터넷	정보통신의 이해, 데이터 통신, 통신 프로토콜, LAN, 인터넷, 사물인터넷
Chapter 07	정보시스템 보안	정보시스템 보안의 이해, 악성 프로그램, 해킹, 정보시스템 보안 기술

정보 기술 응용

Chapter 08	전략정보시스템	전략정보시스템의 이해, BPR, 전략정보시스템 솔루션, 산업별 정보시스템
Chapter 09	의사결정지원시스템	경영과 의사결정, 의사결정지원시스템의 이해, 엑셀을 활용한 의사결정
Chapter 10	지식경영과 지능정보시스템	지식경영, 지식관리시스템, 지능정보시스템, 전문가시스템
Chapter 11	전자상거래와 전자정부	전자상거래의 이해, e-비즈니스 모델과 e-비즈니스 시스템, 웹 2.0과 웹 3.0, 전자정부, 유비쿼터스 시티

경영정보시스템 관리

| Chapter 12 | 정보시스템 분석 및 설계 | 정보시스템 개발 방법론, 객체지향 방법론과 UML, 정보 전략 계획, IT 아키텍처 |
| Chapter 13 | 정보시스템 운영 및 통제 | 정보시스템 조직, 정보시스템 프로젝트 관리, 정보시스템 설치 및 유지보수, 정보시스템 통제, 정보시스템 평가 및 감사 |

PART 01 경영정보시스템의 개요

PART 02 정보 기술 기반 구조

PART **04**

경영정보시스템 관리

CHAPTER **13**   **정보시스템 운영 및 통제** ································· **404**

경영정보시스템의 개요

학 | 습 | 목 | 표

- 정보의 개념과 특성을 이해하고 정보의 가치를 정의한다.

- 정보사회에서 거래되는 정보재의 개념을 이해한다.

- 정보사회의 개념과 속성을 이해한다.

- 정보사회의 부정적 요소를 파악한다.

- 4차 산업혁명의 개념과 특징을 이해한다.

- 4차 산업혁명 시대의 도시 생활이 어떠한지 파악한다.

- IT 융합의 개념을 이해하고 국내 IT 융합 발전 방향을 파악한다.

SECTION 01 정보의 이해

01 정보의 개념

정보information는 사용자에게 유용한 형태로 가공된 자료라고 할 수 있다. 예를 들어 내일의 날씨가 궁금한 사용자에게 일기예보의 내용이 들어 있는 오늘 신문은 단순한 자료일 뿐이지만 일기예보 부분만 복사하거나 스크랩해서 제공한다면 이는 정보가 될 수 있다.

TIP **정보:** 특정 목적을 위하여 광(光) 또는 전자적 방식으로 처리되어 부호, 문자, 음성, 음향 및 영상 등으로 표현된 모든 종류의 자료 또는 지식을 말한다.
© 국가정보화 기본법 제3조

자료

처리

정보

© Shutterstock

그림 1-1
정보의 개념
자료를 가공 및 처리하여 실생활에 도움이 될 수 있도록 정리한 결과를 의미한다.

02 정보의 특성

정보가 정보 이용자에게 유용하려면 어떠한 특성을 가져야 하는데 이러한 것을 정보의 질적 특성이라고 한다. 정보의 유용성을 판단하는 데 쓰이는 질적 특성은 매우 다양하지만 일반적으로 이해성, 적시성, 적절성, 신뢰성, 일관성으로 요약할 수 있다.

이해성

이해성understanding이란 정보 이용자가 해당 정보에 대해 내용의 의미를 정확하게 이해하는 것을 말한다. 예를 들어 A 기업에서 새로운 스마트폰 개발 계획을 발표한다고 하면서 개발 계획을 수립한 연구원과 이를 발표하는 경영자가 서로 의견을 통일하지 못한 경우, 개발 계획의 내용이 과장되거나 축소되어 정보 이용자에게 정보를 제대로 전달하지 못할 수 있다. 그 결과 정보 이용자는 잘못된 의사결정을 하게 되어 뜻밖의 손실을 입을 수 있는데, 이러한 경우에 그 개발 계획은 이해성이 결여된 정보라고 할 수 있다.

적시성

적시성timeliness이란 정보 이용자가 의사결정을 할 시점에 필요한 정보를 제공하는 것을 말한다. 적시성이 없는 정보는 정보로서의 가치를 상실한 정보이며, 정보의 가치는 정보의 생산 시점이 사용 시점에서 멀어질수록 그 효용성이 감소하게 된다. 예를 들어 A 기업에서 건물을 짓기 위해 B 기업에 컨설팅을 의뢰했고, B 기업이 시장분석을 한 후에 보고서를 A 기업에 제출했다고 가정하자. A 기업이 건물을 짓는 데에는 최소 2~3년의 시간이 필요한 데, 이 경우에 정보의 생산과 사용이라는 두 시점 사이에 다양한 변수가 발생하면서 시장의 상황도 변화하여 최초 보고서 내용의 중요성을 잃을 수도 있다. 즉 정보의 적시성을 상실한 것이다. 따라서 정보의 적시성을 높이기 위해서는 프로젝트 단계별로 추가적인 시장 조사marketing research가 이루어져야 한다.

적절성

적절성relevance이란 정보가 정보 이용자의 이용 목적에 적합한 것을 말한다. 즉 정보 이용자가 어떠한 정보를 이용하여 장래의 불확실성을 감소시킬 수 있어야 한다는 것이다. 예를 들어 증권투자자가 국내 IT 기업에 투자하려 한다고 가정하자. 그러나 이 투자자가 갖고 있는 정보가 글로벌 IT 기업에 관한 거시적인 분석이라면 그 정보는 이용 목적에 적합하지 않다. 다시 말해 미시적인 국내 IT 기업을 너무 거시적인 측면에서 분석하여 이를 근거로 주식을 거래하는 것은 바람직하지 않다.

신뢰성

신뢰성reliability이란 정보 이용자가 정보를 신뢰할 수 있어야 한다는 것이다. 정보의 신뢰성을 확보하기 위해서는 정보의 사실을 정확하면서 아무런 편견 없이 제공해야 한다. 예를 들어 신문에 부동산 재개발에 관한 기사가 나왔다고 가정하자. 그런데 단순히 구독자의 흥미를 끌기 위해 자금 대출액을 부정확하게 계산하거나 돈의 시간적 가치를 전혀 고려하지 않아서 과장된 투자 수익률만을 강조한다면 그 기사는 정보의 신뢰성을 상실했다고 할 수 있다.

일관성

일관성consistency이란 일정 기간을 두고 정보를 정기적으로 생산하는 경우, 정보 이용자가 정보들을 서로 비교할 수 있어야 한다는 것이다. 예를 들어 연도별 GDP 상승률을 비교하려면 매년 GDP 상승률을 계산할 때 표본에 포함한 기준값이 달라지면 안 된다. 만약 기준값이 매년 바뀐다면 연도별 GDP 상승률을 비교하는 것 자체의 의미가 없어진다. 이 경우에 GDP 상승률에 관한 정보는 일관성을 상실했다고 할 수 있다.

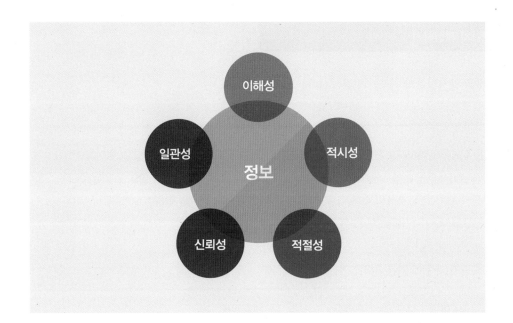

그림 1-2
정보의 특성
정보의 유용성을 판단하는 데 쓰이는 질적 특성은 매우 다양하지만 일반적으로 이해성, 적시성, 적절성, 신뢰성, 일관성으로 요약할 수 있다.

03 정보의 가치

인문사회 분야에서 정보의 가치는 크게 규범적 가치normative value, 현실적 가치realistic value, 주관적 가치subjective value로 구분할 수 있다.

- **규범적 가치:** 인간은 언제나 합리적이고 이성적이기 때문에 계산 시 실수를 하지 않는다고 가정하고, 정보를 사용할 때와 사용하지 않을 때의 가치를 계산하여 그 차이로 나온 값을 말한다.

- **현실적 가치:** 실제 실험을 통해 실행해보고 정보를 사용했을 때와 사용하지 않았을 때의 가치를 비교하는 것이다.

- **주관적 가치:** 개인의 직관에 따라 가치를 판단하는 것을 말한다.

정보를 추가로 받아들이는 데에는 이론적으로 비용이 발생한다. 이것을 **완전정보의 기대가치**라고 하는데, 완전정보는 불확실한 사건의 불확실성을 완전히 제거한 정보라고 할 수 있다. 예를 들어 A가 특정 회사에 납품하려고 입찰을 할 경우, 경쟁 상대 B의 입찰가를 정확하게 알려줄 정보원이 있다면 이를 이용하여 A는 이익을 얻을 수 있다. 이를 전문 용어로 완전정보의 기대가치라고 한다.

> **완전정보의 기대가치(EVPI)**
> = (완전정보를 이용할 때 최적 대안의 기대가치) − (정보를 이용하지 않을 때 최적 대안의 기대가치)

다음 사례의 풀이 과정을 통해 완전정보의 기대가치를 계산하는 방법을 알아보자.

사례 **MT용 김밥 판매** --

김밥을 판매하는 G 사는 MT용 김밥을 판매하려고 한다. 김밥의 단위당 제조원가는 500원, 판매가격은 1,000원이다. MT 시즌이 지나면 팔고 남은 김밥이 상하기 때문에 폐기처분해야 하며, 김밥 전문가의 휴가로 추가로 김밥을 만들 수 없다. G 사가 예측한 김밥의 수요는 판매량이 2,000개일 확률이 40%, 3,000개일 확률이 30%, 4,000개일 확률이 30%이다. 김밥의 판매량을 정확히 알고 있다면 완전정보의 기대가치는 얼마일까?

❶ 만든 김밥의 개수와 실제 판매 개수에 따른 이익을 산출한다.

판매 개수 만든 개수	2,000개	3,000개	4,000개
2,000개	1,000,000원	1,000,000원	1,000,000원
3,000개	500,000원	1,500,000원	1,500,000원
4,000개	0원	1,000,000원	2,000,000원

❷ 확률을 적용하여 기대이익을 구한다.

- 2,000개 만든 경우: $(1,000,000 \times 0.4) + (1,000,000 \times 0.3) + (1,000,000 \times 0.3) = 1,000,000$원
- 3,000개 만든 경우: $(500,000 \times 0.4) + (1,500,000 \times 0.3) + (1,500,000 \times 0.3) = 1,100,000$원
- 4,000개 만든 경우: $(0 \times 0.4) + (1,000,000 \times 0.3) + (2,000,000 \times 0.3) = 900,000$원

∴ 김밥 3,000개를 만들 때 기대이익(1,100,000원)이 가장 크기 때문에 합리적인 사장이라면 3,000개를 만들 것이다.

❸ 완전정보가 주어질 경우의 기대이익을 산출한다.

- 2,000개 판매 예상: 2,000개를 만들 것이며 이익은 1,000,000원
- 3,000개 판매 예상: 3,000개를 만들 것이며 이익은 1,500,000원
- 4,000개 판매 예상: 4,000개를 만들 것이며 이익은 2,000,000원

∴ 완전정보의 기대이익: $(1,000,000 \times 0.4) + (1,500,000 \times 0.3) + (2,000,000 \times 0.3) = 1,450,000$원

❹ 완전정보의 기대가치를 구한다.

$1,450,000 - 1,100,000 = 350,000$원

∴ 완전정보의 기대가치는 350,000원이다.

04 정보 과부하

인터넷의 확산과 정보 기술의 급속한 발전으로 정보 홍수 현상이 심화되면서 **정보 과부하** information overload 문제가 대두되고 있다. 18개월마다 컴퓨터 칩의 처리 속도가 두 배씩 증가한다는 무어의 법칙Moore's law 처럼 정보량도 급속하게 늘어가고 있는 것이다.

이에 따라 폭발적으로 증가하는 자료로부터 필요한 정보와 지식을 추출해낼 수 있는지가 매우 중요한 문제로 떠오르고 있다. 그리고 이를 위해 정보를 필터링하는 기술의 활용뿐만 아니라 대량의 자료 중에서 가치 있는 정보를 선별하여 결과를 분석하는 빅데이터 기술이 대두되고 있다.

특히 구글은 정보 과부하 문제에 대한 소비자의 욕구를 제대로 찾아내어 현재 세계 검색엔진 시장에서 1위를 차지하고 있다. 이렇게 정보 과부하를 잘 해결하는 능력이 중요한 시대가 되었다.

TIP 무어의 법칙: 인터넷 경제의 3원칙 가운데 하나로, 마이크로 칩의 밀도가 18개월마다 두 배로 늘어난다는 법칙을 말한다.
ⓒ 두산백과

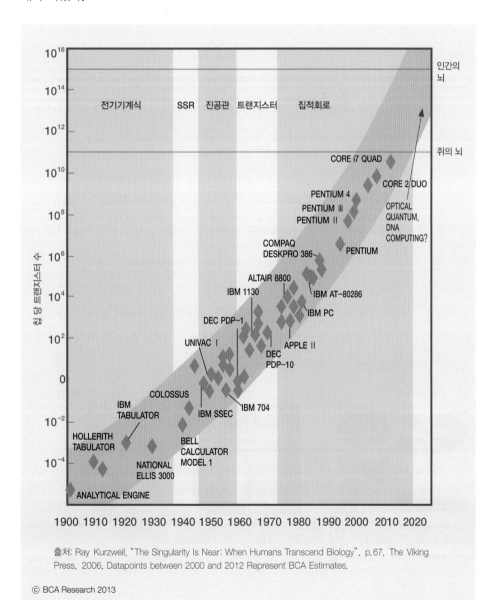

출처: Ray Kurzweil, "The Singularity Is Near: When Humans Transcend Biology", p.67, The Viking Press, 2006, Datapoints between 2000 and 2012 Represent BCA Estimates.

ⓒ BCA Research 2013

그림 1-3
무어의 법칙
18개월마다 컴퓨터 칩의 처리 속도가 두 배씩 증가한다는 법칙이며, 정보량도 이와 비슷하게 증가하기 때문에 정보 과부하 문제가 대두되고 있다.

TIP **정보재:** 디지털화가 가능한 (0과 1의 비트 형태로 운송·저장할 수 있는) 제품을 말한다. 책, 영화, 음악, 기술, 소프트웨어, 음성통신, 데이터 서비스 등을 포함한다.
© 매일경제 용어사전

05 정보재의 특성

정보사회에서 거래되는 **정보재**information good는 디지털화하거나 컴퓨터화가 가능한 것을 모두 포함하는 개념이다. 정보재는 지금까지 존재했던 다른 상품과 달리 독특한 특성이 있다. 예를 들어 초기 생산비용에 비해 재생산비용이 무시할 수 있을 정도로 작아 한계생산비용이 0에 가까운 특성 때문에 정보재 시장은 완전경쟁 시장이 되지 못한다. 정보재는 다음과 같은 특성이 있다.

경험재

일반적으로 상품의 특성은 소비자가 지닌 정보의 수준에 따라 크게 탐색재search good, 경험재experience good, 신뢰재credence good 등으로 구별된다.

- **탐색재:** 소비자가 특정 제품을 구매하기 전에 사전 조사 과정을 통해 특성을 파악할 수 있는 상품으로 생선, 채소, 고기, 옷, 가구 등은 탐색재의 성격이 강하다. 탐색재의 경우 단순 광고나 판촉 등으로 정보가 알려질수록 재화의 수요를 진작할 수 있다.

- **경험재:** 재화를 구매하거나 실험적으로 사용해야만 특성을 알 수 있는 상품을 말한다. 소프트웨어의 경우 간단한 기능은 설명서를 통해 짐작할 수 있지만, 프로그램을 구체적으로 사용해보지 않고서는 그 성능과 유용성을 파악하기 어렵다. 경험재는 정보 제공보다 소비자의 만족을 유도하고 상품에 대한 애착을 심어주는 것이 중요하다.

- **신뢰재:** 재화를 구매하여 이용해보아도 그 재화의 특성을 정확히 파악할 수 없는 상품을 말한다. 의료 서비스나 교육 서비스의 경우 소비자가 서비스를 소비한 다음에도 자신이 받은 서비스가 어느 정도의 특성을 지니고 있는지 정확히 알 수 없다. 이 경우 상품에 대한 신뢰와 믿음이 중요한 요소이다.

정보재는 소비자가 경험하기 전까지는 상품의 특성을 파악할 수 없다는 점에서 경험재에 속한다. 따라서 정보재를 생산·공급하는 기업의 입장에서는 최대한 많은 소비자가 사용할 수 있도록 하여 '입소문 효과'를 증가시키고 소비자의 만족도를 높여 자사 상품에 충성하도록 유도하는 전략 등이 매우 중요하다.

그림 1-4
탐색재, 경험재, 신뢰재
정보재는 재화를 구매하거나 실험적으로 사용해야만 특성을 알 수 있는 경험재에 속한다.

| 탐색재 | 경험재 | 신뢰재 |

© Shutterstock

규모의 경제

컴퓨터 소프트웨어나 서적, 음반, 영화, CD 등의 정보재는 초기에 상품의 형태를 만드는데 많은 비용이 소요되는 반면, 완성 제품을 재생산하는 데 드는 비용은 무시할 정도로 작다. 규모의 경제economies of scale의 성격을 가진 상품을 '비용체감 산업'이라고 부르는데, 이는 상품 생산에 대한 고정비용이 막대한 반면 가변비용이 미미하여 생산량이 증가할수록 단위당 평균비용이 감소하는 산업을 말한다. 전통적으로 생산설비 등의 장치비용이 많이 들어가는 전기, 철도, 통신, 석유화학 등의 산업이 대표적인 예이다.

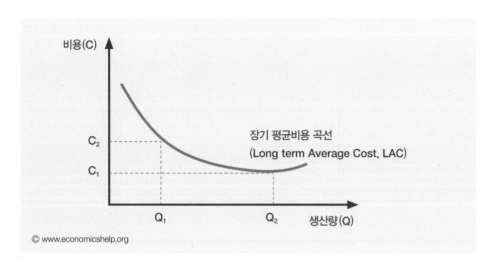

그림 1-5
규모의 경제
투입 규모가 커질수록 장기 평균비용이 줄어드는 현상을 말하며, 생산량을 증가시킴에 따라 평균비용이 감소하는 특징이 있다.

범위의 경제

연관성이 높은 산업들이 인접한 곳에 위치하면 상호 이익을 누릴 수 있다. 섬유 산업과 의류 산업, 염색 산업, 디자인 산업 등이 지리적으로 가까이 있으면 각 산업이 독자적으로 발전하는 것보다 발전 속도가 빨라지는 경우가 많다. 이런 현상은 넓은 의미의 범위의 경제economies of scope라 할 수 있다. 정보재는 독자적으로 발전한 음악, 영화, 방송, 통신, 오락, 컴퓨터, 소프트웨어, 나아가 콘텐츠 산업 등이 서로 연관되면서 비용을 절감할 수 있을 뿐만 아니라 가치가 높은 상품과 서비스를 만들어낸다.

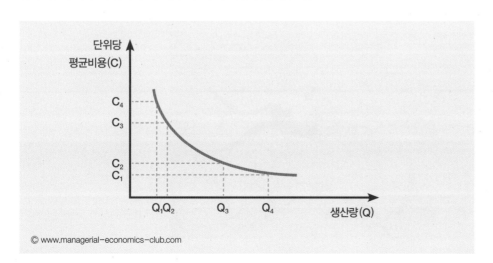

그림 1-6
범위의 경제
하나의 기업이 두 가지 이상의 제품을 함께 생산할 경우, 두 가지를 각각 따로 생산하는 경우보다 생산비용이 적게 드는 현상이다.

망 외부성

정보재를 생산하고 소비하는 경우 외부성이 발생한다. 예를 들어 전화는 혼자 가지고 있으면 쓸모가 없지만 누군가가 전화망에 가입하여 통화가 가능할 때 비로소 그 가치가 실현된다. 사실 전화의 가치는 전화망에 가입한 사람이 많을수록 커진다. 이처럼 같은 상품을 이용하는 고객의 수가 많아질수록 그 상품을 사용하는 데 따른 편의나 효용의 증가를 가져오는 상품은 컴퓨터 소프트웨어, 자동차, 팩시밀리 등 다양한 영역에 걸쳐 분포한다. 이러한 망 외부성을 측정하는 방법으로 멧커프의 법칙Metcalfe's law이 있다. 멧커프의 법칙은 네트워크의 효용이 네트워크 내 사람 수의 제곱에 비례한다는 것이다.

그림 1-7
멧커프의 법칙
네트워크의 규모가 커짐에 따라 그 비용의 증가 규모는 점차 줄어들지만 네트워크의 가치는 기하급수적으로 증가한다.

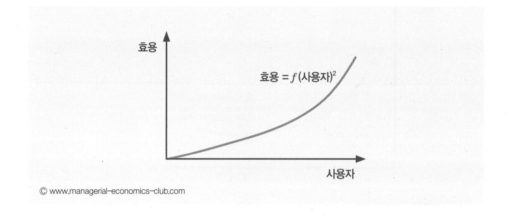

효용

효용 = f(사용자)^2

사용자

© www.managerial-economics-club.com

공유지의 비극

공동으로 사용하는 물건은 대부분 험하게 쓰기 때문에 남용되기 쉽다. 예를 들어 어느 마을에 공동 목초지가 있다고 하자. 이 마을 주민들은 공동 목초지를 이용하는 데 비용이 들지 않기 때문에 많은 양을 방목하여 결국 풀이 자라는 속도보다 양이 풀을 뜯는 속도가 빨라져서 목초지가 황무지로 변했다. 이와 같은 현상을 공유지의 비극tragedy of commons이라 일컫는다. 공유지의 비극을 초래하는 정보재의 외부성은 정의상으로 시장 실패에 따른 비효율적인 자원 배분을 초래하기 때문에 정보재의 효율적인 자원 배분을 위해서는 다양한 법적 제도와 규제 제도를 강구해야 한다.

그림 1-8
공유지의 비극
수자원이나 토지자원 등 공유 자원의 이용을 개인의 자율에 맡길 경우 서로의 이익을 극대화함에 따라 자원이 남용되거나 고갈되는 현상이다.

© Shutterstock

교체비용과 잠금 효과

냉장고가 낡아서 새것을 구입하려 할 때 기존에 사용하던 상표의 제품을 꼭 사야 할 이유는 없다. 하지만 마이크로소프트의 윈도 시스템을 사용하던 사람이 애플의 아이맥으로 컴퓨터를 바꾸기는 쉽지 않다. 대부분의 사람은 익숙하게 사용할 수 있는 컴퓨터를 재구입할 것이다. 만약 그렇게 하지 않으면 사용법을 새로 익혀야 하고 소프트웨어나 주변 장치도 추가로 구입해야 한다. 이와 같이 어떤 제품을 사용하던 소비자가 다른 제품으로 소비를 전환하려 할 때 부담해야 하는 비용을 교체비용switching cost이라 부른다. 그리고 이 교체비용이 커서 기존에 사용하던 제품이나 업그레이드 제품을 계속 사용하는 현상을 잠금 효과lock-in effect라고 한다.

교체비용을 활용한 고객 잠금 효과의 대표적인 예는 항공사의 마일리지 서비스 및 각종 적립 포인트 서비스이다. 대부분의 항공사에서 제공하는 마일리지 제도는 소비자의 높은 교체비용을 형성하려는 소비자 고착화 전략의 하나이다. 고객은 누적된 마일리지로 무료 항공권을 받거나 좌석 승급을 할 수 있다. 또한 총 누적 마일리지가 높아질수록 많은 혜택이 추가로 주어진다. 따라서 어떤 고객이 특정 항공사의 마일리지를 충분히 쌓으면 대개의 경우 다음번 여행이나 출장 때도 그 항공사를 이용할 가능성이 크다.

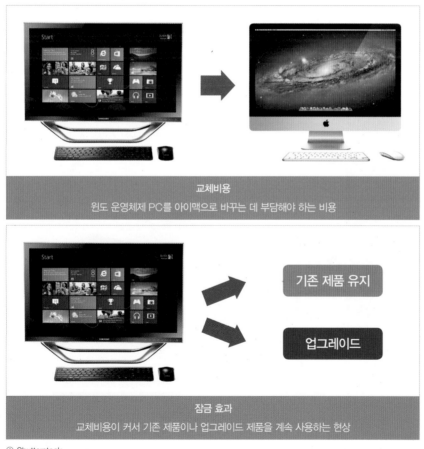

그림 1-9
교체비용과 잠금 효과

교체비용
윈도 운영체제 PC를 아이맥으로 바꾸는 데 부담해야 하는 비용

기존 제품 유지

업그레이드

잠금 효과
교체비용이 커서 기존 제품이나 업그레이드 제품을 계속 사용하는 현상

ⓒ Shutterstock

정보사회의 발전

01 정보사회의 개념

정보사회information society란 정보통신 기술Information Communication Technology, ICT의 발달로 사용할 수 있는 정보의 양이 많아지고 정보의 활용이 모든 업무의 중심이 되면서 정보가 부富 창출의 원천이 되는 사회를 말한다. 1980년대에 대니얼 벨Daniel Bell, 앨빈 토플러Alvin Toffler 등 미래학자들은 정보사회를 예견했으며, 20세기 말에 인터넷의 기하급수적인 보급으로 현재는 정보사회가 고도화되었다. 최근에는 스마트폰의 대중화와 사물인터넷Internet of Things, IoT, 증강현실 등 새로운 IT 신기술이 출현하면서 정보사회가 아닌 그 이후의 사회에 대한 고민의 시점에 이르렀다.

21세기 들어 '로봇 사회가 된다', '인공지능 시대가 온다', 'IT 융합이 그 해답이다' 등 여러 가지 논의가 있지만, 최근 그 해답이 '4차 산업혁명'이라는 용어로 귀결되는 추세이다. 4차 산업혁명이란 산업혁명을 1~4차로 구분했을 때 3차 산업혁명을 정보사회로 보고 그 이후의 혁명적인 변화에 대해 새롭게 이름을 붙인 것이다. 4차 산업혁명에 대한 자세한 내용은 3절 '4차 산업혁명의 도래'에서 설명하겠다.

그림 1-10
다양한 IT 정보 기기의 출현
최근에는 스마트폰, 태블릿 PC 등의 정보 기기가 대중화되었을 뿐만 아니라 사물인터넷, 증강현실 등 새로운 IT 신기술이 출현하고 있다.

▼ 스마트 글래스
▲ 드론
▲ 태블릿 PC
▲ 스마트폰
▲ 스마트 워치
▲ VR 기기

ⓒ Shutterstock

02 정보사회의 속성

앨빈 토플러는 제2의 물결인 산업사회의 여섯 가지 특징, 즉 규격화, 전문화, 동시화, 집중화, 극대화, 집권화가 제3의 물결인 정보혁명에 의해 탈대량화 현상으로 바뀌어 다양화,

탈전문화, 탈동시화, 탈집중화, 탈극대화, 분권화의 추세가 주를 이룰 것이라고 예견했다. 이런 변화는 경제, 사회, 문화 전반에 걸쳐 다양성이 형성되고 종래의 획일적 정보 수요 및 공급에서 개별적·선택적 성향을 가진 사회로의 전환을 의미한다.

그림 1-11
산업사회에서 정보사회로의 전환

산업사회	탈대량화	정보사회
규격화	→	다양화
전문화		탈전문화
동시화		탈동시화
집중화		탈집중화
극대화		탈극대화
집권화		분권화

앨빈 토플러는 저서 『권력 이동Powershift』(1990)에서 "권력이 단순히 개인, 기업, 국가에서 다른 곳으로 이동하는 차원이 아닌 권력의 본질 자체가 변화하며, 그 궁극적 수단으로서 지식의 역할이 중요하다"고 말했다. 그가 제시한 정보사회의 속성은 다음과 같다.

정보와 지식이 새로운 부 창출의 원동력

정보와 지식이 부와 연결되는지 알아보는 가장 현실적인 방법은 정보사회의 부가 어디에 있는지 살펴보는 것이다. 마이크로소프트의 빌 게이츠, 애플의 스티브 잡스, 일본의 손정의 등은 정보와 지식의 시류에 누구보다 앞서 적응하여 부를 창출한 사람들이다.

탈대량생산으로의 전환

과거의 대량생산mass production은 작업자를 엄격히 통제하며 반복적이고 표준화된 업무를 수행하는 것이었으며, 그에 맞게 조직 문화와 구조도 관료적이고 계층적으로 구성되었다. 정보사회에서는 새로운 정보 기술을 적용하여 다양한 제품, 개별 주문 제품을 대량생산비용 원가로 단기간에 생산할 수 있는 매스커스터마이징mass customizing이 가능하게 되었다.

산업사회 생산 요소의 중요성 감소

산업사회의 생산 요소(토지, 노동, 원료, 자본)는 기호화된 지식이 이를 대체함에 따라 그 중요성이 감소했으며, 정보사회가 진전되면서 정치, 경제, 사회, 문화 등 각 부문의 급격한 변화를 가져왔다.

TIP 대니얼 벨은 이러한 변화를 '후기 산업사회'라고 했다.

구분	수렵사회	농업사회	산업사회	정보사회
혁명		농업혁명	산업혁명	정보혁명
경제 기반	힘(근력)	토지, 노동	노동, 자본, 에너지	정보, 지식
도구	손 도구	농경 기구	기계	정보 기술

표 1-1
수렵사회, 농업사회, 산업사회, 정보사회 비교

교환 수단이 된 전자화폐

금속화폐나 지폐와 같은 화폐가 최근에 전자적으로 대체되면서 핀테크FinTech라는 용어가 사용되고 있다.

TIP 핀테크라는 용어를 가장 빈번하게 사용하는 영국의 경우, 기술 기반 금융 서비스 혁신을 전통 핀테크(traditional FinTech)로, 혁신적 비금융 기업의 금융 서비스 직접 제공을 신생 핀테크(emergent FinTech)로 정의한다.
© 금융위원회 금융용어사전

PLUS NOTE │ 핀테크

핀테크(FinTech)는 'finance(금융)'와 'technology(기술)'의 합성어로, 금융과 IT의 융합을 통한 금융 서비스 및 산업의 변화를 통칭한다. 금융 서비스의 변화로는 모바일, SNS, 빅데이터 등 새로운 정보 기술 등을 활용하여 기존 금융 기법과 차별화된 금융 서비스를 제공하는 기술 기반 금융 서비스 혁신이 대표적이며, 최근 사례로 모바일 뱅킹과 앱카드 등이 있다. 산업의 변화로는 혁신적 비금융 기업이 보유 기술을 활용하여 지급결제와 같은 금융 서비스를 이용자에게 직접 제공하는 현상이 있는데 애플페이, 알리페이 등을 예로 들 수 있다.

재화 및 서비스의 모듈화

재화 및 서비스가 모듈화되면서 표준이 요구되는 시스템을 구성한다. 이로 인해 표준의 기초가 되는 정보를 장악하기 위한 경쟁이 일어나는데, 최근 이러한 영향으로 '플랫폼의 표준'을 장악하기 위한 기술 전쟁이 일어나고 있다. 최근 4차 산업혁명 시대가 도래하면서 사물인터넷 등의 표준을 장악하려는 기술 전쟁이 이미 관련 업계에서 일찍부터 벌어지고 있다.

TIP 플랫폼: 공급자와 수요자 등 복수 그룹이 참여하여 각 그룹이 얻고자 하는 가치를 공정한 거래를 통해 교환할 수 있도록 구축된 환경이다. 플랫폼 참여자들의 연결과 상호작용을 통해 진화하며, 모두에게 새로운 가치와 혜택을 제공할 수 있는 상생의 생태계라고 볼 수 있다.

거대한 관료 체제가 애드호크라시로 대체

거대한 관료 체제는 탈대량화한 소규모의 작업 단위 또는 매트릭스 조직, 태스크포스 팀, 위원회 조직 등과 같은 '애드호크라시adhocracy'로 대체된다.

PLUS NOTE │ 민츠버그의 조직 구분

헨리 민츠버그(Henry Mintzberg)는 조직을 단순 구조, 전문적 관료 구조, 사업부제 구조, 기계적 관료 구조, 애드호크라시로 구분했다.

TIP 헨리 민츠버그: 캐나다 맥길 대학 교수로, 「월스트리트저널」이 뽑은 '세계에서 가장 영향력 있는 경영사상가 20인' 중 9위에 선정된 경영석학이다.

- **단순 구조(simple structure):** 주로 조직의 창업 초기에 나타나는 구조로 권한이 최고경영자에게 집중되어 있다. 구성원이 적어 환경의 변화에 민감하게 반응할 수 있는 것이 장점이지만, 조직의 규모가 커질수록 여러 문제가 발생하여 단순 구조를 유지하기 어렵고 권력 남용이 야기될 수 있다.

- **전문적 관료 구조(professional bureaucracy):** 표준화를 통한 효율성을 유지하면서 핵심 운영 부문에 고도의 기술과 지식을 보유한 전문가를 고용하여 운영하는 구조이다.

- **사업부제 구조(divisionalized form):** 조직 내에 사업 단위별로 각각 사업부 조직을 운영

하는 구조이다. 각각의 사업부는 책임과 권한을 위임받아 기능별로 분화한다.

- **기계적 관료 구조(machine bureaucracy):** 조직 대부분의 업무가 표준화되어 있는 구조이다. 과업이 세분화되고 일상적·반복적인 특징이 있으며 규칙이나 규정이 공식화되어 있다. 공무원 조직, 우체국, 은행 등이 기계적 관료 구조의 대표적인 예라고 할 수 있다.

- **애드호크라시(adhocracy):** 조직의 혁신을 위해 각 분야의 전문가들을 효율적으로 연결하고 유연성을 강조한 조직이다. 낮은 공식화와 표준화를 통해 창의성을 강조하며, 전문가들에게 그 권한을 위임하는 분권화가 이루어진다.

혁신자가 주도하는 사회

정보사회의 주역은 노동자도 자본가도 관리자도 아니며, 창의적 지식을 행동과 결합하는 혁신자이다.

구매자와 공급자 간의 정보 공유

고객은 단순히 구매자로서가 아니라 생산 공정에 필수적인 시장 및 설계상의 정보를 제공한다. 그 결과 구매자와 공급자가 정보와 지식을 공유한다.

프로슈머의 등장

프로슈머prosumer는 '생산소비자'라고 일컬으며, 소비자가 생산을 하여 기업이 생산성을 높이는 개념이다. 예를 들어 유튜브에 직접 제작한 동영상을 올리면 업로더는 만족감을 얻겠지만 실질적인 수익은 유튜브가 가져가는 것이다.

TIP **프로슈머:** 기업의 'producer(생산자)'와 'consumer(소비자)'를 합성한 말이다. 소비자가 소비는 물론 제품 개발, 유통 과정에까지 직접 참여하는 '생산적 소비자'로 거듭나는 의미이다.
© 매일경제 용어사전

03 정보사회의 부정적 요소

정보사회에서 컴퓨터와 스마트폰은 우리 삶의 일부분이 되었다. 그와 함께 컴퓨터와 스마트폰으로 인해 야기되는 이슈와 대안이 점점 복잡하고 어려워지며, 예상치 못했던 윤리적·사회적 문제점도 나타나고 있다. 정보 기술은 우리에게 혜택을 주는 동시에 우리 사회의 주요 구성 요소를 파괴할 수도 있는 '양날의 칼'인 것이다. 이러한 정보사회의 부정적 요소는 다음과 같다.

권력의 집중화

정보사회 초창기에 제일 먼저 대두된 이슈는 거대한 중앙 집중형 컴퓨터들의 수많은 자료가 국가나 기업에 집중될 것이라는 전망이었다. 이로 인해 권력이 국민의 자유를 침해할수 있다는 것이 문제점으로 지적되었다. 이를 해결하기 위해 분산화 방식의 컴퓨터, 권한 위임, 의사결정 제도의 분산화를 도입하면서 권력의 집중화에 대한 우려는 어느 정도 해소되고 있지만 여전히 정보사회의 큰 문제점으로 남아 있다.

© Shutterstock

빠른 변화 속도

정보시스템 덕분에 보다 효율적인 글로벌 시장이 탄생했지만, 반대로 생각하면 국내 기업이 국제 경쟁에 적응하는 데 소요되는 기간이 상대적으로 감소하고 있다는 것을 의미한다. 정보사회의 조직원들은 이러한 빠른 변화 속도로 인해 시간에 쫓기는 경쟁을 하게 되고, 이는 삶의 질에도 심각한 문제를 일으킨다.

사회 경계 파괴

유비쿼터스ubiquitous, 텔레커뮤니팅, 휴대용 컴퓨터 및 '항시 가능한' 컴퓨터의 위험은 가족, 직장, 여가 생활을 구분 짓던 전통적인 경계선을 허물어뜨렸다. 즉 가족이나 친구들과 함께 여가를 즐길 시간에 정보시스템의 지원을 받아 회사 업무를 수행할 수 있게 되었다. 이런 사회 경계의 파괴는 새로운 부작용으로 표출될 가능성이 있다.

정보시스템에의 지나친 의존성

정보사회에서 기업, 정부, 학교와 같은 사적인 공동체는 정보시스템에 전적으로 의존하고 있다. 이는 동시에 정보시스템의 실패에 무방비로 노출되어 있다는 것을 의미한다.

컴퓨터 범죄

컴퓨터 범죄computer crime는 컴퓨터를 이용하여 불법적인 행동을 하거나 컴퓨터 시스템에 해를 끼치는 행위를 말한다. 컴퓨터와 컴퓨터 시스템은 범죄의 대상이 되기도 하고 범죄의 도구로 사용되기도 한다. 승인을 받지 않거나 해를 끼칠 목적으로 컴퓨터에 접속하는 행위는 모두 범죄로 규정하고 있다.

그림 1-13
대표적인 컴퓨터 범죄

불법 자료 변조 및 파괴

불법 자료 유출

불법 자료 열람

정상 동작 방해

ⓒ Shutterstock

컴퓨터 오남용

컴퓨터 오남용의 대표적인 사례는 스팸spam으로, 스팸메일은 개인이나 단체가 수많은 인 터넷 사용자에게 흥미와 의사를 고려하지 않고 보낸 이메일을 말한다. 스팸메일에는 성인 물, 부정 거래와 서비스, 신용 사기 등이 담겨 있다. 몇몇 국가는 스팸메일을 불법으로 규 정하거나 규제하기 위해 법 조항을 제정했다. 스팸메일의 문제점은 기업의 생산성에 부정 적인 영향을 끼치면서 통제가 불가능하다는 것이다.

ⓒ Shutterstock

그림 1-14
스팸메일
스팸메일의 문제점은 기업의 생산 성에 부정적인 영향을 끼치면서 통제가 불가능하다는 것이다.

실업

정보 기술은 기업을 혁신시키는 한편 기업의 인력 감축을 초래한다. 이는 실업의 증가를 의미하는데, 실업은 개인 삶의 질을 현저히 낮추는 심각한 사회 문제이다. 한 경제학자는 앞으로 '소수의 엘리트 전문가들에 의해 운영되는 영구 실지 사회'가 곧 도래할 가능성이 있다고 경고했다.

© https://www.thebalance.com/causes-of-unemployment-7-main-reasons-3305596

정보 격차

정보사회에서의 정보 자원은 인종이나 사회적 계급에 따라 불공정하게 분배되어 있다. 몇몇 연구에 따르면 지난 5년간 개인 컴퓨터의 보급률이 증가했음에도 불구하고, 미국의 일부 민족과 저소득 그룹은 아직도 컴퓨터를 소유하지 못한 데다 인터넷에 접속하는 데 어려움을 겪고 있다고 밝혔다. 이러한 격차는 점점 줄어들고 있지만, 각 민족의 고소득층은 같은 민족 그룹 내의 저소득층보다 개인 컴퓨터와 인터넷 접속을 누릴 가능성이 여전히 높다.

건강 위험

현재 가장 중요하게 여겨지는 직업병으로 반복운동손상을 들 수 있는데 그중에서 자주 발생하는 것이 손목터널증후군이다. 컴퓨터가 일으키는 또 다른 질환으로 컴퓨터시각증후군이 있다. 최근에 컴퓨터 관련 질환 중 주목받는 것은 바로 '테크노 스트레스techno stress'이다. 이 질환의 증상은 신경질적인 반응, 인간에 대한 적대심, 조급함, 피로 누적 등이다. 컴퓨터 산업의 높은 이직률, 컴퓨터 도입으로 인한 조기 퇴출 등이 테크노 스트레스를 유발하는 것으로 여겨지고 있다.

© https://www.entrenamiento.com/salud/mejores-ejercicios-para-prevenir-sindrome-tunel-carpiano/

4차 산업혁명의 도래

01 4차 산업혁명의 개념

4차 산업혁명 The Fourth Industrial Revolution은 2016년 다보스포럼Davos Forum에서 클라우스 슈밥Klaus Schwab이 처음 제시한 개념이다. 아직까지 충분한 논의가 이루어지지 않아 그 의미가 명확히 정립된 것은 아니다. 4차 산업혁명을 정의하기란 쉽지 않지만, 최근의 논의를 종합해보면 '3차 산업혁명을 기반으로 하여 디지털, 생물학, 물리학 등의 경계가 없어지고 융합되는 기술혁명', 또는 '인터넷을 통해 모아진 인간의 행위와 생각을 온라인상의 거대한 데이터 저장고에 넣어 활용하는 일련의 경제적 활동'으로 정의할 수 있다.

> **TIP 다보스포럼:** 매년 스위스의 다보스에서 개최되는 '세계경제포럼(World Economic Forum)' 연차 총회를 통칭하는 말이다.
> ⓒ 두산백과

02 4차 산업혁명의 특징

사물인터넷과 클라우드, 빅데이터 등은 4차 산업혁명을 상징하는 단어이다. 특히 4차 산업혁명은 속도, 범위, 영향력 등의 측면에서 3차 산업혁명과 차별화되고, 인류가 한 번도 경험하지 못한 새로운 시대를 접하게 될 것이라고 강조되고 있다. 즉 획기적인 기술 진보, 파괴적 기술에 의한 산업 재편, 전반적인 시스템의 변화 등이 4차 산업혁명의 주요 특징이라 할 수 있다. 이러한 4차 산업혁명은 기술 융합으로 생산성을 높이고 생산 및 유통 비용을 낮춰 개인의 소득 증가와 삶의 질 향상이라는 긍정적 효과를 기대할 수 있다. 하지만 사회적 불평등, 빈부 격차뿐만 아니라 기계가 사람을 대체하면서 우려되는 노동시장의 붕괴와 같은 부정적인 요소도 무시할 수 없다. 특히 향후 노동시장은 '고기술/고임금'과 '저기술/저임금' 간의 격차가 벌어지고 일자리 양분으로 중산층의 지위가 축소될 가능성이 크다.

구분	설명
1차 산업혁명	• 18세기에 영국에서 증기기관의 발명과 기계식 생산 방식이 도입되면서 시작 • 농업과 수공업 경제에서 기계를 사용하는 제조업 경제로 전환
2차 산업혁명	• 19세기에 컨베이어 벨트가 도입되고 분업과 자동화 생산이 확산되면서 시작 • 자동차 등 제조업 제품을 공급자 중심으로 대량생산
3차 산업혁명	• 1970년대부터 자동화 대량생산 체계가 도입되면서 시작되어 현재까지 지속 • 제조업의 디지털화와 자동화 시작
4차 산업혁명	• 기계와 사람, 인터넷 서비스가 상호 연결되어 가볍고 유연한 생산 체계 구현 • 대량 맞춤 생산이 가능한 생산 패러다임으로의 진화

표 1-2
1~4차 산업혁명의 주요 내용

ⓒ KRI 리포트(2016년 11월 14일) 요약

그림 1-17
1~4차 산업혁명 주기별 분류

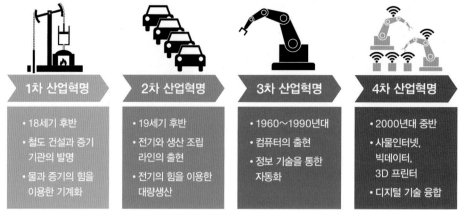

1차 산업혁명	2차 산업혁명	3차 산업혁명	4차 산업혁명
• 18세기 후반 • 철도 건설과 증기 기관의 발명 • 물과 증기의 힘을 이용한 기계화	• 19세기 후반 • 전기와 생산 조립 라인의 출현 • 전기의 힘을 이용한 대량생산	• 1960~1990년대 • 컴퓨터의 출현 • 정보 기술을 통한 자동화	• 2000년대 중반 • 사물인터넷, 빅데이터, 3D 프린터 • 디지털 기술 융합

ⓒ 김학균, 「4차 산업혁명의 명암(ISSUE)」, 연합뉴스 동북아센터 월간 마이더스, 2016

PLUS NOTE | 3차 산업혁명과 4차 산업혁명의 차이

3차 산업혁명에서 인간의 주요한 역할이 자동화를 위한 프로그래밍이었다면, 4차 산업혁명에서는 컴퓨터와 기계가 소통하는 생태계를 어떻게 활용하고 의미 있는 가치를 창출해낼 것인지가 인간의 주요한 역할이 될 것이다. 또한 3차 산업혁명에서 인간이 컴퓨터와 기계를 밀접하게 연계하여 생산의 자동화를 이루어냈다면, 4차 산업혁명에서는 컴퓨터와 기계가 인공지능에 의해 독자적으로 상호 소통하는 스마트화가 이루어질 것이다.

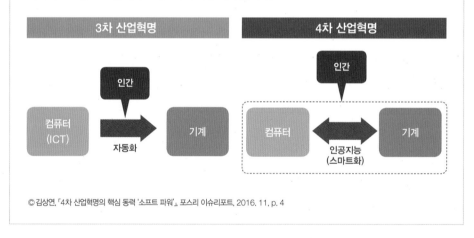

ⓒ 김상연, 「4차 산업혁명의 핵심 동력 '소프트 파워'」, 포스리 이슈리포트, 2016. 11, p. 4

03 4차 산업혁명 시대의 도시

4차 산업혁명으로 인한 도시 생활의 변화는 이미 여러 분야에서 활발하게 일어나고 있다. '유비쿼터스 시티ubiquitous city'라는 이름의 스마트 도시 사업이 진행되면서 도시의 시설물과 제품 등에는 소위 사물인터넷이 내장되고, 인프라와 인프라 간, 인프라와 디바이스 간 ICT 기술의 발전으로 이전에는 불가능했던 일들이 가능해지고 있다. 버스도착안내시스템, 버스관리시스템, 실시간 내비게이션, 교통카드, 스마트 가로등, 고속도로안내시스템, 카카오택시, 자동통행료징수시스템, MOOC Massive Open Online Course (온라인 공

TIP MOOC: 사전상의 의미는 '대규모 사용자를 대상으로 제공하는 온라인 공개 수업'이다. 일반적으로 대학 수업을 온라인으로 접속해서 들으면서 동시에 무료로 들을 수 있는 강의를 MOOC라고 일컫는다.

개수업) 등이 이미 상용화된 서비스이다. 또한 스마트 홈, 자율협력주행 고속도로시스템, 스마트 진료 서비스, 드론 등은 상용화가 임박했다.

4차 산업혁명의 가장 대표적인 기술은 인공지능, 빅데이터, 로봇 기술 등이 집약된 자율 주행 자동차라고 할 수 있다. 구글은 2012년 5월 미국의 네바다 주에서 세계 최초로 무인 자동차로 시험 주행 운전면허를 취득했고, 현재까지 수백만 km 이상의 무인 자동차 주행 기록을 쌓고 있다. 자율주차, 자동 사고 회피, 자동 경제운전 등 일부 자율 기능은 이미 상용화되어 있다. 최근 영국, 독일 등 자동차 선진국에서는 앞다투어 무인 운전 차량의 도로 상 테스트를 법적으로 허가하기 시작했고, 스웨덴에서는 이들보다 빨리 시험 주행을 허가 했다. 한편 일본은 2020년 하계 올림픽 유치와 함께 무선 예약을 통해 스스로 알아서 손님을 모시러 가고 주차장을 찾아가 다음 손님을 기다리는 무인 자동차 개발을 계획하고 있다.

ⓒ 황기연, 「제4차 산업혁명과 핵심 이슈」, Urban Affair, 2016, p. 21

그림 1-18
무인 자동차 시대

구글 무인 자동차

BMW의 무인 자동차 테스트

네이버 자율주행차

현대 아이오닉 EV 자율주행차

ⓒ Shutterstock

SECTION 04

IT 융합의 시대

01 IT 융합의 개념

융합convergence이란 서로 다른 개념이나 사물이 결합되는 현상을 말한다. 어원적으로 '녹아서 하나가 됨'을 의미하는 융합은 단순한 합산보다 더욱 적극적인 의미에서의 화학적 합성을 의미한다. 즉 융합 기술은 2개 이상의 기술 요소가 화학적으로 결합하여 개별 기술 요소들의 특성이 상실되고 새로운 특성을 지닌 기술과 제품이 탄생하는 현상으로 정의된다. 이러한 융합은 과거 '디지털 융합'과 같이 주로 IT 산업의 범위 내에서 제한적으로 논의되었으나 최근에는 그 개념이 확장되어 IT 자체가 사회 전반으로 영역을 확대하고 기존의 전통적인 산업과 융합되면서 경제, 사회, 문화와 같은 다양한 분야의 수요를 충족하기 위한 개념으로 변천되고 있는데 이를 **IT 융합**IT convergence이라고 정의한다.

> **TIP 디지털 융합:** 음성, 데이터, 영상과 같은 정보의 융합이나 방송, 통신, 인터넷과 같은 네트워크의 융합 등 디지털 기술을 기반으로 통신, 가전, 컴퓨터 등이 서로 융합된 새로운 형태의 제품과 서비스를 생성하는 것을 의미한다.
> © 한경 경제용어사전

02 IT 융합 기술의 유형

IT 융합 기술은 크게 원천 기술 창조형, 신산업 창출형, 산업 고도화형으로 분류할 수 있다.

- **원천 기술 창조형:** 이종 신기술 또는 신기술과 학문이 결합하여 새로운 기술을 창조하거나 융합 기술을 촉진하는 형태의 기술이다.

- **신산업 창출형:** 경제·사회·문화적 수요에 따라 신산업과 신서비스의 구현을 위해 이종 신기술과 제품이나 서비스가 결합되는 형태로서 휴머노이드 로봇이나 U-실버 산업, 차세대 융합 콘텐츠 등이 그 예이다.

- **산업 고도화형:** 신기술과 전통적인 기존 산업이 결합하여 현재의 시장 수요를 충족할 수 있는 산업을 고도화하는 데 도움을 주는 기술이다. 미래형 자동차, 유비쿼터스 시티, 원격 의료 기술 등이 그 예이다.

그림 1-19
IT 융합 기술의 유형

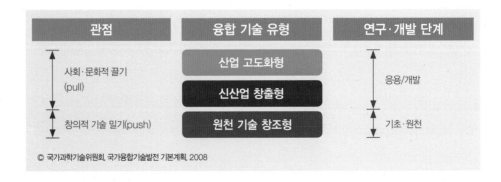

© 국가과학기술위원회, 국가융합기술발전 기본계획, 2008

03 IT 융합의 현황

국내 IT 산업은 정보사회를 이끄는 주도적인 산업으로서 반도체 및 인터넷의 발달과 함께 독자적인 산업 영역으로 눈부시게 발전하여 현재 우리나라 경제에서 매우 중요한 역할을 하고 있다. 최근에는 IT 산업이 다른 산업과 융합되면서 IT 융합 기술이 새로운 성장 동력으로 자리매김하고 있다.

앞으로는 사회 구성원 각자가 서로 유기적으로 연결되어 새로운 가치와 의미를 창출하는 삶이 필수 요소가 되는 정보사회가 될 텐데, 이러한 사회는 단순히 전통 산업이나 ICT 사업, 6T 기술 응용만으로는 가능하지 않다. 특히 4차 산업혁명 시대에는 IT를 중심으로 이러한 기술 간의 통합과 새로운 에너지의 창출이 가능한 융합적 설계와 서비스가 더해져야만 한다.

새로운 미래 성장 동력으로 사용될 융합 기술은 미래 사회의 인프라 기술인 정보 기술을 기반으로 하여 각각의 산업에서 요구하는 기술이 추가로 융합되는 형태를 취할 것이다. 이러한 산업에는 보건·의료 분야, 기계·자동차 산업 분야, 해양·물류 분야, 환경·에너지 분야를 비롯하여 인지 산업과 국방 분야 등이 있을 수 있다. 대표적인 IT 융합의 사례는 U-헬스케어U-healthcare 서비스가 될 것이다. 이 시스템은 심근경색, 뇌경색, 혈당과 같이 우리의 삶에 치명적인 요인의 상시 모니터링을 가능하게 한다.

국내에서는 2012년 지식경제부의 IT 융합 R&D 체계 개편 작업에 따라 차량 IT, 조선 IT, 섬유 IT, 국방 IT, 항공 IT 등 5대 산업 영역을 선정하여 선택과 집중에 의한 성공적인 IT 융합 지원 사업을 추진하고 있다.

TIP 6T: IT(Information Technology), BT(Biology Technology), NT(Nano Technology), ET(Environment Technology), CT(Culture Technology), ST(Space Technology)

TIP U-헬스케어: 각종 정보 기술을 활용하여 언제 어디서나 건강관리를 받을 수 있는 원격 의료 기술이다.

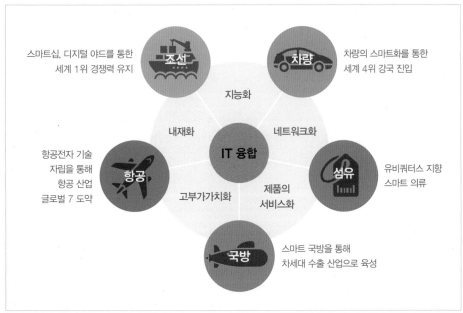

그림 1-20
국내 IT 융합 5대 산업

© 지식경제부, IT 융합 R&D 체계, 2012

01 정보는 어떤 사물, 상태 등 관련된 것들에 대해 사용자에게 의미 있는 형태로 전달되어 의사결정에 영향을 줄 수 있는 데이터의 집합을 의미한다.

02 정보의 유용성을 판단하는 데 쓰이는 질적 특성은 매우 다양하지만 일반적으로 이해성, 적시성, 적절성, 신뢰성, 일관성으로 요약할 수 있다.

03 인문사회 분야에서 정보의 가치는 크게 규범적 가치, 현실적 가치, 주관적 가치로 구분할 수 있다.

04 정보를 추가로 받아들이는 데에는 이론적으로 비용이 발생한다. 이것을 완전정보의 기대가치라고 하는데, 완전정보는 불확실한 사건의 불확실성을 완전히 제거한 정보라고 할 수 있다.

05 인터넷의 확산과 정보 기술의 급속한 발전으로 정보 홍수 현상이 심화되면서 정보 과부하 문제가 대두되고 있다.

06 정보사회에서 거래되는 정보재는 디지털화하거나 컴퓨터화가 가능한 것을 모두 포함하는 개념이다.

07 정보사회란 정보통신 기술의 발달로 사용할 수 있는 정보의 양이 많아지고 정보의 활용이 모든 업무의 중심이 되면서 정보가 부(富) 창출의 원천이 되는 사회를 말한다.

08 앨빈 토플러는 제2의 물결인 산업사회의 여섯 가지 특징, 즉 규격화, 전문화, 동시화, 집중화, 극대화, 집권화가 제3의 물결인 정보혁명에 의해 탈대량화 현상으로 바뀌어 다양화, 탈전문화, 탈동시화, 탈집중화, 탈극대화, 분권화의 추세가 주를 이룰 것이라고 예견했다.

09 4차 산업혁명은 2016년 다보스포럼에서 클라우스 슈밥이 처음 제시한 개념이다.

10 4차 산업혁명은 기술 융합으로 생산성을 높이고 생산 및 유통 비용을 낮춰 개인의 소득 증가와 삶의 질 향상이라는 긍정적 효과를 기대할 수 있다. 하지만 사회적 불평등, 빈부 격차뿐만 아니라 기계가 사람을 대체하면서 우려되는 노동시장의 붕괴와 같은 부정적인 요소도 무시할 수 없다.

11 4차 산업혁명으로 인한 도시 생활의 변화는 이미 여러 분야에서 활발하게 일어나고 있다.

12 그동안 융합은 디지털 융합과 같이 주로 IT 산업의 범위 내에서 제한적으로 논의되었으나 최근에는 그 개념이 확장되어 IT 융합을 중심으로 근본적인 변화가 이루어지고 있다.

13 IT 융합 기술은 크게 원천 기술 창조형, 신산업 창출형, 산업 고도화형으로 분류할 수 있다.

14 새로운 미래 성장 동력으로 사용될 융합 기술은 미래 사회의 인프라 기술인 정보 기술을 기반으로 하여 각각의 산업에서 요구하는 기술이 추가로 융합되는 형태를 취할 것이다.

01 다음 설명의 괄호 안에 들어갈 내용으로 적절한 것은?

> (   )는(은) 어떤 사물, 상태 등 관련된 것들에 대해 사용자에게 의미 있는 형태로 전달되어 의사 결정에 영향을 줄 수 있는 데이터의 집합을 의미한다. 즉 (   )는(은) 사용자에게 유용한 형태로 가공 및 처리한 자료라고 할 수 있다.

① 데이터   ② 경영   ③ 시스템
④ 정보   ⑤ IT

02 다음 중 정보의 특성이 아닌 것은?

① 일관성   ② 객관성   ③ 이해성
④ 신뢰성   ⑤ 적절성

03 정보의 특성 중 적시성에 대한 설명은?

① 정보 이용자가 의사결정을 할 시점에 필요한 정보를 제공하는 것을 말한다.

② 정보 이용자가 해당 정보에 대해 내용의 의미를 정확하게 이해하는 것을 말한다.

③ 정보 이용자가 정보들을 서로 비교할 수 있어야 한다는 것이다.

④ 정보 이용자가 정보를 신뢰할 수 있어야 한다는 것이다.

⑤ 정보가 정보 이용자의 이용 목적에 적합한 것을 말한다.

04 정보의 가치를 설명하는 방법 중 (가), (나), (다)에 해당하는 것을 각각 쓰시오.

> • ((가)   ): 인간은 언제나 합리적이고 이성적이기 때문에 계산 시 실수를 하지 않는다고 가정하고, 정보를 사용할 때와 사용하지 않을 때의 가치를 계산하여 그 차이로 나온 값을 말한다.
> • ((나)   ): 실제 실험을 통해 실행해보고 정보를 사용했을 때와 사용하지 않았을 때의 가치를 비교하는 것이다.
> • ((다)   ): 개인의 직관에 따라 가치를 판단하는 것을 말한다.

(가) _____   (나) _____   (다) _____

05 다음 설명의 괄호 안에 들어갈 내용으로 적절한 것은?

18개월마다 컴퓨터 칩의 처리 속도가 두 배씩 증가한다는 (　　　　　)의 법칙처럼 정보량도 급속하게 증가하고 있다.

① 잡스　　　　　　　② 토플러　　　　　　③ 무어
④ 슈밥　　　　　　　⑤ 게이츠

06 다음 중 정보재의 특성이 아닌 것은?

① 경험재　　　　　　② 규모의 경제　　　　③ 범위의 경제
④ 망 외부성　　　　　⑤ 탐색재

07 다음은 정보의 가치를 설명하는 방법이다. (가), (나)에 해당하는 용어를 각각 쓰시오.

어떤 제품을 사용하던 소비자가 다른 제품으로 소비를 전환하려 할 때 소비자가 부담해야 하는 비용을 (　(가)　)(이)라 부른다. 그리고 이 (　(가)　)(이)가 커서 기존에 사용하던 제품이나 업그레이드 제품을 계속 사용하는 현상을 (　(나)　)(이)라고 한다.

(가) _____　　　　　(나) _____

08 다음 설명의 괄호 안에 들어갈 내용으로 적절한 것은?

(　　　　　　)란 정보통신 기술의 발달로 사용할 수 있는 정보의 양이 많아지고 정보의 활용이 모든 업무의 중심이 되면서 정보가 부(富) 창출의 원천이 되는 사회를 말한다.

① 지식사회　　　　　② 집단사회　　　　　③ 산업사회
④ 정보사회　　　　　⑤ 농경사회

09 다음 중 앨빈 토플러가 제시한 정보사회의 속성에 속하지 않는 것은?

① 거대한 관료 체제가 애드호크라시로 대체　　② 대량생산으로의 전환
③ 재화 및 서비스의 모듈화　　　　　　　　　④ 교환 수단이 된 전자화폐
⑤ 프로슈머의 등장

10 다음 사례에 해당하는 정보사회의 부정적 요소는?

> 컴퓨터를 이용하여 불법적인 행동을 하거나 컴퓨터 시스템에 해를 끼치는 행위를 말한다. 컴퓨터와 컴퓨터 시스템은 범죄의 대상이 되기도 하고 범죄의 도구로 사용되기도 한다. 승인을 받지 않거나 해를 끼칠 목적으로 컴퓨터에 접속하는 행위는 모두 범죄로 규정하고 있다.

① 권력의 집중화   ② 컴퓨터 오남용

③ 사회 경계 파괴   ④ 정보시스템에의 지나친 의존성

⑤ 컴퓨터 범죄

11 다음 설명에 해당하는 인물은?

> 4차 산업혁명은 2016년 다보스포럼에서 이 사람이 처음으로 제시한 개념이다. 4차 산업혁명을 정의하기란 쉽지 않지만, 최근의 논의를 종합해보면 '3차 산업혁명을 기반으로 하여 디지털, 생물학, 물리학 등의 경계가 없어지고 융합되는 기술혁명', 또는 '인터넷을 통해 모아진 인간의 행위와 생각을 온라인상의 거대한 데이터 저장고에 넣어 활용하는 일련의 경제적 활동'으로 정의할 수 있다.

① 피터 드러커   ② 스티브 잡스   ③ 클라우스 슈밥

④ 하위도 판로쉼   ⑤ 애덤 스미스

12 다음 설명의 괄호 안에 들어갈 내용으로 적절한 것은?

> (   )라는 이름의 스마트 도시 사업이 진행되면서 도시의 시설물과 제품 등에는 소위 사물인터넷이 내장되고, 인프라와 인프라 간, 인프라와 디바이스 간 ICT 기술의 발전으로 이전에는 불가능했던 일들이 가능해지고 있다.

① 이코노믹 시티   ② 인터넷 시티   ③ IT 시티

④ 오토매틱 시티   ⑤ 유비쿼터스 시티

13 다음 중 국내 IT 융합 5대 산업에 속하지 않는 것은?

① 농업 IT   ② 조선 IT   ③ 섬유 IT

④ 국방 IT   ⑤ 항공 IT

01 앨빈 토플러의 저서 『부의 미래』를 읽고, '프로슈머'가 무엇이며 미래 사회가 프로슈머에 의해 어떻게 변할 수 있는지에 대해 논술 형식의 리포트를 작성하시오.

02 정보사회를 대표하는 인물 세 명을 조사하여 발표하시오.

03 앨빈 토플러의 '제3의 물결'은 정보사회를 의미한다. 그렇다면 '제4의 물결'은 무엇일지 토론하시오.

04 정보 격차란 무엇이며 이를 해소하기 위해 누가 노력해야 하는지, 그리고 어떤 노력이 필요한지 토론하시오.

05 4차 산업혁명을 주도할 새로운 산업은 무엇인지 발표하시오.

다음은 논문 「정보사회와 해석학적 정보윤리」 중 서론의 일부를 발췌하여 편집한 것이다. 다음을 읽고 자신이 하루 동안 정보사회 속에서 경험하는 디지털 문화에 대해 리포트를 작성하시오.

서론: 정보사회

우리의 생활을 돌아보자. 스마트폰 알람으로 잠이 깨어 시사 교양 프로그램을 들으며 아침을 먹는다. 출근길에 지인에게서 온 카카오톡 메시지를 받고서 필요한 정보를 태블릿 PC로 검색한다. 직장에서 사업 프로젝트에 필요한 PPT를 작성하여 프레젠테이션을 하고, 그에 관한 자료를 이메일로 보낸다.

점심식사 후 스마트폰으로 음악을 들으며 친구와 스마트폰 게임을 한다. 퇴근 후엔 카페에서 노트북을 이용하여 영어 강의 동영상을 보며 승진 시험을 준비하고, 저녁을 먹고 나면 인스타그램이나 페이스북을 통해 친구들과 수다를 떨며 하루의 스트레스를 날려버린다.

이렇게 현대의 우리 생활은 컴퓨터, 스마트폰, 태블릿 PC 및 각종 미디어가 만들어내는 디지털 문화로 가득 차 있다. 우리는 디지털 문화가 만들어내는 정보로 가득하고, 그것을 향유함으로써 영위하는 사회, 즉 정보사회에 살고 있는 것이다.

ⓒ 박유정, 「정보사회와 해석학적 정보윤리」, 인문학연구, 제20호, 2012

경영과
경영정보시스템

학 | 습 | 목 | 표

- 경영의 개념과 과정, 기능을 이해한다.

- 경영 환경과 경영 조직 및 관련된 주요 용어를 이해한다.

- 시스템의 개념과 종류를 이해하고 시스템 접근을 정의한다.

- 시스템 다이내믹스의 개념을 이해하고 시스템 다이내믹스를 활용한다.

- 경영정보시스템을 정의하고 경영정보시스템의 발달 과정을 이해한다.

- 경영정보시스템의 유형을 조직 구조별, 경영 계층별, 기능별로 분류한다.

경영

01 경영의 개념

경영management이란 조직의 목표 달성을 위해 자원을 효율적으로 활용하는 여러 가지 동태적인 활동을 말한다. 만약 어느 조직의 경영자가 경영을 제대로 하지 못한다면 조직의 구성원이 통제되지 않아 조직이 와해될 수도 있다. 따라서 조직을 경영하기 위해서는 통제가 불가피하다. 하지만 통제라는 표현이 강압적인 느낌을

© Shutterstock

그림 2-1
경영
조직의 목표 달성을 위해 자원을 효율적으로 활용하는 동태적인 활동을 말한다.

주기 때문에 관리라는 용어로 대체되었다가 최종적으로 경영이란 용어를 사용하고 있다.

02 경영의 과정

앙리 파욜Henri Fayol은 경영의 과정이 계획-조직화-지시-조정-통제의 순환 과정을 거친다고 주장했다. 미국에서는 경영의 과정을 계획-조직화-충원-지시-통제의 순환 과정으로, 우리나라에서는 계획-조직화-지시-통제의 순환 과정으로 본다. 일반적으로는 간단히 계획-실행-통제로 정의하기도 한다.

TIP **앙리 파욜(1841~1925):** 프랑스의 경영학자로, 경영관리론의 창시자이다.

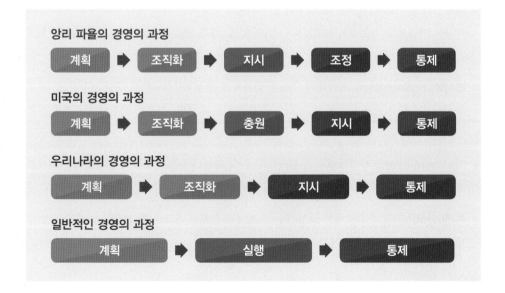

그림 2-2
경영의 과정

경영은 일종의 시스템이며, 시스템은 입력, 처리, 출력의 기능이 필수적이다. 경영에서의 시스템도 마찬가지로 계획, 실행, 통제의 기본 기능이 있는데 이를 경영의 과정이라고 한다. 일반 기업의 경영 과정은 다음 그림과 같이 공급자로부터 재료를 조달받아 생산하고 이를 고객에게 판매하는 일련의 과정으로 구성된다.

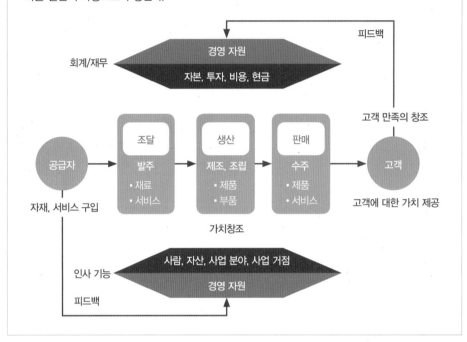

03 경영의 기능

경영의 기능은 크게 계획, 조직화, 지시, 통제로 나눌 수 있다.

- **계획(plan):** 미래 지향적인 목표를 달성하기 위해 사전에 상황을 예측하고 행동 지침을 예정하는 기능으로, 경영자가 예감보다는 어떤 방법, 계획, 또는 논리에 기초하여 자신의 목표와 행동을 생각하는 과정이다.

- **조직화(organization):** 조직체의 구조를 유효하게 형성 및 유지하기 위한 기능으로, 조직 구성원이 조직 목표를 달성할 수 있도록 조직의 업무와 권한, 자료를 배치하고 조정하는 기능이다.

- **지시(instruction):** 경영의 목적을 달성하기 위해 타인의 행동을 유효하게 유발하는 기능으로, 조직 구성원이 핵심적인 과업을 하도록 지시하고 동기를 부여하는 과정이다.

- **통제(control):** 경영 활동이 수익성 또는 경제성의 원칙에 따라 처음 설정한 계획대로 잘 수행되도록 관리하는 기능이다.

04 경영 환경

경영 환경management environment은 기업(조직)을 둘러싸고 있거나 기업에 직간접적으로 영향을 미치는 기업 내외부의 모든 요인을 의미한다. 기업과 환경은 일방적인 관계가 아니라 서로 영향을 주고받는 상호 의존관계이다. 환경의 변화는 기업에 성장의 기회를 끊임없이 제공하는 동시에 기업의 생존 문제에도 영향을 미치는 위협 요인으로 작용한다. 따라서 개방시스템open system으로 기업이 존속 및 성장하려면 환경에 능동적으로 대처해야 한다.

경영 환경은 크게 과업 환경과 일반 환경으로 구분된다. 과업 환경은 기업의 독특한 분위기나 특성(인력, 자금, 마케팅 능력, 생산 및 품질 관리 능력 등)을 말하며, 일반 환경은 기업의 활동에 영향을 주는 경제적·기술적·문화적·정치적·법률적 환경 등을 말한다. 현대 경영은 글로벌 경쟁이 중요한 요소이기 때문에 일반 환경에 글로벌 환경이 포함된다.

과업 환경

과업 환경task environment은 개별 기업의 경영 활동 수행에 직접적으로 영향을 주는 환경으로, 주로 기업의 이해관계 집단으로 구성된다. 과업 환경에는 고객, 공급업체, 유통업체, 경쟁업체 등이 있다.

- **고객(customer)**: 조직은 고객의 필요를 충족해주기 위해 존재한다. 고객은 재화나 서비스를 구입하는 기관과 소비자를 말한다. 이러한 고객이 기업에 미치는 영향은 매우 크기 때문에 조직의 주요 경영 목표로, 고객 만족customer satisfaction의 비중이 커지고 있을 뿐만 아니라 더 나아가 고객 감동customer delight의 새로운 가치를 창조하는 경영을 지향하고 있다.

- **공급업체(supplier)**: 조직이 활동하려면 필요한 원자재, 설비, 자금, 노동력, 정보, 에너지 등을 외부의 공급업체로부터 공급받아야 한다. 공급업체는 원자재와 부품뿐만 아니라 그 밖의 다른 투입물도 공급하는 기관이나 업체를 말한다.

- **유통업체(distributor)**: 유통업체는 기업과 최종 고객 사이에 있으면서 기업에는 시장 정보를 제공하고 고객이 필요한 제품이나 서비스를 구입할 수 있도록 해주는 판매 회사, 대리점, 특약점 등을 말한다. 경영자는 기업과 유통업체 간에 균형을 유지하면서 공통된 번영과 발전을 지속할 수 있는 관계를 확립하는 데 힘써야 한다.

- **경쟁업체(competitor)**: 소수의 독점적 국영기업을 제외하고는 경쟁업체가 없는 조직이란 존재하지 않는다. 경쟁업체는 동일하거나 유사한 제품을 가지고 서로 경쟁하는 관계에 있는 기관이나 업체를 말한다. 경쟁자의 가격, 품질, 신제품 개발 속도 등에 걸친 목표와 전략은 기업의 생존에 큰 영향을 미치는 환경 요소로, 지속적인 관찰과 정보 수집이 필요하다. 조직은 어떠한 상황에서도 고객에게 최고의 만족을 제공하기 위해 확실한 시장 전략을 세우고 경쟁자의 경쟁력을 심층적으로 분석해야 한다.

일반 환경

일반 환경general environment은 기업의 외부에 존재하면서 기업의 의사결정이나 기업 활동에 영향을 주는 환경을 의미한다. 일반 환경은 모든 기업에 공통적으로 나타나며, 기업에 미치는 영향의 범위가 넓다. 기업 활동에 직접적인 영향을 주지는 않아 직접적으로 통제할 수 없는 경우가 많고 협상의 대상도 될 수 없다. 따라서 일반 환경의 변화를 적절히 예측하여 대응해야 한다.

- **경제 환경:** 기업 활동에 영향을 미치는 경제시스템 전반을 의미한다. 경제 환경은 생산과 유통 및 소비에 이르는 모든 경제시스템, 즉 경제 체제, 경제 정책, 금융 정책 및 이자율, 물가 수준, 국민소득 수준, 성장률 등의 국민경제적 요소로 구성된다.

- **사회·문화 환경:** 한 사회나 집단을 구성하고 있는 개인의 행동에 영향을 미치는 환경을 의미한다. 사회적인 요소, 즉 문화와 가치관, 인구통계적 요인(인구 분포와 남녀 비율, 출생률과 사망률, 경제활동인구 및 노년층의 비율 등), 생활양식, 전통 및 관습 등과 같은 사회제도나 사회적 태도 등의 요소로 구성된다.

- **정치·법률 환경:** 기업 활동을 규제하거나 촉진하는 법률, 규칙이나 정부 기관의 정책 및 활동 등의 환경을 의미한다. 정치·법률 환경은 기업 활동을 촉진하기도 하고 규제하기도 하는 양면적인 성격을 지녔다.

- **국제 환경:** 기업이 국경을 초월하여 기업 활동을 수행할 때 직면하게 되는 환경을 말한다. 세계 주요 국가들의 이자율, 환율 정책, 원자재 및 산유국들의 에너지 전략, 국제정치 상황 등의 요소로 구성된다.

- **기술 환경:** 재화 및 서비스의 생산과 관련되는 지식이나 기술이 기업 활동에 미치는 영향을 의미한다. 기술 환경은 일반 환경 중에서 가장 급격하게 변화할 뿐만 아니라 기술적 발전이 미치는 영향의 범위도 광범위하다.

그림 2-3
경영 환경

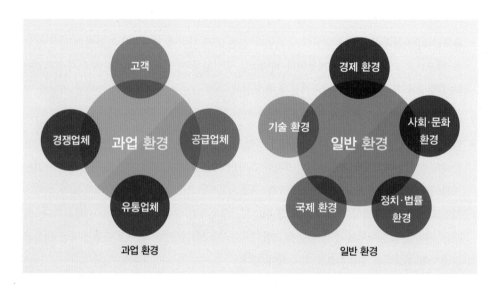

05 경영 조직

조직organization은 공동의 목표를 이루기 위해 함께 일하는 사람들의 모임으로, 다수의 인간이 여러 가지 목표를 달성하기 위해 상호작용하고 그들의 행동을 조정하는 유기적인 집합체라고 할 수 있다. "인간은 사회적 동물이다"라는 아리스토텔레스의 말처럼 인간은 끊임없이 유한한 자원으로부터 개인적인 욕구와 사회적인 욕구를 충족하려는 노력을 해왔다. 인간의 이러한 노력은 개인의 힘으로 가능하기도 했지만 대부

© Shutterstock

그림 2-4
조직
공동의 목표를 이루기 위해 함께 일하는 사람들의 모임이다.

분의 경우 개인의 노력만으로는 불가능한 것이었다. 인간이 외부 환경으로부터 자신을 보호하고 여러 가지 욕구를 효과적으로 충족하기 위해서는 개인의 노력을 통합하여 운영하는 집단적인 노력이 필요했으며, 이러한 필요성에 의해 여러 형태의 조직이 탄생했다.

조직의 특성

개인적으로는 달성하기 힘든 목표를 뜻을 같이하는 사람들이 모여서 함께 노력하기 위해 조직이 존재한다. 현대사회에서는 기업이라는 조직체가 중심적인 존재로서 그 기능과 역할을 수행하고 있기 때문에 이러한 사회를 가리켜 기업사회라고도 부른다. 현대 기업이 지닌 조직으로서의 공통적 특성은 다음과 같다.

- **공동의 목표 추구:** 공동의 목표를 추구한다는 것은 조직 내 여러 개인 간의 목표에 대한 견해 차이에 관계없이 조직이 전체적으로 추구하는 목표가 있다는 것을 의미한다. 조직 목표와 개인 목표의 양립 가능성을 추구하지만 조직 전체의 목표는 개인의 목표보다 우선한다.

- **여러 사람의 집합체:** 어떠한 목적이나 목표도 저절로 달성될 수는 없다. 목표를 수립하고 그 목표를 달성하기 위해 다양한 활동을 할 사람들을 필요로 한다. 따라서 조직을 하나의 사회적 실체로 이해해야 한다.

- **체계적인 구조:** 조직 내에는 구성원들이 수행해야 하는 여러 가지 역할과 지위가 있으며, 이러한 역할과 지위는 조직의 목표를 달성할 수 있도록 체계적으로 설정되어야 한다.

조직화의 주요 원칙

조직화는 자원을 배분하고 직무를 할당하며 조직의 목표를 달성하기 위해 절차를 구축하는 활동을 의미한다. 그리고 조직도organization chart는 조직 구성원 사이의 관계를 보여주고 조직의 업무를 분화하는 시각적 도구로서, 누가 특정 업무의 수행에 책임을 지는지, 보고 체계가 어떠한지 등을 알려준다. 조직화의 여덟 가지 주요 원칙은 다음과 같다.

- **분업화·전문화의 원칙:** 업무를 분업화하고 각 구성원이 단일한 특정 업무를 담당하여 경영 활동의 효율성을 증진해야 한다는 것이다. 전체 목표를 통합하기 위한 조정의 원칙이 필요하다.

- **조정의 원칙:** 조직이 추구하는 공동 목표를 달성하기 위해 구성원 간의 업무 수행을 질서 정연하게 배정해야 한다는 것이다.

- **기능화의 원칙:** 경영 조직의 합리화를 위해 인간 중심이 아니라 과업 중심으로 조직이 형성되어야 한다는 것이다.

- **책임과 권한의 원칙:** 조직과 구성원들이 직무를 분담할 때 각 직무 사이의 상호 관계를 명백히 해야 하고, 각 직무에 관한 명확한 책임과 일정한 권한이 부여되어야 한다는 것을 의미한다. 책임과 권한이 명확해지면 이 권한과 책임이 직무와 함께 하위 직무로 위임되어야 한다.

- **삼면등가의 원칙:** 수행하는 직무를 명확하게 하기 위해 책임·권한·의무, 세 부분이 대등해야 한다는 것이다.

- **명령 일원화의 원칙:** 한 구성원은 정해진 상사로부터 명령과 지시를 받아야 한다는 것이다. 하지만 명령 일원화의 원칙은 오히려 조직을 경직하게 만들어 변화에 대한 신속한 대응을 불가능하게 하는 요인이 될 수도 있다.

- **통제 범위의 원칙:** 한 경영자가 직접 지휘·감독할 수 있는 구성원의 수는 일정한 한계가 있다는 것이다. 감독의 폭이 너무 넓으면 커뮤니케이션이 잘되지 않기 때문에 지휘·감독이 어려워져 능률이 저하되고 관리에 실패하기 쉽다. 반대로 부하의 수가 너무 적으면 지휘·감독을 용이하게 할 수는 있으나 많은 경영층이 형성되어 조직이 관료화되고 업무의 효율성이 떨어진다.

- **계층제의 원칙:** 직무를 권한과 책임의 정도에 따라 등급화·계층화하고 상하 계층 간에 지휘·명령·복종 관계를 확립한다는 것이다.

TIP **책임:** 행위를 할 수 있는 권리로, 조직에서 책임을 공정하게 수행해낼 수 있는 힘을 말한다.

TIP **권한:** 직무의 책임 사항으로 직무 담당자가 하지 않으면 안 될 활동이다.

TIP **의무:** 직무 수행 결과에 대한 책임이며, 책임과 권한을 행사하는 것이다.

그림 2-5
조직화의 주요 원칙

조직의 계층

기업에서 조직의 계층은 일반적으로 최고경영층, 중간관리층, 일선경영층, 실무자로 구성된다. 회사의 경영 활동을 계층별 활동으로 정의하면, 최고경영층은 전략 계획을 수행하고 중간관리층은 경영 통제를 수행하며 일선경영층은 운영 통제를 수행한다고 볼 수 있다.

- **최고경영층(top management):** 사장과 전략적 계획을 수립하는 핵심 중역으로 구성된다. 최고경영자, 최고운영책임자, 최고재무책임자, 최고정보관리책임자 등이 최고경영층에 포함된다. **최고경영자**CEO는 기업의 사장이나 기업의 모든 의사결정을 책임지는 사람으로, 조직에 변화를 불러일으킬 책임도 가지고 있다. **최고운영책임자**COO는 그러한 변화를 현실화할 의무가 있다. 따라서 이들의 직무는 업무를 설계하고, 기업 운영을 통제하며, 모든 종업원이 리더의 비전을 따르도록 적절히 보상하는 일로 구성된다. 오늘날의 많은 기업은 비용 절감 차원에서 최고운영책임자의 기능을 없애고 이를 최고경영자의 역할에 포함하고 있다. **최고재무책임자**CFO는 최고운영책임자 자리를 대신하여 의사결정에 참여하며, 자금을 확보하고 예산을 계획하는 등의 업무를 담당한다. **최고정보관리책임자**CIO는 정확한 결정을 위해 필요한 정보를 수집하여 다른 관리자들에게 배포하는 역할을 맡는다.

- **중간관리층(middle management):** 전술적 계획과 통제를 책임지는 일반 관리자, 부서장, 지사 등을 말한다.

- **일선경영층(supervisory management):** 실무자들을 직접 감독하고 그들의 성과를 평가할 책임을 지는 사람으로, 실무자보다 한 단계 높은 수준에 있기 때문에 일반적으로 일선관리자라고도 한다.

- **실무자(staff):** 실제 업무를 맡아 처리하는 사람을 지칭한다. 이들은 일반적으로 일선관리자에 의해 통제되고 현장에서 업무를 수행하기 때문에 현장 실무자, 업무 담당자라고도 한다.

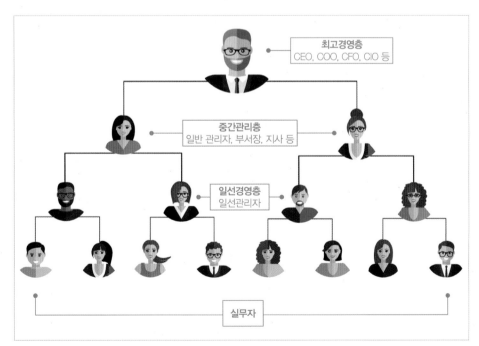

ⓒ Shutterstock

그림 2-6
조직의 계층

이러한 조직의 계층에 요구되는 업무 기술은 다음과 같이 구분할 수 있다.

● **사무적 기술(technical skill):** 특정 분야(제품의 판매나 개발)나 부서(마케팅이나 정보시스템)의 업무를 수행할 수 있는 능력을 의미한다.

● **대인관계 기술(human relations skill):** 의사소통과 동기부여에 관한 것으로, 관리자가 사람들과 함께 일할 수 있도록 하며 리더십, 코칭, 사기 진작, 권한 위임, 훈련, 지도, 지원 등의 기술과 관련된다.

● **개념적 기술(conceptual skill):** 조직에 대한 큰 그림 및 각 하위 부분과의 관계를 제시할 수 있는 능력으로 계획, 조직화, 통제, 체계 구축, 문제 분석, 의사결정, 조정 및 권한 위임 업무에 필요하다.

그림 2-7
조직의 계층에 요구되는 업무 기술

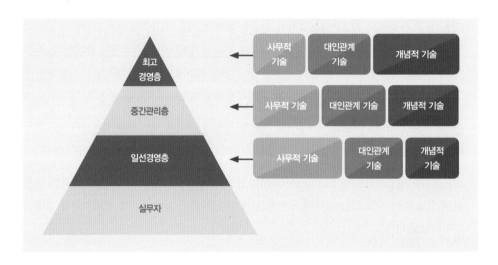

시스템

01 시스템의 개념

시스템system은 '하나의 구역 또는 기능 단위로 이루어진 여러 개의 독립된 구성 인자 개체가 전체 목표를 달성하기 위해 유기적으로 결합되어 있는 하나의 집합체 또는 실체'라고 표현할 수 있다. 또는 '하나의 전체(복합체)를 구성하는 사물(구성 요소)의 모임', '특정한 목적을 가지고 이를 성취하기 위해 여러 구성 인자가 서로 유기적으로 연결되어 있으면서 목적을 위해 노력하는 것' 등으로 다양하게 시스템을 정의할 수 있다.

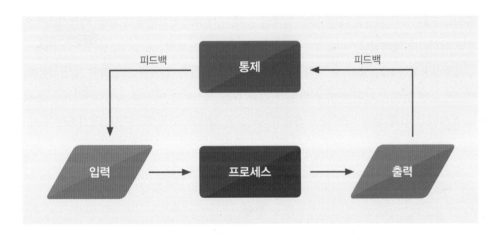

그림 2-8
시스템의 일반적 형태

시스템의 개념은 복잡한 경영관리의 문제를 효율적으로 이해하는 데 큰 도움이 된다. 기업이 하나의 시스템이라면, 생산 기능, 구매 기능, 판매 기능 등 기능적으로 구역을 가진 독립된 개체의 자체 목적이나 고유한 기능이 따로 있지만 실질적으로는 기업이라는 전체의 목적을 위해 존재하는 유기적 실체인 것이다.

시스템의 조건	시스템의 특징
• 시스템이 되기 위해서는 어느 시스템이든 뚜렷한 목적을 가지고 있어야 한다. • 시스템을 이루고 있는 구성 인자가 상호 유기적으로 연결되어야 한다. • 각 구성 인자가 목적을 달성하기 위해 자원, 정보, 에너지를 사용해야 한다.	• 시스템은 입력, 처리, 출력, 피드백을 구성 요소로 가진다. • 시스템을 통제하지 않으면 무질서의 증가로 시스템이 파괴된다. 즉 '엔트로피'라는 자연법칙이 적용되며 통제의 개념이 등장했다. • 시스템은 하위 시스템으로 분할된다.

표 2-1
시스템의 조건과 특징

02 시스템의 종류

시스템은 확정적 시스템과 확률적 시스템, 폐쇄시스템과 개방시스템으로 나누기도 한다.

확정적 시스템과 확률적 시스템

확정적 시스템deterministic system은 예측이 가능한 방식으로 작동하며 부분 간의 상호작용을 확실하게 알 수 있다. 따라서 어떤 시점에 시스템의 상태와 작동에 대한 정보를 가지고 있다면 시스템의 다음 상태를 착오 없이 정확하게 알 수 있다.

　확률적 시스템probabilistic system은 확률적 행위의 측면에서 설명할 수 있는데, 일반적으로 시스템은 무엇을 할 것인지에 대한 착오가 생길 수 있다. 예를 들어 재고시스템의 경우, 평균재고 등의 계산은 가능하지만 어떤 특정 시점의 정확한 재고량을 알 수는 없다.

폐쇄시스템과 개방시스템

폐쇄시스템closed system은 자기완비적self-contained인 시스템으로 물질, 정보, 에너지를 외부와 교환하지 않는다. 예를 들어 밀폐된 용기 내에서의 화학반응과 같은 폐쇄시스템은 결국 쇠퇴하고 해체된다. 이와 같은 무질서의 이행을 엔트로피entropy의 증가라고 한다.

　개방시스템open system은 무작위적이고 정의되지 않은 입력을 포함하여 물질, 정보, 에너지 등을 환경과 교환하며, 사람이나 기업 같은 시스템이 여기에 속한다. 이들은 존재를 유지하기 위해 환경의 변화에 적응할 수 있는 형태와 구조를 가지며 자기조직적self-organizing이다.

그림 2-9
기업의 일반적인 시스템 모형

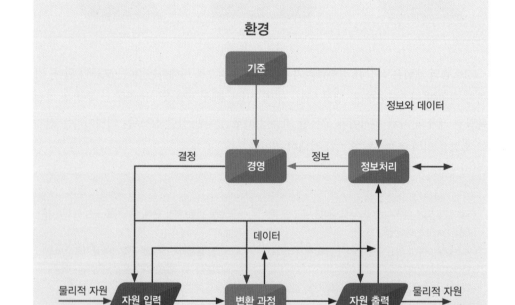

시스템은 형태가 다양하지만 그 특성별로 분류해보면 우선 구체적 시스템과 추상적 시스템으로 나눌 수 있고, 구체적 시스템은 다시 자연적 시스템과 비자연적 시스템으로 나눌 수 있다. 자연적 시스템은 인공적 변화를 주든 아니든 자연적 개체로 이루어진 경우를 말한다. 비자연적 시스템은 다시 특성시스템과 혼합시스템으로 나눌 수 있는데, 이 중에서 혼합시스템은 여러 특성시스템을 혼합하여 만든 시스템이다. 혼합시스템은 인간-기계 시스템, 인간-자연 시스템, 인간-기계-자연 시스템 등 종류가 매우 많다. 정보시스템은 일반적으로 목표를 달성하려 할 때 인간과 컴퓨터 모두가 어떤 활동을 수행하는 인간-기계 시스템이다. 인간 요소가 개방적이고 확률적인 반면 기계 요소(컴퓨터)는 비교적 폐쇄적이고 한정적이다.

© 박순달, 「시스템의 개념과 분류」, MORS.K, 제3권 제1호, 1977

03 시스템 접근

현대 경영의 연구를 크게 둘로 나눈다면 행동과학 연구와 경영과학management science 연구가 있다. 그런데 현대 경영의 연구는 대부분 시스템 접근을 사용한다는 것이 그 특징이라고 할 수 있다.

시스템 접근system approach이란 시스템의 개념을 이용하여 전체적인 상호 관계성을 추구함으로써 주어진 문제를 해결하기 위한 시스템 사고방식이다. 이와 같은 시스템 사고를 행하는 방법으로는 시스템 이론system theory, 시스템 분석system analysis, 시스템 공학system engineering 등이 있으며, 이것들은 시스템 접근의 주요 내용을 이룬다. 특히 시스템 분석은 수많은 분야에 사용되는 분석 기법이다.

TIP **경영과학:** 오퍼레이션 리서치(operations research)를 중심으로 계량경제학적 분석이나 통계적 분석과 같은 수학적 기법으로 경영 현상을 해명하려는, 넓은 의미에서 경영학의 한 분야이다.
© 두산백과

표 2-2
시스템 사고를 행하는 방법

방법	설명
시스템 이론	어떤 현상이나 사물을 하나의 단일체(a unitary whole)로 본다는 하나의 철학으로, 이는 사고 방법론의 하나이다.
시스템 분석	원래 군사 문제를 연구 영역으로 하는 미국의 랜드연구소가 개발했다. 1961년 미국 국방성이 PPBS와 더불어 정식으로 채택한 것으로, 목적이나 문제 해결을 위한 하나의 과학적 접근 방법으로서 합리적인 선택을 도와주는 분석 작업이라고 할 수 있다.
시스템 공학	시스템의 각 구성 요소가 하나의 목적을 향해 확실하고 능률적으로 작동할 수 있도록 제반 기술을 창조적으로 구성하는 기술을 의미한다. 이를 구체적으로 표현하면, 각 구성 요소에 대해 전체와의 관련성을 토대로 역할과 임무를 부여하고, 각 부분이 무관하게 작동해도 시스템 전체로서의 목적을 달성할 수 있도록 설계·제작·설치하는 것을 말한다.

시스템 분석은 시스템의 목표 달성에 필요한 각종 대안을 과학적인 절차를 거쳐 계량화하여 표현하고, 자원의 경제적 우선순위와 그 성과를 비교하여 선택에 정확성을 기하도록 지원하는 행위이다. 또한 시스템 분석은 비용과 효과를 척도로 하는 선택 기법이기 때문에 비용과 효과의 비교 작업이 주요 부분을 차지한다. 시스템 분석의 주요 요소는 다음과 같다.

- **목표**: 시스템이 달성하고자 하는 것이다.
- **대안**: 목표를 달성하기 위한 수단이다.
- **비용**: 목표를 달성하는 데 필요한 경제적인 지출이다.
- **효과 척도**: 목표 달성도를 나타내는 척도이다.
- **효과**: 각 대안에 계획된 효과 척도상의 위치를 말한다.
- **모형**: 연구하려는 문제와 관계된 상황을 추상화한 것이다.
- **판정 기준**: 각 수단의 선택 근거이다.

시스템 분석의 과정을 살펴보면, 먼저 문제와 목표를 확립하고, 문제의 해결에 활용할 수 있는 해결 방안을 가능한 한 모두 생각한 후 각 대안에 관련된 자료를 수집하며, 수집된 자료로 주어진 현상을 모형화하여 계량적 분석을 수행할 수 있도록 한다. 작성된 모형을 중심으로 각 해결 방안에 얼마만큼의 비용이 드는지, 이에 따르는 효과를 분석·검토하여 여건 변화에 따라 위의 분석 결과에 어떠한 변화가 발생할 것인지를 조사한다. 그리고 계량적 모형 작성 시에 사용된 가정과 자료를 재검토한다. 마지막으로 목표나 문제를 재검토하여 분석 과정에서 빠뜨린 새로운 문제 해결 방안을 모색하거나, 만족스러운 해결 방안이 아직 제시되지 않은 경우 위의 과정을 다시 반복하면서 만족스러운 답을 얻을 때까지 분석을 수행한다.

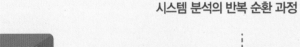

시스템 분석의 반복 순환 과정

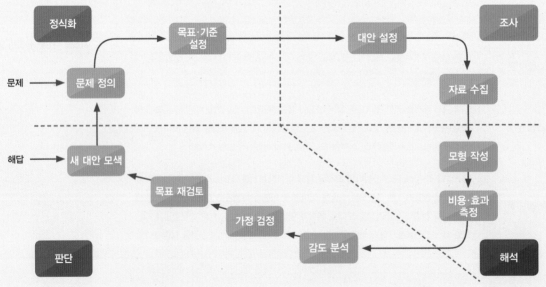

ⓒ 곽수일·강석호, 『생산관리』, 박영사, 1978

04 시스템 다이내믹스

시스템 다이내믹스system dynamics는 피드백, 동적 역학, 시뮬레이션을 이용하여 시스템과 조직 전체의 관점에서 조직의 문제를 다루는 분야이다. 특히 동적인 행위가 일어나거나 시스템의 반응에 피드백이 중요한 영향을 미치는 복잡한 문제를 해결하는 데 유용한 방법론이다.

시스템 다이내믹스를 통한 문제 해결

시스템 다이내믹스는 시스템 구성 변수들의 인과관계가 피드백 루프feedback loop를 형성하는 구조상에서 나타나는 동태를 집중 분석하여 문제를 분석하고 문제의 해결 방안을 모색하는 것이 특징이다. 시스템 다이내믹스를 통해 문제를 해결하는 과정은 다음과 같다.

❶ **문제 정의:** 문제 분석을 위해 인지 내용을 시각화하는 과정이 필요하다. 이때 연구 모형으로 활용하려는 내용을 멘탈 모델mental model이라고 하며, 이를 시각적으로 표현하는 과정이 문제 정의 단계이다.

❷ **인과지도 작성:** 이 단계에서는 멘탈 모델을 인과지도라는 형태의 모형으로 작성한다.

❸ **모델 설계:** 멘탈 모델의 행태를 분석하기 위해 컴퓨팅 시뮬레이션을 진행해야 하는데, 이를 위해서는 멘탈 모델이 시뮬레이션이 가능한 컴퓨터 모델로 설계되어야 한다. 이때 주로 SFD Stock and Flow Diagram가 활용된다.

❹ **시뮬레이션 진행:** 컴퓨터 모델을 시뮬레이션하여 문제를 야기하는 시스템의 행태를 파악한다. 이때 다양한 시뮬레이션의 결과 값을 비교·분석할 수 있도록 테이블이나 그래픽 기반의 민감도 분석 도구를 활용한다.

❺ **대안 도출 및 해결안 채택:** 분석한 시스템에서 통제하려는 대상과 그 내용을 바탕으로 문제를 해결할 수 있는 대안을 도출해낸다. 개별 안에 대한 시뮬레이션 값들을 비교하고 가장 적절한 안을 최종 해결안으로 채택하여 활용한다.

❻ **실제 적용 및 피드백:** 최종 안을 실제 시스템에 적용한다. 이때 고려해야 할 사항은, 연구 모형이 실제 시스템과 완벽하게 일치하지는 않기 때문에 실험을 통해 밝혀낸 해결안의 결과가 실제 상황에서 어떤 효과를 나타낼지 확신할 수 없다는 것이다. 따라서 지속적인 모니터링을 통해 첫 번째 단계로 피드백하는 과정이 필요하다.

TIP 시스템 다이내믹스에서는 이 과정에서 시스템 통제 가능 시점, 지점 등을 지렛대(leverage)라는 개념으로 정의한다. 그리고 문제의 해는 SFD상 유량변숫값(flow rate)의 변화에 따른 다양한 실험을 통해 도출된다.

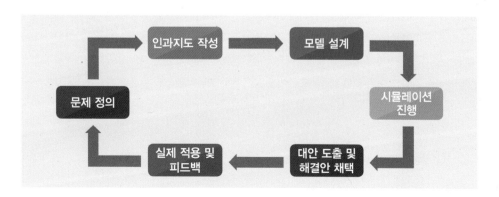

그림 2-10
시스템 다이내믹스를 통한 문제 해결 과정

시스템 다이내믹스의 기본 시각은 사회의 모든 현상을 피드백 시스템의 관점에서 이해하는 것이다. 어떤 변수의 동적인 변화를 다른 변수와의 복잡한 인과관계의 연결 고리 속에서 야기되는 상호작용이나 피드백에 의해 일어나는 것으로 파악한다. 즉 시스템 다이내믹스의 핵심은 어떤 현상의 복잡한 구조에 감춰져 있는 일관된 움직임을 포착하고 이를 유형화하는 데 있다.

인과지도

시스템 다이내믹스 접근법의 핵심인 인과지도는 변수, 화살표, 부호(+, −)를 이용하여 피드백 루프를 구성한다. 우선 화살표를 이용하여 변수 간의 인과관계를 표시하는데, 화살표의 기점은 원인 변수이고 종점은 영향을 받는 변수를 의미한다. 부호(+, −)는 인과관계의 방향을 나타내는데, + 부호는 두 요인이 같은 방향으로 변하는 것을 의미하고 − 부호는 다른 방향으로 변하는 것을 의미한다.

표 2-3
인과지도의 변수, 화살표, 부호

사용 예	설명
A ──+──▶ B	모든 조건이 같을 때 변수 A의 증가(감소)가 변수 B를 증가(감소)시킨다.
A ──−──▶ B	모든 조건이 같을 때 변수 A의 증가(감소)가 변수 B를 감소(증가)시킨다.

MIS 특강 │ 인과지도의 사례

보르네오의 말라리아 퇴치와 스마트워크 활성화 사례를 통해 인과지도를 자세히 알아보자.

사례1 보르네오의 말라리아 퇴치 ----------------------------------

보르네오에서 말라리아를 퇴치하기 위해 DDT를 살포했다. 이렇게 해서 말라리아모기를 없애 말라리아가 사라졌지만, 얼마 후 보르네오에 흑사병이 돌아 모든 농민이 몰살당할 위기에 처하고 심지어 그들이 살던 움막집이 모두 유실되었다. 상황이 이렇자 국가에서는 그 원인을 조사하기 위해 인과지도를 작성했다. 이 인  과지도를 가지고 전염병의 원인을 파악해보니, 말라리아를 퇴치하기 위해 DDT를 살포한 결과 모기뿐만 아니라 바퀴벌레도 한꺼번에 죽어버렸다. 이에 도마뱀이 먹을 것이 없어 그 개체가 감소하고, 도마뱀을 먹고사는 고양이가 사라짐으로써 쥐가 증가하여 쥐가 옮기는 전염병인 흑사병이 발생한 것이다. 또한 도마뱀은 나방 유충을 먹이로 하는데 도마뱀이 없어지자 움막집 지붕에 사는 나방 유충이 많아져서 지붕의 무게를 더해 움막집이 무너져버린 것이다. 이 문제의 해결책으로 쥐를 잡기 위해 고양이를 투입한 결과 쥐가 사라지고 흑사병도 자연스럽게 없어졌다.

보르네오의 전염병에 대한 인과지도

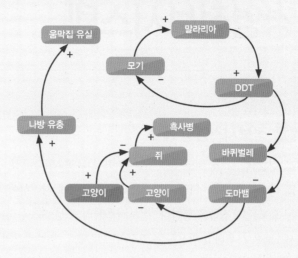

© 김도훈·문태훈·김동환, 「시스템 다이내믹스」, 대영문화사, 2000

사례2 **스마트워크 활성화** ···

스마트워크는 정보통신 기술(ICT)을 이용하여 시간과 장소의 제약 없이 관계자들과 협업하고 지속적인 업무를 수행하는 유연한 근무 형태로 정의할 수 있다. 스마트워크의 근무 유형은 근무 장소에 따라 이동근무(mobile office), 재택근무(home office), 스마트워크센터 근무(smart work center), 직장근무(smart office)로 구분하기도 한다. 기업 관점에서 생산성 향상은 스마트워크의 도입 만족도를 향상하게 되며 이는 이용률에도 긍정적인 영향을 미친다. 또한 기업은 생산성 향상에 따른 도입 만족도 상승과 비용 절감으로 인프라 투자를 늘리게 되고, 이로 인해 스마트워크 인프라가 확충되면서 다음과 같이 스마트워크 이용률도 상승하는 긍정적인 피드백 루프가 형성된다.

스마트워크 활성화에 대한 인과지도

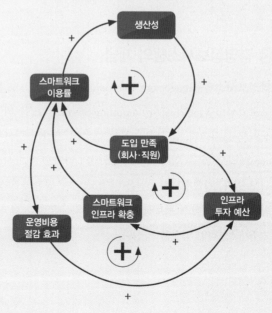

© 유상인·이소현·김희웅, 「스마트워크 활성화를 위한 탐색적 연구: 시스템 사고 접근」, *Entrue Journal of Information Technology*, 2013

경영정보시스템

01 정보시스템의 개념

정보시스템information system은 조직의 운영, 의사결정, 통제 및 관리 등을 지원하기 위해 데이터를 수집·저장·검색하고 목적에 맞게 처리하여 필요한 사람에게 정보를 제공하는 요소들의 집합을 말한다. 정보시스템의 구성 요소는 물리적인 구조인 정보 기술, 정보시스템을 사용하고 활용하는 조직의 프로세스, 프로세스의 주체인 사람으로 구분된다.

그림 2-11
정보시스템의 구성 요소

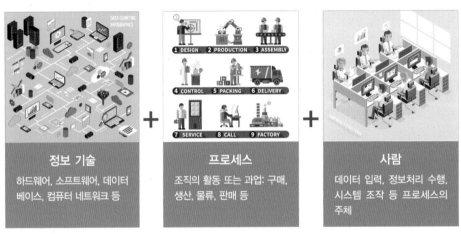

정보 기술	프로세스	사람
하드웨어, 소프트웨어, 데이터베이스, 컴퓨터 네트워크 등	조직의 활동 또는 과업: 구매, 생산, 물류, 판매 등	데이터 입력, 정보처리 수행, 시스템 조작 등 프로세스의 주체

ⓒ Shutterstock

02 경영정보시스템의 개념

경영정보시스템Management Information Systems, MIS은 경영관리층에 정보를 제공하는 정보보고시스템Information Reporting System, IRS을 의미한다. 좁은 의미로는 경영관리자 중심의 정보시스템, 넓은 의미로는 컴퓨터 기반의 정보시스템computer-based information system이라고 할 수 있다. 현재는 조직의 다양한 정보시스템을 모두 포괄하는 개념으로 사용되고 있다. 경영정보시스템은 기업 경영에 생산성 향상, 품질 개선, 경쟁우위 창출, 기업 전략 구현, 비즈니스 프로세스 재구축, 의사결정의 질 개선, 고객 만족, 업무 프로세스 혁신 등의 긍정적인 영향을 끼친다.

TIP **정보보고시스템:** 경영정보시스템의 하나로, 경영상 거래처리시스템(Transaction Processing System, TPS)이나 현장에서 발생한 데이터를 관리자에게 요약된 형태로 제공하여 관리 통제에 도움을 주는 시스템이다.

긍정적인 영향	설명
생산성 향상	업무 시간을 단축시켜 업무의 능률 향상(예: 수발주시스템, 전자결재시스템)
품질 개선	정보 기술을 사용하여 제품 품질 개선(예: POS를 통한 매장 품목 관리)
경쟁우위 창출	시간이나 비용의 절감 수준을 넘어 질적인 서비스로 고객 유치
기업 전략 실현	정보 기술을 기업의 전략을 구현하는 도구로 이용(예: 온라인 뱅킹)
비즈니스 프로세스 재구축	재설계된 업무 프로세스의 구현
의사결정의 질 개선	데이터 및 계량모형을 통해 의사결정의 효율성 및 효과 개선
고객 만족	정보 기술로 고객 요구 및 환경 변화에 신속하게 대응
업무 프로세스 혁신	출시 기간을 단축하여 시장 선점

표 2-4
경영정보시스템이 기업 경영에 끼친 긍정적인 영향

03 경영정보시스템의 발달 과정

정보 기술의 발달과 함께 경영정보시스템이 기업에 활용된 것은 1950년대부터이다. 이후 정보 기술은 생산성 향상과 함께 기업의 가치를 높일 수 있는 혁신의 수단으로서 현재까지 끊임없이 변화 및 발전하고 있다.

1세대: 단순 자료 처리(1950년대)

컴퓨터 도입 초기인 1950년대 중반, 컴퓨터의 응용 영역은 주로 급료 계산이나 회계 업무의 단순한 자료 처리에 국한되고 컴퓨터의 가격 및 정보처리비용이 높았기 때문에 경제성 면에서 경영자들은 고민에 빠지게 되었다. 당시에는 컴퓨터가 성능 대비 가격이 상당히 높고 주변장치가 발달하지 않아 기업은 컴퓨터를 사용하기 위해 막대한 비용을 지출해야 했다. 또한 경영정보시스템의 개념이 제대로 생성되지 않았으며, 컴퓨터의 단순 사용 정도 개념에 불과하여 EDPS Electronic Data Processing System 나 TPS Transaction Processing System 라는 용어를 주로 사용했다. 그러나 1957년 미국에서 정보 분야에 종사하는 노동자의 수가 산업 노동자의 수를 초과하면서 차츰 기업의 정보시스템 활용을 필수적인 요건으로 인식하게 되었다.

TIP EDPS: 컴퓨터에 의해 데이터를 처리하는 방식을 말한다.
© 매일경제 용어사전

TIP TPS: 거래처리시스템이라고 하며, 기업에서 일상적이고 반복적으로 수행되는 거래를 손쉽게 기록하고 처리하는 정보시스템을 말한다.
© 매일경제 용어사전

2세대: 경영정보시스템의 개념 정립(1960년대)

1960년대 중반부터는 단순 자료 처리 수준을 넘어 조직 관리와 경영진의 의사결정에 활용할 수 있는 다양한 컴퓨터 응용 시스템이 활발히 개발에 이용되기 시작했는데, 이와 같은 시스템을 기존의 EDPS와 구분하여 경영정보시스템(이하 MIS)이라 했다. MIS는 의사결정 지원을 위해 사전에 규정된 정보를 보고하려는 목적으로 경영 정보의 생성에 중점을 두었다. 당시 MIS의 목적은 조직의 모든 계층과 사업 기능을 단일 통합시스템으로 구축하는 것이었다. 그러나 기업의 복잡성과 변동성에 따라 시스템 변경 등이 쉽게 이루어지지 않아 막대한 비용과 시간을 투입하여 개발한 정보시스템이 제 구실을 못하는 사태가 속출했으며, 기업 중심의 올바른 MIS 구축에 대한 사회적 이슈가 제기되었다.

3세대: 의사결정 지원(1970년대)

복잡하고 거대한 시스템으로서의 MIS에 대한 회의론과 함께 한편에서는 정보와 시스템에 대한 조금 새로운 접근 방식이 대두되었다. 즉 1970년대 초 미국의 MIT를 중심으로 몇몇 학자는 경영자에 대한 정보의 지원은 그가 처한 문제와 관련된 의사결정에 중점을 두어야 하며, 정보시스템 또한 각각의 문제 상황에 맞게 개별적으로 설계해야 한다고 주장했다. 그들은 이와 같은 개념의 시스템을 의사결정지원시스템Decision Support System, DSS이라 하여 기존의 MIS와 구분했다.

4세대: 경영정보시스템의 완성(1980년대)

1980년대 초반에 들어서면서 저렴한 개인용 컴퓨터의 보급이 증가했다. 또한 컴퓨터와 정보통신이 통합되는 기술 혁신의 결과로 조직의 컴퓨터 활용 분야에 사무자동화Office Automation, OA, 최종 사용자 컴퓨팅end user computing 등의 개념이 등장하여 이에 대한 관심이 고조되기 시작했다. 특히 사무 관리에 팩스, 전자우편, 원격 화상회의와 같은 정보 통신 기술을 활용하여 사무의 생산성이 획기적으로 향상되었다.

기업 경영에 인공지능 개념을 활용하는 전문가시스템Expert System, ES, 전문가지원시스템Expert Support System, ESS, 모델관리시스템Model Management System, MMS 등의 중요성이 커졌는데, 이러한 것들은 향후 MIS 개발 및 활용의 새로운 가능성을 보여준다. 특정 분야의 전문가적 기능을 수행할 수 있도록 설계된 이러한 시스템은 용도의 독특함 외에도 자료 및 논리 표현의 용이성, 문서화 및 프로그램 유지·관리의 용이성 등 여러 측면에서 전통적인 전산시스템에 비해 다양한 이점을 제공할 수 있는 시스템으로 평가되었다.

1980년대 후반에 들어서는 정보 기술을 단순하게 기업 운영의 효율성 증대를 위해 활용하는 데 만족하지 않고, 시장에서의 경쟁우위 확보를 위한 기업의 전략적 수단으로 인식해야 한다는 견해가 퍼졌다. 향후 본격화될 정보사회에서 정보가 지닌 경쟁우위 획득과 유지, 전략경영 지원 요소로서의 중요성이 한층 강조되면서 전략정보시스템Strategic Information System, SIS, 정보 자원 관리information resources management에 대한 관심이 급격히 고조되었다.

5세대: 경영 혁신 기법의 도입(1990년대)

1990년대에 들어 기업들이 정보 기술을 기반으로 하는 전사적 자원관리Enterprise Resource Planning, ERP 시스템, 비즈니스 리엔지니어링Business Process Reengineering, BPR 등의 경영 혁신 기법을 도입하면서 정보 기술의 전략적 활용 가치에 대한 인식이 확산되었다. 이후 기업 활동을 수행하는 데 통신 기술을 바탕으로 한 정보시스템이 차지하는 중요성이 더

TIP **사무자동화**: 전자기기 등을 사용하는 사무 처리의 자동화를 의미하며, 사무 활동의 효율화 및 내용의 질적 향상을 지향하는 것을 목적으로 한다.

TIP **전사적 자원관리시스템**: 전사적 자원관리라는 명칭의 소프트웨어 패키지 형태 시스템으로서 기업의 기간정보시스템을 의미하며 자세한 내용은 8장에서 자세히 후술하겠다.

TIP **비즈니스 리엔지니어링**: 정보 기술을 이용한 기업의 경영 혁신. 프로세스 관점에서 기업을 혁신하는 방법론을 의미한다. 자세한 내용은 8장에서 후술하겠다.

욱 강조되었다. 특히 인터넷의 폭발적인 확산을 계기로 CALS Commerce At Light Speed, 전자상거래electronic commerce 등의 개념이 등장하여 기업 운영의 근본까지 흔들어놓았다. 이에 따라 정보통신 기술의 확보는 기업 경쟁력은 물론 국가 경쟁력을 위한 필수 조건으로까지 인식되어 각 나라마다 경쟁적으로 초고속 정보통신망을 구축하는 데 많은 투자를 했다.

6세대: 스마트 환경에의 적응(2000년대 이후)

2000년대 이후 기업은 기업 구성원의 지식 공유에 대한 관심이 높아졌고, 정보시스템을 이용하여 지식을 수집·정리·공유하기 위한 지식관리시스템Knowledge Management System, KMS이 도입되었다. 최근에는 4차 산업혁명이 도래하여 모바일 기술이 발전하면서 스마트폰, 태블릿 PC 등과 같은 스마트 정보 기기를 이용하여 업무를 처리하고 있으며, 이로 인해 애플리케이션을 통한 정보처리가 일반화되었다. 또한 환경에 대한 관심으로 그린 IT에 대한 활발한 논의도 이루어지고 있다.

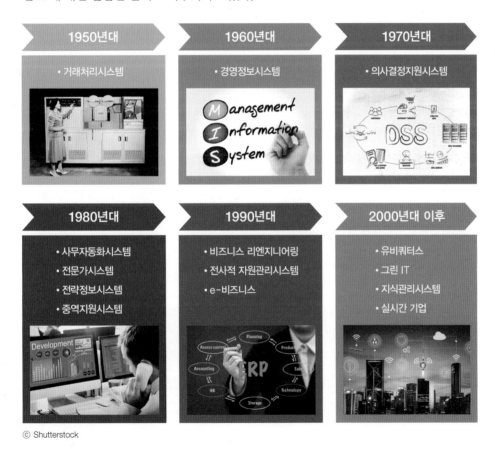

그림 2-12
경영정보시스템의 발전 과정

ⓒ Shutterstock

04 경영정보시스템의 유형

경영정보시스템의 유형은 조직 구조별, 경영 계층별, 기능별로 구분할 수 있다.

조직 구조에 따른 경영정보시스템의 유형

경영정보시스템을 분류하는 방법 중의 하나는 조직 구조를 기준으로 부서별 정보시스템, 전사적 정보시스템, 조직 간 정보시스템으로 분류하는 것이다. 이러한 구분은 정보 기술 응용상의 변화로도 볼 수 있는데, 부서별 정보시스템은 개인 컴퓨팅이 집단 컴퓨팅으로 발전한 것으로 볼 수 있고, 전사적 정보시스템은 목적별 단위 시스템이 통합되어 하나의 통합된 시스템이 되었다고 할 수 있다. 또한 조직 간 정보시스템은 조직 내부에서 조직 간의 정보가 통합되어 진화한 것으로 볼 수 있다. 공급사슬관리Supply Chain Management, SCM의 지속적인 연구와 확산으로 인해 대부분의 대기업은 조직 간 정보시스템을 채택하고 있다.

TIP **공급사슬관리:** ERP 패키지의 추가 구성 사양으로 제공되어 기업 간에 정보를 공유할 수 있게 해준다. 자세한 내용은 8장에서 후술하겠다.

- **부서별 정보시스템:** 부서별 정보시스템에서는 하나의 기능 영역이나 부서에서 여러 응용 프로그램을 사용한다. 예를 들어 회계 부서에서는 연말정산에 필요한 정보시스템을 활용하여 업무를 처리하고, 생산 부서에서는 생산 일정 계획 등을 지원하는 정보시스템을 사용하며, 인사 부서에서는 인사 관련 프로그램을 사용한다.

- **전사적 정보시스템:** 모든 부서의 정보시스템을 통합하여 전사적 정보시스템을 구성한다. 통합 데이버베이스를 구축하여 불필요한 정보의 입력이나 불일치를 줄임으로써 생산성을 향상한다. 통합 데이터베이스를 구축하기 위해 전사적 정보시스템을 구축하기 전에 대부분의 기업은 정보 전략 계획Information Strategic Planning, ISP을 수행한다. ERP 시스템의 구축도 전사적 정보시스템 구축을 위한 하나의 방법이 될 수 있다.

- **조직 간 정보시스템:** 두 개 이상의 조직(기업 단위)이 엑스트라넷extranet을 통해 경영정보시스템을 통합하거나 인터페이싱하여 정보를 공유하는 시스템을 말한다. 원활한 정보의 교류를 위해 각각의 조직이 동일한 ERP 시스템을 설치하기도 한다. 조직 간 정보시스템은 공급사슬관리를 위한 필수적인 정보 기술이다.

그림 2-13
조직 구조에 따른 경영정보시스템의 유형

부서별 정보시스템   전사적 정보시스템

조직 간 정보시스템

경영 계층에 따른 경영정보시스템의 유형

경영정보시스템은 경영 계층에 따라 거래처리시스템, 정보보고시스템, 의사결정지원시스템, 중역정보시스템으로 분류할 수 있다.

● **거래처리시스템:** AIS Accounting Information System 라고도 하는데, 이는 기업의 가장 기초적인 활동인 업무 거래를 지원하는 시스템을 의미한다. 거래처리시스템은 반복적인 과업을 수행하는 운영관리자에게 유용한 경영정보시스템 유형으로, 조직체의 운영상 기본적으로 발생하는 거래 자료를 신속 정확하게 처리하는 정보시스템이라고 할 수 있다. 판매, 구매, 급여, 재고 등의 업무는 많은 거래 자료를 빈번하게 발생시키므로 이를 효율적으로 처리하기 위해 필요하다. 즉 기존에 수작업이나 기계장치로 수행하던 사무 및 현장 업무를 컴퓨터를 이용하여 효율적으로 처리하는 것이다.

표 2-5
거래처리시스템의 일반적인 특징

특징	설명
운영과 관련된 정보 처리	거래처리시스템에서 제공하는 정보는 주로 운영 현황에 관한 것이다. 따라서 거래처리시스템에서 출력된 보고서는 중간관리층이나 최고관리층보다는 하부 관리자에게 전달되어 활용된다.
운영요원에 의한 처리	거래처리시스템의 이용자는 대부분 사무요원과 하부 관리층에 속한다. 이들은 시스템에의 자료 입력과 수정 등 자료 처리를 담당하는 운영 및 통제 책임자이다.
많은 양의 자료 처리	자료 처리 속도, 자료 처리량 등이 다른 경영정보시스템과 현저히 다르다. 거래처리시스템은 보통 거래가 발생할 때마다 정보를 처리해야 하므로 자료 처리량이 많고 처리 속도가 빨라야 한다.

● **정보보고시스템:** 관리 활동에 필요한 정보를 제공하는 시스템을 말한다. 기업은 거래처리시스템을 활용하여 기업 활동에 관한 많은 기초 자료를 확보하게 되는데, 이러한 자료를 활용하려는 새로운 시도에서 정보보고시스템의 개념이 등장했다. 즉 기능별 거래처리시스템에 저장된 다양한 자료를 검색하여 기업의 관리 및 통제 활동에 필요한 정보를 추출할 수 있게 된 것이다.

● **의사결정지원시스템:** 기업 경영에서 컴퓨터의 활용이 경영관리자의 의사결정을 도와주는 영역으로까지 확대되는 것을 말한다. 의사결정자들이 의사결정 모델과 자료를 활용하여 분석과 평가를 쉽게 할 수 있도록 하는 대화형 시스템interactive system이 일반적이며, 효율성 efficiency보다는 효과성effectiveness에 더 비중을 두는 중간경영층을 지원하기 위한 경영정보시스템이다. 또한 중간관리층 수준에서 전문가시스템도 필요한데, 전문가시스템은 특정 영역 전문가들의 지식과 경험을 축적한 지식 데이터베이스를 구축하여 전문가가 부족하거나 존재하지 않을 때 전문 의견을 제공하는 경영정보시스템이다.

● **중역정보시스템:** 기업 내에서 가장 중요한 의사결정을 하는 경영 계층은 전사적 목표에 관련된 의사결정을 하는 최고경영층이다. 기업의 목표와 전략 및 계획을 수립하는 등 기업의 활동 방향에 결정적인 영향을 미치는 의사결정을 하기 때문이다. 이러한 최고경영층의 의사결정에 필요한 정보를 적시에 제공하고, 필요한 경우 의사결정을 지원하는 시스템이 바로 중역정보시스템이다. 최고경영층에게 기업의 전반적인 상황에 대한 정보를 제공하기 위해 그

래프와 같은 형태로 제공하는 것이 매우 중요하며, 요약 정보에서부터 상세 정보까지 제시해야 한다. 기업 내부의 데이터베이스뿐만 아니라 기업 외부의 데이터베이스와도 원활하게 연결되어야 하고, 정보가 제공되는 과정에서 관심 있는 추가 정보가 있으면 바로 그 정보를 찾는 기능도 필요하다. 이런 기능은 하이퍼텍스트hypertext와 같은 기술로 구현할 수 있다. 또한 컴퓨터에 익숙지 않은 중역들이 사용하기 때문에 사용자 편의 위주로 인터페이스가 설계되어야 한다. 그리고 다양한 모형 분석 기능을 갖추어 급변하는 기업 환경 속에서 최고경영자가 신속하고 정확한 의사결정을 하도록 지원해야 한다.

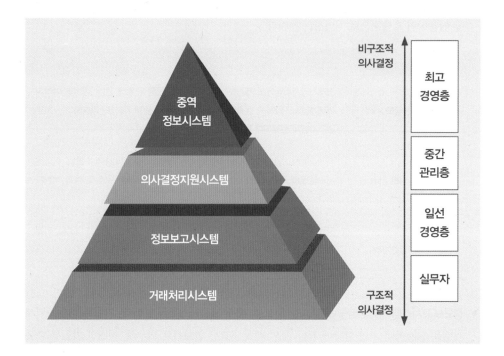

그림 2-14
경영 계층에 따른
경영정보시스템의 유형

기능에 따른 경영정보시스템의 유형

경영정보시스템은 지원하는 업무 영역별로 구분하여 살펴볼 수도 있다. 일반적으로 기업의 업무 영역은 크게 영업·마케팅, 생산, 재무·회계, 인적자원 관리로 구분된다. 이러한 기능별 경영정보시스템은 대부분 거래처리시스템이다.

● **영업·마케팅정보시스템:** 영업·마케팅은 기업의 제품·서비스 판매에 관련된 역할을 수행한다. 특히 마케팅은 해당 제품·서비스에 대한 고객을 식별하여 그들의 욕구를 파악하고, 그러한 욕구를 만족시키는 제품·서비스의 개발에 관련된 기획과 판매를 한 후, 그에 따르는 판매 이후의 활동을 수행한다. 이러한 역할을 지원하는 다양한 영업·마케팅정보시스템에는 주문 접수·처리 등을 수행하는 주문처리시스템, 인구통계적 정보 및 고객 행동 정보를 토대로 시장과 고객을 분석하는 시장분석시스템, 제품·서비스의 가격을 결정하는 가치결정시스템, 향후 판매 실적을 예상하는 판매동향예측시스템 등이 있다. 최근에는 고객 관리를 위해 CRM Customer Relationship Management이 많이 보급되어 기업들이 활용하고 있다.

● **생산정보시스템:** 기업에서 생산 부문은 제품·서비스의 실제 생산과 관련된 역할을 수행한다. 이를 위해 생산시설의 계획·구축·유지보수, 원재료의 획득·보관, 완성품 생산에 필

요한 생산시설, 원재료·인력 등의 투입 일정을 수립하고 생산하는 과정을 수행한다. 이러한 생산 역할을 지원하는 생산정보시스템의 종류도 다양한데 기계나 장비의 가동을 제어하는 기계제어시스템, 컴퓨터를 이용하여 새로운 제품 설계를 지원하는 컴퓨터지원설계시스템, 제품 생산의 전반을 계획하는 생산계획시스템 등이 포함된다. 최근에는 국내 대기업과 일부 중소기업에서 조업 현황과 제품 품질 등을 통합하여 관리하는 통합조업시스템 Manufacturing Execution System, MES을 도입하고 있다.

● **재무·회계정보시스템:** 재무·회계는 기업의 현금, 금융자산, 재무 관련 자료를 기록하고 관리하는 역할을 수행한다. 재무·회계의 관건은 기업의 현금, 금융자산 등의 현황과 흐름을 정확하게 파악하는 데 있다. 이를 위해 다양한 시스템을 활용할 수 있는데, 기업의 매출·채권을 기록하고 관리하는 외상매출처리시스템, 기업의 투자 포트폴리오를 설계하고 관리하는 포트폴리오분석시스템, 장·단기 예산을 수립하는 예산수립시스템 등이 여기에 포함된다.

● **인적자원관리정보시스템:** 인적자원 관리란 인적자원의 모집, 개발, 유지·관리 등에 관련된 역할을 말한다. 이를 위해서는 잠재 직원의 식별 및 채용, 인적자원 관련 기록의 체계적 관리, 직원의 능력과 기술 개발을 위한 훈련 프로그램의 집행 등을 수행한다. 이러한 시스템에는 직원의 훈련, 기술, 직무 평가에 관련된 기록을 체계적으로 관리하는 인사기록관리시스템, 직원의 경력을 설계해주는 경력관리시스템, 조직의 장기적 인적자원 확보 계획을 위한 인적자원관리계획시스템 등이 있다.

그림 2-15
기능에 따른 경영정보시스템의 유형

영업·마케팅정보시스템
· 주문 처리
· 판매원 실적 관리

생산정보시스템
· 구매·주문 관리
· 품질 관리
· 자재 입출고 관리

재무·회계정보시스템
· 외상 매출·매입 처리
· 자금 관리

인적자원관리정보시스템
· 급여
· 인사 관리
· 노무 관리

경영정보학의 개념에 대한 연구는 현재 시작 단계이기 때문에 아직까지는 정확히 경영정보학이 무엇인지 정의하기가 쉽지 않다. 단순히 경영정보학이 경영과 정보만을 다룬다고 보는 것은 범위가 너무 좁다. 경영정보학이 하나의 독립적인 학문 분야로 정립되기 위해서는 경영정보학의 내용이 경영과 관련된 모든 현상을 과학적으로 설명하고 예측 가능성과 함께 보편성을 갖추어야 한다.

경영정보학을 정의하자면 '경영 활동에 관련된 모든 행위를 컴퓨터와 정보 기술을 활용하여 해결할 수 있도록 이론적 기초를 제공하는 학문'이라고 할 수 있다. 또는 '개인이나 기업이 정보 기술을 활용하여 경영 활동을 지원하거나 혁신할 수 있는 이론과 기술을 연구하는 복합 학문'으로도 볼 수 있다.

경영정보학의 특징은 다음과 같다.

- **정보 기술을 이해하는 학문:** 경영정보학을 통해 기업은 직원들에게 최신 정보 기술을 습득시키고, 업무에 정보 기술을 어떻게 활용해야 할지 끊임없이 연구해야 한다.

- **경영 활동 지원:** 경영정보학은 정보 기술을 활용하여 경영 활동을 지원할 수 있어야 한다.

- **경영 활동을 혁신하는 방법 제공:** 경영정보학은 경영의 기능과 업무 프로세스를 정보 기술을 활용하여 혁신할 수 있도록 이론적 기반을 제공한다.

- **복합 학문:** 경영을 할 때 발생하는 대부분의 문제는 의사결정에 관한 것이고, 의사결정을 준비하기 위한 통계 처리, 의사결정 문제를 수리적인 방법, 즉 과학적으로 해결하는 경영과학 분야도 경영정보학을 구성하는 학문이라 할 수 있다.

- **경영정보학의 산출물은 정보시스템:** 경영 활동에서 경영정보학이 필요한 것은 정보 기술을 활용하여 경영 활동을 더욱 경쟁력 있게 수행하기 위해서이다. 경영정보학의 산출물은 궁극적으로 경영 활동을 지원해줄 수 있는 정보시스템의 형태로 도출된다. 따라서 경영정보학을 제대로 학습하려면 정보시스템 구축을 위한 제반 정보 기술의 이해뿐만 아니라 정보시스템 구축을 위한 기획, 설계 및 정보시스템의 구축 방법론에 대한 다양한 경험이 필요하다.

경영정보학은 연구자의 전공과 사고 체계에 따라 다양한 방식으로 연구되고 있다. 다음 표에 김용겸 교수의 경영정보시스템 관련 지식 및 기술의 분류 체계를 정리했다.

대분류 항목	중분류 및 소분류 항목
국가 및 사회 시스템	• 정보화: 행정·입법·사법 정보화, 사회 정보화, 지역 정보화, 산업 정보화, 정보화 마인드, 정보화 평가, 국가 및 사회 기반 구조 등 • 관련 학문: 경영학, 전산학, 정보학, 시스템학, 경영정보학, 의사결정학, 경영과학, 행동과학, 인간공학, 심리학, 경제학, 벤처창업론 등 • 기타: 법률, 정보윤리, 국제적 이슈 등

대분류 항목	중분류 및 소분류 항목
조직 시스템	• 조직 및 사업 관리: 조직 비전·목표, 조직 전략, 조직 기능, 조직 구조, 조직 성숙도, 조직 문화, 조직 정치, 변화 관리, 작업 단위, 주요 성공 요인, 환경적 제약 조건, 경영관리 과정, 정보 자원 관리 능력, IS의 조직적 영향 평가, 사업 분석, 사업 특성, 기존 사업 응용 통합, 사업 혁신, 사업 컨설팅, 지식경영, 아웃소싱 등 • 인간관계 관리: 리더십, 협동 작업, 설득 작업, 동기부여, 인터뷰, 다언어 구사, 고객 대응력, 사용자 만족, 사용자 지각 및 태도, 조직 행동, 집단역학, 개인정보 보호, 의사소통 능력, 사고 능력 등 • 기술 관리: 정보시스템 전략 계획(SISP) 및 관리, 응용 포트폴리오 관리, IS 자원 계획 수립 및 관리, IS 가치 관리, IS 서비스 관리, 글로벌 IS 관리, IS 수명주기 관리, IS 투자 수준 결정, 비즈니스 인텔리전스, 최종 사용자 컴퓨터 지원, 최종 사용자/정보시스템 전문가 교육 및 훈련, IT에 대한 조직 학습 및 사용 촉진, IS BSC, 전자시장 및 가상기업 이해, 품질보증, 유지보수 등
기술 시스템	• 하드웨어: 컴퓨터, 아키텍처 설계, 클라이언트-서버 구축 및 관리 능력, 웹 사이트 구축 및 관리 능력, 저장매체, 주변기기, RFID/USN, 통합 등 • 소프트웨어: 시스템 프로그램, 데이터 및 파일, 데이터모델, 데이터베이스, 데이터웨어하우스, ERP/SCM/CRM, 1세대 언어, 2세대 언어, 3세대 언어, 질의어, 특수 프로그래밍 언어, 웹 언어, 알고리즘, EDPS, IRS, OA, DSS/ESS, SIS, EIS, CALS/EC, 인공지능시스템, 워크플로시스템, 그룹웨어, 멀티미디어시스템, 패키지 분석·평가·선정·사용, 사용자 친밀성, 응용 프로그램 생성기, 응용 시스템 통합, 문서화 등 • 네트워크: 네트워크 장치, 아키텍처, 토폴로지, 프로토콜, 중앙집중식/분산식, WAN/LAN/CAN, 네트워크 성능 분석, 인터넷, EDI, 원격 회의 장치, 모바일 관련 응용 시스템 개발 능력, 네트워킹 소프트웨어 등 • 방법론: 구조적 분석 및 설계, 사용자 정보 요구 분석, 실행 가능성 연구, 시스템 접근 방법, 객체지향 분석 및 설계, 개념적·논리적·물리적 설계, 소프트웨어 공학, 역(逆)공학, 정보 모델링, CSF, BSP, 프로토타이핑, 어의적 모형화, CASE, 클라이언트-서버 개발 도구, 프로젝트 관리 도구, 개발 및 실행 이슈 등 • 복합: IS 아키텍처, IS 통제, IS 평가, IS 거버넌스, IS 컨설팅, 교차 가능 IS, 제 정보 기술 통합 및 융합, 기술 플랫폼 변경, 개방시스템 관련 기술 계획 및 통합, 공동 작업을 위한 시스템 구현 및 관리, 신정보기술/신정보시스템 추세 이해·예견·도입·평가, e-비즈니스 실현 능력, 유비쿼터스 컴퓨터, 프로젝트 계획·실행·평가·관리, 정보 접근 및 보호 지원, 대칭키/비대칭키 암호, 전자결제시스템 등

© 김용겸, 「정보시스템 관련 지식 및 기술의 신분류 구조」, 기업경영연구, 제16권 제4호, 2009

01 경영이란 조직의 목표 달성을 위해 자원을 효율적으로 활용하는 동태적인 활동을 말한다.

02 경영의 과정은 일반적으로 간단히 계획 – 실행 – 통제로 정의한다.

03 경영의 기능은 크게 계획, 조직화, 지시, 통제로 나눌 수 있다.

04 경영 환경은 기업을 둘러싸고 있거나 기업에 직간접적으로 영향을 미치는 기업 내외부의 모든 요인을 의미한다.

05 과업 환경은 개별 기업의 경영 활동 수행에 직접적으로 영향을 주는 환경으로, 주로 기업의 이해관계 집단으로 구성된다.

06 일반 환경은 기업의 외부에 존재하면서 기업의 의사결정이나 기업 활동에 영향을 주는 환경을 의미한다.

07 조직은 공동의 목표를 이루기 위해 함께 일하는 사람들의 모임이다.

08 조직화는 자원을 배분하고 직무를 할당하며 조직의 목표를 달성하기 위해 절차를 구축하는 활동을 의미한다.

09 기업에서 조직의 계층은 일반적으로 최고경영층, 중간관리층, 일선경영층, 실무자로 구성된다.

10 시스템은 하나의 구역 또는 기능 단위로 이루어진 여러 개의 독립된 구성 인자 개체가 전체 목표를 달성하기 위해 유기적으로 결합되어 있는 하나의 집합체 또는 실체라고 표현할 수 있다.

11 시스템은 확정적 시스템과 확률적 시스템, 폐쇄시스템과 개방시스템으로 나누기도 한다.

12 시스템 접근이란 시스템의 개념을 이용하여 전체적인 상호 관계성을 추구함으로써 주어진 문제를 해결하기 위한 시스템 사고방식이다.

13 시스템 다이내믹스는 피드백, 동적 역학, 시뮬레이션을 이용하여 시스템과 조직 전체의 관점에서 조직의 문제를 다루는 분야이다.

14 정보시스템은 조직의 운영, 의사결정, 통제 및 관리 등을 지원하기 위해 데이터를 수집·저장·검색하고 목적에 맞게 처리하여 필요한 사람에게 정보를 제공하는 요소들의 집합을 말한다.

15 경영정보시스템은 좁은 의미로는 경영관리자 중심의 정보시스템, 넓은 의미로는 컴퓨터 기반의 정보시스템이라고 할 수 있다.

16 경영정보시스템은 '단순 자료 처리(1950년대) → 경영정보시스템의 개념 정립(1960년대) → 의사결정 지원(1970년대) → 경영정보시스템의 완성(1980년대) → 경영 혁신 기법의 도입(1990년대) → 스마트 환경에의 적응(2000년대 이후)'이라는 발달 과정을 거쳤다.

17 경영정보시스템의 유형은 조직 구조별, 경영 계층별, 기능별로 구분할 수 있다.

18 경영정보시스템은 조직 구조를 기준으로 부서별 정보시스템, 전사적 정보시스템, 조직 간 정보시스템으로 분류할 수 있다.

19 경영정보시스템은 경영 계층에 따라 거래처리시스템, 정보보고시스템, 의사결정지원시스템, 중역정보시스템으로 분류할 수 있다.

20 경영정보시스템은 지원하는 업무 영역별로 구분할 수도 있는데, 일반적으로 기업의 업무 영역은 크게 영업·마케팅, 생산, 재무·회계, 인적자원 관리로 구분된다.

01 다음 설명의 (가), (나)에 들어갈 내용을 바르게 짝지은 것은?

> ((가))는(은) 조직의 목표 달성을 위해 자원을 효율적으로 활용하는 동태적인 활동을 말한다. 만약 어느 조직의 경영자가 경영을 제대로 하지 못한다면 조직의 구성원이 ((나))되지 않아 조직이 와해될 수도 있다.

① 경제, 협동　　　　　② 경영, 통합　　　　　③ 경영, 통제

④ 계획, 충원　　　　　⑤ 고객, 관리

02 다음 중 앙리 파욜이 주장한 경영의 과정은?

① 계획 – 조직화 – 지시 – 조정 – 통제　　　② 계획 – 조직화 – 충원 – 지시 – 통제

③ 계획 – 조직화 – 지시 – 통제　　　　　　　④ 계획 – 실행 – 통제

⑤ 계획 – 조정 – 통제

03 다음 중 경영의 기능이 아닌 것은?

① 조화　　　　　　　　② 조직화　　　　　　　③ 지시

④ 통제　　　　　　　　⑤ 계획

04 과업 환경의 종류 중 (가), (나), (다), (라)에 해당하는 것을 각각 쓰시오.

> • ((가)): 재화나 서비스를 구입하는 기관과 소비자를 말한다.
> • ((나)): 원자재와 부품뿐만 아니라 그 밖의 다른 투입물도 공급하는 기관이나 업체를 말한다.
> • ((다)): 동일하거나 유사한 제품을 가지고 서로 경쟁하는 관계에 있는 기관이나 업체를 말한다.
> • ((라)): 기업과 최종 고객 사이에 있으면서 기업에는 시장 정보를 제공하고 고객이 필요한 제품이나 서비스를 구입할 수 있도록 해주는 업체를 말한다.

(가) _____　　　(나) _____　　　(다) _____　　　(라) _____

05 다음 설명의 괄호 안에 들어갈 내용으로 적절한 것은?

> (　　　　　　　)은 기업의 외부에 존재하면서 기업의 의사결정이나 기업 활동에 영향을 주는 환경을 의미한다. (　　　　　　　)은 모든 기업에 공통적으로 나타나며, 기업에 미치는 영향의 범위가 넓다.

① 경제 환경　　　　　　② 경영 환경　　　　　　③ 산업 환경

④ 일반 환경　　　　　　⑤ 과업 환경

06 다음 중 조직화의 주요 원칙이 아닌 것은?

① 분업화·전문화의 원칙　　② 책임과 권한의 원칙　　③ 통제 범위의 원칙

④ 조정의 원칙　　　　　　⑤ 명령 다원화의 원칙

07 다음은 조직의 계층에 요구되는 업무 기술의 활용 비율을 그림으로 나타낸 것이다. (가), (나), (다)에 해당하는 업무 기술을 각각 쓰시오.

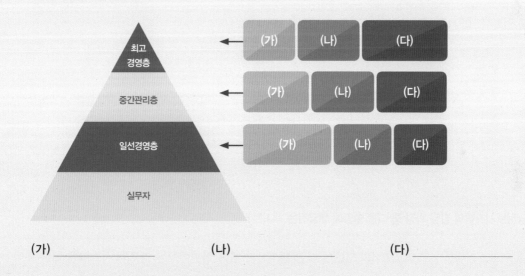

(가) ＿＿＿＿＿＿＿＿　　　(나) ＿＿＿＿＿＿＿＿　　　(다) ＿＿＿＿＿＿＿＿

08 다음 설명의 괄호 안에 들어갈 내용으로 적절한 것은?

> (　　　)은(는) '하나의 구역 또는 기능 단위로 이루어진 여러 개의 독립된 구성 인자 개체가 전체 목표를 달성하기 위해 유기적으로 결합되어 있는 하나의 집합체 또는 실체'라고 표현할 수 있다.

① 의사결정　　　　　　　② 정보 기술　　　　　　③ 시스템

④ 거래　　　　　　　　　⑤ 관리

09 다음 설명의 (가), (나), (다)에 들어갈 내용을 각각 쓰시오.

> 시스템 접근이란 시스템의 개념을 이용하여 전체적인 상호 관계성을 추구함으로써 주어진 문제를 해결하기 위한 시스템 사고방식이다. 이와 같은 시스템 사고를 행하는 방법으로는 ((가)   ), ((나)   ), ((다)   ) 등이 있다.

(가) _____   (나) _____   (다) _____

10 다음은 시스템 다이내믹스를 통한 문제 해결 과정이다. 괄호 안에 들어갈 내용을 쓰시오.

> 문제 정의 → 인과지도 작성 → 모델 설계 → 시뮬레이션 진행 → (   )
> → 실제 적용 및 피드백

_____

11 다음 인과지도의 사용 예가 무엇을 나타내는지 빈칸을 채우시오.

사용 예	설명
A —+→ B	모든 조건이 같을 때 _____
A —−→ B	모든 조건이 같을 때 _____

12 경영정보시스템의 발달 과정 중 다음 설명에 해당하는 시기는?

> 복잡하고 거대한 시스템으로서의 MIS에 대한 회의론과 함께 한편에서는 정보와 시스템에 대한 조금 새로운 접근 방식이 대두되었다. 즉 미국의 MIT를 중심으로 몇몇 학자는 경영자에 대한 정보의 지원은 그가 처한 문제와 관련된 의사결정에 중점을 두어야 하며, 정보시스템 또한 각각의 문제 상황에 맞게 개별적으로 설계해야 한다고 주장했다. 그들은 이와 같은 개념의 시스템을 의사결정지원시스템(DSS)이라 하여 기존의 MIS와 구분했다.

① 1960년대   ② 1970년대   ③ 1980년대
④ 1990년대   ⑤ 2000년대

13 다음 설명의 괄호 안에 들어갈 시스템은?

> 2000년대 이후 기업은 기업 구성원의 지식 공유에 대한 관심이 높아졌고, 정보시스템을 이용하여 지식을 수집·정리·공유하기 위한 (   )이 도입되었다.

① 전략정보시스템 ② 의사결정지원시스템 ③ 전사적 자원관리시스템

④ 모델관리시스템 ⑤ 지식관리시스템

14 다음 중 경영 계층에 따른 경영정보시스템의 유형에 속하는 것은?

① 생산정보시스템 ② 거래처리시스템 ③ 전사적 자원관리시스템

④ 모델관리시스템 ⑤ 지식정보시스템

15 기능에 따른 경영정보시스템의 유형 중 다음 설명에 해당하는 시스템을 쓰시오.

> 잠재 직원의 식별 및 채용, 인적자원 관련 기록의 체계적 관리, 직원의 능력과 기술 개발을 위한 훈련 프로그램의 집행 등을 수행한다. 이러한 시스템에는 직원의 훈련, 기술, 직무 평가에 관련된 기록을 체계적으로 관리하는 인사기록관리시스템, 직원의 경력을 설계해주는 경력관리시스템, 조직의 장기적 인적자원 확보 계획을 위한 인적자원관리계획시스템 등이 있다.

01 시스템 다이내믹스를 적용할 수 있는 문제 사례를 찾아보고, 시스템 다이내믹스를 이용하여 어떻게 해결할 수 있는지 리포트를 작성하시오.

02 엔트로피가 무엇인지 알아보고, 엔트로피를 근거로 조직에 통제가 필요한지에 대해 토론하시오.

03 자신이 최고경영자라고 가정하고, 조직의 통제 범위를 어디까지 설정할지 정리하여 발표하시오.

04 인간을 시스템으로 정의할 수 있는지 생각해보고, 시스템을 기반으로 인간을 설명하시오.

다음은 논문 「주택 정책 규제 수단으로서 DTI 규제 정책의 효과 분석: 시스템 다이내믹스를 활용한 시뮬레이션 분석」
의 일부를 발췌한 것이다. 다음을 읽고 인과지도를 그려보시오.

부동산 규제 완화 시점에서 8월 말까지의 가격 상승 모형

시장 활성화를 추진하던 정부 정책 기조는 이전 정부의 '부동산 규제 완화 정책'으로 이어졌다. 다양한
'부동산 규제 완화 정책'은 부동산 거래를 활성화했는데, 이는 거대한 부동산 기대 심리 증폭으로 나타
났다. 부동산 경기가 급격하게 상승하면 부동산 투기 과열로 확산되는 악재로 작용한다. 구체적으로
2009년에 있었던 다양한 '부동산 규제 완화 정책'은 기대 심리를 증폭시켰고, 이것이 제1금융권의 대출
증가(주택담보대출)로 나타났으며, 주택담보대출은 주택 거래를 증가시켜 결국 부동산 가격을 높이는
양상을 보였다. 이렇게 상승된 부동산 가격은 추가적인 기대 심리를 부추기는 악순환 고리를 형성했다.

> **제1순환 루프:** 부동산 규제 완화는 기대 심리를 증폭시켜 제1금융권의 대출 증가를 유발하고 이는
> 주택 거래 상승을 가져와 부동산 가격을 높일 것이다. 이는 기대 심리를 부추겨 지속적인 순환 루
> 프를 형성할 것이다.
>
> • 부동산 규제 완화 → 기대 심리 증대 → 주택 거래 증가 → 기대 심리 증대

ⓒ 이동규 외 2인, 「주택 정책 규제 수단으로서 DTI 규제 정책의 효과 분석」, 한국정책학회보, 제18권 제4호, 2009

정보윤리와
정보보호

학 | 습 | 목 | 표

- 정보사회에서 정보윤리의 필요성을 이해한다.

- 정보윤리의 영역과 목적을 살펴보고 실천 요소를 파악한다.

- 개인정보 보호의 중요성과 개인정보 보호법의 주요 내용을 이해한다.

- 사이버 폭력의 종류를 살펴보고 심각성을 이해한다.

- 개인정보 관련 정보 기술과 해킹 기술에 대해 알아본다.

- 지식재산권이 어떻게 도입되었는지 알아본다.

- 저작권의 개념을 이해하고 침해 유형을 파악한다.

정보사회와 정보윤리

01 윤리의 개념

윤리의 '윤倫'은 인간의 도리나 길을 나타내고, '리理'는 이치나 다스림을 의미한다. **윤리**는 사람을 다스리는 이치이며, 사람이 지켜야 할 도리, 곧 실제 도덕규범이 되는 원리이자 인륜이라고 할 수 있다. 사실 윤리와 도덕은 어원이 같다. 'ethics(윤리)'는 그리스어인 'ythos(품성)'와 'ethos(풍습)'에서 도출되었고, 'moral(도덕)'은 라틴어인 'moris(품성 또는 풍습)'에서 비롯되었다. 윤리를 다시 정리하면 도덕적인 문제를 해결하는 데 필요한 옳고 그름이나 선과 악을 구분하고 판단하는 원칙을 뜻한다.

그림 3-1
윤리
도덕적인 문제를 해결하는 데 필요한 옳고 그름이나 선과 악을 구분하고 판단하는 원칙을 뜻한다.

PLUS NOTE | 공리주의와 정의론

자본주의에서의 사회적 갈등은 가진 자와 가지지 못한 자 간의 갈등일 수도 있고, 시장주의와 반(反)시장주의 간의 갈등일 수도 있다. 역사적으로 이러한 사회적 갈등에 대한 철학적 논의의 근저에는 제러미 벤담(Jeremy Bentham)으로 대표되는 '공리주의(utilitarianism)'와 존 롤스(John Rawls)로 대표되는 '정의론(a theory of justice)' 간의 논쟁이 있었다.

공리주의적 관점에서는 공동체 전체의 파이를 최대화하는 정책이 가장 바람직할 수 있기 때문에, 중요한 것은 전체 파이의 크기이지 그 파이를 어떻게 분배할 것인지는 그다지 중요하지 않다. 정의론의 관점에서는 공동체 전체의 파이 크기가 그다지 중요하지 않고, 가장 어렵게 사는 사람의 소득 수준이 얼마인지가 중요한 관심사이다.

TIP **공리주의:** 19세기 중반 영국에서 나타난 사회사상으로, 가치 판단의 기준을 효용과 행복의 증진에 두어 '최대 다수의 최대 행복' 실현을 윤리적 행위의 목적으로 보았다.
© 두산백과

TIP **정의론:** 정의의 원리를 개인적 자유라는 전통적인 자유주의자의 이념, 부와 권력의 보다 평등한 분배라는 평등주의적 이념을 혼합한 것으로 파악했다.
© 시사상식사전

자본주의의 많은 폐해가 발생하면서 몇몇 기업이 대중의 따가운 시선을 받고 있는 현실에서 기업의 사회적 책임이 대두되고 있다. 하버드대학의 마이클 포터(Michael Porter)는 최근 기업의 사회적 책임과 관련하여 경제적 가치 창출과 사회 문제 해결을 연계해야 한다는 '공유 가치 창출'의 개념을 제시하기도 했다.

제러미 벤담(왼쪽)과 존 롤스(오른쪽) ⓒ Shutterstock

02 정보윤리의 개념

윤리는 옳고 그른 행동을 구별하기 위한 체계적인 기준에 해당하며, 적용 대상이 무엇인지에 따라 가정윤리, 사회윤리, 직업윤리, 정보윤리 등으로 다양하게 나눌 수 있다. 이 중에서 **정보윤리**information ethics는 윤리 문제를 정보 또는 정보사회의 관점에서 조명한 것으로, 정보를 다루는 데 있어 개인 또는 조직 구성원의 행동이나 규범 체계로서 그들의 행동이나 태도의 옳고 그름, 좋고 나쁨, 윤리적인 것과 비윤리적인 것을 구분하고 판단하는 체계적인 기준이라고 할 수 있다.

한국정보산업연합회는 정보윤리를 정보사회에서 야기되는 윤리적 문제를 해결하기 위한 규범 체계로서 정보통신 기기를 다룰 때뿐만 아니라 정보사회를 살아가는 데 옳고 그름, 윤리적인 것과 비윤리적인 것을 판단하여 행동하는 데 필요한 모든 기준 체계라는 전제하에 정보윤리를 다음과 같이 정의했다.

- IT 종사자 측면에서 IT를 활용하고 정보를 이용하며 관리하는 사람들이 지켜야 할 윤리로서, IT 종사자가 자신에게 맡겨진 정보와 정보시스템을 안정적으로 유지·관리하려는 제반 활동의 옳고 그름을 판단하기 위한 기준 체계이다.
- 기업에 위임된 고객의 정보와 정보시스템을 운영할 때 각종 정보가 부당하게 유출·오용·변조되는 것과 시스템이 정상적으로 운영되는 것을 방해하는 요인을 차단하기 위한 기업 차원의 인적·제도적·기술적 활동의 옳고 그름을 판단하기 위한 기준 체계이다.

ⓒ 정경수, 「바람직한 정보사회 구현을 위한 정보윤리관의 정립 연구」, 정보통신연구진흥원 학술 기사, 1995

직업윤리는 크게 두 가지로 나눌 수 있다. 하나는 '진로 일반의 윤리', 즉 어떠한 직업에서도 요구되는 행동 규범이고, 또 하나는 특정한 직업이 사회의 역할 분담적 입장에서 가져야 할 행동 규범인 '특수 직업의 윤리', 즉 '전문직의 직업윤리'이다.

직업윤리의 키워드는 다음과 같이 매우 다양하다.

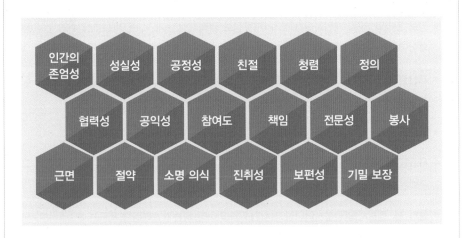

TIP **전문직:** 전문성을 필요로 하는 직종이란 의미로, 특정 분야에 대한 전문적인 지식이나 기술이 필요한 직업이나 직책을 말한다.

03 정보윤리의 영역

정보윤리의 영역은 일반적으로 사생활 보호 문제, 정보의 조작과 날조 문제, 컴퓨터 범죄 문제, 프로그램 소유권 문제, 해킹과 바이러스 문제, 음란물 및 불건전 정보 유통 문제, 시스템 보안 문제 등으로 분류된다. 정보윤리의 영역을 일반 기업으로, 그 대상을 조직 구성원 전체로 하여 정보윤리를 정의하면 기업에서 사용하는 기업 정보나 고객 정보를 처리하는 데 필요한 윤리라고 할 수 있다. 즉 정보보호가 윤리적인 기준으로 옳다고 가정할 때, 기업에서의 정보에 대한 윤리적인 행동은 기업의 정보를 보호하기 위해 행해지는 구체적인 제반 활동으로 정의할 수 있다.

04 정보윤리의 목적

정보윤리의 목적은 열린 사이버 공간을 누구나 쉽게 접하고 편하게 이용할 수 있는 유용한 공간으로 만드는 데 있다. 특히 정보 기기로 SNS를 이용할 때는 상대방을 배려하여 기분 언짢은 일이 발생하지 않도록 서로 노력해야 한다. 각종 정보통신 기기 및 서비스를 올바르게 활용하고 공유하면서 서로 아끼고 존중하는 기본 예절과 태도를 갖추어야 한다.

경영정보시스템에 의해 발생하는 주요한 윤리적·사회적·정책적 이슈는 다섯 가지 도덕적 차원을 포함한다. 이러한 윤리적 이슈는 컴퓨터의 성능이 개선되고, 데이터 저장 비용이 지속적으로 감소되고, 인공지능 기술과 빅데이터 분석 기술이 발전하고, 네트워킹이 고도화되고, 모바일 기기가 글로벌화되는 현실에서 전문가는 물론 일반 네티즌 사이에도 지속적으로 제기되고 있다.

● **정보 권리와 의무:** 개인과 단체에게 어떤 정보 권리가 있는가? 그들이 보호할 수 있는 것은 무엇인가?

● **재산권과 의무:** 지적 소유권에 대한 추적과 설명이 어렵고 그런 재산권이 무시되기 쉬운 디지털 사회에서 전통적인 지식재산권은 어떻게 보호할 것인가?

● **책임과 통제:** 개인 또는 공동의 정보 및 재산권에 대한 피해는 누가 책임지는가?

● **시스템 품질:** 개인의 권리와 사회 안전을 위해서는 어떠한 데이터 품질과 시스템 품질이 요구되는가?

● **삶의 질:** 정보사회에서는 어떠한 가치가 지속되어야 하는가? 이러한 제도는 보호되어야 하는가? 어떠한 문화적 가치와 관습이 새로운 정보 기술에 의해 유지되어야 하는가?

© Kenneth C. Laudan·Jane P. Laudon, 『경영정보시스템』, 시그마프레스, 2013

05 정보윤리의 실천 요소

정보윤리는 정보 기술을 활용하면서 발생하는 윤리적 의사결정이라 할 수 있기 때문에 안전한 정보보안시스템을 구축하여 기술적으로 안전한 환경을 만드는 것이 조직에서 정보윤리를 지키는 데 중요한 활동이다.

한국정보산업연합회에서는 기업의 이미지를 실추시키는 스팸메일 등으로부터 정보를 보호하기 위해 사용자의 주의와 더불어 기업 차원에서 방화벽이나 차단 솔루션 등 다양한 시스템을 구축하도록 권고하고 있다. 한국인터넷진흥원의 정보보호 관리 체계에는 물리적 보안, 시스템 보안, 접근 통제 등 기술적 요인이 포함되어 있으며, 한국정보산업연합회에서는 정보윤리를 위한 기술적 요인으로 정보유출방지시스템, 데이터베이스백업시스템, 재해복구시스템, 기밀문서보호시스템을 제시했다.

© 한국정보산업연합회, 『정보윤리와 디지털 사회』, 2005

윤리경영의 실천 요소와 정보보호 관리 체계의 요소를 정리하면 정보윤리 정책 수립 및 조직 구성, 교육훈련이 공통적인 요소이며, 평가 및 통제의 경우도 정보보호 관리 체계에서 매우 주요한 요소임을 알 수 있다. 기업의 윤리경영을 측정하는 방법 중에서 구성원의 윤리경영 의지인 최고경영자의 의지 및 동료의 행동 등 다른 구성원에 의한 영향이 대부분의 윤리경영 연구에서 제시되었다. 한편 정보윤리는 정보 기술을 활용하면서 발생하는 윤리적 의사결정이라 할 수 있으며, 정보보호 관리 체계에도 정보보안시스템 구축이 주 요소로 제시되었다. 지금까지 설명한 '윤리경영의 실천'과 '정보보호 관리 체계'를 바탕으로 기업(조직)의 정보윤리 실천 요소를 다음 표에 정리했다.

표 3-1
정보윤리의 실천 요소

실천 영역	요소	설명
조직적 요인	정보윤리 정책	정보윤리 목적에 따른 정보윤리 정책의 수립과 조직 구성
	정보윤리 교육 제도	정보윤리에 대한 지속적인 교육 및 훈련 제도
	정보윤리 통제	올바른 정보윤리의 실천을 위한 공식적인 감시, 보상 및 징계 절차
기술적 요인	정보유출방지시스템	내부 정보 유출 방지를 위한 보안 조치 및 시스템
	데이터백업시스템	데이터베이스에 대한 통제 및 백업 시스템
	재해복구시스템	재난과 재해 대비 계획 및 복구 시스템
인적 요인	CEO의 정보윤리 실천 의지	정보윤리 실천에 대한 최고경영자의 관심과 지원 및 중요성 인식 정도
	동료의 정보보안 행동	정보보안에 대한 동료의 기술적·관리적·제도적 행태

© 백민정·손승희, 「조직의 정보윤리 실천이 구성원의 정보보안 인식과 행동에 미치는 영향에 관한 연구」, 경상논총, 제28권 제4호, 2010

개인정보 보호

01 개인정보 보호의 중요성

개인정보personal data 는 살아 있는 사람에 관한 정보를 말하며 이름, 주민등록번호 등과 같이 특정인을 알아볼 수 있는 정보를 나타내기도 한다. 또한 어떤 사람을 나타내는 부호, 문자, 음성, 음향, 영상 등의 정보가 다른 정보와 결합하여 그 사람을 알아볼 수 있다면 이 또한 개인정보로 분류한다.

21세기 들어 ICT 산업의 발전으로 인해 스마트폰을 중심으로 태블릿 PC 등 스마트 기기의 이용이 확산되고 있으며, 이를 통해 모바일 애플리케이션과 콘텐츠가 조합되어 스마트 생태계로 진화하고 있다. 스마트 기기도 웨어러블 디바이스의 등장으로 각종 센서 등을 이용한 개인정보의 창출이 급속도로 증가하는 추세이다. 또한 이렇게 만들어진 개인정보는 실시간으로 네트워크에 연결되어 페이스북, 인스타그램 등 SNS에 즉시 공유된다. 이러한 데이터에는 정형화된 데이터뿐만 아니라 개인의 일상생활, 취미, 관심사, 지리적 위치 등 비정형 데이터도 포함된다. 특히 주민등록번호 등 금융거래와 직결된 정보와 함께 개인의 건강 정보, 위치 정보 등 남들에게 노출하기 싫은 정보가 공유되면 개인의 사생활 침해가 심화될 수 있다. 그러므로 개인정보를 보호하기 위한 정책이 필요하고 윤리적 차원에서도 개인정보 보호를 다루어야 한다.

그림 3-2
일상생활에서 활용되는 개인정보

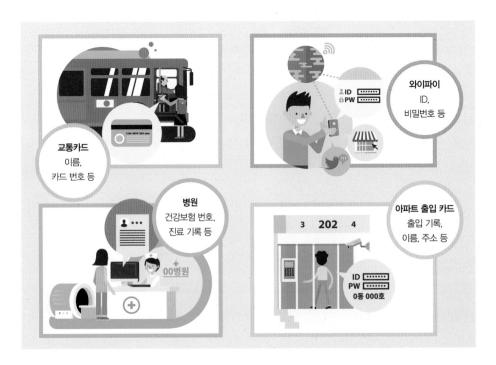

02 개인정보 보호를 위한 법률과 원칙

개인정보 보호는 국가적으로 중요한 이슈이기 때문에 '정보통신망 이용 촉진 및 정보보호 등에 관한 법률', '신용정보의 이용 및 보호에 관한 법률', '위치정보의 보호 및 이용 등에 관한 법률', '통신비밀 보호법', '공공기관의 개인정보 보호에 관한 법률', '금융실명거래 및 비밀보장 법률', '정보통신망기반 보호법' 등을 지정해서 개인정보 보호 정책을 강화하고 있다.

해외의 경우, OECD는 '개인정보 가이드라인'에서 개인정보를 '식별되거나 식별 가능한 개인에 관한 모든 정보'로 정의했다. OECD는 '사생활 보호와 개인정보 국외 이전에 관한 가이드라인'을 1980년 배포한 이후 2013년 7월 처음 개정했다. 가이드라인은 공공이나 민간 부문에 관계없이 그 처리 방법, 성질, 사용되는 상황으로 인해 개인의 자유에 위험을 초래하는 개인정보에 적용되는 최소한의 기준이라고 밝혔다. 개정안은 기존 기본 원칙은 유지하되 사생활 보호를 위한 구체적인 이행 방안에 초점을 맞추고, 글로벌 차원의 상호 운용성 제고에 중점을 두었다.

구분	내용
수집 제한의 원칙 (제7조)	개인정보의 수집에는 제한이 있어야 하고, 그러한 정보는 적법하고 공정한 법에 의해 얻어져야 하며, 정보 주체의 적절한 인지 또는 동의가 있어야 한다.
데이터 품질 원칙 (제8조)	개인정보는 사용 목적과 관계가 있어야 하고, 그 목적에 필요한 한도 내에서 정확하고 완전하며 최신의 것이어야 한다.
목적 명확화의 원칙 (제9조)	개인정보의 수집 목적은 수집 이전 또는 수집 당시에 명시되어야 하며, 개인정보의 이용은 명시된 수집 목적 또는 수집 시 목적, 목적 변경 시 명시되는 목적과 상충하지 않아야 한다.
이용 제한의 원칙 (제10조)	개인정보는 제9조에 따라 명시된 목적 이외에 공개되거나 접근 가능하거나 사용될 수 없다. 단, 다음의 경우는 그러하지 아니하다. (a) 정보 주체의 동의가 있는 경우　　　(b) 법률에 의해 허가된 경우
안전성 확보의 원칙 (제11조)	개인정보는 손실 또는 권한 없는 접근, 파기, 사용, 수정 또는 공개에 대해 적절한 안전성이 확보되어야 한다.
공개의 원칙 (제12조)	개인정보와 관련하여 개발, 실행, 정책에 대한 전반적인 공개 방침이 있어야 하고, 그 방법은 정보 관리자의 신원 및 주소를 비롯하여 개인정보의 존재와 성질, 정보의 이용 목적을 용이하게 확인할 수 있는 것이어야 한다.
개인 참여의 원칙 (제13조)	개인은 다음과 같은 권리를 가진다. (a) 정보 관리자로부터 또는 기타의 방법으로 정보 관리자가 자신에 대한 정보를 보유하고 있는지에 대해 확인을 얻을 권리 (b) 적절한 시간 내, 유료라면 과도하지 않은 비용으로, 합리적인 방법 및 쉽게 이해할 수 있는 형태로 자신에 관한 정보를 파악할 수 있는 권리 (c) (a) 항, (b) 항에 따른 요청이 거부된 경우, 그 사유를 알고 이의를 제기할 수 있는 권리 (d) 자신의 정보와 관련된 정보에 이의를 제기하고, 이의 제기가 수락된 경우 그 정보를 삭제·정정·완성·수정할 수 있는 권리
책임성의 원칙(제14조)	정보 관리자는 상기 원칙에 대한 실행 조치를 준수할 책임이 있어야 한다.

표 3-2
OECD 개인정보 보호 8대 원칙

03 사이버 폭력과 정보윤리

TIP 2013년 한국정보원에서 사이버 폭력 실태 조사를 했는데, 응답자 중 33%가 사이버 공간에서 신상정보 유출(18.4%), 사이버 언어폭력(18%) 등 사이버 폭력을 경험했다고 응답했으며, 이러한 비율은 점점 늘고 있다.

전 세계적으로 인터넷을 통한 네트워크 환경이 구축되어 소셜 네트워크 서비스Social Network Service, SNS가 구현되고 있다. 2008년 트위터Twitter를 시작으로 페이스북 Facebook, 미이스페이스Myspace 등의 해외 서비스를 비롯하여 국내 서비스를 제공하는 미투데이me2day, 트위커twtkr, 카카오톡KakaoTalk 등을 통해 개인 간의 상호 소통이 국제화 및 세계화되었다. 그러나 비정형화된 정보가 무분별하게 수집 및 이용되면서 이를 악용하는 경우가 증가하고 있어 정보윤리를 강화하는 정책 과제가 요구되고 있다. SNS를 통해 사이버 공간에서 직접 대면하지 않고 이용자들과 소통하면서 온라인상에서의 음란물 유포, 명예훼손, 사행성 조장, 사회질서 위반 등과 같은 사이버 범죄 행위를 유발할 수 있다.

사이버 명예훼손

TIP 사이버 명예훼손죄에 대한 처벌 수위는 3년 이하의 징역 또는 3천만 원 이하의 벌금(허위 사실의 경우 7년 이하의 징역 또는 5천만 원 이하의 벌금)이다. 발의된 법안은 처벌 수위를 5년 이하의 징역 또는 5천만 원 이하의 벌금(허위 사실의 경우 10년 이하의 징역 또는 7천만 원 이하의 벌금)으로 강화했다.

사이버 폭력의 대표적인 유형은 사이버 명예훼손인데, 검찰에 사이버 명예훼손 사범으로 검거된 건수는 2003년 9,928건에서 2015년 15,000여 건으로 증가했다. 사이버 명예훼손의 대상은 연예인, 정치인 등 유명 인사뿐만 아니라 일반인도 해당된다. 형법 307조 1항에는 "공연히 사실을 적시하여 사람의 명예를 훼손한 자는 2년 이하의 징역이나 금고 또는 500만 원 이하의 벌금에 처한다"고 명시되었으며, 2016년 9월 21일 발의된 사이버 명예훼손방지법은 처벌을 더 강화했다.

사이버 언어폭력

사이버 폭력 중에서 사이버 언어폭력은 사이버 공간에서의 모욕적인 언사, 욕설 등이 해당되며, 정보통신망법과 형법에 의한 모욕죄가 적용된다. 사이버 언어폭력 중 사이버 불링 cyber bullying은 온라인상에서 특정 대상에게 의도적·반복적으로 적대적 발언 등의 악의적 행위를 하는 것을 말한다. 카카오톡 단체 채팅방에 초대하여 집단으로 친구 한 명을 욕하거나 괴롭히는 '카톡 감옥'이 대표적인 예이다.

그림 3-3
사이버 폭력
SNS는 사이버 명예훼손, 사이버 언어폭력 등의 사이버 범죄 행위를 유발할 수 있다.

사이버 명예훼손 · 사이버 언어폭력

© Shutterstock

그 밖의 사이버 폭력

그 외 사이버 폭력의 범죄 유형에는 성범죄(성희롱, 성매매 권유 등), 사기(피싱, 스미싱, 파밍, 가짜 이벤트, 고전적 금융 사기 등), 사칭(일반인 사칭, 유명인 사칭 등), 인격적 법익 침해(명예훼손 및 모욕, 허위 사실 유포, 개인 신상정보 유포 등), 스토킹 등이 있다.

PLUS NOTE | SNS로 인한 개인정보 침해 유형

SNS가 보급되던 초기에는 피해 유형이 단순 스팸 광고, 불건전한 정보 노출, 악성 코드 및 바이러스 유포, 개인정보 및 사생활 침해 등이었으나 최근에는 피해 유형이 다양화되고 있다. 특히 최근 SNS로 인한 피해 유형 중 개인정보의 침해가 심각한 이슈로 대두되고 있는데, 이는 SNS를 통해 개인정보가 쉽게 수집·가공되어 통용될 수 있기 때문이다. 다음은 SNS로 인한 개인정보 침해 유형이다.

● **개인정보 노출:** 일반 검색엔진을 통해 노출되어 사생활 침해 문제가 발생할 수 있다.

● **개인정보 미파기:** SNS상의 개인정보는 서비스 회원 탈퇴 후에도 지속적으로 저장 및 공개되기 때문에 사용자의 개인정보 자기통제권이 침해될 수 있다.

● **위치정보 노출:** 스마트폰에서 제공하는 위치 기반 SNS를 통해 개인의 위치정보가 노출되어 절도 등 범죄에 악용될 수 있다.

● **개인정보 탈취:** 지능화된 피싱 기법인 스피어피싱(spear phishing)을 통해 계정정보 등 개인정보 탈취가 가능하고, 개인에 대한 명예훼손 및 2차적 피싱에 악용될 수 있다.

● **개인정보 도용:** ID를 도용하여 특정인 또는 기업의 프로파일을 위조하거나 개인에 대한 명예훼손 또는 상품에 대한 비방을 할 수 있다.

© 천명호 외, 「SNS에서 개인정보 유출 방지를 위한 개인정보 유출 위험도 측정 방법」, 정보보호학회논문지, 2013

> **TIP 스피어피싱:** 특정한 개인이나 회사를 대상으로 한 피싱 공격으로, 공격자가 사전에 공격 성공률을 높이기 위해 공격 대상에 대한 정보를 수집하고 이를 분석하여 피싱 공격을 수행하는 형태이다.
> © 두산백과

---

04 개인정보 관련 정보 기술

최근 개인정보 보호가 중요한 사회적 이슈가 되면서 개인정보 보호와 관련된 정보 기술에 대한 사회적 관심이 높아지고 있다. 다음에 소개한 개인정보 관련 기술은 원래 개인이 편리하게 컴퓨터와 인터넷을 사용할 수 있도록 개발된 것이다. 하지만 이러한 점을 이용하여 악의적인 목적으로 개인정보를 불법적으로 침해하는 사례가 늘어남에 따라 개인의 세심한 주의가 필요하다.

쿠키

쿠키cookie 파일은 개인이 특정 사이트에 접속했을 때, 다음 방문 시 편리하게 사용할 수 있도록 정보를 시스템에 저장해놓는 파일이다. 하지만 쿠키 파일을 이용하여 로그인 정보를 알아내어 쿠키에 담긴 사용자의 이름, 주소, 소비 등의 정보를 파악하고 사용자의 신원을 확인하는 악용 사례도 있다.

도메인 네임

도메인 네임domain name은 인터넷의 숫자 주소를 외우지 않아도 쉽게 사용할 수 있는 인터넷 기본 구성이다. 하지만 도메인 네임을 이용하여 이메일의 출처를 확인하는 것이 매우 간단하며, 누구나 ISP 정보와 이메일 ID를 이용하여 사용자의 계정을 확인할 수 있다.

위치정보시스템

위치정보시스템Global Positioning System, GPS은 위성을 이용하는 자동위치추적시스템으로 지구상 모든 이동체의 거리 및 속도를 측정하는 시스템이다. 하지만 위치 측정 내용을 인터넷을 통해 사용자 동의 없이 알아낼 수 있어 개인의 위치정보가 유출될 가능성이 있다.

P3P

TIP **W3C:** WWW의 표준안 제작과 새로운 표준안 제안, 기술의 공유를 통해 WWW의 기술적·사회적 확산을 위해 구성된 전 세계적 단체로 1994년 10월에 설립되었다. 현재 WWW에 대한 기술 표준은 W3C와 IETF(Internet Engineering Task Force)에서 하고 있는데, IETF는 어느 정도 성숙된 기술에 대해 표준화를 진행하고 W3C는 현재 시급한 기술의 표준화를 담당한다.
© 한경 경제용어사전

P3P Platform for Privacy Preference는 W3C World Wide Web Consortium에서 개발한 개인정보 보호 표준 기술 플랫폼으로, 웹 사이트에서 이루어지는 데이터 처리에 관한 표준을 제시한다. P3P의 목표는 웹 사이트 운영자에게 사용자 자신의 정보를 관리할 수 있는 권한을 넘겨주는 것이며, 이는 사용자의 정보가 잘못된 방법으로 이용되지 않도록 보호하기 위함이다.

TCP/IP

TCP/IP Transmission Control Protocol/Internet Protocol 주소의 분배 및 관리 체계의 특성 때문에 인터넷을 이용할 때 TCP/IP 주소를 추적하여 사용자의 신원을 확인하기가 용이하다.

IPv6

IPv6 Internet Protocol version 6의 계획은 온라인상의 모든 장치에 고정된 주소를 할당하는 것이다. IPv6의 새로운 주소는 하드웨어에 내장되어 추적 가능한 정보를 포함하는데, 이는 영구적인 쿠키를 심는 것과 동일한 개념이다.

05 개인정보 침해를 가하는 해킹 기술

다음은 개인정보 관련 정보 기술을 악용하여 개인정보를 불법적으로 침해하는 해킹 기술이다.

웹 버그

웹 버그web bug는 인터넷 사용자가 모르는 사이에 사용자에 관한 정보를 유출하거나 심지어 사용자의 시스템을 파괴할 수 있는 기술이다.

스파이웨어

스파이웨어spyware는 무료 또는 유료로 배포되는 소프트웨어에 들어 있는 일종의 프로그램 모듈을 통칭한다. 해당 소프트웨어가 설치된 컴퓨터의 사용자가 인터넷에서 검색할 때, 사용자의 개인정보나 온라인에서 활동한 정보를 스파이웨어 회사 서버에 지속적으로 전송하는 것이 주된 기능이다.

고성능 스파이웨어 기술

고성능 스파이웨어 기술은 스파이웨어를 탐지하는 안티스파이웨어 솔루션 등의 백신으로 우회하여, 스파이웨어를 통해 수집된 정보를 작은 크기로 나누어 컴퓨터 파일 시스템상의 보이지 않는 틈새 공간에 임시 저장하고 특정 시간대의 내외부 특정인에게 전송하는 방법을 이용한다.

웹 메일 첨부 파일 유출

웹 메일 첨부 파일 유출은 기존 이메일을 모니터링하여 데이터를 유출하는 방식에서 한 단계 진화하여 웹 메일에 첨부된 파일을 인코딩하는 방식이다. 주로 기업이 운용하는 메일 모니터링 프로그램을 우회하여 기밀정보를 유출하는 방법이다.

WLAN 해킹

WLAN Wireless LAN 해킹은 WLAN 사용자가 액세스 포인트에 접속할 때, 해커가 가상의 액세스 포인트를 이용하여 사용자의 중요한 개인정보를 모니터링하는 해킹 방법이다.

TIP **WLAN:** 무선 LAN이라고도 하며, 케이블 대신 전파나 자외선을 이용하여 컴퓨터 통신을 가능하게 하는 네트워크이다.

접속 세탁

접속 세탁은 해커가 여러 국가를 경유하여 해킹을 할 경우, 중간 단계에 해커 그룹이 운용하는 기명 경로를 거쳐 해커에 대한 역추적이 불가능하게 하는 해킹 방법이다.

저작권 보호

01 지식재산권의 도입

특허권, 저작권 등 인간의 지적 창작물을 둘러싼 창작자의 권리와 창작물을 이용하는 이용자의 의무에 관한 규범인 특허법, 저작권법 등 지식재산권법 체계는 국내에서의 자발적 도입보다는 다른 나라의 통상 압력으로 인해 도입되었다. 그 시작은 '한국에 있어서의 발명, 의장, 상표 및 저작권의 보호에 관한 미·일 조약'으로 일본의 저작권법, 특허법, 상표법, 의장법의 내용으로 실시되었다. 1945년 광복 이후에도 미 군정법령에 의해 일본의 법이 계속 시행되다가 특허법은 1946년에, 상표법은 1949년에 법으로 제정되었다. 저작권법은 1955년 초안이 마련되어 1957년 최초의 저작권법이 제정되었다.

지식재산권intellectual property right은 사람의 창조적 활동 및 경험 등에 의해 창출되거나 발견된 문학, 예술, 과학, 등록상표, 상호 등과 같은 무형적인 것 중에서 법으로 보호할 만한 가치가 있는 것에 대해 법이 부여하는 모든 권리를 뜻한다. 지식재산권은 특허권, 실용신안권, 디자인권, 상표권을 포괄하는데, 산업 활동과 관련된 사람의 정신적 창작물 또는 창작 방법에 대한 인정 및 독점적 권리를 부여한 일종의 무체재산권이라고 할 수 있다.

TIP **무체재산권:** 산업재산권, 저작권 등과 같이 인간의 지적·정신적 실물로서 외적인 형태가 없는 무체물에 대한 재산권을 말한다.

02 저작권의 개념

저작권copyright은 지식재산권 중의 하나이다. 저작권은 저작자의 권리 보호를 위한 개념으로, 1710년 영국에서 'copyright'란 이름으로 처음 시작되었다. 저작권은 인간의 사상이나 감정 등을 독창적으로 표현한 창작물에 대해 창작자가 가진 독점적이고 배타적인 권리이다. 음악, 영화, 연극 등과 같은 문화·예술 창작물에 대한 권리를 보호하고 저작물의 공정한 이용을 도모하기 위해 창작자가 가진 전반적인 권리를 저작권이라고 한다.

© 최희식·김상균, 『인터넷 윤리』, 한빛아카데미, 2016

그림 3-4
저작권
지식재산권 중의 하나로, 저작자의 권리 보호를 위한 개념이다.

© Shutterstock

저작권의 효력은 특별한 등록이나 인증 없이 저작권자가 저작물을 창작한 즉시 발효되며, 여기에는 어떠한 절차나 형식의 이행이 필요치 않다. 즉 저작권은 '무방식주의'를 따른다. 저작권에 관한 국제 협약 가운데 세계 저작권 협약Universal Copyright Convention, UCC은 저작권 표시인 ⓒ를 요구하는 방식주의에 입각하여 저작권 발생을 인정했으나 우리나라 저작권법은 베른 협약의 규정에 따라 무방식주의를 채택하여 따르고 있다.

TIP 무방식주의: 저작권자가 저작물을 창작하면 자동으로 저작권이 발생하는 것처럼, 어떠한 절차나 형식이 없어도 효력이 발생하는 것을 말한다.

03 저작권 침해

인터넷의 대중화와 정보통신 기술의 발달로 인터넷상의 저작 활동이 활발해지면서 P2P, 토렌트 등을 통해 자료를 공유하는 순기능 외에 저작권 침해라는 역기능이 커지고 있다. 저작권 침해란 저작권자가 가지고 있는 권리를 침해하는 행위로, 저작권자의 허락 없이 저작물을 무단으로 복제·공연·방송·전시·배포하여 저작권자에게 재산상의 손해를 입히는 것을 말한다.

법률상 저작권 행사가 제한되는 경우를 제외하고, '저작권자의 허락 없이 저작물을 이용하거나 저작권자의 인격을 침해하는 방법으로 저작물을 이용하는 것'을 저작권 침해로 볼 수 있다. 또한 프로그램의 저작권을 침해하여 만들어진 복제물을 저작권 침해 사실을 알면서도 취득한 사람이 이를 업무상 이용하는 행위도 저작권 침해 행위로 본다.

불법 공유 앱에서 무료로 음원을
다운로드하는 경우

다른 사람이 쓴 글을 허락 없이
블로그나 SNS에 올리는 경우

다른 사람이 찍은 사진에
워터마크를 다는 경우

유료 폰트를 무단으로
다운로드하여 사용하는 경우

유료 컴퓨터 프로그램을 카페나
동호회 웹 사이트에 올리는 경우

TV 프로그램이나 영화의 주요 장면을
캡처하여 웹 사이트에 올리는 경우

그림 3-5
저작권 침해 사례

01 윤리는 사람을 다스리는 이치이며, 사람이 지켜야 할 도리, 곧 실제 도덕규범이 되는 원리이자 인륜이라고 할 수 있다.

02 정보윤리는 윤리 문제를 정보 또는 정보사회의 관점에서 조명한 것으로, 정보를 다루는 데 있어 개인 또는 조직 구성원의 행동이나 규범 체계로서 그들의 행동이나 태도의 옳고 그름, 좋고 나쁨, 윤리적인 것과 비윤리적인 것을 구분하고 판단하는 체계적인 기준이라고 할 수 있다.

03 정보윤리의 영역은 일반적으로 사생활 보호 문제, 정보의 조작과 날조 문제, 컴퓨터 범죄 문제, 프로그램 소유권 문제, 해킹과 바이러스 문제, 음란물 및 불건전 정보 유통 문제, 시스템 보안 문제 등으로 분류된다.

04 정보윤리의 목적은 열린 사이버 공간을 누구나 쉽게 접하고 편하게 이용할 수 있는 유용한 공간으로 만드는 데 있다.

05 정보윤리는 정보 기술을 활용하면서 발생하는 윤리적 의사결정이라 할 수 있기 때문에 안전한 정보보안시스템을 구축하여 기술적으로 안전한 환경을 만드는 것이 조직에서 정보윤리를 지키는 데 중요한 활동이다.

06 개인정보는 살아 있는 사람에 관한 정보를 말하며 이름, 주민등록번호 등과 같이 특정인을 알아볼 수 있는 정보를 나타내기도 한다. 또한 어떤 사람을 나타내는 부호, 문자, 음성, 음향, 영상 등의 정보가 다른 정보와 결합하여 그 사람을 알아볼 수 있다면 이 또한 개인정보로 분류한다.

07 사이버 폭력의 대표적인 유형은 사이버 명예훼손과 사이버 언어폭력이다. 사이버 명예훼손이 점차 증가함에 따라 처벌이 더욱 강화되고 있으며, 사이버 언어폭력은 사이버 공간에서의 모욕적인 언사, 욕설 등이 해당되고 정보통신망법과 형법에 의한 모욕죄가 적용된다.

08 개인정보 보호가 강조되면서 최근에는 이와 관련된 정보 기술에 대한 관심이 높아지고 있다.

09 지식재산권은 사람의 창조적 활동 및 경험 등에 의해 창출되거나 발견된 문학, 예술, 과학, 등록상표, 상호 등과 같은 무형적인 것 중에서 법으로 보호할 만한 가치가 있는 것에 대해 법이 부여하는 모든 권리를 뜻한다.

10 저작권은 인간의 사상이나 감정 등을 독창적으로 표현한 창작물에 대해 창작자가 가진 독점적이고 배타적인 권리이다.

11 저작권 침해란 저작권자가 가지고 있는 권리를 침해하는 행위로, 저작권자의 허락 없이 저작물을 무단으로 복제·공연·방송·전시·배포하여 저작권자에게 재산상의 손해를 입히는 것을 말한다.

01 다음 설명의 괄호 안에 들어갈 내용으로 적절한 것은?

> (   )는(은) 사람을 다스리는 이치이며, 사람이 지켜야 할 도리, 곧 실제 도덕규범이 되는 원리이자 인륜이라고 할 수 있다. 다시 정리하면 도덕적인 문제를 해결하는 데 필요한 옳고 그름이나 선과 악을 구분하고 판단하는 원칙을 뜻한다.

① 사회   ② 도덕   ③ 예절   ④ 윤리   ⑤ 법률

02 다음 설명의 (가), (나)에 들어갈 내용을 각각 쓰시오.

> 자본주의에서의 사회적 갈등은 가진 자와 가지지 못한 자 간의 갈등일 수도 있고, 시장주의와 반(反)시장주의 간의 갈등일 수도 있다. 역사적으로 이러한 사회적 갈등에 대한 철학적 논의의 근저에는 제러미 벤담으로 대표되는 ((가)   )와(과) 존 롤스로 대표되는 ((나)   ) 간의 논쟁이 있었다.

(가) _____   (나) _____

03 다음 설명에 해당하는 개념이 무엇인지 쓰시오.

> IT 종사자 측면에서 IT를 활용하고 정보를 이용하며 관리하는 사람들이 지켜야 할 윤리로서, IT 종사자가 자신에게 맡겨진 정보와 정보시스템을 안정적으로 유지·관리하려는 제반 활동의 옳고 그름을 판단하기 위한 기준 체계이다.

_____

04 다음 설명의 괄호 안에 공통으로 들어갈 내용으로 적절한 것은?

> (   )는(은) 살아 있는 사람에 관한 정보를 말하며 이름, 주민등록번호 등과 같이 특정인을 알아볼 수 있는 정보를 나타내기도 한다. 또한 어떤 사람을 나타내는 부호, 문자, 음성, 음향, 영상 등의 정보가 다른 정보와 결합하여 그 사람을 알아볼 수 있다면 이 또한 (   )로 분류한다.

① 경영정보   ② 부서정보   ③ 개인정보
④ 업무정보   ⑤ 회계정보

05 다음 설명의 괄호 안에 들어갈 내용으로 적절한 것은?

> 사이버 언어폭력 중 (   )은(는) 온라인상에서 특정 대상에게 의도적·반복적으로 적대적 발언 등의 악의적 행위를 하는 것을 말한다. 카카오톡 단체 채팅방에 초대하여 집단으로 친구 한 명을 욕하거나 괴롭히는 '카톡 감옥'이 대표적인 예이다.

① 사이버 모욕   ② 초상권 침해   ③ 사이버 불링
④ 사이버 공격   ⑤ 사이버 스토킹

06 사이버 폭력 중 성격이 다른 것은?

① 피싱   ② 스미싱   ③ 가짜 이벤트
④ 신상 유포   ⑤ 파밍

07 SNS로 인한 개인정보 침해 유형 중 (가), (나)에 들어갈 내용을 각각 쓰시오.

(가)	SNS상의 개인정보는 서비스 회원 탈퇴 후에도 지속적으로 저장 및 공개되므로 사용자의 개인정보 자기통제권이 침해될 수 있다.
(나)	ID를 도용하여 특정인 또는 기업의 프로파일을 위조하거나 개인에 대한 명예훼손 또는 상품에 대한 비방을 할 수 있다.

(가) _____   (나) _____

08 다음 설명의 (가), (나), (다)에 들어갈 내용을 각각 쓰시오.

> 지식재산권은 ((가)   ), ((나)   ), 디자인권, ((다)   )을 포괄하는데, 산업 활동과 관련된 사람의 정신적 창작물 또는 창작 방법에 대한 인정 및 독점적 권리를 부여한 일종의 무체재산권이라고 할 수 있다.

(가) _____   (나) _____   (다) _____

09 다음 중 저작권 침해 사례가 아닌 것은?

① 불법 공유 앱에서 무료로 음원을 다운로드하는 경우
② 다른 사람이 쓴 글을 허락 없이 블로그나 SNS에 올리는 경우
③ 유료 이미지 사이트에서 사용권을 구매하여 이미지를 올리는 경우
④ 유료 컴퓨터 프로그램을 카페나 동호회 웹 사이트에 올리는 경우
⑤ 다른 사람이 찍은 사진에 워터마크를 다는 경우

01   기업을 경영할 때 정보윤리가 왜 중요한지 발표하시오.

02   기업에서 도입한 경영정보시스템이 소비자의 개인정보를 침해했을 때 조치해야 할 사항이 무엇인지 리포트를
      작성하시오.

03   사이버 폭력을 경험한 적이 있다면 느낀 점을 이야기하고, 이를 막기 위한 방법에 대해 토론하시오.

04   자신도 모르는 사이에 저작권을 침해한 적이 있다면 그 경험을 이야기하고, 사회적으로 저작권에 대해 어떤 인
      식이 필요한지 논의하시오.

05   저작권과 관련된 법이 강화되면서 긍정적인 영향과 부정적인 영향이 동시에 발생하고 있다. 부정적인 영향을 해
      소하기 위한 해결책에 대해 리포트를 작성하시오.

다음은 논문 「클라우드 컴퓨팅의 활성화를 위한 법적 제 문제(I): 개인정보 보호 관련 쟁점」의 일부를 발췌한 것이다. 다음을 읽고 클라우드 컴퓨팅의 정의와 밑줄 친 부분에 대해 리포트를 작성하시오.

개인정보 보호 관련 쟁점

스마트 혁명은 일상생활 전반에 상당한 혁신과 편리성을 가져왔지만, 막대한 규모의 데이터 유통으로 인한 역기능 방지를 위해 개인정보 보호가 강력히 요구되고 있다. 정보보호의 중요성이 강조되고 있는 사물인터넷, 클라우드 컴퓨팅, 빅데이터 등 인터넷 신산업 분야에서도 개인정보 보호를 강화하기 위한 법 제도 차원의 논의가 활발히 전개되고 있다. 특히 클라우드 컴퓨팅의 경우 IT 자원을 활용하여 개인정보를 저장·유통·보관하는 서비스로, 높은 수준의 보안 체계를 갖추고 리스크를 조절할 수 있는 관리 수단을 제공하는 등 정보보안이 매우 중요한 분야이다.

하지만 지나친 정보보호는 데이터 활용을 기반으로 하는 클라우드 서비스를 비롯한 각종 ICT 융합 산업의 발전을 저해하는 장애 요소로 작용할 수 있다. 또한 산업 발전의 초기 단계인 클라우드 컴퓨팅 분야에서는 오히려 산업 진흥을 저해하고 운신의 폭을 제약하는 일일 수 있다. 최종 이용자의 개인정보가 서비스의 대상이 되는 사업의 경우, 정보보호의 규율 강화가 곧바로 영업 활동 제한으로 이어질 수 있기 때문이다. 따라서 클라우드 컴퓨팅 산업의 활성화를 위해 개인정보의 '보호'와 '활용'이라는 측면이 적절히 균형을 이룰 수 있도록 조화로운 법 체계 방향이 구축될 필요가 있다.

© 정원준, 「클라우드 컴퓨팅의 활성화를 위한 법적 제 문제(I): 개인정보 보호 관련 쟁점」, 정보통신방송정책, 제26권 제20호 통권 588호, 2014

PART 02

정보 기술 기반 구조

정보 기술과
컴퓨터 시스템

학 | 습 | 목 | 표

- 정보 기술을 정의하고 전략격자 모형과 놀런의 단계 모형을 이해한다.
- 주요 정보 기술인 바코드, RFID, POS, EDI, CALS를 이해한다.
- 그린 정보 기술, RTE, 웹 서비스의 개념을 이해한다.
- 컴퓨터 시스템의 개념과 특징을 이해한다.
- 컴퓨터의 발전 과정을 알아보고 컴퓨터를 분류한다.
- 컴퓨터 하드웨어와 소프트웨어를 알아본다.

정보 기술의 이해

01 정보 기술의 개념

정보 기술 Information Technology, IT은 컴퓨터나 정보통신에 관한 기술을 총칭하는 것으로 정보시스템의 중요한 구성 요소이다. 또한 인터넷의 발달로 통신이 정보 기술의 주요한 요소가 되면서 정보 기술을 약자로 ICT라고 표기하기도 한다.

TIP **정보 기술:** 정보시스템 구축에 필요한 유·무형의 모든 기술과 수단을 아우르는 기술을 의미하며, 정보통신 산업의 발전과 함께 정보혁명을 주도하는 기술이다.
ⓒ 두산백과

PLUS NOTE | **정보 기술 인력의 분류**

우리나라 노동부에서 정한 '정보 기술 인력 분류'를 통해 정보 기술의 개념을 추론해볼 수 있다. 다음은 MIS와 관련된 정보 기술 인력에 대한 설명이다.

● **시스템 운영 관리자:** 시스템 사용자에게 기술적인 지원을 수행하며, 하드웨어와 소프트웨어의 문제를 조사 및 처리한다.

● **웹 엔지니어:** 웹을 기반으로 하는 신기술을 시험 및 적용한다. 원활한 웹 서비스를 수행할 수 있도록 웹 서버 및 클라이언트 프로그램 등 웹 프로그램을 개발하는 웹 개발(엔지니어 포함) 직무와 연관성이 높다.

● **정보보호 엔지니어:** 정보보안 정책을 수립하고, 시스템 내부와 시스템 간의 효율성, 효과성, 안정성을 고려한 보안시스템을 도입하여 운영하고 유지보수를 수행한다. 정보보호 및 보안 직무와 연관성이 높다.

● **일반 소프트웨어 개발 프로그래머:** 컴퓨터 언어를 이용하여 프로그램을 전문적으로 개발한다.

● **시스템 엔지니어:** 최적의 정보시스템을 구축 및 운영하기 위해 정보 기술의 기술적 사항(하드웨어, 소프트웨어) 등을 검토 및 분석한다. 시스템 소프트웨어의 개발에 대한 폭넓은 이해를 바탕으로 기술 지원이 가능해야 하며, 마이크로프로세서 등 전자제어를 고도화하도록 한 임베디드 시스템 소프트웨어 개발 직무와도 연관성이 높다.

● **데이터베이스 관리자:** 데이터베이스 시스템의 분석 및 설계를 운영·관리·튜닝하는 전문적 업무를 수행한다. 따라서 데이터베이스의 물리·논리 설계, 공유 데이터의 통제, 분산 데이터의 관리, 데이터의 품질을 유지·관리하기 위한 회복 관리 등을 설계·구축하는 프로젝트 관리 직무와 연관성이 높다.

- **웹 디자이너:** 디자인의 기본 원리를 바탕으로 웹의 구축 목적 및 내용을 기획하고 디자인하여 웹 사이트상에 시각적으로 구현한다.

- **게임·애니메이션 그래픽 기획 개발자:** 게임·애니메이션 그래픽 관련 소프트웨어나 인터넷을 통해 서비스되는 제품을 기획하고 개발한다. 따라서 게임·애니메이션 직무뿐만 아니라 웹 디자인과도 관련이 있다. 또한 모바일 기기를 통한 음악, 영화, 게임 등의 콘텐츠를 개발 및 제공하는 모바일 콘텐츠 직무도 이에 해당한다.

- **프로젝트 매니저/컨설턴트:** 프로젝트의 공정, 인력, 예산, 품질 등에 대한 전반적인 관리 등을 수행하며, 고객과의 상담을 통해 프로젝트의 실무 과정을 자문한다.

© 주인중 외(한국직업능력개발원), 「IT 전략기획 및 관리 운영 분야 직무능력 모형 개발」, 정보통신부, 2007

02 전략격자 모형

정보 기술의 발전은 기업의 업무 구조나 생산 방식을 근본적으로 바꾸고 있을 뿐만 아니라 산업 구조와 산업 내의 경쟁 관계에도 많은 영향을 미치고 있다. 정보 기술은 신제품 및 서비스의 출시, 새로운 유통 경로나 유통 방식의 개발, 새로운 규모의 경제 등을 실현시키고 기존의 경쟁 규칙 자체를 변화시켜, 산업 내에서 경쟁하는 기업의 존속 및 성장에 직결되는 중요한 전략적 무기가 되고 있다. 기업이 정보 기술을 경쟁우위의 확보 수단으로 활용할 때 이를 '정보 기술의 전략적 활용'이라 하는데, 오늘날 많은 기업이 경쟁 위협에 대한 대응 수단, 경쟁력 강화를 위한 경쟁 무기, 지속적 경쟁우위를 위한 전략 수립 지원 도구로 정보 기술을 활용하고 있다. 기업이 경영전략을 수행하는 데 정보 기술이 미치는 영향과 그 영향을 고려하여 전략적 방향을 분석하는 도구가 **전략격자 모형**strategic grid model이다.

기업이 가치 활동에 적합한 정보 기술을 이용할 때는 다음의 두 가지 사항을 고려해야 한다. 첫째, 기업의 가치 활동에 사용하는 정보 기술이 기업의 생존에 얼마나 전략적으로 이용되고 있는가이다. 이는 정보 기술이 제공하는 서비스가 잠시 중단되거나 품질에 이상이 생기면 기업 운영에 얼마나 심각한 영향을 미치는가를 말한다. 둘째, 새롭게 개발되는 응용 시스템이 앞으로 기업에 어떤 영향을 미칠 것인가이다. 이는 새로운 정보 기술이 가치 활동에 이용될 때 전략적 효과를 발휘할 수 있는 정도를 말한다. 기업에 적합한 정보 기술의 도입 수준을 규명하기 위해서는 이러한 두 가지 관점에서 기업의 위치를 파악해야 하는데 전략격자 모형은 이를 해결해준다.

전략

정보시스템에서의 전략strategy은 현행 경쟁전략과 앞으로의 전략 방향 모두에 중요한 역할을 한다. 정보시스템은 기업의 경쟁우위를 획득하는 근거를 제공하고, 새로운 응용 정보시스템으로 미래에도 기업의 전략적 우위를 유지하게 한다.

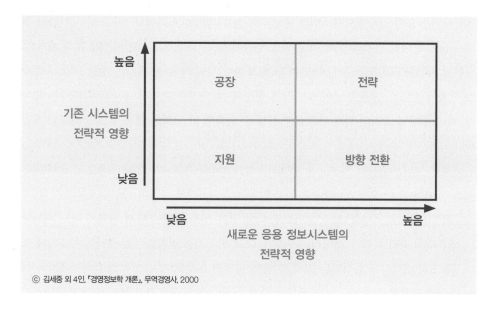

그림 4-1
전략격자 모형

© 김세중 외 4인, 「경영정보학 개론」, 무역경영사, 2000

이 부분에 속하는 기업은 은행, 보험 회사, 중장비 제조 회사 등을 들 수 있다. 이러한 기업에서 정보 기술을 효과적으로 관리하기 위해서는 상당한 정보 기술 계획이 필요하며, 정보 기술과 상위 경영층의 관계가 긴밀해야 한다.

공장

정보시스템은 미래의 전략적 우위 획득에 필수적인 요소는 아니지만, 현재의 정보시스템이 잘 규정 및 수용되면 기업의 활동이 성공적으로 수행된다. 따라서 기업은 새로운 정보시스템의 개발보다는 기존 정보시스템의 유지와 보수에 집중한다. 제조, 서비스, 유통 회사가 여기에 포함되는데, 이러한 기업에서는 정보시스템이 단 한 시간 동안만 작동하지 않아도 기업의 성과에 치명적인 영향을 미친다.

지원

정보시스템은 기업의 현재 활동이나 미래의 전략 목표를 달성하는 데 중요하지 않은 일상적인 데이터 처리를 목적으로 활용된다. 정보 기술의 운영상 장애가 발생할 경우에도 크게 영향을 주지 않는 수준이다.

방향 전환

방향 전환turn-around은 지원 단계에서 전략 단계로 변환하는 상태이다. 현재는 지원 형태의 정보시스템을 가지고 있으나 개발 중인 응용 시스템이 기업의 전략적 목적을 달성하는 데 필수적일 것으로 예상되는 경우이다.

03 놀런의 단계 모형

놀런의 단계 모형 The Nolan Stage Model은 성장 단계와 경영시스템의 여러 가지 특징을 대응시키는 모형으로 정보시스템의 발달 과정을 설명하는 이론이다. 이 모형은 기업이 현재 수준에서 어떤 단계의 정보 기술 활용 능력이 있고, 다음으로 발전시켜야 할 단계가 무엇인지 파악하도록 도와준다. 놀런의 단계 모형이 지닌 가장 큰 특징은 정보 기술 수준의 한 단계에서 다음 단계로 넘어가기 전에 성장의 각 단계를 반드시 통과해야 한다는 것이다. 따라서 만일 조직의 현재 단계를 진단할 수 있다면 이 모형은 계획 수립에 좌표를 제공한다.

리처드 놀런Richard L. Nolan은 정보시스템의 성장주기를 S자 모양 곡선으로 표현했다. 놀런은 1979년 이 모형을 6단계로 확장했다. 수정된 6단계 모형이 이전의 4단계 모형(착수–확장–공식화–성숙)과 근본적으로 다른 점은 셋째 단계인 통제 단계의 어느 시점에서 '컴퓨터의 관리'로부터 '데이터 자원의 관리'로 넘어가는 전환점이 존재한다는 시각에 있다. 즉 조직 내외부에 축적되는 지식, 기술의 발전과 더불어 정보 기술의 효율적 활용이라는 단순한 목적에서 벗어나 조직 목표의 달성이라는 좀 더 근원적인 목적에 초점을 맞추어 정보 및 정보 자원을 보다 효과적으로 관리해야 할 필요성을 인식하게 된다는 것이다.

그림 4-2
놀런의 단계 모형

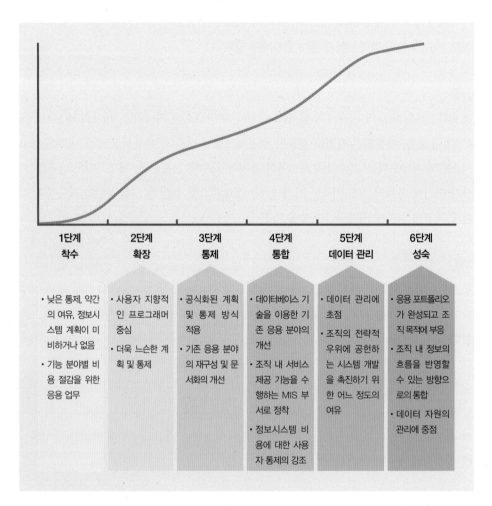

1단계 착수	2단계 확장	3단계 통제	4단계 통합	5단계 데이터 관리	6단계 성숙
• 낮은 통제, 약간의 여유, 정보시스템 계획이 미비하거나 없음 • 기능 분야별 비용 절감을 위한 응용 업무	• 사용자 지향적인 프로그래머 중심 • 더욱 느슨한 계획 및 통제	• 공식화된 계획 및 통제 방식 적용 • 기존 응용 분야의 재구성 및 문서화의 개선	• 데이터베이스 기술을 이용한 기존 응용 분야의 개선 • 조직 내 서비스 제공 기능을 수행하는 MIS 부서로 정착 • 정보시스템 비용에 대한 사용자 통제의 강조	• 데이터 관리에 초점 • 조직의 전략적 우위에 공헌하는 시스템 개발을 촉진하기 위한 어느 정도의 여유	• 응용 포트폴리오가 완성되고 조직목적에 부응 • 조직 내 정보의 흐름을 반영할 수 있는 방향으로의 통합 • 데이터 자원의 관리에 중점

04 정보 기술의 융합

정보 기술의 융합은 IT 산업 내 융합에서 산업 간 융합으로 발전했고, 궁극적으로 인간과 IT가 융합되는 방향으로 진화할 전망이다. 각종 제품과 기술의 상호 결합을 의미하는 융합은 그동안 IT 산업 내에서 컴퓨터, 통신 등 전자 기기 간의 융합을 중심으로 전개되었다. 그러나 최근 들어 IT의 활용 범위가 확대되고 타 산업 기술과의 접목이 활발해지면서 새로운 융합 기술이 창출되고 있다. IT 산업을 중심으로 진행되어온 융합은 이제 전체 산업군으로 확장되면서 새로운 산업 진화 패러다임으로 자리 잡고 있으며, 향후 IT의 모습을 크게 변화시킬 핵심 요소로 큰 주목을 받고 있다.

소프트웨어 산업은 빠르게 변화하고 있지만, 점점 다양해지고 고도화되는 사용자의 요구를 따라잡기에는 뚜렷한 한계를 보이고 있다. 소프트웨어 기업들은 이러한 다변화된 고객의 요구에 대응하기 위해 다양한 형태의 소프트웨어 융합을 선보이고 있다. 소프트웨어 융합 시대에는 다양성과 통합 욕구를 동시에 만족시켜주는 비즈니스로의 전환이 요구되며, 단순 기능 제공이 아닌 개념화된 비전의 구체화가 필요하기 때문이다. 이러한 융합의 심화는 장기적으로 소프트웨어 산업을 산업 및 비즈니스와 유기적으로 결합한 네트워크형 산업 구조로 변모시킬 것이며, 산업 간 경계를 초월한 비즈니스 모델 간의 무한 경쟁을 가져올 것으로 예상된다. 소프트웨어 시장에서의 융합은 IT 서비스(시스템 통합), 컨설팅, 아웃소싱, IDC Internet Data Center, ASP Application Service Provider, 패키지 솔루션, B2B 전자상거래 등 세분화된 전 영역에 걸쳐 나타나고 있다.

시스템 통합 시장의 융합

시스템 통합 System Integration, SI 은 기업이 필요로 하는 전산시스템을 구축해주는 서비스로, 국내 주요 시스템 통합 회사로는 삼성SDS, LG CNS, SK C&C, 네이버, 한국 IBM 등이 있다. 이러한 시스템 통합 회사는 시스템을 누구보다 잘 알기 때문에 시스템 구축이 끝나고 나면 대부분 시스템 관리 System Management, SM 도 수행한다. 국내의 경우 시스템 통합 시장은 2002년 이후 기업용 포털 시장의 확대와 더불어 통합화라는 이름으로 융합이 가속화되었으며, 사용자 인터페이스 영역에서 정보와 지식 표현의 발전이 두드러졌다. 또한 기업들이 전략적 경영 혁신 도구를 도입하면서 더욱 세분화된 영역에서 소프트웨어 융합이 이루어지고 있다. 이로 인해 순수 시스템 통합 시장은 점차 사라지고 패키지 기반의 시스템 통합이라는 새로운 영역이 창출되는 방식의 개편이 나타나고 있다.

컨설팅 영역의 융합

컨설팅 영역의 경우 IT 컨설팅과 비즈니스 컨설팅 영역의 구분이 모호해져 그 경계가 붕괴되는 모습의 융합이 나타나고 있다. 특히 e-비즈니스 사업의 확대에 따른 솔루션 기반의 컨설팅 시장이 급격히 성장하면서 그 속도가 더욱 빨라지고 있다.

TIP **융합:** 일반적으로 '하나로 합친다' 또는 '경계가 무너지면서 사실상 하나가 된다'는 포괄적 의미가 있으며, 주로 이종 제품 간, 비즈니스 모델 간, 산업 간 결합 또는 융합의 의미로 사용된다. 휴대전화에 카메라, MP3, DMB 등의 기능이 덧붙여지는 것은 디지털 컨버전스의 한 예로 볼 수 있다.
ⓒ 한경 경제용어사전

IDC 시장의 융합

IDC는 기업 고객들로부터 인터넷 서비스를 아웃소싱 받아 서버와 네트워크를 제공하고 콘텐츠를 대신 관리해주는 곳으로 '인터넷 서버 호텔'이라고도 한다. 대규모 인터넷 전산 센터를 설립한 후 호텔처럼 기업의 서버(인터넷 컴퓨터)를 입주시켜 기업 대신 전문적으로 운영·관리해주기 때문이다. IDC 시장에서는 관련 업체의 급속한 증가로 인해 속도와 면적 중심의 가치가 고객 요구에 맞춘 상품의 세분화와 다양화로 변모하고 있다. 이러한 시장 환경과 고객 요구는 새로운 부가 서비스, 컨설팅 등의 도입으로 이어져 IDC 시장의 융합을 자연스럽게 하고 있다. 특히 서비스 수준 협약Service Level Agreement, SLA 개념의 확산에 따라 대다수의 IDC 기업이 고객 요구 충족을 위해 이를 도입하고 있으며, IDC 내 보안 문제 등으로 확산되어 보안 및 백업 서비스로까지 융합이 확산되고 있다.

ASP 시장의 융합

ASP는 소프트웨어를 패키지 형태로 판매하지 않고, 일정한 요금을 받고 인터넷을 통해 임대해주는 서비스이다. 이미 소프트웨어 유통 및 판매 방식이 기존 상용 소프트웨어 모델에서 SaaS 모델로의 융합으로 진전되고 있는 상황이다. 오라클, 마이크로소프트와 같은 상용 소프트웨어 기업들 역시 SaaS 모델에 주목하여 이를 빠르게 수용하면서 ASP 시장은 SaaS라는 새로운 비즈니스 영역을 창출하고 있다. 최초의 클라우드 서비스는 지메일, 드롭박스, 네이버 클라우드처럼 소프트웨어를 웹에서 쓸 수 있는 SaaS가 대부분이었다. 그러다가 서버와 스토리지, 네트워크 장비 등의 IT 인프라 장비를 빌려주는 IaaS Infrastructure as a Service (서비스로서의 인프라스트럭처), 플랫폼을 빌려주는 PaaS Platform as a Service (서비스로서의 플랫폼)로 늘어났다.

> **TIP** **SaaS:** 소프트웨어의 기능 중 사용자가 필요로 하는 것만을 서비스로 배포하여 이용이 가능하도록 한 소프트웨어의 배포 형태이다. 서비스형 소프트웨어로도 불리며 일반적인 ASP를 SaaS라고도 한다.

그림 4-3
클라우드 서비스 모델 비교

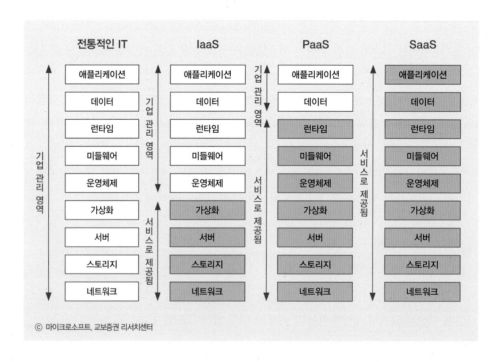

© 마이크로소프트, 교보증권 리서치센터

패키지 시장의 융합

패키지 소프트웨어 시장은 이미 통합과 개인화라는 양면성을 띠고 융합이 빠르게 진행되고 있어 소프트웨어의 경계를 점차 희미하게 하고 있다. 예컨대 고객들은 비용 절감 효율성에 큰 관심을 갖고 운영체제, 데이터베이스관리시스템DataBase Management System, DBMS, WAS Web Application Server, CRM Customer Relationship Management, EP Enterprise Portal, KM Knowledge Management 등의 솔루션을 단일 플랫폼으로 제공하는 업체를 선호한다. 이러한 추세에서 대형 IT 기업들은 M&A를 통해 각종 솔루션을 확보하고 이를 단일 플랫폼에서 제공하는 IT 스택stack 전략을 강화하고 있다.

TIP 스택은 쌓는다는 의미이다. 플랫폼을 팔고 그 위에 하나씩 추가하여 판다는 의미의 전략을 말한다.

05 정보 기술의 활용

정보 기술은 여러 방면에서 활용할 수 있다. 고객 만족을 높이거나 조직 구조를 변화시킬 수 있고, 더 나아가 재택근무도 가능하다.

고객 만족

정보 기술을 활용하면 고객 만족도를 높일 수 있다. 정보 기술을 활용하여 다양한 신제품을 기획하거나 특정 제품 또는 서비스에 꼭 들어맞는 표적 고객을 찾아내는 등 고객 만족 활동을 수행하는 사례를 다음 표에 정리했다.

기업	활용 형태	사례
삼성물산	맞춤 마케팅	기성복 가운데 고객이 원하는 옷이나 색상이 없을 경우, 공장에서 만들어 이를 가정으로 배달해주는 서비스 운영
도요타(Toyota)	맞춤 마케팅	주초에 고객이 제시한 차종, 엔진, 색상, 선택 사양 등에 맞춰 그 주 금요일에 배달해주는 맞춤 생산 서비스 실시
익스피리언(Experian)	정보의 상품화	고객의 신용거래 실적 정보를 가공하여 타 업체에 서비스
월마트(Walmart)	표적 마케팅	일기 변동에 따른 음료수 재고 확보량의 정확한 예측
콘티넨털항공 (Continental Airlines)	신속한 대처	매 시간마다 지역별, 국가별, 노선별 실적 사항을 파악하여 필요한 대처를 신속하게 수행

표 4-1
정보 기술을 활용한 국내외 대표적 기업의 사례

조직 구조의 변화

정보 기술을 활용하면 정보 기술을 관리하는 특별한 조직 단위가 생긴다. 이로 인해 대부분 조직 계층의 수가 감소하여 인건비가 대폭 절감되고 신속한 의사결정이 가능하여 생산성 및 기업 경쟁력이 강화된다.

그림 4-4
**정보 기술 활용에 따른 조직
구조의 변화**

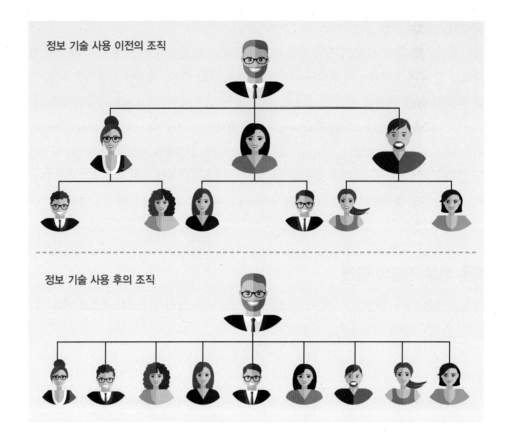

재택근무 가능

정보통신 기술의 발달로 원격근무telecommuting가 가능해져 재택근무가 활성화된다. 재택근무는 기업의 입장에서 공간 및 부대비용을 절감할 수 있게 해주고, 개인의 입장에서는 자율성을 주어 생산성이 향상된다. 결국 재택근무는 기업과 개인 모두에게 긍정적인 효과가 있다.

그림 4-5
재택근무
정보통신 기술의 발달로 원격근무가 가능해져 재택근무가 활성화된다.

© Shutterstock

주요 정보 기술

01 바코드

© Shutterstock

바코드bar code는 검은 선, 흰 선의 굵기와 배열의 조합으로 정보를 표현하는 부호 체계이다. 컴퓨터는 이진법(0과 1의 조합)으로 데이터를 인식하지만, 바코드는 검은색과 흰색, 두꺼운 선 또는 얇은 선을 광학적으로 감지한다. 바코드시스템은 바코드 스캐너를 사용하여 제품 포장에 인쇄된 바코드를 스캐닝하기 때문에 사람이 키보드로 입력하는 방식보다 간단하다. 또한 바코드의 검사 문자check digit로 자동 오류 체크를 실시할 수 있어 입력 오류를 줄일 수 있다.

TIP **이진법:** 2를 기수로 하는 수 표현법의 일종으로, 0과 1 두 숫자로 모든 수를 표현한다.
© 전자용어사전

그림 4-6
바코드시스템
바코드 스캐너를 이용하여 제품 포장에 인쇄된 바코드를 스캐닝한다.

표준 상품 코드

표준 상품 코드Korean Article Number, KAN는 우리나라 공통 상품 코드로 백화점, 슈퍼마켓, 편의점 등 유통업체에서 최종 소비자에게 판매되는 상품에 사용된다. 제조업자가 상품 포장에 직접 인쇄하게 되어 있다. 코드의 길이가 열세 자리로, 국제 공통 상품 코드인 EAN 코드 체계에서 국가를 나타내는 프리픽스prefix가 880인 코드 체계를 KAN이라고 한다. EAN 체계는 표준형과 단축형이 있다.

● **KAN-13(표준형):** 가장 일반적으로 사용되며, 프리픽스 세 자리(국가 식별 코드), 제조업체 코드 네 자리, 상품 품목 코드 다섯 자리, 검사 문자 한 자리를 포함하여 총 열세 자리로 구성된 표준 코드이다. 이와 같은 표준형은 다시 제조업체 코드 자릿수가 네 자리인 표준형 A와 여섯 자리인 표준형 B로 구분된다.

● **KAN-8(단축형):** 단축형은 표준형 KAN 바코드를 인쇄하기에 포장 면적이 충분하지 않은 작은 상품에 사용된다. 단축형은 프리픽스 세 자리(국가 식별 코드), 단축형 제조업체 코드 세 자리, 단축형 상품 품목 코드 한 자리, 검사 문자 한 자리를 포함하여 총 여덟 자리로 구성된다.

물류용 바코드

기업의 생산 관리, 보관, 수송 등의 물류 부문에 사용하기 위해 고안된 코드 체계로 표준 물류 코드 체계라고도 한다(EAN-13, EAN-14, ITF 등을 사용하지만 EAN-14가 표준 이라고 보면 된다).

- **표준 물류 코드 체계(EAN-14):** 물류 식별 코드 한 자리, 국가 식별 코드 세 자리, 제조업체 코드 네 자리, 상품 품목 코드 다섯 자리, 검사 문자 한 자리, 총 열네 자리의 숫자로 표현한 다. 물류 식별 코드 '0'은 상품 포장 내에 여러 상품이 섞여 있는 것을 의미하고, '9'는 추가 코드가 있다는 것을 나타낸다. 나머지는 기타 여러 구분을 나타낸다.

그림 4-7
표준 물류 코드 체계(EAN-14)

- **응용식별자(UCC/EAN-128):** 보통 정보는 소비자 구매 단위 또는 수송용 포장 단위의 식 별 이외에 추가되는 정보로 생산 일자, 포장 일자, 유통 기간, 고객 주문 번호 등이 사용된 다. 응용식별자Application Identifier, AI는 수시로 변화되는 추가 정보를 바코드로 표시할 수 있도록 응용식별자 뒤에 오는 데이터 필드가 어떤 정보인지를 나타내는 부호이다.

- **ITF(Interleaved Two of Five):** KAN 코드를 기본으로 하여 집합 포장에 인쇄되어 검품, 분류, 재고 실사 등에 이용한다. 넓은 바와 좁은 바만을 사용하는 열네 자리 코드 체계이다.

도서용 바코드(ISBN)

ISBN International Standard Book Number은 열 자리 코드 체계로 서적에 사용하는 국제 표준 도서시스템이다. 서적의 서지 정보를 담아 서적 유통 업무에 효율성을 높여준다.

잡지용 바코드(ISSN)

ISSN International Standard Serial Number은 잡지와 같은 연속 간행물을 관리하는 데 사용 되는 코드 체계이다. 여덟 자리로 구성되며, 맨 앞에 '977+예비 기호 두 자리'를 추가하여 ISSN 코드를 더하면 EAN 코드와 호환된다.

그림 4-8
도서용 바코드와
잡지용 바코드의 예

도서용 바코드   잡지용 바코드

02 RFID

RFID Radio Frequency IDentification는 사물에 부착된 기기를 통해 사물의 실시간 정보를 확인하고 주변 상황의 정보를 감지할 수 있는 센서의 명칭으로 전자 태그tag라고 부른다. 센서는 능동형과 수동형으로 구분된다. 소리 센서가 사람의 음성을 분석하여 누구인지를 파악하는 것처럼 센서 자체가 환경 인식을 통해 얻은 데이터를 가공하여 정보를 획득하는 것이 능동형 센서이고, 단순히 리더기를 통해 식별자 칩의 정보를 수집하는 것이 수동형 센서이다. 다시 말해 RFID 시스템은 물품 관리 및 물류 분야 등에서 중점적으로 사용되어 급속히 주목받게 된 기술이며, 고유 정보를 저장한 태그와 무선으로 이를 인식하는 리더기 등으로 구성된 시스템이다.

기본적인 RFID 시스템은 RFID 태그라고 불리는 고유 정보를 전기적 신호로 저장하는 트랜스폰더, 해독기를 가진 송수신기인 RFID 리더기, 호스트 컴퓨터와의 응용 부문으로 구성된다. RFID 시스템은 RFID 리더기를 통해 RFID 칩의 정보를 획득한다. RFID는 작은 칩을 내장한 RFID 태그를 제품이나 기기에 붙여 생산, 유통, 보관, 소비 등의 전 과정에 대한 정보를 담는다. 이 정보는 RFID 리더기를 통해 유선은 물론 이동통신, 위성통신 등 다양한 통신 회선과 연동하여 관리시스템에 사용할 수 있다.

TIP **RFID:** 신원 확인 주파수 수신기라고도 부르며, 판독기·RF 태그·안테나를 통해 사람이나 상품 등을 비접촉으로 인식하여 태그에 기록된 정보를 판독하거나 기록하는 무선 주파수 인식 기술이다.

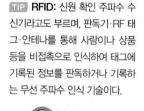

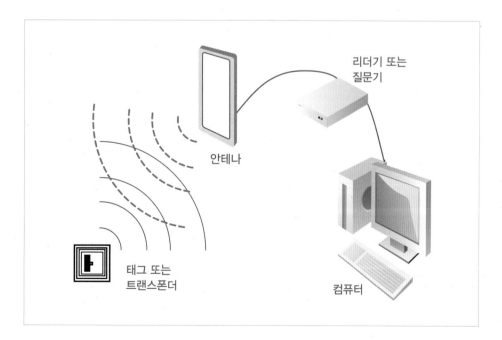

리더기 또는
질문기

안테나

태그 또는
트랜스폰더

컴퓨터

그림 4-9
RFID 시스템의 작동 원리
① 안테나에서 지속적으로 전파를 발산
② ID와 데이터가 저장된 태그가 전파 범위에 들어오면
③ 태그가 데이터를 안테나로 전송
④ 리더기가 태그의 정보를 판독
⑤ 네트워크로 연결된 데이터베이스 정보를 교신

RFID 태그를 활성화하기 위해 RFID 안테나에서는 무선 신호를 방출하고, 이를 통해 데이터를 읽거나 쓴다. RFID 안테나는 태그와 송수신기 사이에 시스템 데이터를 획득하거나 통신을 제어하는 통로로 모양과 크기가 다양하다. 대개 일정 지점을 통과하는 사람이나 사물로부터 태그 데이터를 받거나 고속도로 교통 상황을 감시하기 위해 요금 징수 장소 등에 설치한다. 가끔 RFID 안테나는 송수신기 및 해독기와 함께 일괄 형태로 휴대용이나 고정 설치 기기로 구성할 수도 있다.

RFID 태그

RFID 태그는 자체적으로 아이디와 데이터를 저장하고 있다. 자체 전원을 내장하여 최대 100m 이내까지 판독할 수 있는 능동형 태그와, 내장 전원이 없어 가독 거리가 상대적으로 짧지만 반영구적이고 비용이 저렴한 수동형 태그로 나눌 수 있다. 또는 읽기만 가능한 태그, 읽기와 쓰기가 모두 가능한 태그로 구분하기도 한다.

RFID 태그는 여러 분야에서 다양한 모양과 크기가 사용되고 있다. 주파수 대역으로 구분하면, 비용이 저렴하고 짧은 거리를 지원하여 보안, 자산 관리, 동물 식별 등에 사용하는 저주파 시스템과 철도 추적, 자동통행료징수시스템 등에 사용할 수 있는 고주파 시스템이 있다.

표 4-2
기존 바코드시스템과
RFID 태그의 차이점

구분	바코드	RFID 태그
저장 능력	2^7	2^{128} 이상 가능(바코드보다 최대 6,000배의 저장 능력)
저장 정보	국가(한국 880), 제조업체(네 자리), 상품 품목(다섯 자리)에 대한 정보만 입력	국가, 제조업체, 상품 품목 외 생산 일자, 유통 기간, 상미 기간, 가격 정보, 조리 방법 등 가능
상품 인식	동일 상품, 동일 ID	동일 상품, 개별 ID
사례	농협에서 납품받은 시금치	산지에서 8월 31일 오후 6시에 출하 → 9월 1일 오전 7시에 가공센터에서 출고 → 오후 10시에 매장에 입고 → A33번 곤돌라에서 진열된 10개 중 일곱 번째 시금치

RFID 안테나

RFID 안테나는 태그를 읽기 위해 신호를 발신하여 태그를 활성화하고, 태그에 데이터를 입력하는 역할을 담당한다. 저주파(30~500kHz) 시스템은 인식 거리가 짧고(10cm 이내) 비용이 낮으며, 교통카드 등에 많이 사용되고 국제표준도 어느 정도 정착되어 있다. 고주파(850~950kHz, 2.4~2.5GHz) 시스템은 인식 거리가 길고 비용이 높지만, 다양한 형태의 개발이 가능하고 국제표준 제정을 위한 논의가 활발히 진행 중이다.

RFID 리더기

RFID 리더기는 태그의 정보를 해독하여 네트워크를 통해 호스트 컴퓨터와 교신하며, 호스트 컴퓨터의 지시를 받아 태그에 정보를 기록하는 역할을 수행한다.

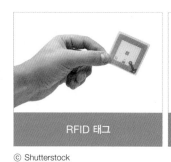
RFID 태그

RFID 안테나
(ABS 13.56MHz RFID 안테나)

RFID 리더기
(모토로라 MC3190-Z)

© Shutterstock

그림 4-10
**RFID 태그, RFID 안테나,
RFID 리더기**

03 POS

POS Point of Sales (판매 시점 정보 관리)는 1980년대 보급되기 시작하여 편의점 세븐일레븐에서 성공적으로 정착되어 현재는 모든 판매점에서 사용되고 있다. POS 시스템은 과거의 판매 물품 관리나 데이터 처리는 물론이고 현재는 재고 관리, 현금 흐름 관리 등의 경영관리 영역까지 확대되었다.

POS는 유통업체로부터 소스마킹(바코드, RFID)된 단품의 판매 기록이 수록되어 있는 POS 데이터를 구매 시점에 스캐너로 읽으면 각종 판매 정보가 기록 및 저장되며, 소매업자의 경영 활동에 관한 각종 정보를 판매 시점에 파악하여 관리하게 하는 종합적 소매 정보시스템이라고 할 수 있다.

그림 4-11
POS
종합적 소매 정보시스템이라고 할 수 있다.

POS 시스템의 구성

POS 시스템은 POS 터미널, 스토어 컨트롤러, 본부의 메인 컴퓨터로 구성된다.

- **POS 터미널(점포 계산대):** 컴퓨터 본체와 스캐너로 구성되며, 상품 코드와 금전등록기의 키보드로 입력되어 컨트롤러에 송신된다.

- **스토어 컨트롤러(점포 사무실):** 데이터베이스화되어 있는 상품 마스터 파일을 검색하여 상품명, 가격, 구입 장소, 구입 가격, 구입 일자 등 상품 정보를 POS 터미널로 재송신한 후 자동으로 판매 파일, 재고 파일, 구매 파일 등을 기록하고 온라인으로 본부에 전송한다.

- **본부의 메인 컴퓨터:** 모든 점포의 정보를 관리하고 점포별, 품목별로 판매 및 재고를 파악한다.

그림 4-12
POS 시스템의 구성

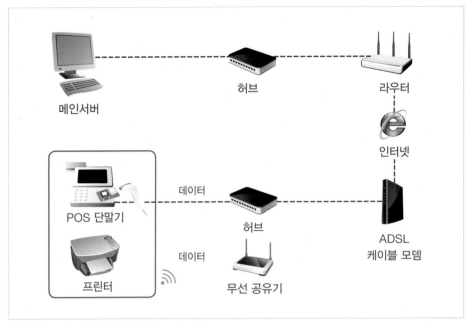

© http://www.sollae.co.kr/kr/appli cations/pos_system.php

POS 시스템의 활용

POS 시스템을 활용하여 매출, 고객 정보, 시계열, 상관관계를 분석할 수 있다.

- **매출 분석:** 단품별, 부문별, 시간대별, 계산원별 매출

- **고객 정보 분석:** 고객 수, 고객별 단가, 부문별 개수, 부문별 단가

- **시계열 분석:** 전년 동기 대비, 전월 대비, 목표 대비

- **상관관계 분석:** 상품 요인 분석, 관리 요인 분석, 영업 요인 분석

그림 4-13
POS 데이터의 활용 단계

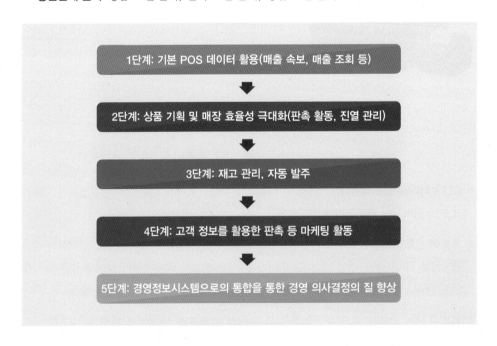

POS 시스템의 장점

POS 시스템을 활용하면 다음과 같은 다양한 장점이 있다.

- 매상 등록 시간의 단축을 통해 고객 대기 시간 및 점원의 수를 줄일 수 있다.
- 판매원 교육훈련 시간이 짧아지고 입력 오류를 방지할 수 있다.
- 단품 관리를 통해 잘 팔리는 상품과 잘 팔리지 않는 상품을 구별할 수 있다.
- 전자주문시스템Electronic Order System, EOS 과 연계하여 신속하고 적절한 구매가 가능하다.
- 재고의 적정화, 물류 관리의 합리화, 판촉 전략의 과학화를 유도할 수 있다.

04 EDI

EDI Electronic Data Interchange (전자 데이터 교환)는 회사 간 업무를 처리할 때 종이로 된 문서(또는 서류)를 교환하는 대신에 컴퓨터로 처리할 수 있는 구조화·표준화된 양식으로 EDI 네트워크를 통해 서로 데이터를 교환하는 방식을 말한다. EDI는 단순히 종이를 없애는 것을 넘어서 데이터의 재입력과 처리 지연을 없애는 것이 목적이다. 즉 문서의 데이터 입력(수동 입력)을 전자적인 데이터 입력(자동 입력) 방식으로 교체한 것이다.

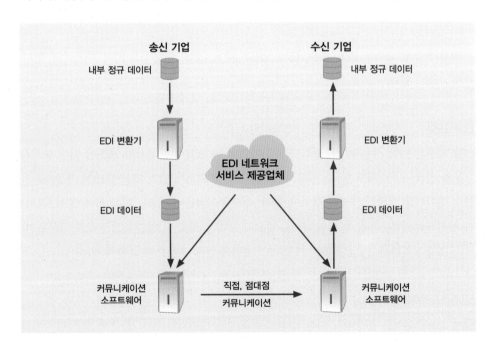

그림 4-14
EDI 전송 방식

EDI는 새로운 비즈니스 방법으로, 거래 상대방과의 비즈니스 관계를 증진하기 위해 정보 기술을 활용하는 전자거래 방법으로 발전했다. 오늘날과 같은 무한경쟁 시대에 기업들이 거래 상대방과의 비즈니스에서 정보 기술을 폭넓게 활용함으로써 바야흐로 본격적인 전자거래 시대를 맞이하고 있다. 이는 정형화된 데이터를 주고받는 전자문서 교환을 비롯하여 이메일, 팩스, 바코드, 전자 자금 이체, 파일 전송, 전자 정보 서비스(디렉터리, 카탈로그, 시장 통계, 기술적인 문서 등 주로 데이터베이스 서비스), 음성 사서함, 이미지 시스템, 비디오 메시징 등 그 종류와 형태가 매우 다양하다. EDI는 VAN EDI에서 인터넷 EDI, 웹 EDI가 탄생했고 현재는 XML EDI가 상용화되었다.

표 4-3
형태별 EDI 기술 비교

구분	VAN EDI	인터넷 EDI	웹 EDI	XML EDI
개념	VAN 망을 통한 표준 EDI 방식으로 문서 교환	EDI 통신 매체로 인터넷을 이용	웹 서버와 브라우저 간 통신으로 EDI 구현	XML 문서를 전자적으로 전송 처리
네트워크 구조	VAN EDI (PSTN/PSDN)	인터넷	인터넷	인터넷
장점	• 거래 정보의 보안 및 안정성 보장 • VAN 서비스 업체에서 제공하는 부가 서비스 이용	• EDI 외에 이메일, 파일 송수신 기능 통합 • 고속 접속 가능 • 가입자의 확장성 용이 • 표준화 용이	• 초기 구축 비용 저렴 • 교육 및 운영 비용 저렴 • 고객의 접근성, 사용자의 확장성 용이	• EDI 사용 비용 절감 • 사용의 편이성 증대 • 확장성 증가 • 최근 시스템과의 통합성
단점	• 중소형 요양 기관에 도입이 어려움 • VAN 사용료 및 유지 보수 비용 발생 • 문서 개발 및 관리 불편	• 안정성이 낮고 보안이 어려움 • 접속점 이외에서의 가용성이 보장되지 않음 • 문서 추적 등이 어려움	• 안정성이 낮고 보안이 어려움 • 데이터 재입력으로 문서량이 많을 경우 곤란 • 사용자의 정보 가공이 어려움	• 표준의 미비 • 레거시 시스템과의 인터페이스 필요

EDI의 구성 요소는 EDI 표준, EDI 소프트웨어, EDI 네트워크, EDI 하드웨어 등 네 가지 요소가 있다.

EDI 표준

EDI 표준은 EDI 사용자가 도입하고 따라야만 하는 EDI 통신에서의 표준이 되는 양식과 구문을 정한 규칙이라고 할 수 있다. 이와 같은 공용 표준이 있기 때문에 EDI 사용자들은 업무 데이터를 정해진 양식과 절차에 따라 서로 주고받을 수 있다. 이는 종이 문서(편지)가 발신자의 이름, 주소, 인사말, 본문, 발신자 등의 순서로 된 일반적인 양식과 구문을 따르는 것과 유사하다. EDI 표준은 크게 양식 표준과 통신 표준으로 나눌 수 있다.

EDI 소프트웨어

EDI 소프트웨어는 회사마다 다른 양식으로 표현된 데이터를 EDI 표준에 맞는 양식으로 변환하고, 변환된 EDI 문서를 통신 표준에 맞는 전자 메시지로 변환하는 기능을 수행한다 (역방향의 기능도 수행한다).

EDI 네트워크

EDI를 위한 네트워크는 직통과 VAN을 이용하는 방법이 있다. 직통 네트워크는 거래 당사자들이 일대일로 통신하는 방식으로, 모뎀과 공중 전화망을 이용하여 컴퓨터를 연결한다. 상호 간 데이터 통신을 하려면 전송 속도, 라인 프로토콜 등 통신 프로토콜이 서로 동일해야 한다.

EDI 하드웨어

EDI를 실행하기 위해 갖추어야 할 특별한 하드웨어는 없다. 대부분 회사는 일반 업무 처리용 컴퓨터를 보유하고 있고 소형 컴퓨터(PC나 마이크로컴퓨터)가 널리 보급되어 있어서 필요한 EDI 소프트웨어만 구매하여 운용하면 EDI를 실행할 수 있다. 부가적으로 컴퓨터 내의 EDI 데이터를 통신 네트워크로 전송하려면 통신용 모뎀을 접속해야 한다.

05 CALS

CALS Computer At Light Speed는 미국 국방성의 전자입찰시스템을 포괄적으로 명명한 것이다. 미국 국방성의 조달 규모는 다른 나라의 전체 예산과 비슷한 규모로, 미국 국방성이 전자입찰을 의무화하기 시작하면서 문자를 조달하려는 전 세계의 기업들이 관심을 가지게 되었다. 이 전자입찰시스템을 설치하고 운영하면서 관련된 정보통신 기술이 함께 발달했다.

CALS의 개념을 한마디로 정의하기는 어렵지만, 일반적으로 주요 장비 또는 지원 체계를 개발하기 위한 설계·제작 과정과 이를 운영·유지하는 보급, 조달 등의 군수 지원(물류 지원) 과정을 BPR을 통해 조정하고 동시공학concurrent engineering적으로 업무를 처리하는 과정이다. 이러한 과정에서 작성되는 다양한 정보를 디지털화하여 통합 데이터베이스Integrated DataBase, IDB에 저장·활용하여 업무의 과학적·효율적 수행과 신속한 정보 보유 및 전달 체계, 종합적 품질 관리Total Quality Assurance, TQA를 통한 비용 절감을 달성하려는 공동의 전략이라고 정의할 수 있다. CALS의 원천 기술은 B2B 전자상거래 및 전자정부의 요소 기술이 되었다.

즉 개인, 기업, 정부 등 경제 주체 간에 전자적인 매체, 특히 컴퓨터 네트워크를 활용하는 방식이다. 상품의 설계, 생산에서부터 폐기까지 수명주기 전 과정에 걸쳐 필요한 자료를 관련된 모든 조직이 컴퓨터 네트워크를 이용하여 통합·공유·교환하는 활동으로, 우리말로는 '광속의 전자상거래'라고 일컫는다. 따라서 CALS는 기존의 시스템 수명주기 전반에 걸친 문서 중심의 업무 처리 방식에서 탈피하여 디지털 형식으로 상호 정보 공유 및 교환이 이루어질 수 있도록 하는 통합 체계 및 자동화 전략이라고 할 수 있다.

CALS라는 용어의 의미는 급속도로 변하고 있다. 초기에는 다른 기종 시스템 간의 데이터 교환에 역점을 두었으나 현재는 시대적 변천에 적응하려는 경영전략적 의미로 사용되고 있다.

● **1단계(Computer Aided Logistics Support System):** 1982년 미국 국방 장관의 지

> **TIP** **동시공학:** 순차적인 단계로 진행되던 과거의 제품 개발과는 달리, 전체 프로세스를 담당하는 모든 부서가 통합된 정보통신망과 전산시스템의 지원 아래 동시 진행과 상호 교류로 제품 개발의 성공 가능성을 높이고 개발 기간과 비용을 줄이는 방법이다.
> ⓒ IT용어사전

시로 일반 문서의 비효율성 제거, 전자문서의 효율성 향상, 군수 지원 과정에서 걸리는 시간 절약 등 국방비 운영 비용 절감을 위해 병참지원전산화시스템이라는 이름으로 시작되었다. 무기 체계의 보급 조달과 정비 유지를 위한 군수 지원 분야에서 통합과 공유를 통해 신속하게 자료를 처리할 수 있는 환경 구축이 목표였다.

- **2단계(Computer Aided Acquisition and Logistics Support):** 1987년에 병참 지원과 조달, 관리 정보시스템(방위 산업)으로 그 개념이 확대되면서 무기 체계의 획득 과정이 추가로 강조되었다. 군수 지원에 관련된 정보처리 과정의 통합을 위한 데이터베이스 공유화 추진을 목표로 했다.

- **3단계(Continuous Acquisition and Life-cycle Support):** 1992년에 상무부로 주도권이 넘어가면서 제품의 전 생명주기를 관리 · 지원하며 모든 사업에 적용될 수 있도록 개념을 확장했다. 즉 정보와 프로세스의 연속적인 지원 시스템으로서 민간 기업 응용 시스템으로 확대하여 경영지원통합시스템으로 개념이 변화했다.

- **4단계(Commerce At Light Speed):** 1995년에 비로소 제조 과정의 기술적인 데이터 처리에서 인터넷이나 통신망을 통한 상업 거래로 개념이 확산되면서 현재까지 사용되고 있는 의미인 광속의 전자상거래로 확장되었다. 초고속 통신망을 기반으로 광속과 같이 빠른 초고속 전자거래 환경의 구축을 목표로 추진하고 있다.

CALS에서는 문서 정보를 전자화하고 다른 기종의 컴퓨터 시스템 간에 전자문서를 상호 교환하기 위해 SGML Standard Generalized Markup Language 을 사용하여 표준화된 방법으로 문서를 구조화한다. SGML은 표준화된 범용 표시 언어를 말하며, 전자문서의 표준화를 위해 국제표준화기구에서 ISO 8897 International Standardization Organization 8897 이라는 명칭으로 정의한 범용 언어이다. SGML은 이후 간소화되어 HTML Hyper Text Markup Language 의 기초가 된다.

TIP **SGML:** 전자문서가 어떠한 시스템 환경에서도 정보의 손실 없이 전송, 저장, 자동 처리가 가능하도록 국제표준화기구(ISO)에서 정한 문서 처리 표준이다.
ⓒ 두산백과

기타 정보 기술

01 그린 IT

국제적으로 환경에 대한 관심이 높아지면서 환경 규제가 강화되고 개인과 더불어 기업 및 정부 차원에서 환경 문제에 대한 책임이 사회적 이슈로 떠오르고 있다. 이에 각 산업은 환경오염에 직접적인 영향을 미치는 각종 폐기물이나 지구온난화의 주요 원인이 되는 이산화탄소 배출을 감소시키기 위한 노력을 계속하고 있다.

IT 산업도 환경에 미치는 영향에서 예외가 될 수 없다. 전 세계의 IT 기기가 사용하는 전력 소모량은 약 1,000억 kW로 전 세계 이산화탄소 배출량의 2%를 차지하는데, 이는 항공 산업과 동일한 수준이다. IT 산업에서도 에너지 비용 증가에 대처하고 지구온난화를 방지하기 위해 제시된 개념이 친환경적이고 지속 가능한 IT 산업 성장을 위한 **그린 IT**green IT이다. 이를 통해 현재 대다수 IT 공급자가 저전력, 저발열, 저소음, 친환경 소재의 IT 제품을 연구·개발하여 공급하고 있다.

기업 차원에서는 기업의 사회적 책임Corporate Social Responsibility, CSR을 이행하는 수단으로 그린 IT 전략을 수행하고 있다. 그린 IT의 개념은 기업의 운영, 제품, 서비스, 자원을 '도입-활용-폐기'라는 수명주기에서 환경적으로 지속 가능하도록 정보와 커뮤니케이션을 최적으로 사용하게 하는 기술이라고 정의할 수 있다. 이는 에너지 사용을 효과적으로 관리하고 에너지 소비가 많은 서버, PC 및 주변기기를 에너지 소비가 적은 것으로 대체하는 것이며, 고효율의 데이터 서버를 사용하거나 최소의 운영비로 효율적인 관리가 가능하다는 것을 의미한다.

© 박기정·황영훈·이주성, 「그린 정보화 수준 평가 방법론의 개발 및 적용」, *Entrue Journal* Vol.8, 2009

© Shutterstock

그림 4-15
그린 IT
친환경적이고 지속 가능한 IT 산업 성장을 위한 것이다.

그린 정보화에 보다 명확하게 접근하기 위해서는 기업 정보시스템의 그린 정보화 과정에 대한 일련의 체계가 필요하다. 기존의 정보화에 대해서는 소프트웨어, 정보시스템 등과 관련하여 성숙 모형을 제시하는 연구가 활발히 진행되었다.

정보화 성숙 단계에 관해 많이 사용되는 개념은 김인주 교수의 기능 정보화function integration, 업무 정보화process integration, 기업 내 정보화business integration, 기업 간 정보화industry integration, 지식 정보화role-model generation에 이르는 다섯 단계의 정보화 성숙 모형이다. 그린 정보화의 성숙 단계를 이 정보화 성숙 5단계 모형에 응용해본다면 정보시스템과 환경친화성 수준에 따라 그린 IT의 발달 과정을 개인 중심적personal oriented 그린 정보화, 개별 업무 중심적individual task oriented 그린 정보화, 전사적enterprise wide 그린 정보화로 구분할 수 있다.

- **개인 중심적 그린 정보화:** 그린 정보화의 초기 단계인 개인 중심적 그린 정보화는 기존의 정보시스템에 그린 IT 장비를 구입하기 전이나 정보시스템에의 도입을 고려하는 시기로, 대부분의 그린 정보화 활동이 개인의 행동 차원에서 이루어진다. 그린 IT 설비의 도입 없이도 개인이 컴퓨터 사용법의 작은 변화를 통해 조직 전체의 에너지 소비량을 충분히 줄일 수 있다. 이 단계에서는 절전 모드 및 화면보호기와 같은 개인용 컴퓨터의 전력 소모량을 관리해주는 개인 차원 소프트웨어 이용, 사용하지 않는 컴퓨터 끄기와 같은 개인적 차원의 활동이 주를 이룬다.

- **개별 업무 중심적 그린 정보화:** 개별 업무 중심적 그린 정보화 단계에서는 정보시스템의 환경적인 영향에 대한 인식이 향상됨과 동시에, 조직 내에서 환경적인 영향을 크게 주는 데이터센터를 중심으로 실질적인 그린 IT 설비가 도입되는 그린 정보화가 이루어진다. 따라서 개별 업무 중심적 그린 정보화는 IT 부서나 특정 부서에 국한하여 고려하며, 그린 IT 제품에 대한 투자 및 도입이 데이터센터를 중심으로 이루어진다.

- **전사적 그린 정보화:** 전사적 그린 정보화는 조직의 정보시스템 모든 부분에서 그린 정보화를 고려하며, 그린 정보화를 추진하는 특별 부서가 생기거나 IT 조직에서 그린 정보화 전략 계획을 별도로 수립한다. 이 단계에서는 장·단기적 전략을 통해 기존의 정보시스템이 그린 정보화를 달성하게 되고, 지속적인 효과 분석을 통해 직접적 효과인 에너지 비용 절감과 간접적 효과인 기업 내 업무 환경 개선, 대외 이미지 향상을 지속적으로 관리한다.

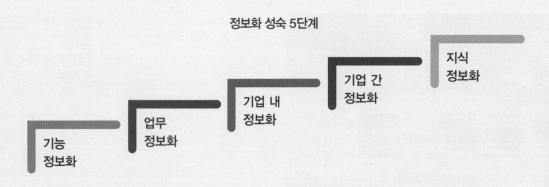

정보화 성숙 5단계

지식 정보화

기업 간 정보화

기업 내 정보화

업무 정보화

기능 정보화

ⓒ 김인주, 「정보화 수준 성숙 모델 기반의 통합평가시스템 개발」, 연세대학교, 1999

02 실시간기업

기업의 비즈니스는 점점 더 많은 고객사와 협력업체, 구매업체가 연결되어 날이 갈수록 복잡해지고 있다. 이러한 상황에서 기업의 비즈니스를 성공적으로 이끌기 위해서는 고객의 요구나 새로운 기회를 재빨리 파악 및 포착하고 민첩하게 대응하는 것이 필수적이다. 이러한 요구에 부응하기 위해 기업들은 하부 조직에서부터 최고 의사결정권자에 이르기까지 모든 정보와 지식을 실시간으로 공유하는 **실시간기업**Real-Time Enterprise, RTE으로 변화하고 있다. 가트너그룹은 RTE를 '실시간 정보를 기초로 핵심 비즈니스 프로세스를 관리 및 실행할 때 여러 가지 지체 현상을 지속적으로 제거함으로써 경쟁력을 극대화하는 경영의 방법'이라고 정의한다.

이 정의에는 세 가지 중요한 요소가 있다. 첫 번째는 '실시간 정보'이다. 실시간 정보라는 말을 기술적으로 풀어보면 실시간으로 정보를 처리하고 반응할 수 있어야 한다는 것이다. 두 번째는 '관리 및 실행'이다. 이전에는 정보시스템을 주로 경영관리의 측면에서 활용했지만, 이제는 실행 측면에서도 신중하게 고려해야 한다는 것이다. 세 번째는 '비즈니스 프로세스'이다. 이는 RTE가 시스템 또는 사람에 중점을 둔 경영 방법이 아니라 기업의 핵심 프로세스에 기반을 둔 경영 방법이라는 것이다.

RTE 전략 실행 모델을 기업 경영에 적용하면 기업의 모든 애플리케이션 시스템이 하나의 신경 체계로 연결되고 조정되어 마치 유기체처럼 움직이는 ENSEnterprise Nervous System로 형상화된다. 이러한 ENS의 모습을 가트너그룹은 '지능형 네트워크intelligent network' 또는 '통합 인프라스트럭처integration infrastructure'라고 일컫는다.

RTE의 사례

RTE는 실제 기업에서 경영 혁신을 위해 먼저 사용하고 나중에 그 개념이 정립되었다고 볼 수도 있다. 델컴퓨터 최고경영자인 마이클 델Michael Dell은 1999년에 펴낸『다이렉트 경영Direct from Dell』에 이렇게 썼다. "우리 회사는 불필요한 중간 단계 없이 고객에게 직접 컴퓨터를 팔고, 제조업체와 직접 거래하고, 사람들과 직접 의견을 나누었다. 우리는 그것을 '다이렉트 방식'이라고 부른다." 여기서 말하는 '다이렉트 방식'이 바로 RTE이다.

시스코도 공장에서 제품 조립의 모든 공정을 처리하던 기존의 방식에서 벗어나, 반제품을 물류업체인 페덱스의 물류센터에서 완전히 조립하여 보다 빠르게 고객의 수요에 대응할 수 있는 시스템을 만들었다. 이것도 RTE를 구현한 것이라 할 수 있다. 포드자동차의 경우 RTE의 적용으로 신제품 디자인에 걸리는 시간을 7년에서 4년으로 줄였으며, 이를 통해 1년간 12억 달러의 비용을 절감하고 품질은 50% 이상 향상했다.

기업 간의 협업시스템 활용을 통한 RTE의 대표적 구현 사례로는 삼성전자의 GSBN Global Samsung Business Network이 있다. 이 포털시스템을 통해 서울 본사와 해외 지사는 물론 해외 협력업체들과 실시간으로 신제품 정보, 구매 계획을 공유하고 제품 도착 예정일, 마케팅 비용 정산, 통관 등의 업무도 하나의 통합 사이트에서 처리할 수 있다. 삼성

TIP **마이클 델:** 개인용 컴퓨터(PC)의 세계적인 판매 기업 중 하나인 델(Dell)의 창립자이자 CEO이다.

전자는 판매 경쟁력 강화를 통한 제품 판매 이익 증대는 물론 리드타임 단축과 중복 업무 최소화를 통한 원가 절감 효과를 기대하고 있다.

RTE의 핵심 요소

세계적인 공급망 관리SCM 및 RTE 부문 석학인 미국 스탠퍼드대학의 하우 리Hau L. Lee 교수는 최근 세미나에서 RTE의 핵심 요소로 정보 흐름 추적, 정보 가시성, 모니터링, 분석, 성능 관리, 대응을 제시했다.

- **정보 흐름 추적**: 비즈니스 프로세스상 정보의 흐름과 현재의 위치를 실시간으로 파악할 수 있어야 한다.

- **정보 가시성**: 특정 정보와 관련된 핵심 조직 또는 사람과 커뮤니케이션할 수 있도록 해야 한다.

- **모니터링**: 위험 사항이나 예외 사항을 모니터링할 수 있어야 한다.

- **분석**: 근본적인 원인의 분석과 계획 수정을 빠르게 할 수 있어야 한다.

- **성능 관리**: 전체적인 성능에 대한 보고와 향상이 필요하다.

- **대응**: 새로운 계획을 세우고 실행할 수 있어야 한다.

RTE 전략 실행 모델

RTE 전략 실행 모델에 상응하는 IT 솔루션은 4단계로 구성할 수 있다. 이와 같이 4단계의 IT 솔루션이 구성되면 기업의 업무는 총체적인 실시간 운영이 가능하다.

- **관찰 단계**: BAM Business Activity Monitoring을 도입하여 주요 업무 성능 지표를 실시간으로 감지해야 한다.

- **전환 단계**: ERM Enterprise Risk Management을 도입하여 EAR Earning At Risk, VAR Value At Risk, 현금 흐름 변동성 등을 파악해야 한다.

- **결정 단계**: CPM Corporate Performance Management은 정확한 의사결정 지원을 위한 도구를 도입하고 무결점 데이터 및 정밀 분석 기능을 이용하여 CSF Critical Success Factor, KPI Key Performance Indicator, BSC Balanced Score Card 등을 파악해야 한다.

- **실행 단계**: EP Enterprise Portal 시스템, ECM Enterprise Content Management은 문서함 관리, 폴더 관리, 문서 관리 등 기본 기능에 충실하면서도 지식관리시스템, 업무관리시스템 등 시스템과의 연계성을 도모해야 하며, BPM Business Process Management을 도입하여 업무 프로세스를 자동화하고 이를 위해 ERP를 도입한다.

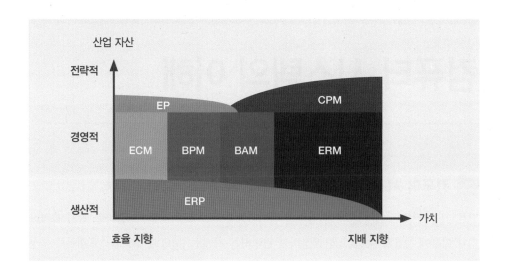

그림 4-16
RTE 아키텍처

03 웹 서비스

몇 년 전부터 미래 IT 환경을 바꿀 정보 기술로 주목받은 웹 서비스는 이제 단순한 사전적 용어에서 한 걸음 나아가 우리를 둘러싸고 있는 IT 환경과 생활 곳곳에 살아 있는 기술로 인식되고 있다. 웹 서비스는 SOAP Simple Object Access Protocol 이나 WSDL Web Service Description Language , UDDI Universal Description, Discovery, and Integration 등의 표준 기술을 사용하여 네트워크에 연결된 컴퓨터 간의 분산 컴퓨팅을 지원하는 소프트웨어 및 기술이다. 웹 서비스는 응용 프로그램을 작성할 때 하이퍼텍스트 생성 언어 HTTP , 확장성 생성 언어 XML , 단순 객체 접근 프로토콜 SOAP 과 같은 표준화된 웹 프로토콜과 데이터 형식을 사용함으로써 운영체제 등 특정 플랫폼과 상관없이 모든 컴퓨터 간의 원활한 데이터 흐름을 보장해주는 웹 관련 기술이다.

TIP **SOAP:** 웹 서비스를 실제로 이용하기 위한 객체 간의 통신 규약이다.

TIP **WSDL:** 웹 서비스 기술 언어 또는 기술된 정의 파일의 총칭으로, XML로 기술된다.

TIP **UDDI:** 인터넷에서 전 세계의 비즈니스 업체 목록에 자신의 목록을 등록하기 위한, XML 기반의 규격을 말한다.

© 두산백과

컴퓨터 시스템의 이해

01 컴퓨터 시스템의 개념

TIP 컴퓨터는 2진수와 논리회로를 사용하고 반복 계산 능력이 뛰어나다는 것이 특징이다.

컴퓨터는 전자회로를 이용하여 입력된 데이터를 자동으로 처리한 후 결과를 즉시 출력하거나 이후에 사용할 수 있도록 저장하여 관리하는 기계로, 하드웨어와 소프트웨어로 구성된다. **컴퓨터 시스템**computer system은 데이터의 판독, 기록, 계산, 판단, 조합, 분류 등의 데이터 처리 기능이 모두 한 대의 기계 시스템에 결집되어 다양한 기능을 가진 장치를 말한다. 컴퓨터 시스템은 입력, 처리, 출력 기능을 수행하는데 입력은 입력장치가, 처리는 중앙처리장치Central Processing Unit, CPU가, 출력은 출력장치가 담당한다. 현대의 컴퓨터 시스템은 네트워크의 하부 시스템으로 존재하기 때문에 통신장치도 필수적이다.

그림 4-17
컴퓨터 시스템

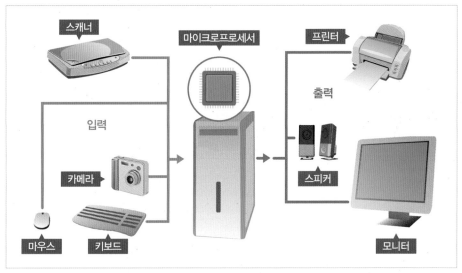

ⓒ http://www.bbc.co.uk/education/guides/z46s4wx/revision/2

02 컴퓨터의 발전 과정

컴퓨터는 수많은 시행착오를 거쳐 발전해왔다. 간단한 주판에서 시작하여 파스칼의 계산기, 라이프니츠의 계산기, 배비지의 차분기관과 해석기관, 천공카드 시스템, 튜링 기계 등을 거쳐 마침내 제1세대 컴퓨터인 에니악ENIAC으로 진정한 컴퓨터의 시대가 열렸다. 세대별 컴퓨터의 발전 과정을 자세히 알아보자.

제1세대 컴퓨터(1942~1958년)

제1세대 컴퓨터는 진공관을 기억소자로 사용했으며 1946년에 최초의 범용 디지털 컴퓨터인 에니악이 완성되었다. 이 시기는 상품화된 컴퓨터가 도입된 첫 번째 시대로 에니악, 유니박UNIVAC-1, IBM 650이 대표적인 컴퓨터였다. 제1세대 컴퓨터는 컴퓨터 기술 개발에 역점을 두어 하드웨어 개발에 박차를 가한 시기로 평가된다. 또한 프로그램과 데이터를 기억장치에 저장하고 기계에서 프로그램을 분리한 폰노이만John von Neumann식 컴퓨터 시스템이 1946년 케임브리지대학에서 개발되었는데 이는 에드삭EDSAC으로 명명되었다. 제1세대 컴퓨터의 특징은 다음과 같다.

● 진공관의 짧은 수명과 발열 때문에 별도의 냉각 장치가 필요했다.

● 매우 제한된 특수한 분야에만 컴퓨터가 이용되었다.

● 주기억장치에 수은 지연 회로나 자기드럼 장치가 사용되었다.

● 기계어로 프로그래밍을 했다.

TIP **에니악:** 1,900개의 진공관을 사용한 세계 최초의 전자식 컴퓨터로 1946년 펜실베이니아대학에서 연구·개발했다.

진공관   에니악

© Shutterstock

그림 4-18
제1세대 컴퓨터
진공관을 기억소자로 사용했으며 대표적인 컴퓨터는 에니악, 유니박, IBM 650 등이다.

제2세대 컴퓨터(1959~1963년)

제2세대 컴퓨터는 진공관 대신 트랜지스터를 기억소자로 사용했다. 1948년 벨연구소의 과학자 존 바딘John Bardeen, 월터 브래튼Walter H. Bratin, 윌리엄 쇼클리William Shockley가 개발한 트랜지스터는 진공관을 대신하는 새로운 전자소자로 각광받으면서 급격히 확산되었다. 하지만 실제로 1959년에 이르러서야 트랜지스터를 이용한 컴퓨터가 등장했다. 제2세대 컴퓨터는 트랜지스터를 사용하여 이전보다 더 빠르고 고장이 적어 신뢰도가 높아졌으며, 부피가 작아지고 전기 소모량이 적어 제작단가와 유지보수 비용이 낮아졌다. 또한 컴퓨터의 내장 프로그램을 위한 자기코어 기억장치의 사용과 보조기억장치의 이용이 가능해졌다. 대표적인 컴퓨터는 IBM 7094, CDC 1604 등이며, 제2세대 컴퓨터의 특징은 다음과 같다.

- 주기억장치에 자기코어를 사용했다.

- 보조기억장치로 자기디스크와 자기드럼 등 대형 장치가 개발되었다.

- 운영체제의 개념이 개발되어 컴퓨터의 이용 주체가 사용자 중심으로 바뀌기 시작했다.

그림 4-19
제2세대 컴퓨터
트랜지스터를 기억소자로 사용했으며 대표적인 컴퓨터는 IBM 7094, CDC 1604 등이다.

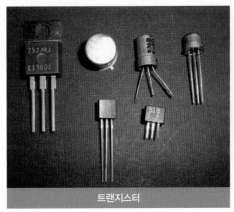
트랜지스터

IBM 7094

ⓒ https://baylamckeyvinr.wordpress.com/2015/03/01/the-five-generations-of-computers/

ⓒ http://www.piercefuller.com/library/pan7094.html?id=pan7094

제3세대 컴퓨터(1964~1970년)

반도체 소자인 집적회로가 등장한 시대로 컴퓨터의 크기가 더욱 소형화되었다. 집적회로는 수백 개의 트랜지스터와 여러 부품을 하나의 칩으로 통합한 전자회로이다. 특히 이 시대는 컴퓨터의 물리적인 부분만 발전한 것이 아니라 컴퓨터 소프트웨어에 관한 연구가 활발했다. 컴퓨터가 소형화되면서 기능도 많이 발전했으며, 대표적인 컴퓨터는 IBM S360/370, UNIVAC 1100, CDC 3000 등이다. 제3세대 컴퓨터의 특징은 다음과 같다.

- 트랜지스터나 다이오드, 저항 등을 칩으로 통합한 집적회로를 기억장치나 회로소자로 사용했다.

- 미니컴퓨터가 등장했다.

- 시분할 시스템이 등장했다.

그림 4-20
제3세대 컴퓨터
집적회로를 기억소자로 사용했으며 대표적인 컴퓨터는 IBM 360, UNIVAC 1100 등이다.

집적회로

IBM 360

ⓒ http://www.build-electronic-circuits.com/integrated-circuit/

ⓒ https://www.theregister.co.uk/2014/04/07/ibm_s_360_50_anniversary/

제4세대 컴퓨터(1971년~현재)

제4세대 컴퓨터에는 기억소자로 고밀도 집적회로Large Scale IC, LSI 또는 초고밀도 집적회로Very LSI, VLSI를 사용했다. 1970년대 초에는 고밀도 집적회로를 사용한 단일 칩 마이크로프로세서가 출시되었고, 1975년에는 MIT Micro Instrumentation and Telemetry System에서 인텔의 마이크로프로세서 8080을 탑재한 최초의 상업용 개인용 컴퓨터인 알테어Altair를 출시했다. 이후 애플과 IBM에서 개인용 컴퓨터 시장에 뛰어들면서 개인용 컴퓨터가 많은 사람에게 큰 호응을 얻게 되었다. 1980년대에 그래픽 사용자 인터페이스 Graphical User Interface, GUI 기반인 애플의 리사Lisa가 개발되었고, 1990년대 중반에는 넷스케이프와 인터넷 익스플로러 등의 웹 브라우저가 등장했다. 이때부터 고성능이지만 가격은 저렴하고 인터넷까지 가능한 개인용 컴퓨터가 대중화되었다. 제4세대 컴퓨터의 특징은 다음과 같다.

ⓒ 이동명 외 2인, 『컴퓨터 사이언스(개정판)』, 한빛아카데미, 2015

● 개인용 컴퓨터가 대중화되었다.

● 컴퓨터가 추론과 의사결정을 할 수 있도록 개발되었다.

● 컴퓨터를 이용하여 공장 및 사무 업무의 자동화가 이루어졌다.

● 컴퓨터, 스마트폰 등 다양한 정보 기기로 유무선 네트워크를 통해 인터넷 접속이 가능해졌다.

초고밀도 집적회로

ⓒ http://sharein.org/to-know-some-technologies-in-vlsi/

애플의 리사

ⓒ http://www.mac-history.net/apple-history-2/apple-lisa/2007-10-12/apple-lisa/attachment/4-0-1-5

그림 4-21
제4세대 컴퓨터
초고밀도 집적회로를 기억소자로 사용했으며 대표적인 컴퓨터는 애플의 리사 등이다.

제5세대 컴퓨터

제5세대 컴퓨터에 대한 연구는 1990년대부터 일본을 중심으로 진행되었으나 아직까지 실용화 단계에는 이르지 못했다. 제5세대 컴퓨터의 개념은 학문적으로 정확하게 정립되지 않았지만, '비非폰노이만형 컴퓨터'로서 학습, 추론, 판단 등을 기반으로 사용자와 대화가 가능한, 인공지능을 갖춘 컴퓨터로 알려져 있다. 즉 컴퓨터 내외부에 있는 데이터를 가지고 컴퓨터 스스로 논리적인 추론을 수행하여 문제를 해결하거나, 체계적으로 정리한 데이터를 시스템 내부에 기억하고 필요할 때마다 검색하여 활용하는 등의 지식 기반 시스템 형태이다.

ⓒ 이동명 외 2인, 『컴퓨터 사이언스(개정판)』, 한빛아카데미, 2015

03 컴퓨터의 분류

컴퓨터는 규모와 처리 성능에 따라 슈퍼컴퓨터, 대형 컴퓨터, 미니컴퓨터, 워크스테이션, 개인용 컴퓨터, 휴대용 컴퓨터 등으로 나눌 수 있다. 그러나 2000년대를 거치면서 미니컴퓨터와 워크스테이션의 성능 차이가 거의 없어져 구분이 부의미해졌다. 최근에는 미니컴퓨터라는 용어를 쓰지 않으며 미니컴퓨터를 워크스테이션에 포함하고 있다.

슈퍼컴퓨터

슈퍼컴퓨터는 일기예보, 핵실험 등 계산할 양이 많은 작업을 빠른 속도로 처리하기 위해 설계된 컴퓨터로 성능, 크기, 가격 면에서 가장 큰 컴퓨터의 종류이다. 주로 과학 기술용이나 군사용으로 사용되며 나사NASA나 KIST의 특수 연구소에서 이용하고 있다.

대형 컴퓨터

대형 컴퓨터는 주로 대기업, 은행, 연구소 등에서 사용하는 컴퓨터로 다수의 사용자가 동시에 업무를 처리할 수 있도록 설계되었다. 기업에서 전사적인 차원의 호스트 컴퓨터로 이용하며 IBM System z10, IBM 4381, IBM ES/9000 등이 있다.

그림 4-22
슈퍼컴퓨터와 대형 컴퓨터

슈퍼컴퓨터

© Shutterstock

대형 컴퓨터(IBM System z10)

© http://m.ibm.com/http/www-03.ibm.com/press/us/en/photos.wss?rN=36&topic=12

워크스테이션

워크스테이션은 대형 컴퓨터보다는 작고 느리지만, 개인용 컴퓨터보다는 크고 빠른 중형 규모의 컴퓨터이다. 주로 과학 기술 분야의 연구·개발용으로 쓰이지만, 최근에는 고성능의 개인용 컴퓨터가 출시되면서 워크스테이션의 수요가 감소하는 추세이다. DEC의 VAX, IBM의 AS/400, 오라클의 Enterprise 250 Ultra SPARC Server E250 등이 있다.

개인용 컴퓨터

개인용 컴퓨터PC는 마이크로프로세서를 탑재하여 만든 컴퓨터이다. 마이크로컴퓨터, 데스크톱 컴퓨터 또는 줄여서 데스크톱이라고 부른다. 개인용 컴퓨터는 일인용 컴퓨터이지만 기본 성능은 물론 네크워크의 연결 성능도 좋아 대부분의 업무를 처리할 수 있다.

그림 4-23
워크스테이션과 개인용 컴퓨터

워크스테이션(IBM AS/400)	개인용 컴퓨터

ⓒ http://www.wikiwand.com/fr/System_i　　　　ⓒ Shutterstock

휴대용 컴퓨터

휴대용 컴퓨터는 원하는 작업을 이동하면서 할 수 있도록 만든 컴퓨터이다. 가방에 넣고 다닐 수 있는 노트북 컴퓨터, 이보다 작은 PDA Personal Digital Assistant, 이동통신 네트워크의 발전으로 수요가 급증하고 있는 스마트폰, 태블릿 PC, 스마트 워치 등이 휴대용 컴퓨터에 포함된다.

그림 4-24
휴대용 컴퓨터

노트북 컴퓨터	PDA	스마트폰
태블릿 PC	스마트 워치	

ⓒ Shutterstock

컴퓨터의 구성

컴퓨터는 종류나 크기, 성능에 상관없이 하드웨어와 소프트웨어로 구성된다. 하드웨어는 컴퓨터를 구성하는 기계적 장치이고, 소프트웨어는 하드웨어의 동작을 지시하는 명령어 집합인 프로그램을 말한다.

01 하드웨어

하드웨어hardware는 모니터, 하드디스크, 프린터와 같이 컴퓨터와 관련된 모든 물리적 장치로 입력 기능, 출력 기능, 처리 기능, 저장 기능을 담당한다. 이러한 기능에 따라 하드웨어는 입력장치, 출력장치, 중앙처리장치, 기억장치로 구분할 수 있다.

입력장치와 출력장치

입력장치는 외부로부터 문자, 소리, 그림, 영상 등의 데이터를 전달받는 장치이다. 대표적인 입력장치는 키보드와 마우스, 스캐너이고 이 외에도 디지털카메라, 마이크, 생체 인식기(지문 인식, 홍채 인식) 등이 있다.

출력장치는 수행된 결과를 문서나 그림 형태로 사용자에게 전달하는 장치이다. 대표적인 출력장치는 모니터, 프린터, 스피커이다.

그림 4-25
입력장치와 출력장치

입력장치

출력장치

© Shutterstock

중앙처리장치

중앙처리장치CPU는 컴퓨터 시스템 전체를 제어하는 장치로, 다양한 입력장치로부터 자료를 입력받아 처리한 후 그 결과를 출력장치로 보내는 일련의 과정을 제어하고 조정하는 일을 수행한다. 모든 컴퓨터의 작동 과정이 중앙처리장치의 제어를 받기 때문에 컴퓨터의 두뇌에 해당한다. 중앙처리장치는 비교, 판단, 연산을 담당하는 논리연산장치Arithmetic Logic Unit, ALU와 명령어의 해석, 실행을 담당하는 제어장치control unit로 구성된다.

기억장치

기억장치는 입출력 데이터와 연산 처리 결과를 저장하는 장치로 주기억장치main memory와 보조기억장치secondary memory로 나눌 수 있다. 주기억장치는 컴퓨터 시스템에 프로그램을 적재하는 공간으로, 컴퓨터를 부팅하여 프로그램을 수행하면 보조기억장치에서 데이터를 읽어 주기억장치에 적재한다. 주기억장치에는 RAMRandom Access Memory과 ROMRead Only Memory 등이 있다. 보조기억장치는 데이터를 영구적으로 저장 및 기억하는 역할을 수행하는 기억 매체로, 주기억장치보다 값이 싸고 용량이 큰 반면에 속도가 더 느리다. 보조기억장치에는 하드디스크, CD-ROM, DVD-ROM, 플래시 메모리flash memory 등이 있다.

TIP **논리연산장치**: 각종 덧셈을 수행하고 결과를 수행하는 가산기, 산술과 논리연산의 결과를 일시적으로 기억하는 레지스터인 누산기, 중앙처리장치에 있는 일종의 임시 기억장치인 레지스터 등으로 이루어진다.

TIP **제어장치**: 프로그램의 수행 순서를 제어하는 프로그램 계수기, 현재 수행 중인 명령어의 내용을 임시 기억하는 명령 레지스터, 명령 레지스터에 수록된 명령을 해독하여 수행될 장치에 제어 신호를 보내는 명령해독기로 이루어진다.

중앙처리장치(인텔 코어 i7) | RAM(DDR3) | ROM(DB5900)

© http://www.intel.com/pressroom/archive/releases/2008/20081117comp_sm.htm © http://megamemory.com.au/89-samsung-2gb-ddr3-pc3-8500-1066mhz-laptop-memory-ram-macbook-imac.html © http://www.advantech.com/products/092ab0bc-0889-4749-914b-73ac468434d5/rom-db5900/

그림 4-26
중앙처리장치와 주기억장치

02 소프트웨어

소프트웨어software는 하드웨어를 구성하는 각 장치의 동작을 제어하는 명령어의 집합으로 프로그램이라고도 부른다. 컴퓨터 사용자는 소프트웨어를 통해 하드웨어를 제어하기 때문에 소프트웨어가 없으면 컴퓨터를 사용하기 어렵다. 물론 하드웨어적으로 컴퓨터를 제어하도록 설계할 수도 있지만 그럴 경우 하드웨어가 복잡해지고 개발 비용도 많이 든다. 이에 비해 소프트웨어는 컴퓨터를 매우 정교하게 제어할 수 있고 융통성도 뛰어나기 때문에 하드웨어로 컴퓨터를 제어하는 것보다 훨씬 편리하다. 소프트웨어는 응용 소프트웨어와 시스템 소프트웨어로 나눌 수 있다.

운영체제는 컴퓨터를 이용하여 다양한 일을 수행하기 위해 컴퓨터를 구성하는 각각의 하드웨어 장치를 제어하고, 응용 소프트웨어를 사용할 수 있도록 도와주는 시스템 소프트웨어이다. 운영체제의 목적은 사용자가 컴퓨터를 사용할 때 좀 더 편리한 환경을 제공하고 시스템의 성능을 향상하는 데 있다.

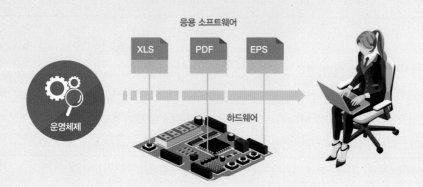

운영체제의 주요 기능은 다중 프로그래밍multiprogramming, 다중 작업multitasking, 다중 처리multi-processing, 가상 기억장치virtual storage, 시분할time slice 등이다.

- **다중 프로그래밍:** 하나의 CPU가 두 개 이상의 프로그램을 동시에 수행하도록 하는 기능이다.
- **다중 작업:** 한 사람이 한 대의 컴퓨터에서 두 개 이상의 프로그램을 동시에 운영할 수 있는 기능이다.
- **다중 처리:** CPU에 각각 업무를 분담시켜 처리하는(또는 하나의 프로그램을 둘 이상의 CPU가 처리하는) 기능이다.
- **가상 기억장치:** 하드디스크와 같은 보조기억장치를 주기억장치처럼 활용하는 기능이다.
- **시분할:** CPU 처리 시간을 나누어 다수의 사용자가 사용하도록 하는 기능이다.

운영체제의 종류에는 DOS, 윈도, 맥 OS, 유닉스, 리눅스 등이 있다.

- **DOS:** 8비트 및 16비트 컴퓨터에 가장 널리 사용되었던 운영체제이다. IBM 마이크로컴퓨터에서만 사용되었던 PC-DOS와 마이크로소프트가 개발한 MS-DOS가 대표적이다.
- **윈도:** 가장 널리 사용되고 있는 운영체제이다. 화면상의 작업창이나 아이콘 표시 등을 기본으로 하는 그래픽 사용자 인터페이스를 지원한다.
- **맥 OS:** 매킨토시 컴퓨터의 운영체제이다. 그래픽 사용자 인터페이스를 제공하며, 주로 출판이나 그래픽 작업에 활용된다.
- **유닉스:** 다중 사용자의 실행을 지원하며 가상 기억장치, 다중 프로그래밍, 시분할 등과 같은 기능을 제공한다. C 언어로 제작되어 이식성이 높고 교육기관에서 많이 사용한다.
- **리눅스:** 유닉스 기반의 공개 소프트웨어 운영체제이다. 다중 사용자, 다중 작업, 다중 스레드를 지원하는 네트워크 운영체제NOS이다.

시스템 소프트웨어

시스템 소프트웨어는 하드웨어를 작동하는 기본 소프트웨어로, 컴퓨터 시스템의 다양한 구성 요소를 조정하고 응용 소프트웨어가 특정 컴퓨터의 하드웨어에서 사용될 수 있게 한다. 시스템 소프트웨어는 운영체제Operating System, OS, 컴파일러compiler, 어셈블러 assembler, 각종 유틸리티utility 등과 같이 컴퓨터 시스템을 운영하는 데 필요한 프로그램으로 윈도, 유닉스, 리눅스 등이 대표적인 예이다.

응용 소프트웨어

응용 소프트웨어는 문서 작성, 그림 편집, 동영상 제작, 인터넷 검색 같은 특정 업무를 할 때 사용하는 프로그램을 말한다. 대표적인 예로 MS Office, 한글, 포토샵 등이 있다.

PLUS NOTE | 사무자동화 소프트웨어

사무자동화 소프트웨어(office automation software)는 사무실에서 일상적으로 수행하는 정보처리 업무를 자동화해주는 프로그램을 말하며, 크게 전자문서관리시스템과 그룹웨어시스템으로 나눌 수 있다. 전자문서관리시스템은 기본적인 OA 소프트웨어인 워드프로세서, 스프레드시트, 프레젠테이션 등을 활용하여 정보를 생성하고 관리할 수 있는 시스템이다. 그리고 그룹웨어시스템은 조직에서 구성원들이 목표를 원만하게 수행하도록 효과적인 의사소통 및 정보 공유를 할 수 있게 지원해주는 네트워크 기반의 정보 기술이다. 이를 통해 팀원 간의 의사소통, 업무 분담, 협력 작업을 촉진하고 조직 효율성을 높이며 업무 처리 시간, 회의 시간, 프로젝트 수행 시간, 의사결정 시간을 줄여줄 수 있다.

프로그래밍 언어

시스템 소프트웨어와 응용 소프트웨어는 프로그래밍 언어로 작성된다. 프로그래밍 언어의 주요 기능은 컴퓨터 시스템에 명령을 내려 필요한 활동을 처리시키는 것이다. 프로그래밍 언어는 크게 저급 언어(기계어, 어셈블리어)와 고급 언어(코볼, C 등)로 나눌 수 있다. 기계어를 1세대 언어, 어셈블리어를 2세대 언어, 베이직·코볼·포트란 등의 고급 언어를 3세대 언어라고 한다. 그리고 컴퓨터 그래픽, 향상된 대화식 처리 기술, 강력한 데이터베이스 기능을 3세대 언어에 부가하여 소프트웨어 생산성을 높인 질의어, 데이터베이스어 등의 언어를 4세대 언어라고 하며, 최근에는 인공지능 분야와 관련하여 등장한 자연어 등의 5세대 언어가 거론되고 있다.

01 정보 기술은 컴퓨터나 정보통신에 관한 기술을 총칭하는 것으로 정보시스템의 중요한 구성 요소이다.

02 기업이 경영전략을 수행하는 데 정보 기술이 미치는 영향과 그 영향을 고려하여 전략적 방향을 분석하는 도구는 전략격자 모형이다.

03 놀런의 단계 모형은 성장 단계와 경영시스템의 여러 가지 특징을 대응시키는 모형으로 정보시스템의 발달 과정을 설명하는 이론이다.

04 각종 제품과 기술의 상호 결합을 의미하는 융합은 그동안 IT 산업 내에서 컴퓨터, 통신 등 전자 기기 간의 융합을 중심으로 전개되었다.

05 바코드는 검은 선, 흰 선의 굵기와 배열의 조합으로 정보를 표현하는 부호 체계이고, RFID는 사물에 부착된 기기를 통해 사물의 실시간 정보를 확인하고 주변 상황의 정보를 감지할 수 있는 센서의 명칭이다.

06 POS는 소매업자의 경영 활동에 관한 각종 정보를 판매 시점에 파악하여 관리하게 하는 종합적 소매 정보시스템이다.

07 EDI는 회사 간 업무를 처리할 때 종이로 된 문서를 교환하는 대신에 컴퓨터로 처리할 수 있는 구조화·표준화된 양식이다.

08 CALS는 일반적으로 주요 장비 또는 지원 체계를 개발하기 위한 설계·제작 과정과 이를 운영·유지하는 보급, 조달 등의 군수 지원(물류 지원) 과정을 BPR을 통해 조정하고 동시공학적으로 업무를 처리하는 과정이다.

09 IT 산업에서 에너지 비용 증가에 대처하고 지구온난화를 방지하기 위해 친환경적이고 지속 가능한 IT 산업 성장을 위한 그린 IT가 제시되었다.

10 기업들은 하부 조직에서부터 최고 의사결정권자에 이르기까지 모든 정보와 지식을 실시간으로 공유하는 실시간기업으로 변화하고 있다.

11 웹 서비스는 SOAP이나 WSDL, UDDI 등의 표준 기술을 사용하여 네트워크에 연결된 컴퓨터 간의 분산 컴퓨팅을 지원하는 소프트웨어 및 기술이다.

12 컴퓨터 시스템은 데이터의 판독, 기록, 계산, 판단, 조합, 분류 등의 데이터 처리 기능이 모두 한 대의 기계 시스템에 결집되어 다양한 기능을 가진 장치를 말한다.

13 컴퓨터는 종류나 크기, 성능에 상관없이 하드웨어와 소프트웨어로 구성된다.

01 다음 설명의 (가), (나)에 들어갈 내용을 바르게 짝지은 것은?

> (**(가)**)는(은) 컴퓨터나 정보통신에 관한 기술을 총칭하는 것으로 정보시스템의 중요한 구성 요소이다. 또한 인터넷의 발달로 통신이 정보 기술의 주요한 요소가 되면서 정보 기술을 약자로 (**(나)**) (으)로 표기하기도 한다.

① 정보 기술, IS   ② 정보통신, BAM   ③ 정보 기술, ICT

④ 정보시스템, IoT   ⑤ 정보윤리, IT

02 다음 중 전략격자 모형에 해당하지 않는 것은?

① 공장   ② 전략   ③ 방향 전환

④ 지원   ⑤ 융합

03 놀런의 단계 모형을 나타낸 다음 표의 빈칸을 채우시오.

단계	단계별 특징
1단계: 착수	• 낮은 통제, 약간의 여유, 정보시스템 계획이 미비하거나 없음 • 기능 분야별 비용 절감을 위한 응용 업무
	• 사용자 지향적인 프로그래머 중심 • 더욱 느슨한 계획 및 통제
	• 공식화된 계획 및 통제 방식 적용 • 기존 응용 분야의 재구성 및 문서화의 개선
	• 데이터베이스 기술을 이용한 기존 응용 분야의 개선 • 조직 내 서비스 제공 기능을 수행하는 MIS 부서로 정착
5단계: 데이터 관리	• 데이터 관리에 초점 • 조직의 전략적 우위에 공헌하는 시스템 개발을 촉진하기 위한 어느 정도의 여유
6단계: 성숙	• 응용 포트폴리오가 완성되고 조직 목적에 부응 • 조직 내 정보의 흐름을 반영할 수 있는 방향으로의 통합 • 데이터 자원의 관리에 중점

04 다음 설명은 정보 기술의 융합 중 어느 영역에 해당하는가?

> IT 컨설팅과 비즈니스 컨설팅 영역의 구분이 모호해져 그 경계가 붕괴되는 모습의 융합이 나타나고 있다. 특히 e-비즈니스 사업의 확대에 따른 솔루션 기반의 컨설팅 시장이 급격히 성장하면서 그 속도가 더욱 빨라지고 있다.

① 시스템 통합 시장의 융합　　② ASP 시장의 융합　　③ 패키지 시장의 융합

④ 컨설팅 영역의 융합　　⑤ IDC 시장의 융합

05 다음 중 도서용 바코드를 나타내는 용어는?

① KAN　　　　　　② ISSN　　　　　　③ UCC/EAN-128

④ ISBN　　　　　　⑤ EAN-14

06 RFID 시스템의 구성 요소 중 (가), (나)에 해당하는 것을 각각 쓰시오.

> • (　(가)　): 태그의 정보를 해독하여 네트워크를 통해 호스트 컴퓨터와 교신하며, 호스트 컴퓨터의 지시를 받아 태그에 정보를 기록하는 역할을 수행한다.
> • (　(나)　): 태그를 읽기 위해 신호를 발신하여 태그를 활성화하고, 태그에 데이터를 입력하는 역할을 담당한다.

(가) _____　　　(나) _____

07 다음 설명의 괄호 안에 공통으로 들어갈 내용으로 적절한 것은?

> (　　　　　　)는 유통업체로부터 소스마킹된 단품의 판매 기록이 수록되어 있는 (　　　　　　) 데이터를 구매 시점에 스캐너로 읽으면 각종 판매 정보가 기록 및 저장되며, 소매업체의 경영 활동에 관한 각종 정보를 판매 시점에 파악하여 관리하게 하는 종합적 소매 정보시스템이라고 할 수 있다.

① POS　　　② RFID　　　③ CALS　　　④ EDI　　　⑤ ASP

08 다음 중 그린 IT에 대한 설명으로 적절한 것은?

① 기업이 필요로 하는 전산시스템을 구축해주는 서비스이다.

② 미국 국방성의 전자입찰시스템을 포괄적으로 명명한 것이다.

③ 성장 단계와 경영시스템의 여러 가지 특징을 대응시키는 모형이다.

④ IT 산업에서 에너지 비용 증가에 대처하고 지구온난화를 방지하기 위해 제시된 개념이다.

⑤ 소프트웨어를 패키지 형태로 판매하지 않고, 일정한 요금을 받고 인터넷을 통해 임대해주는 서비스이다.

09 다음 사례에 해당하는 것은?

> • 마이클 델은 저서 『다이렉트 경영』에 "우리 회사는 불필요한 중간 단계 없이 고객에게 직접 컴퓨터를 팔고, 제조업체와 직접 거래하고, 사람들과 직접 의견을 나누었다. 우리는 그것을 '다이렉트 방식'이라고 부른다."라고 썼다.
>
> • 시스코는 공장에서 제품 조립의 모든 공정을 처리하던 기존의 방식에서 벗어나, 반제품을 물류업체인 페덱스의 물류센터에서 완전히 조립하여 보다 빠르게 고객의 수요에 대응할 수 있는 시스템을 만들었다.

① 실시간기업   ② 정보시스템   ③ POS 시스템

④ 정보윤리   ⑤ 정보통신

10 다음 설명은 컴퓨터의 발전 과정 중 어느 세대에 해당하는가?

> 반도체 소자인 집적회로가 등장한 시대로 컴퓨터의 크기가 더욱 소형화되었다. 집적회로는 수백 개의 트랜지스터와 여러 부품을 하나의 칩으로 통합한 전자회로이다. 특히 이 시대는 컴퓨터의 물리적인 부분만 발전한 것이 아니라 컴퓨터 소프트웨어에 관한 연구가 활발했다. 컴퓨터가 소형화되면서 기능도 많이 발전했으며, 대표적인 컴퓨터는 IBM S360/370, UNIVAC 1100, CDC 3000 등이다.

① 제1세대 컴퓨터   ② 제2세대 컴퓨터   ③ 제3세대 컴퓨터

④ 제4세대 컴퓨터   ⑤ 제5세대 컴퓨터

11 규모와 처리 성능에 따라 분류한 컴퓨터의 종류 중 (가), (나), (다)에 해당하는 것을 각각 쓰시오.

> • ((가)): 일기예보, 핵실험 등 계산할 양이 많은 작업을 빠른 속도로 처리하기 위해 설계된 컴퓨터로 성능, 크기, 가격 면에서 가장 큰 컴퓨터의 종류이다.
> • ((나)): 대형 컴퓨터보다는 작고 느리지만, 개인용 컴퓨터보다는 크고 빠른 중형 규모의 컴퓨터이다.
> • ((다)): 마이크로프로세서를 탑재하여 만든 컴퓨터이다. 마이크로컴퓨터, 데스크톱 컴퓨터 또는 줄여서 데스크톱이라고 부른다.

(가) _____　　　(나) _____　　　(다) _____

12 다음 중 하드웨어가 아닌 것은?

① 입력장치　　　　　② 출력장치　　　　　③ 기억장치
④ 운영체제　　　　　⑤ 중앙처리장치

13 다음 설명의 (가), (나)에 들어갈 내용을 각각 쓰시오.

> 중앙처리장치는 비교, 판단, 연산을 담당하는 ((가))와(과) 명령어의 해석, 실행을 담당하는 ((나))(으)로 구성된다. ((가))는(은) 각종 덧셈을 수행하고 결과를 수행하는 가산기, 산술과 논리연산의 결과를 일시적으로 기억하는 레지스터인 누산기, 중앙처리장치에 있는 일종의 임시 기억장치인 레지스터 등으로 이루어진다. ((나))는(은) 프로그램의 수행 순서를 제어하는 프로그램 계수기, 현재 수행 중인 명령어의 내용을 임시 기억하는 명령 레지스터, 명령 레지스터에 수록된 명령을 해독하여 수행될 장치에 제어 신호를 보내는 명령해독기로 이루어진다.

(가) _____　　　　　　　(나) _____

14 다음 중 시스템 소프트웨어가 아닌 것은?

① 윈도　　　　　　② 포토샵　　　　　③ 어셈블러
④ 유닉스　　　　　⑤ 컴파일러

01 하나의 기업을 선정하여 놀런의 단계 모형을 바탕으로 기업의 성장 단계를 조사하고 리포트를 작성하시오.

02 4차 산업혁명과 관련된 정보 기술을 하나 선정하여 조사하고, 이 정보 기술이 미래 사회에 어떤 영향을 끼칠지 리포트를 작성하시오.

03 주변에서 흔히 볼 수 있는 책과 잡지의 바코드를 각각 사진 찍고, 바코드의 형식이 어떤 표준을 따르고 있는지 설명하시오.

04 RFID를 활용하여 동물원에서 미아 찾기 서비스를 한다면 어떤 방식으로 시스템을 구축할 수 있을지 토론하시오.

05 그린 IT와 같이 기업이 사회적 책임을 이행할 수 있는 정보 기술에는 어떤 것이 있는지 토론하시오.

다음은 논문 「조직의 효율적인 물품 관리를 위한 RFID 기술 활용에 대한 사례연구」의 일부를 발췌한 것이다. 다음을 읽고 주어진 주제를 조사하여 리포트를 작성하시오.

조직의 효율적인 물품 관리를 위한 RFID 기술 활용에 대한 사례연구: A 기관의 사례

일반적으로 조직의 물품 관리 업무는 구매 부문과 운영 부문, 처분 부문으로 크게 구분할 수 있다. 먼저 구매 부문에는 구매 요청, 발주 관리, 입고 관리, 회계 관리, 예산 관리 등의 단위 업무가 있으며 운영 부문에서는 물품 관리, 감가상각, 물품 현황, 물품 통계가 운영되고 있다. 그리고 처분 부문은 물품 망실, 폐기, 매각, 재활용으로 구성되어 있다. 조직의 물품 관리는 보유 물품의 정확한 정보를 활용하여 본질적인 고유 업무에 충실할 수 있는 보조적 수단으로 그 중요성이 높다고 할 수 있다.

물품 관리는 조직의 고유한 서비스나 영업 활동을 위한 서비스의 제공 또는 사업 수행에 필요한 물품을 취득·보유하여 고유 목적 활동에 적극적으로 활용하고 이를 효율적으로 처리하여 조직의 생산성을 높이는 관리 행위라고 할 수 있다. 결과적으로 물품 관리의 목적은 업무의 통일성을 유지하고 중복 구매 등 낭비를 제거하기 위한 기초가 된다. 이러한 물품 관리를 통해 물품의 구매에서 처분까지의 전 과정을 관리·통제할 수 있어야 하며, 이때 보유 물품에 대한 가치 분석, 원가 분석, 소모 실적 분석 등의 관리 기법을 적용할 수 있다.

구분	주요 업무 프로세스
수작업 프로세스	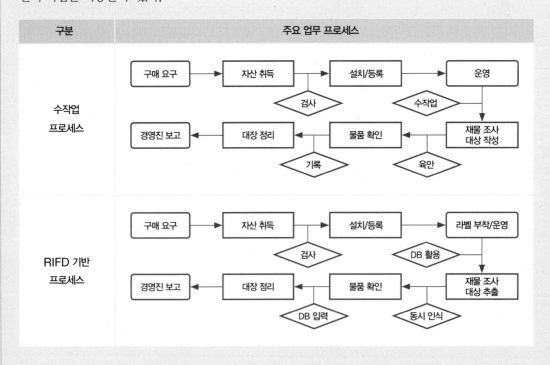
RIFD 기반 프로세스	

일반적인 신규 물품 취득은 구매 요구 행위로부터 시작되어 앞의 그림과 같은 프로세스를 통해 등록 및 관리한다. 수작업 중심의 프로세스에서는 재물 조사 대상의 선정부터 실제 물품 확인 후 대장 정리까지가 수작업 중심으로 실시될 수밖에 없어 물품 조사 시 다수 인원이 투입되어 육안으로 조사하는 등의 어려움과 조사 누락 등 관리의 어려움이 있다. 반면 RFID 기술의 적용 시 전체적인 물품 구매와 관리 업무의 프로세스는 수작업 중심의 업무 프로세스와 유사하나, 물품 데이터베이스와 연계하여 조사 대상 선정, 물품 조사 시 근거리 인식, 누락 물품의 확인, 조사 후 보고 업무 등을 용이하게 하여 전반적인 조직의 물품 관리 업무에 편의성을 확보할 수 있을 것으로 기대되었다.

이에 A 기관에서는 다음과 같은 개선 방향과 절차로 시스템 구축을 추진했다.

① 기존 보유 물품에 대한 조사를 통한 자료 구축
② 물품 조사와 함께 물품에 RFID 태그 부착
③ RFID 리더기를 통한 DB 구축
④ 물품 관리를 위한 웹 기반 관리시스템 구축
⑤ 구매 프로세스와 물품관리시스템 연동
⑥ 신규 물품 구매 시 DB 업데이트 및 태그 부착

ⓒ 서창교·김태우, 「조직의 효율적인 물품 관리를 위한 RFID 기술 활용에 대한 사례연구」, 경북대학교, 2012

- RFID가 이러한 업무에 적용할 수 있는 적절한 정보 기술인지 조사하시오.
- 이러한 목적을 달성할 수 있는 다른 정보 기술이 있는지 조사하시오.
- 적절한 시스템 구축의 절차인지, 추가할 프로세스가 있는지 조사하시오.

데이터베이스와
빅데이터

학 | 습 | 목 | 표

- 데이터베이스의 개념과 특징을 이해한다.
- 데이터베이스관리시스템의 특징을 이해하고 데이터 모델에 따른 종류를 파악한다.
- 관계형 데이터베이스의 구조를 파악하고 개발 및 관리 방법을 알아본다.
- 데이터웨어하우스의 개념과 특징을 이해한다.
- 데이터마이닝의 특징과 과정을 이해한다.
- 빅데이터의 등장 배경과 그 처리 과정 및 활용 방안을 알아본다.

데이터베이스의 이해

01 데이터베이스의 개념

데이터베이스DataBase, DB는 쉽게 말해 관련 있는 데이터를 모아두는 창고이지만, 의미를 보다 정확히 파악하기 위해 널리 통용되는 정의를 살펴보자. 일반적으로 데이터베이스는 특정 조직의 여러 사용자가 공유하여 사용할 수 있도록 통합해서 저장한 운영 데이터의 집합이라고 정의된다. 각각의 의미를 하나씩 살펴보자.

공유 데이터

데이터베이스는 특정 조직의 여러 사용자가 함께 소유하고 이용할 수 있는 공용 데이터이다. 그러므로 사용 목적이 다른 사용자들을 함께 고려하여 데이터베이스를 구성해야 한다.

통합 데이터

데이터베이스는 똑같은 데이터가 여러 개 존재하는 데이터 중복성data redundancy을 허용하지 않는다. 데이터가 중복되면 관리하기 어렵다는 문제가 발생할 수 있기 때문이다.

> **TIP 데이터 중복성:** 같은 내용의 데이터가 여러 곳에 중복 저장되는 것을 의미하며, 이로 인해 저장 공간 낭비의 문제가 발생한다.

저장 데이터

데이터베이스의 데이터는 주로 컴퓨터가 처리하므로 데이터베이스를 컴퓨터가 접근할 수 있는 매체에 저장해야 한다.

운영 데이터

데이터베이스는 조직을 운영하고 조직의 주요 기능을 수행하는 데 꼭 필요하며, 일시적으로 필요한 것이 아니라 지속적으로 유지해야 한다.

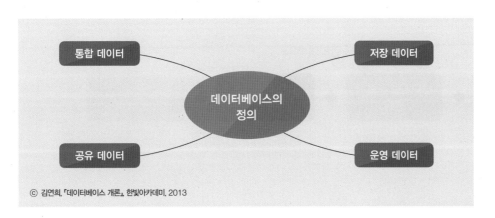

© 김연희, 『데이터베이스 개론』, 한빛아카데미, 2013

그림 5-1
데이터베이스의 개념

정보사회에서 기업은 컴퓨터를 이용하여 자료를 관리하고 있다. 자료 관리를 위한 핵심 정보 기술이 바로 데이터베이스인데, 기업에서는 데이터베이스를 이용하여 자료 관리를 보나 효과적으로 수행한다. 즉 자료 입력, 요구 정보 추출, 보고서 작성 등이 훨씬 쉬워지게 된 것이다. 그렇다면 데이터베이스가 무엇인지 이해하기 위해 먼저 데이터 관리의 역사를 살펴보자.

❶ **수작업 데이터 관리:** 컴퓨터가 발명되기 전에도 문서는 존재했는데, 기업에서 이러한 문서를 관리하는 일, 즉 데이터 관리data management는 중요한 일이었다. 컴퓨터가 탄생하기 전에는 주로 수작업으로 데이터 관리가 이루어졌다. 하지만 이러한 방식의 데이터 관리는 어려움이 많았고, 무엇보다도 자료당 처리 비용이 컴퓨터를 사용할 때보다 더 많이 발생했다.

❷ **디지털 자료 변환:** 정보사회에서 컴퓨터가 대중화되면서 컴퓨터 파일이라는 개념이 생겨났다. 인간이 사용하는 자료를 컴퓨터가 직접 활용할 수 없기 때문에 이를 어떤 특정한 약속에 따라 표현하여 컴퓨터가 인식할 수 있는 형태로 변환해야 했다. 그러므로 우리가 사용하는 대부분의 컴퓨터는 아날로그 자료를 디지털 자료로 변환하여 보관한다.

❸ **데이터베이스 관리:** 초창기 컴퓨터는 단위 업무를 처리하는 응용 시스템별로 데이터 관리를 독립적으로 수행했는데 이를 파일시스템이라고 한다. 하지만 파일시스템은 부서별로 관리하는 파일 정보의 공유가 불가능하고 자료의 중복이 발생하며 정보의 품질이 저하되어 오히려 정보처리 비용이 증가했다. 그래서 부서 간의 정보를 전사적인 관점에서 통합적으로 관리할 수 있는 방법이 필요했는데, 이러한 요구를 바탕으로 상호 관계가 있는 자료들을 논리적으로 하나의 통합된 저장소에 저장하는 데이터베이스와 이를 관리하는 데이터베이스관리시스템DBMS이 주목받게 되었다. 데이터베이스관리시스템을 이용하면 단위 프로그램 제작 차원에서 볼 때도 데이터와 프로그램 코드를 분리할 수 있어 데이터 갱신, 수정, 삭제 등을 해야 할 때 프로그램 코드를 바꿀 필요가 없어 프로그램의 유지보수가 쉬워진다. 데이터베이스는 데이터 파일을 응용 프로그램과 분리하여 별도로 통합 관리하는데, 파일이 모여서 구성되는 것이 아니라 파일에 포함된 데이터가 모여서 구성된 것으로 이해해야 한다.

❹ **분산 데이터베이스:** 개인용 컴퓨터의 발전으로 점차 중앙집중식 대형 컴퓨터보다는 다수의 사용자 측에서 네트워크를 통해 중앙의 데이터베이스 서버를 활용하는 클라이언트/서버 시스템이 유행하면서 분산 컴퓨팅 기술을 채택하게 되었다. 분산 데이터베이스distributed database는 물리적으로 여러 지역에 컴퓨터가 분산되어 있을 때 이러한 컴퓨터에 위치한 각각의 데이터베이스를 논리적으로 하나의 데이터베이스로 통합하는 것으로, 사용자가 중앙집중형 데이터베이스처럼 사용할 수 있도록 관리해주는 시스템이다.

데이터 관리의 역사

02 파일시스템의 문제점

과거에는 데이터를 관리하기 위해 파일시스템이라는 소프트웨어를 이용했다. 파일시스템은 오래전부터 사용된 정보처리시스템으로 데이터를 파일로 관리할 수 있도록 파일을 생성·삭제·수정·검색하는 기능을 제공하며, 운영체제와 함께 설치된다. 파일시스템은 응용 프로그램별로 필요한 데이터를 별도의 파일로 관리한다. 파일시스템은 별도의 구입 비용이 들지 않는다는 장점이 있지만 응용 프로그램마다 파일을 따로 유지하는 특성 때문에 다음과 같은 문제점도 있다.

● 같은 내용의 데이터가 여러 파일에 중복 저장된다.

● 응용 프로그램이 데이터 파일에 종속적이다.

● 데이터 파일에 대한 동시 공유, 보안, 회복 기능이 부족하다.

● 응용 프로그램 개발이 쉽지 않다.

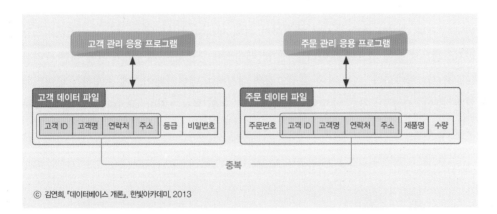

그림 5-2
파일시스템에서의 데이터 관리

03 데이터베이스의 특징

데이터베이스는 파일시스템의 여러 문제를 해결하기 위해 등장했다. 데이터베이스는 한 조직의 여러 응용 프로그램이 저장된 데이터를 공유할 수 있도록 데이터를 통합하여 관리한다. 기업의 경영정보시스템, 비행기의 예약시스템 같은 기존 응용 분야 외에도 데이터웨어하우스, 데이터마이닝과 같은 새로운 응용 분야에서 널리 사용되고 있다. 데이터베이스는 일반적으로 다음과 같은 특징이 있다.

● **실시간 접근 가능:** 데이터베이스는 사용자의 데이터 요구에 실시간으로 응답할 수 있어야 한다.

● **지속적인 변화:** 데이터베이스는 현실 세계의 상태를 정확히 반영해야 하기 때문에 데이터베이스에 저장된 데이터도 계속 변화해야 한다.

- **동시 공유 가능:** 데이터베이스는 여러 사용자가 동시에 이용할 수 있는 동시 공유의 특성을 제공해야 한다. 동시 공유는 사용자가 서로 다른 데이터를 동시에 사용하는 것뿐만 아니라 같은 데이터를 동시에 사용하는 것도 모두 지원한다는 의미이다.
- **내용 참조 가능:** 데이터베이스는 저장된 주소나 위치가 아닌 데이터의 내용, 즉 값으로 참조할 수 있다.

04 데이터베이스관리시스템의 등장

파일시스템의 문제를 해결하는 일차적인 방안은 데이터를 통합하여 저장하는 것이다. 하지만 통합 저장된 데이터를 관리하고 모든 응용 프로그램이 공통적으로 요구하는 데이터에 대한 기본 처리를 담당하면서 동시 공유, 보안, 회복 등의 복잡한 기능을 제공할 필요가 있는데, 이에 대한 대안으로 제시된 것이 바로 데이터베이스관리시스템이다.

데이터베이스관리시스템DataBase Management System, DBMS은 파일시스템이 가진 데이터 중복과 데이터 종속 문제를 해결하기 위해 제시된 소프트웨어이다. 데이터베이스관리시스템은 기업에 필요한 데이터를 데이터베이스에 통합하여 저장하고 이에 대한 관리를 집중적으로 담당한다. 또한 응용 프로그램을 대신하여 데이터베이스에 존재하는 데이터의 검색·삽입·삭제·수정을 가능하게 하고, 모든 응용 프로그램이 데이터베이스를 공유할 수 있게 한다.

그림 5-3
데이터베이스관리시스템

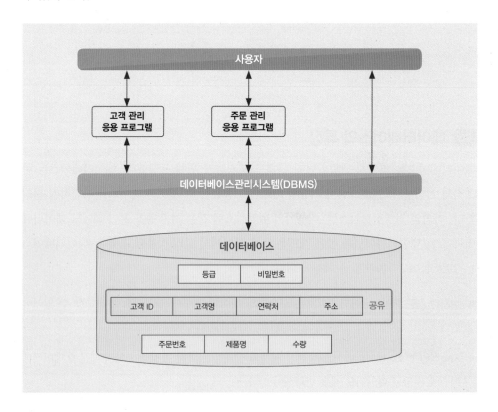

05 데이터베이스관리시스템의 장점

파일시스템과 비교하여 데이터베이스관리시스템은 다음과 같은 장점이 있다.

- **자료에 대한 접근성 및 시스템 응답성 향상:** 데이터베이스 이용자들이 프로그램을 개발하지 않고도 데이터 조작이 가능하게 하는 쉬운 질의어인 SQL 등을 제공하여 불특정한 조건 검색이 용이하다.

- **중앙집중적 자료 통제:** 자료가 한곳에 통합 저장되어 있기 때문에 통제하기 편리하다. 데이터베이스 관리자는 전체 자료의 사용에 관한 관리를 효과적으로 수행할 수 있다.

- **데이터 중복성 최소화:** 자료의 통합 저장은 자료의 중복 저장을 방지한다. 이는 저장 장소의 낭비를 제거하고 불일치하는 자료의 발생을 근원적으로 막는 효과가 있다. 데이터베이스의 경우에도 데이터 중복이 완전히 제거되는 것은 아니다. 용도에 맞게 데이터의 종류나 형식을 수정하여 중복 사용하기도 한다. 하지만 반드시 중복 관리 사실을 인지하고 문제점을 최소화할 수 있게 관리해야 한다.

- **데이터 독립성 유지:** 통합된 자료의 저장은 자료의 독립성을 보장한다. 자료의 독립성이란 다른 자료에 영향을 주지 않으면서 특정 자료의 구조를 변경할 수 있는 것을 의미한다. 그럼으로써 외부 환경의 변화에 따른 자료 수정을 쉽게 해낼 수 있다.

- **데이터 보안성 보장:** 자료가 한곳에 저장되어 있으므로 자료 관리의 보안이 쉽고, 외부 사용자 또는 자료 사용의 권한이 없는 내부 사용자의 불법 사용을 쉽게 막을 수 있다.

TIP SQL의 데이터 조작 기능은 원하는 데이터 검색, 새로운 데이터 삽입, 데이터 수정, 데이터 삭제로 분류할 수 있다.

PLUS NOTE | 데이터베이스 언어

데이터베이스 언어란 데이터베이스관리시스템을 구축하고 관리하는 데 사용하는 언어로, 역할에 따라 다음과 같이 분류할 수 있다.

- **데이터 정의어(Data Definition Language, DDL):** 데이터 저장 구조, 데이터 접근 방법, 데이터 형식 등 데이터베이스를 구축하거나 수정할 때 사용하는 언어이다.

- **데이터 조작어(Data Manipulation Language, DML):** 데이터베이스에 저장된 데이터를 검색·수정·삽입·삭제할 때 사용하는 언어로, 사용자와 데이터베이스관리시스템 사이의 인터페이스를 제공한다.

- **데이터 제어어(Data Control Language, DCL):** 데이터를 보호하고 관리할 때 사용하는 언어로 데이터베이스의 무결성 유지, 보안 및 접근 제어, 시스템 장애 복구, 병행 수행 제어 기능 등을 담당한다.

© 이동명 외 2인, 「컴퓨터 사이언스」, 한빛아카데미, 2015

- **데이터 일관성 유지:** 데이터베이스를 사용함으로써 데이터 표현 형태 및 개별 시스템에서 사용하는 자료 값의 불일치를 제거할 수 있다.

- **데이터 무결성 유지:** 단일 자료 값에 대해서는 각 데이터 항목별로 자료 값 영역을 설정한다. 제약 조건을 만족시키는 값만 입력되도록 파일시스템에 비해 더욱 세분화된 데이터 유형의 정의가 가능하다. 또한 관계 데이터베이스관리시스템에서 다른 데이터를 참조할 경우 해당 데이터가 반드시 존재해야 하는 참조 무결성이 확보된다.

06 데이터베이스관리시스템의 종류

TIP 데이터 모델: 데이터를 데이터베이스에 저장하는 구조를 의미한다.

데이터베이스관리시스템(이하 DBMS)은 사용하는 데이터 모델에 따라 네트워크 DBMS, 계층 DBMS, 관계 DBMS, 객체지향 DBMS, 객체관계 DBMS로 구분할 수 있다. 이 중에서 어떤 DBMS를 선정하는지에 따라 DBMS의 기능 및 자료의 추출 방식이 달라진다. 그러나 최근에는 거의 대부분 관계 DBMS를 활용하는 추세이다.

네트워크 DBMS

네트워크 DBMS network DBMS는 데이터베이스를 노드와 간선을 이용한 그래프 형태로 구성하는 네트워크 데이터 모델을 사용한다. 네트워크 구조를 가진 업무를 표현하는 데 편리하지만, 개체가 많은 경우에는 구조가 복잡해진다.

계층 DBMS

계층 DBMS hierarchical DBMS는 데이터베이스를 트리 형태로 구성하는 계층 데이터 모델을 사용한다. 개체들이 링크로 구성되기 때문에 구조 변경이 어려워 많이 사용하지는 않는다.

그림 5-4
네트워크 DBMS와
계층 DBMS

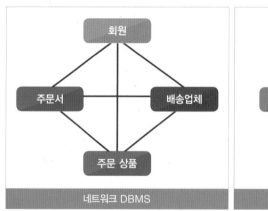
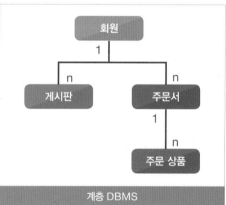

관계 DBMS

관계 DBMS relational DBMS는 데이터베이스를 테이블 형태로 구성하는 관계 데이터 모델을 사용하며, 레코드 간의 관계를 실제 자료로 표현한다. 개체를 테이블로 표현하고 개체들 간의 공통 속성을 이용하여 서로 연결한다. 즉 두 레코드의 관계에 관한 항목을 두 파일에 각각 별도로 표현하여 레코드 간의 관계를 논리적으로 표현한다. 그럼으로써 자료의 내용 수정에 따른 구조적 변경이 용이해지고, 또한 자료를 추출할 때도 자료로 암시된 관계를 이용하면 되기 때문에 쉽게 자료를 추출할 수 있다는 것이 장점이다. 자료 구조가 단순한 업무에 적합하며, 기업에서 사용하는 대부분의 DBMS는 관계 DBMS이다.

ID	비밀번호	이름	연락처	주소	적립금
apple	1234	정소화	02-111-1111	서울시 마포구	1000
banana	9876	김선우	02-222-2222	경기도 부천시	500

그림 5-5
관계 DBMS의 테이블 예:
고객 테이블

객체지향 DBMS

객체지향 DBMS object-oriented DBMS는 더 복잡한 응용 분야의 데이터를 관리하려는 사용자의 요구를 충족하기 위해 제안된 것으로, 새로운 유형의 데이터 저장과 데이터의 복잡한 분석 및 처리를 지원한다. 1980년대 후반에 등장했으며 객체지향 프로그래밍 개념을 바탕으로 데이터와 프로그램을 독립적인 객체의 형태로 구성한다. 복잡한 데이터 유형의 처리에 용이하고 객체를 이해하기 쉽지만, 처리 속도에 문제가 있고 포인터를 사용하기 때문에 대중화에 한계가 있다.

객체관계 DBMS

객체관계 DBMS object-relational DBMS는 관계 데이터 모델에 객체지향 개념을 도입한 객체관계 데이터 모델을 사용한다. 즉 객체 DBMS와 관계 DBMS의 장점을 모은 것이다. 멀티미디어 데이터의 처리가 많아짐에 따라 활용도가 높아지고 있지만 아직은 기술적인 문제 때문에 관계 DBMS를 주로 사용하고 있다.

관계형 데이터베이스

TIP **개체:** 업무 수행을 위해 기업이 알아야 할 대상이 되는 사람, 장소, 사물, 사건, 개념 등 데이터로 관리되어야 하는 항목을 말한다. 개체는 유일하게 식별 가능한 개별적인 객체들의 집합으로 반드시 주 식별자(key)가 존재해야 한다.

TIP **속성:** 성질, 분류, 식별, 수량, 상태 등을 나타내는 세부 항목으로, 정보의 요소로 관리되는 항목을 말한다.

TIP **관계:** 두 개체 간에 명명된 의미 있는 연결이며, 두 개체 간의 업무적인 연관성을 나타낸다.

DBMS는 개체, 속성, 관계를 지속적으로 파악하기 위해 다양한 데이터 모델을 사용하고 있다. 관계형 데이터베이스는 관계 DBMS를 기반으로 하여 가장 널리 사용하는 데이터베이스이다. 이 절에서는 관계형 데이터베이스의 구조와 개발 과정을 살펴본다.

01 관계형 데이터베이스의 구조

관계형 데이터베이스relational database는 일련의 정형화된 테이블(관계)로 구성된 데이터 항목의 집합이다. 관계형 데이터베이스에서 관계는 행과 열로 구성된 2차원 테이블을 말한다. 관계형 데이터베이스는 데이터를 2차원 테이블(관계)로 표현한다. 하나의 테이블은 하나의 개체에 관한 데이터를 저장하며, 각 테이블은 고유한 이름을 가진다. 학생 테이블을 나타낸 다음 그림을 통해 관련된 용어를 살펴보자.

그림 5-6
학생 테이블

열(속성, 필드)

학번	성명	학과명	학년	연락처	이메일
1715001	강보미	경영학과	2	010-1234-1234	kang@naver.com
1812002	박예원	마케팅학과	1	011-9876-5432	park@hanmail.net
1614021	김상완	컴퓨터공학과	3	016-542-5554	kim@nate.com
1415035	권혁찬	e-비즈니스학과	4	019-654-5328	kwon@gmail.com

행(레코드, 튜플)

- **튜플:** 테이블의 각 행은 튜플tuple 또는 레코드record라고 한다. 예를 들어 '1812002, 박예원, 마케팅학과, 1, 011-9876-5432, park@hanmail.net'은 '박예원' 학생에 관한 정보를 나타내는 튜플이다.

- **속성:** 테이블의 각 열은 속성attribute 또는 필드field라고 한다. 위의 학생 테이블에서는 학생 정보를 나타내기 위해 학번, 성명, 학과명, 학년, 연락처, 이메일이라는 여섯 개의 속성을 사용했는데, 그중 '학번'은 학생의 학번 정보를 제공한다.

- **키:** 키key는 테이블 내의 튜플들을 서로 구별할 수 있는 필드의 집합으로 유일한 값을 가져야 한다. 하나의 개체 내에 똑같은 객체instance가 존재하면 서로 구별하여 검색할 수 없고 데이터가 중복되는 문제가 발생한다. 객체들을 서로 구별할 수 있는 유일한 값을 가진 속성이 필요한데, 한 개 이상의 속성 조합으로도 구성할 수 있다. 흔히 기본 키 속성에 밑줄을 표시한다.

키	설명
후보 키(candidate key)	각 튜플을 유일하게 구별할 수 있는 최소한의 속성으로 구성된 키이다. 후보 키를 구성하는 속성 중에서 어떤 속성을 제외하면 각 튜플을 구별하는 능력을 상실하게 된다.
기본 키(primary key)	후보 키가 두 개 이상이면 대표로 삼을 키를 선정해야 하는데 이를 기본 키라고 한다.
대체 키(alternate key)	기본 키가 아닌 후보 키를 대체 키라고 한다.
외래 키(foreign key)	테이블과 테이블 사이의 관계를 나타내는 키를 말한다.

표 5-1
키의 종류

02 관계형 데이터베이스의 개발 단계

관계형 데이터베이스는 다음과 같은 단계를 거쳐 개발한다. 이러한 단계를 자세히 알아보자.

그림 5-7
관계형 데이터베이스의 개발 단계

요구 사항 분석

관계형 데이터베이스를 구축하려면 먼저 사용자의 요구 사항을 분석해야 한다. 즉 데이터베이스를 구축하려는 사용자의 목적이 무엇인지 파악한 후 업무 흐름, 개발 범위 등 사용자와 개발 환경에 대한 여러 가지 요구 사항을 면담과 문서를 통해 분석해야 한다. 주요 산출물은 요구 사항 명세서와 업무 흐름도가 있다.

● **요구 사항 명세서**: 분석된 요구 사항을 기술한 것으로, 이후의 모든 설계와 구축 작업의 기초가 되는 자료이다.

● **업무 흐름도**: 각 조직과 부서 간 정보의 생성 및 이동의 흐름을 그림으로 표현한 것이다. 업무 흐름도는 프로세스 분석 결과인 데이터 흐름도Data Flow Diagram, DFD로 작성하기도 한다.

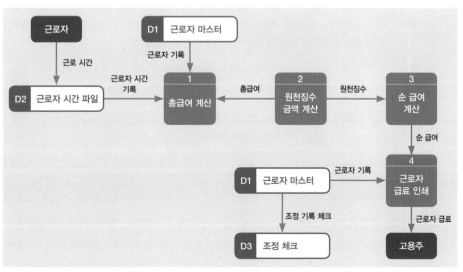

© http://www.w3computing.com/systemsanalysis/checking-data-flow-diagrams-errors/

그림 5-8
데이터 흐름도
업무 흐름도는 데이터 흐름도로 작성하기도 한다.

데이터 모델링

관계형 데이터베이스를 사용하기 위해서는 필요한 자료의 성격을 미리 규정하고 체계화하는 노력이 선행되어야 하는데, 이를 데이터 모델링이라 한다. 현실 세계의 중요 데이터를 추출하여 개념 세계로 옮기는 작업을 개념적 모델링conceptual modeling이라 하고, 개념 세계의 데이터를 데이터베이스에 저장할 구조로 표현하는 작업을 논리적 모델링logical modeling이라 한다. 일반적으로 개념적 모델링과 논리적 모델링을 구분하지 않고 합쳐서 데이터 모델링이라 한다.

그림 5-9
데이터 모델링의 예

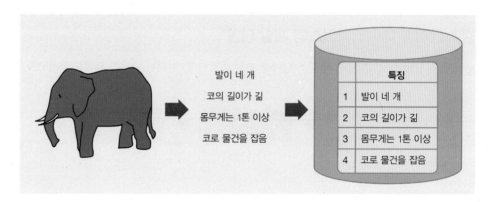

이러한 데이터 모델링을 쉽게 할 수 있도록 도와주는 도구가 바로 데이터 모델이다. 데이터 모델은 데이터 모델링의 결과물을 표현하는 도구로, 개념적 데이터 모델과 논리적 데이터 모델이 있다. 일반적으로 기업에서는 사람의 머리로 이해할 수 있도록 현실 세계를 개념적 데이터 모델링을 하여 데이터베이스의 개념적 구조로 표현하는 개념적 데이터 모델을 사용한다. 개념적 데이터 모델 중 대표적으로 많이 사용되는 것은 개체-관계 모델Entity-Relationship Model, E-R Model이다. 개체-관계 모델은 현실 세계를 개체 및 개체 간의 관계를 이용하여 개념적 구조로 표현하는 방법이다.

표 5-2
개체, 속성, 관계의 정의

구분	정의
개체	현실 세계에서 조직을 운영하는 데 꼭 필요한 사람이나 사물과 같이 구별되는 모든 것을 의미한다. 즉 개체는 저장할 만한 가치가 있는 중요 데이터를 가지고 있는 사람이나 사물 등이며, 개념적 모델링을 하는 데 가장 중요한 요소이다.
속성	개체가 가지고 있는 고유의 특성이다. 속성은 자체만으로는 의미가 없지만 관련 있는 속성들을 모아 개체를 구성하면 하나의 중요한 의미를 표현할 수 있다.
관계	개체와 개체가 맺고 있는 의미 있는 연관성으로, 개체-관계 모델의 중요한 요소이다. 관계는 개체 집합들 사이의 대응 관계, 즉 매핑(mapping)을 의미한다.

© 김연희, 「데이터베이스 개론」, 한빛아카데미, 2013

개체-관계 모델을 이용하여 현실 세계를 개념적으로 모델링한 결과물을 그림으로 표현한 것을 개체-관계 다이어그램 또는 E-R 다이어그램이라 한다. 현실 세계로부터 개체, 속성, 개체 간의 관계를 찾아내어 글로 작성하는 것보다는 그림으로 표현하는 것이 훨씬 더 이해하기 쉽기 때문에 E-R 다이어그램을 선호한다. E-R 다이어그램은 개체를 나타내는 직사각형, 개체 간의 관계를 나타내는 마름모, 개체나 관계의 속성을 표현하는 타원, 각 요소를 연결하는 링크(연결선)로 구성된다.

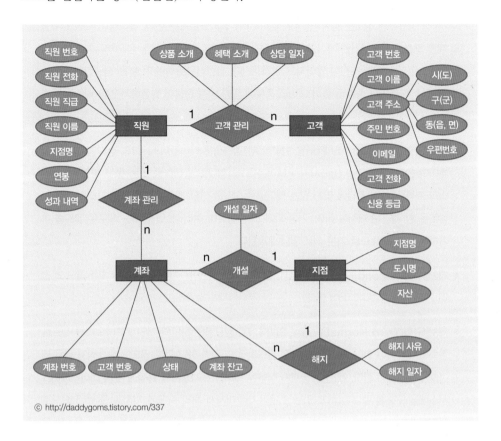

그림 5-10
E-R 다이어그램의 예
전형적인 형태의 E-R 다이어그램으로, 이 관계는 일대다(1:n) 관계이다.

데이터베이스 정규화

관계 데이터베이스의 논리적 구조는 스키마 변환을 통해 얻은 스키마를 말한다. 그런데 이 스키마 변환은 다음과 같은 세 가지 원리를 바탕으로 한다.

- **정보의 무손실 표현:** 하나의 스키마에서 다른 스키마로 변환할 때 정보의 손실이 있으면 안 된다. 즉 변환된 스키마가 표현하는 정보는 기본적으로 변환되기 전의 스키마가 표현하는 정보를 모두 포함하고 있어야 한다. 또한 구조상으로는 더 바람직한 형태가 되어야 한다.

- **데이터 중복성 감소:** 중복으로 인한 여러 가지 문제를 막기 위해 데이터의 중복성이 감소되어야 한다.

- **분리의 원칙:** 하나의 독립된 관계성은 하나의 독립된 관계로 분리시켜 표현한다는 것이다. 이는 관계들을 독립적으로 처리할 수 있게 해주는 기본이 된다.

정규화는 모델의 결과에서 이중성을 제거하기 위한 과정으로서 관계 이론relational theory의 개념을 활용한다. 이를 위해서는 E-R 다이어그램을 테이블로 전환한다. 객체 (또는 관계)의 명칭은 테이블(파일이라고도 부름)의 명칭이 되고, 속성은 항목(필드)으로 대체된다.

TIP 데이터베이스가 대상으로 하는 실세계를 논의 영역, 논의 영역에서 데이터베이스에 필요한 정보를 추상화하는 모델을 데이터 모델, 추상한 결과를 기술한 것을 개념 스키마라고 한다.
© 컴퓨터인터넷IT용어대사전

테이블이 정규화된 정도는 정규형(Normal Form, NF)으로 표현한다. 테이블이 특정 정규형의 제약 조건을 만족시키면 테이블이 해당 정규형에 속한다고 표현한다. 정규형의 차수가 높아질수록 요구되는 제약 조건이 많아지고 엄격해진다. 일반적으로 차수가 높은 정규형에 속하는 테이블일수록 데이터 중복이 줄어 데이터 중복에 의한 이상 현상이 발생하지 않는 바람직한 관계일 수 있다.

- **제1정규형(First Normal Form, 1NF):** 제1정규형은 테이블이 N*N의 정방형 형태를 갖추어야 한다. 이 조건을 만족시키는 테이블을 제1정규화된 테이블 또는 플랫 파일(flat file)이라고 부른다. 이 조건에 맞지 않는 테이블은 적절히 변환해야 한다. 특히 키가 되는 필드의 항목은 한 개만 존재해야 하며, 기본 키가 되는 항목이 여러 개 있을 때는 새로운 필드를 추가하여 두 개의 필드를 기본 키로 할당해야 한다.

- **제2정규형(Second Normal Form, 2NF):** 제2정규형은 개인 키가 아닌 모든 필드의 값이 기본 키에 종속적이어야 한다.

- **제3정규형(Third Normal Form, 3NF):** 제3정규형은 하나의 개인 키가 또 다른 필드에 종속되지 않아야 한다. 키가 아닌 특정 필드의 값이 키가 아닌 다른 필드에 종속적일 경우 테이블을 분리해야 한다. 제3정규형까지 적용된 테이블은 사용자의 목적에 맞게 데이터베이스 시스템을 구축할 때 지나치게 많은 조인이 이루어져서 처리 속도에 지장을 줄 수 있으므로 적절히 제2정규형 형태로 바꾸는 경우도 있으며, 제2정규형 정도면 데이터베이스시스템 구축에 큰 영향이 없다.

- **기타 정규형:** 보이스/코드 정규형(Boyce/Codd Normal Form, BCNF), 제4정규형(4NF), 제5정규형(5NF)도 있으나 실무적이기보다는 이론적인 내용이다.

03 관계형 데이터베이스의 관리

관계형 데이터베이스의 개발에 대해 알아보았다. 하지만 이것만으로 데이터베이스를 활용할 수는 없는데, 그 이유는 대부분의 데이터베이스가 수많은 사람이 함께 사용하는 시스템이기 때문이다. 그러므로 다음과 같은 점에 관심을 가지고 데이터베이스를 관리해야 한다.

- **보안 문제:** 기업이나 조직의 데이터베이스에는 중요한 자료가 포함되어 있으므로 해커나 그 밖에 발생할 수 있는 보안 문제에 대비하여 대책을 마련해야 한다.

- **장애 처리와 비상 대책 문제:** 디스크 고장, 전원 고장, 프로그램 오류, 버그 등의 장애가 발생할 경우 즉시 장애 처리를 하고, 화재나 지진 등의 천재지변에 대비한 비상 대책을 수립해야 한다.

TIP 디스크 고장: 보조기억장치에 있는 정보가 손실되는 것을 말한다.

● **동시성 문제:** 여러 명이 동시에 데이터베이스에 접근하여 사용하고 데이터를 갱신하기 때문에 데이터 오류 문제가 발생할 수 있다. 이 같은 사태를 방지하기 위해 보통 잠금locking이라는 방법이 많이 사용된다. 잠금이란 데이터 항목의 접근을 상호 배타적으로 수행하는 것을 말한다. 즉 한 트랜잭션이 데이터 항목에 접근하는 동안 다른 트랜잭션이 그 데이터의 항목을 변경할 수 없다.

PLUS NOTE | SQL

SQL(Structured Query Language)은 관계형 데이터베이스를 조작하고 관리할 때 사용하는 데이터베이스 질의용 언어이다. SQL은 원래 1974년 IBM 연구소에서 발표한 SEQUEL(Structured English QUEry Language)에서 유래했다. 이 SQL은 관계 대수와 관계 해석을 기초로 한 고급 데이터 언어로, IBM은 처음 이 언어를 'SYSTEM R'의 인터페이스로 설계 및 구현했지만 지금은 DB2와 SQL/DS의 데이터 언어로 사용하고 있다. 이후 1986년에 미국표준협회(ANSI)가 SQL 표준으로 채택하면서 현재까지 DB2, 액세스(Access), MS-SQL 서버(MS-SQL server), 오라클(Oracle), 사이베이스(Sybase), 인포믹스(Infomix) 등에서 구조화 질의어로 널리 사용되고 있다.

SQL은 데이터 관리에 관련된 명령만 취급하기 때문에 기존의 베이직, 코볼, 파스칼, C, 포트란 등 절차식 언어(procedural language)보다 훨씬 단순하고 쉽게 터득할 수 있다. 이 질의어는 절차식 언어와 달리 한 단어에 여러 명령문의 내용을 함축적으로 표현해놓는 방식의 매크로(macro) 언어이며, 의미하는 바가 이미 DBMS에 규정되어 있다. 이용자는 이 규정된 언어를 사용하여 작업 요청을 DBMS에 전달하면 된다. 실제로 이 질의어는 상품화된 DBMS에 따라 약간씩 다르나 기본적인 내용(SQL)은 거의 유사하다.

거의 모든 DBMS 패키지에서 지원하는 SQL의 장점은 습득하기가 용이하다는 것이다. SQL은 개개의 레코드 단위로 처리하기보다는 레코드 집합 단위로 처리하는 언어이다. SQL 명령문에는 데이터 처리를 위한 접근 경로(access path)에 대한 명세가 필요하지 않으므로 비절차식 언어이다.

TIP **DBMS 패키지:** 사이베이스, MS-SQL 서버, 인포믹스, 오라클, 액세스 등

데이터웨어하우스

01 데이터웨어하우스의 개념

데이터웨어하우스는 1980년대 중반 IBM이 자사의 하드웨어를 판매하기 위해 처음으로 도입한 개념으로, IBM은 정보 웨어하우스information warehouse라는 용어를 사용했다. **데이터웨어하우스**data warehouse는 기업 등의 조직에서 여러 해 동안 축적하여 생긴 조직의 데이터와 외부 데이터를 주제별로 통합하여 별도의 조작 없이 즉시 여러 각도에서 분석할 수 있게 하는 통합 데이터베이스시스템이다.

데이터웨어하우스의 대표적인 정의는 '의사결정 과정을 지원하기 위한, 주제 중심적이고 통합적이며 시간성을 가진 비휘발성 자료의 집합'이라고 할 수 있다. 전통적인 데이터베이스는 OLTP On-Line Transaction Processing 방식이다. OLTP 시스템은 데이터를 사용자가 원하는 대로 신속하게 처리하는 것이 목적이므로 항상 데이터의 현재성이 강조된다. 따라서 갱신된 데이터가 반드시 실시간으로 반영되어야 한다. 반면 데이터웨어하우스는 의사결정 상황을 지원하기 위해 데이터를 일정 주기로 계속 축적하는 저장고로 추세 분석이나 기타 비교 분석을 가능하게 한다. 이러한 형태의 분석을 OLAP On-Line Analytical Processing라고 한다.

TIP OLTP: 온라인 업무 처리 형태의 하나이다. 터미널에서 받은 메시지를 따라 호스트가 처리하고, 그 결과를 다시 터미널에 되돌려주는 방법을 말한다.

표 5-3
OLTP와 데이터웨어하우스의 비교

구분	OLTP	데이터웨어하우스
목적	데이터 수집	데이터 분석
적용 업무	거래 처리	의사결정 지원
내용	업무별 데이터 집합	주제별 데이터 집합
시간성	현재	과거/현재
상세 정도	상세	요약/상세
휘발성	강함(자주 갱신)	없음(스냅숏 보관)

02 데이터웨어하우스의 특징

데이터웨어하우스는 다음과 같은 특징을 지니고 있다.

의사결정 지원

데이터웨어하우스가 존재하는 가장 일차적인 이유는 사용자의 의사결정을 지원하기 위함이다. 데이터웨어하우스는 올바른 정보를 올바른 형태로 적시에 제공하기 위해 대량의 원시 데이터를 유용한 정보로 변환하는 엔진이다.

운영시스템과 분리

데이터웨어하우스는 여러 개의 개별적인 운영시스템으로부터 데이터가 집중된다. 또한 데이터웨어하우스의 기본적인 자료 구조는 운영시스템의 그것들과 완전히 다르므로 데이터가 데이터웨어하우스로 이동되면서 재구조화되어야 한다. 데이터웨어하우스는 이와 같은 논리적인 측면에서뿐만 아니라 물리적인 측면에서도 분리되어야 한다. 의사결정을 위해 운영시스템의 데이터를 사용하는데, 이를 위해 장시간 운영시스템의 사용을 중지시킬 수 없기 때문이다.

통합 데이터 저장소

기존 운영시스템의 대부분은 항상 많은 부분이 중복되면서 하나의 사실에 대해 다수의 버전이 존재한다. 하나의 객체를 지칭하는 다양한 이름이 있거나 데이터가 가진 의미가 서로 다르다. 데이터웨어하우스에서 이러한 데이터는 전사적인 관점에서 통합된다.

시계열 데이터 저장소

데이터웨어하우스는 일, 월, 년 회계 기간 등과 같은 정의된 기간과 관련되어 저장된다. 데이터웨어하우스의 데이터는 특정 시점을 기준으로 시간별로 미리 정의된 데이터를 저장한다.

> **TIP 시계열 데이터:** 일정 기간에 대해 시간의 함수로 표현되는 데이터를 말한다.

주제 중심적 데이터 조직

데이터웨어하우스는 전통적인 데이터베이스와 근본적으로 구분된다. 전통적인 데이터베이스는 대부분 애플리케이션의 일부분이었다. 이러한 환경에서 각 테이블과 필드는 애플리케이션에서 미리 정의된 화면상의 필드와 논리적으로 밀접한 관계가 있다. 그래서 데이터베이스의 설계는 프로그래머와 데이터베이스 관리자 사이의 많은 조정을 필요로 하는 매우 힘든 작업이었다. 운영시스템은 재고 관리, 영업 관리 등과 같이 기업 운영에 필요한 특화된 기능을 지원하는 데 반해, 데이터웨어하우스는 고객, 제품 등과 같은 중요한 주제를 중심으로 그 주제와 관련된 데이터로 조직된다.

쉬운 사용자 접근

조직의 관리자와 분석가는 그들의 PC로 데이터웨어하우스에 연결될 수 있어야 한다. 이런 연결은 요구에 즉각적이고 신속성을 보여야 한다.

읽기 전용 데이터베이스

데이터웨어하우스 환경에서는 생산 데이터 로드production data load와 활용만이 존재하며, 운영시스템에서와 같은 의미의 데이터 갱신이 발생하지 않는다. 데이터웨어하우스의 데이터베이스 설계는 활용에 초점을 맞추며 적용되는 기술 역시 운영시스템과 많은 차이가 있다.

그림 5-11
데이터웨어하우스의 특징

03 데이터웨어하우스의 장단점

데이터웨어하우스의 장점은 첫째, 정형화된 테이블을 빠르게 볼 수 있다는 것이다. 이미 사용자의 요구에 따라 요약한 데이터를 테이블에 보관하기 때문에 데이터를 신속하게 분석하여 표로 볼 수 있다. 둘째, 비정형화된 표도 비교적 빠르게 분석할 수 있다. 비정형화된 표라 할지라도 사용자가 프로그래밍을 할 필요 없이 원하는 차원과 보려고 하는 데이터 요소만 지정하면 된다. 셋째, 데이터를 예측 분석할 수 있다. 기존의 데이터에 대해 일정한 방식에 따라 그 변화 추이를 예측하거나 여러 가지 경우를 가정하여 분석할 수 있다. 이러한 분석을 가능하게 하기 위해서는 OLAP 도구를 사용한다.

한편 데이터웨어하우스의 단점은 다음과 같다. 첫째, 데이터의 질의 문제이다. 데이터웨어하우스는 기존의 데이터베이스시스템에서 데이터를 추출하므로 데이터베이스시스템에서 추출되는 데이터의 질에 따라 데이터웨어하우스의 질이 결정된다. 그러므로 성공적으로 데이터웨어하우스를 구축하려면 데이터베이스시스템 데이터의 질이 좋아야 한다. 둘째, OLAP 도구의 한계이다. OLAP의 규칙을 바꿀 경우 프로그램을 다시 시작해야 하는데, 이는 전문가의 도움을 필요로 하여 기업이 빠른 의사결정을 하기 힘들다.

04 데이터 마트

기업의 모든 사용자가 데이터웨어하우스에 대해 직접 질의를 수행하는 것은 현실적이지 못할 뿐만 아니라 전체 시스템의 성능에 심각한 부하를 줄 수 있으며, 데이터웨어하우스가 사용자들이 원하는 유용한 정보를 주지 못할 수 있다. 더 나아가 데이터웨어하우스는 다양한 질의에 응답할 수 있도록 상세 데이터를 보유하고 있으며, 이러한 데이터는 일반적으로 정규화되어야 한다. 그래서 데이터웨어하우스와 사용자 사이에 중간층이 필요한데 이 중간층이 바로 **데이터 마트**data mart 이다. 전사적 데이터웨어하우스는 모든 사업 부문에 걸쳐 통합된 정보를 제공하기 위해 운영시스템과 관련된 데이터가 취합되는 장소라면, 데이터 마트는 하나의 주제 또는 하나의 부서 중심 데이터웨어하우스라고 할 수 있다. 즉 데이터 마트는 개별적인 부서 또는 사용자 그룹이 사용하는 소규모, 단일 주제의 데이터웨어하우스이다.

SECTION 04

데이터마이닝

01 데이터마이닝의 개념

TIP 데이터마이닝은 겉으로는 아무런 관계가 없어 보이는 데이터 간에 숨어 있는 상관관계를 찾아 기업의 의사결정에 활용하는 새로운 데이터 활용 기술이다.

데이터마이닝data mining은 대용량 데이터 내에 존재하는 관계, 패턴, 규칙 등을 탐색하고 모형화하여 유용한 지식을 추출하는 일련의 과정을 말한다. 이는 사회 전반에 걸쳐 많은 분야에서 관심을 가지고 활발한 연구와 응용이 진행되고 있다.

예를 들어 고객의 복장에 따라 아이스크림의 구매에 차이가 있는지, 또는 맥주의 구매와 기저귀의 구매에 상관관계가 있는지에 대한 답을 구하는 데 데이터마이닝이 활용된다. 즉 복장과 아이스크림 또는 맥주와 기저귀처럼 상관관계가 없어 보이는 자료 사이의 상관관계를 찾아내기 위해 데이터마이닝을 구축하는 것이다.

데이터마이닝 구축은 방대한 원천 데이터와 자료를 관리하기 위한 관계형 DBMS 및 OLAP를 필요로 한다. 데이터마이닝은 대규모의 데이터베이스에서 새로운 정보를 추출하기 위해 인공지능의 귀납 방법론을 주로 사용한다.

표 5-4
데이터마이닝 활용 분야

활용 분야	활용 업무
유통	판매 예측, 정확한 재고 수준과 물류 스케줄 파악
은행 업무	대출, 신용카드 사용 불량 수준 예측
생산·제조	생산 능력을 제어하는 주요 요소 파악
증권 거래	전체 시장 변화를 예측하여 거래 시기 예측
보험	의료 보상 범위 예측 및 요소 구분
컴퓨터	고장률 및 새로운 칩 생산 예측, 보안 위반 예측
경찰 업무	범죄 패턴, 지리 정보 파악
정보와 방위	군사 장비 이동 비용 예측 및 군사 행동에 대한 전략 시험
항공	고객의 목적지 수집, 분석 및 고객 성향 파악
의료	환자에 대한 통계의 데이터마이닝을 통해 증세, 원인, 처방 실시
방송	주요 시간대 방송 주제 예측 및 광고 수익 최대화 방법 모색
마케팅	고객 프로파일링, 세분 시장 도출

02 데이터마이닝의 특징

데이터마이닝은 다음과 같은 특징이 있다.

대용량 관측 자료 이용

데이터마이닝은 대용량 관측 자료를 다룬다. 실험 자료는 목적에 따라 여러 요인을 통제 및 조작하여 얻은 자료이지만, 관측 자료는 통제되지 않은 상태에서 시간의 흐름에 따라 차례로 축적되며 자료 분석을 염두에 두지 않고 수집된 자료이다.

실무 위주 컴퓨터 처리 방식

데이터마이닝은 이론보다는 실무 위주의 컴퓨터 처리 방식이다. 따라서 기존의 이론으로 해결되지 않는 대부분의 문제도 컴퓨터의 빠른 처리 속도와 다양한 애플리케이션을 활용 하여 해결할 수 있다.

경험적 방법에 근거

데이터마이닝은 경험적 방법에 근거하기 때문에 많은 데이터마이닝 기법이 경험에 기초하 여 개발되었다. 따라서 데이터마이닝 기법 중 그 특성을 수치로 정확하게 밝힐 수 없는 것 이 있다.

일반화한 결과 도출

데이터마이닝은 일반화한 결과를 도출하는 데 초점을 둔다. 여기서 일반화는 만들어진 예 측 모형이 새로운 자료에 얼마나 잘 적용되도록 하는 것인지를 의미한다. 따라서 일반화는 데이터마이닝 기법의 비정형성을 어느 정도 해결 또는 보완하는 데 도움을 준다.

의사결정 지원

데이터마이닝은 기업의 다양한 경영 환경 아래에서 경쟁력 확보를 위한 의사결정을 지원 하는 데 활용할 수 있다.

03 데이터마이닝의 과정

데이터마이닝의 과정은 지식 발견knowledge discovery 또는 데이터베이스로부터의 지식 발견Knowledge Discovery in Database, KDD으로도 불린다. KDD는 대용량의 데이터베 이스로부터 지식을 추출하는 전 과정을 의미하며, 최근에는 빅데이터라는 용어로 진화·확 장되어 사용되고 있다. 데이터마이닝은 KDD 프로세스의 일부분인 탐사 단계만을 뜻하는 좁은 의미로 한정되어 사용되기도 한다. 하지만 주로 데이터마이닝과 KDD 프로세스를 비슷한 개념으로 사용한다. KDD 프로세스는 다음과 같은 순서로 진행한다.

TIP 데이터에서 규칙과 패턴을 발견하려는 시도는 통계학 분야에 서 오래전부터 사용되었으나, 이 것이 최근 주목을 받는 것은 데이 터베이스에 축적된 대량의 데이터 를 대상으로 실시간으로 지식 획 득이 가능해졌기 때문이다. 데이 터마이닝을 비롯한 KDD 방법은 대량의 POS 데이터와 고객 데이 터에 적용되며, 여기서 얻은 지식 은 기업 전략을 결정할 때 큰 힘이 된다.

© 컴퓨터인터넷IT용어대사전

그림 5-12
KDD 프로세스의 과정

1단계: 샘플링 및 데이터 선별

데이터마이닝은 일반적으로 수십 기가바이트에 이르는 대용량 데이터를 기반으로 하지만, 많은 양의 데이터를 전부 고려하는 것은 시간 측면에서만 보아도 많은 인내심을 요구하는 작업일 수 있다. 이때 필요한 과정이 KDD 프로세스의 샘플링 및 데이터 선별이다.

2단계: 데이터 정제 및 전처리

데이터베이스에는 일관성이 없고 불완전하여 오류가 있는 데이터가 존재할 수 있다. 따라서 데이터 정제 과정을 통해 데이터의 무결성과 품질을 보장해야 한다.

3단계: 탐색 및 변형

이미 알고 있는 사실을 확인하여 수치화하는 작업을 시작으로, 보유하고 있는 수많은 변수 간의 관계를 분석하는 단계이다. 예를 들면 "백화점의 A 상품 구매 고객이 주로 특정 요일에 집중되어 있다" 또는 "B 상품 구매 고객은 주로 여자이다"와 같은 정보를 알 수 있다.

4단계: 모형화

데이터마이닝 과정에서 가장 중요한 단계로, 앞의 단계에서 선정된 주요한 변수를 사용하여 데이터마이닝 작업을 수행하기 위한 다양한 모형을 만들어본다. "신용카드 도용 방지 모형은 신경망 모형이 가장 적합하다" 등의 알려진 모형이 있기도 하지만, 그렇지 않으면 다양한 모형에 적용해보고 예측력이 가장 뛰어난 모형을 선택하는 것이 일반적이다.

5단계: 보고 및 시각화

데이터마이닝의 수행 결과는 사용자에게 보기 편하고 이해하기 쉬운 형태로 제공되어야 한다. 데이터마이닝의 결과를 그래프나 각종 차트 형태로 보여주는 것이 시각화인데, 시각화는 사전 지식 없이 동적인 관찰이 가능하고 결과를 쉽게 이해할 수 있다는 것이 장점이다.

04 데이터마이닝 기법

데이터마이닝에는 연관 규칙 분석, 군집 분석, 의사결정나무 분석, 신경망 모형 분석, 유전자 알고리즘 분석 등의 기법이 있다.

연관 규칙 분석

연관 규칙 분석association analysis은 상품이나 서비스의 거래 기록 데이터로부터 상품 간의 연관성을 측정하여 연관성이 많은 상품을 그룹화하는 군집화clustering 기법의 일종이며, 흔히 장바구니 분석basket analysis이라고 한다. 연관 규칙 분석을 통해 동시에 구매될 가능성이 큰 상품을 찾아내어 교차 판매에 적용할 수 있다. 연관성 측정에서 얻어지는 결과물인 연관 규칙은 '~이면 ~이다'라는 'IF A, then B'와 같은 형식으로 표현된다. 즉 'A 상품을 구매한 경우 B 상품도 구매한다'라고 해석된다. 유용한 연관 규칙을 이끌어내기 위해서는 먼저 어떤 상품이 어느 정도의 연관성을 가졌는지 측정해야 한다.

군집 분석

군집 분석cluster analysis은 어떤 목적 변수를 예측하기보다는 속성이 비슷한 것들을 묶어서 몇 개의 의미 있는 군집으로 나누어 분석하는 것이다.

ⓒ Shutterstock

그림 5-13
군집 분석
속성이 비슷한 것들을 묶어서 몇 개의 의미 있는 군집으로 나누어 분석하는 것이다.

의사결정나무 분석

의사결정나무 분석decision tree analysis은 분류 및 예측에 자주 이용되는 데이터마이닝 기법이다. 의사결정나무는 데이터 사이의 의미 있는 관계를 체계적으로 발견하여 분류나 예측의 목적으로 활용된다. 또한 변수 및 변수의 상호작용을 누구나 쉽게 이해할 수 있도록 통계적인 용어를 사용하지 않고도 설명할 수 있다는 것이 큰 장점이다.

그림 5-14
의사결정나무의 예

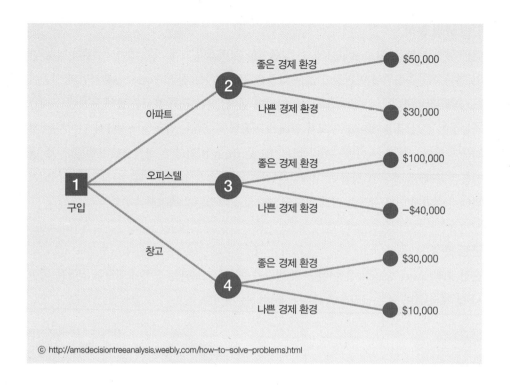

ⓒ http://amsdecisiontreeanalysis.weebly.com/how-to-solve-problems.html

신경망 모형 분석

신경망 모형 분석neural network analysis은 경험을 통해 학습하는 인간 두뇌의 신경망 활동을 모방한 데이터마이닝 기법이다. 자신이 소유한 데이터로부터의 반복적인 학습 과정을 거쳐 패턴을 찾아내고 이를 일반화하여 향후 예측하고자 하는 문제에 유용하게 이용한다. 이러한 신경망 모형 분석은 고객의 신용 평가, 불량 거래의 색출, 의료 진단 예측, 우량 고객 선정, 타깃 마케팅을 비롯한 다양한 산업 분야에 적용된다.

그림 5-15
신경망 모형의 예

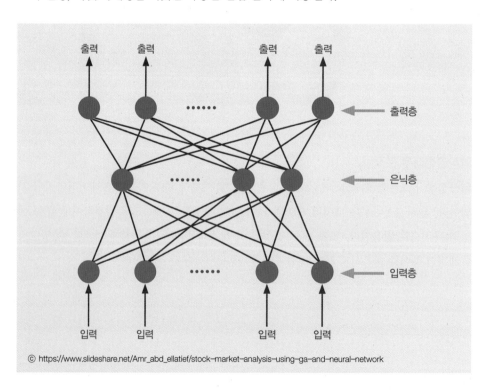

ⓒ https://www.slideshare.net/Amr_abd_ellatief/stock-market-analysis-using-ga-and-neural-network

유전자 알고리즘 분석

생물학과 컴퓨터과학 사이에서 학문적 관점의 교류가 활발한 분야가 바로 진화적 컴퓨팅 evolutionary computing이다. 진화적 컴퓨팅은 진화론적인 방법을 응용하여 문제를 해결 하는 방식으로 유전자 알고리즘, 진화적 프로그래밍, 진화 전략 분야로 발전되었다.

유전자 알고리즘 또는 유전적 프로그래밍의 개념은 생물체가 자신의 환경에 적응하기 위해 사용하는 방식(생식, 돌연변이, 자연선택 등), 즉 진화 과정에 개념적 바탕을 둔 다 양한 문제 해결 기법을 일컫는다. 유전자 알고리즘에서는 문제 해결 기법으로 DNA를 이 용한다. 유전자 정보는 DNA 분자에 저장되며 오직 네 개의 구성 블록을 가지고 있다. 이 사실은 모든 인간 또는 살아 있는 생물의 유전자 정보는 네 개의 문자(유전자 언어로서의 C, G, A, T)로 된 언어를 사용하여 전달된다는 것을 의미한다. 최적화, 제품 설계, 시스 템 감시 등의 문제에 대한 해결책으로 특히 유전자 알고리즘 분석이 적합하다. 그리고 비 용의 최소화, 이익의 극대화, 스케줄링의 효율화, 자원 활용의 최적화 등 많은 경영상 문제 를 유전자 알고리즘 분석으로 해결할 수 있다.

05 데이터 통합 기법

데이터마이닝 과정에서 가장 중요한 요소는 데이터의 질이라고 할 수 있다. 데이터의 충실 도가 만족되지 않는 상황에서의 데이터마이닝은 큰 의미가 없으며, 기대하는 결과도 얻을 수 없다. 하지만 현실에서 우리가 필요로 하는 변수를 모두 포함하는 질 좋은 데이터를 얻 는 것은 어렵기도 하거니와 많은 시간과 노력이 소모된다. 이러한 데이터 수집의 어려움은 데이터 보강으로 해결할 수 있으며, 데이터 보강을 위해 **데이터 통합 기법**data integration method을 사용할 수 있다.

일반적인 데이터 통합의 원리는 두 파일 간, 개체 간 유사성을 기준으로 이루어진다. 즉 수령자 파일의 한 개체와 제공자 파일의 모든 개체 간 거리(통계적 거리)를 계산한 후, 그 중 거리가 가장 가까운 제공자 파일의 개체를 선택하고 수령자 파일의 해당 개체에 추가 한다. 이와 같은 과정을 수령자 파일의 모든 개체에 대해 수행하여 통합된 데이터 파일을 형성한다. 이때 유사성의 측도로 유클리드 거리Euclidean distance를 사용한다. 여기서는 기존 연구의 통계적 매칭 알고리즘인 K-최근접 이웃K-nearest neighbors 기법, 회귀분석 regression analysis 알고리즘 기법, 군집화 기법, 의사결정 규칙을 이용한 기법에 대해 살펴 본다.

- **K-최근접 이웃 기법:** 공통 변수 X를 사용하여 수령자 파일의 각 개체에 대해 제공자 파일의 모든 개체와의 거리를 계산하고, 그중 가장 가까운 제공자 파일의 한 개체를 이용하여 통합 을 수행하는 방법이다.

- **회귀분석 알고리즘 기법:** 제공자 파일에서 회귀 모형을 추정한 후, 추정된 회귀 모형을 이용 하여 수령자 파일과 제공자 파일에서 예측치를 구하고, 두 파일의 개체 간 예측치 사이의 거

TIP 여기서 데이터의 충실도는 데이터의 정확도, 데이터의 양(레 코드 수), 데이터의 깊이(항목 수) 에 의해 평가된다.

TIP **유클리드 거리:** 두 점 사이 의 거리를 계산할 때 흔히 쓰는 방 법이다. 이 거리를 사용하여 유클 리드 공간을 정의할 수 있으며, 이 거리에 대응하는 노름을 유클리드 노름(Euclidean norm)이라고 한다.

리가 가장 가까운 개체를 통합에 사용하는 방법이다.

- **군집화 기법:** 데이터 통합 과정을 수행하기 전에 제공자 파일을 대상으로 비계층적 군집화 방법을 적용하여 유사한 개체끼리 몇몇 집단으로 묶은 후, 수령자 파일의 개체를 제공자 파일의 군집 중 가장 가까운 군집으로 할당하여 가 집단별로 통합 과정을 수행하는 방법이다.

- **의사결정 규칙을 이용한 기법:** 데이터마이닝 기법 중 자료로부터 의사결정 규칙을 도표화하여 관심 대상이 되는 집단을 몇 개의 소집단으로 분류하거나 예측을 수행하는 방법인 의사결정나무를 데이터 통합에 응용한 방법으로 기존의 거리 개념을 이용하지 않고 예측 개념을 이용한다.

SECTION 05

빅데이터

01 빅데이터의 등장 배경

개인화 서비스와 소셜 네트워크 서비스가 활성화되면서 기본 인터넷 서비스 환경이 재구성되었다. 검색과 포털 위주였던 인터넷 서비스가 통신, 게임, 음악, 검색, 쇼핑 등의 영역에서 개인화 서비스와 소셜 네트워크 서비스를 제공하는 환경으로 바뀐 것이다. 그러면서 정보통신이 늘어나고, 이를 생성하는 데이터의 양이 기하급수적으로 증가하고 있다. 정보통신 기술 시장조사 기관인 IDC International Data Corporation 가 조사한 디지털 유니버스 Digital Universe 보고서에 따르면 전 세계 디지털 데이터의 양이 제타바이트 단위로 2년마다 두 배씩 증가하여 2020년에는 약 40제타바이트가 될 것이라고 예상했다.

데이터의 양이 엄청나게 증가하여 기존의 데이터 저장·관리·분석 기법으로는 데이터를 처리하는 데 한계가 있어 정보 기술의 패러다임이 바뀌었고, 이로 인해 빅데이터라는 용어가 등장했다. 빅데이터의 개념이 등장하면서 데이터에 대한 관심이 높아졌고, 정보통신 기술이 발전하면서 데이터도 규모, 유형, 특성에 따라 변화하고 있다. 다음 그림은 이러한 데이터의 변화 방향을 보여준다.

TIP 1제타바이트는 1,024엑사바이트(1EB=1,024PB)로 1조 1,000억 기가바이트에 해당된다. 3메가바이트 안팎의 MP3 281조 5,000억 곡을 저장할 수 있는 용량이다.
© 한경 경제용어사전

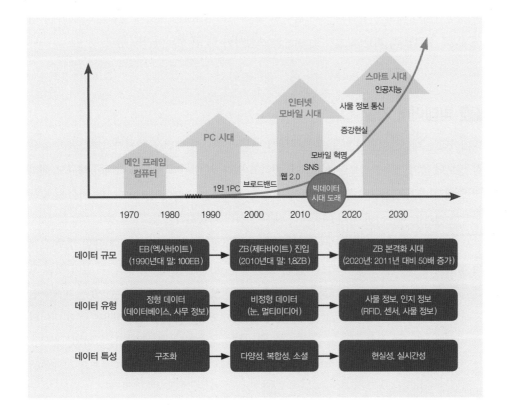

그림 5-16
정보통신 기술의 발전에 따른 데이터의 변화 방향

02 빅데이터의 개념

빅데이터big data는 급증하는 디지털 환경에서 기존의 데이터베이스시스템으로 처리하기 어려운 대규모 데이터를 말하며, 많은 양의 정형 데이터와 비정형 데이터가 포함된다.

그림 5-17
빅데이터 환경

가트너그룹의 애널리스트 더그 레이니Doug Laney는 연구 보고서에서 현재 가장 널리 사용되는 빅데이터의 속성을 3V, 즉 규모volume, 다양성variety, 속도velocity로 정의했다. 2012년 가트너그룹은 기존 정의를 다음과 같이 개정했다. "빅데이터는 큰 용량, 빠른 속도, 높은 다양성의 정보 자산이다. 빅데이터로 의사결정 및 통찰 발견, 프로세스 최적화를 향상하려면 새로운 형태의 처리 방식이 필요하다." IBM은 여기에 정확성veracity을 더해 4V로 정의했고, 최근에는 가치value를 포함하여 5V로 정의하기도 한다.

03 빅데이터 기술

빅데이터는 대용량이면서 빠르게 전파되기 때문에 중요한 패턴을 찾기가 쉽지 않고, 유용한 정보의 증가만큼 불필요한 정보도 급증하고 있다. 빅데이터 기술은 이러한 대규모 데이터 중에서 가치 있는 정보를 선별하여 결과를 분석하는 기술이다. 빅데이터 기술을 통해 분석한 결과를 이용하면 미래 예측이나 예산 절감이 가능하다.

빅데이터 기술이 관심의 대상이 되는 이유는 비정형 데이터를 분석 및 활용할 경우 고객의 정황적 경험이나 본인도 모르는 습관 등 다양한 형태의 정보를 추출할 수 있어 개별 고객에 대한 관리가 가능하기 때문이다. 최근 구글은 빅데이터를 처리할 수 있는 대표적인 프레임워크 기술인 하둡Hadoop을 오픈소스로 공개했다. 하둡은 적은 비용으로 빅데이터를 처리할 수 있을 뿐만 아니라 높은 사용 편의성을 제공한다. 한편 아마존, 야후, 페이스북, 트위터 등의 대형 글로벌 인터넷 서비스 업체들도 자사의 기술과 플랫폼을 공개하여 빅데이터 처리 기술의 발전에 공조하고 있다.

하둡은 2005년 더그 커팅(Doug Cutting), 마이크 카파렐라(Mike Cafarella)가 구글 맵리듀스(Map Reduce) 알고리즘을 구현하면서 만들어진 빅데이터의 대표적인 엔진이다. 더그 커팅이 야후로 옮기고 검색 서비스에 하둡 기술을 적용하는 프로젝트에 참여하여 최종적으로 약 4만여 대의 서버에 하둡을 구현했다. 2008년 2월 일반적인 방식으로 14년 정도 걸리는 「뉴욕타임스」의 기사 1,100만 매를 하둡을 이용하여 PDF 파일로 변환하는 데 24시간도 소요되지 않았다. 이후 구글을 비롯한 대규모 포털 업체에서 하둡을 빅데이터의 엔진으로 채택하여 그 기술을 발전시키고 있다. 2012년 하둡은 정식 1.0 버전을 발표했는데, 거의 7년에 이르는 개발과 세부 조정을 거쳐 아파치 하둡 데이터 프로세싱 프레임워크(Apache Hadoop Data Processing Framework)로 안정적인 서비스를 제공했다. 주요 기능은 대용량 데이터 처리 분석을 위한 대규모 분산 컴퓨팅 지원 프레임워크로, 분산 저장은 하둡 분산 파일시스템(Hadoop Distributed File System, HDFS)이, 분산 처리는 맵리듀스가 담당한다. 다음 그림은 하둡 맵리듀스의 실행 단계를 나타낸 것이다.

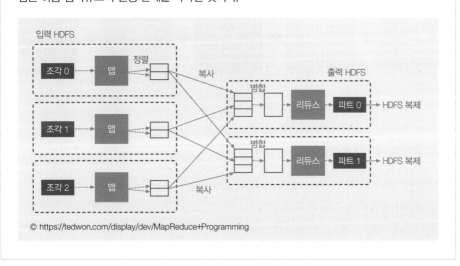

© https://tedwon.com/display/dev/MapReduce+Programming

04 빅데이터 처리 과정

빅데이터는 기존의 데이터와 속성이 달라 데이터 생성과 수집, 저장, 처리, 분석, 표현의 과정으로 처리한다.

❶ **빅데이터 소스 생성과 수집 기술:** 데이터는 소스의 위치에 따라 내부 데이터와 외부 데이터로 구분된다. 따라서 데이터 수집도 소스의 위치에 따라 내부 데이터 수집과 외부 데이터 수집으로 구분할 수 있다.

❷ **빅데이터 저장 기술:** 데이터 저장 관리는 추후 사용할 수 있도록 데이터를 안전하고 효율적으로 저장하는 것으로, 빅데이터는 '대용량, 비정형, 실시간성'이라는 속성을 수용할 수 있는 저장 방식이 필요하다. 특히 대량의 데이터를 파일 형태로 저장하는 기술과 비정형 데이터를 정형화된 데이터 형태로 저장하는 기술이 중요하다.

TIP **내부 데이터 수집:** 주로 자체적으로 보유한 내부 파일시스템이나 데이터베이스관리시스템, 센서 등에 접근하여 정형 데이터를 수집한다.

TIP **외부 데이터 수집:** 인터넷으로 연결된 외부에서 비정형 데이터를 수집한다.

❸ **빅데이터 처리 기술:** 빅데이터 처리 기술로는 정형·비정형 데이터 분석에 가장 선호되는 솔루션인 하둡, R 언어와 개발 환경으로 기본적인 통계 기법부터 모델링, 최신 데이터마이닝 기법까지 구현 및 개선이 가능한 R, 전통적인 관계 DBMS와는 다르게 설계된 비관계형 데이터베이스인 NoSQL Not-only SQL 등이 있다.

❹ **빅데이터 분석 기술:** 빅데이터 분석에 사용하는 기술은 대부분 통계학과 전산학, 특히 기계 학습과 데이터마이닝 분야에서 이미 사용한 것들이다. 이러한 분석 기술의 알고리즘을 대규모 데이터의 처리에 맞게 개선하여 빅데이터 처리에 적용하고 있다. 대표적인 빅데이터 분석 기술로는 텍스트 마이닝 text mining, 웹 마이닝 web mining, 오피니언 마이닝 opinion mining, 소셜 네트워크 분석 social network analysis, 기계 학습 machine learning 등이 있다.

❺ **빅데이터 표현 기술:** 데이터 분석 결과를 효과적으로 전달하기 위해 어렵고 복잡한 정보를 한눈에 쉽게 이해할 수 있도록 간단한 도표나 3D 이미지 등으로 표현하는 정보 표현 기술이 발전했다.

그림 5-18
빅데이터 처리 과정

05 빅데이터의 활용

빅데이터 처리 기술의 공개와 함께 비용이 감소하면서 빅데이터는 새로운 일자리 창출과 경제 성장의 동력으로 기대를 모으고 있다. 매킨지는 빅데이터를 향후 비즈니스 지형을 변화시킬 10대 기술 트렌드 중 하나로 선정하고, 빅데이터 기술의 활용이 중요한 가치 창출 효과를 가져올 것이라고 전망했다.

표 5-5
매킨지가 제시한 빅데이터 활용
분야

도메인	분석 대상 데이터	예상 효과
미국의 의료 산업	제약사 연구 개발 데이터, 환자 치료·임상 데이터, 의료 산업의 비용 데이터	• 연간 3조 달러로 0.7% 생산성 향상
유럽의 공공 행정	정부의 행정 업무에서 발생하는 데이터	• 연간 4.1조 달러로 0.5% 생산성 향상
소매업	고객의 거래 데이터, 구매 경향	• 1조 달러 + 서비스 업자 수익 • 7조 달러 소비자 이익
제조업	고객 취향 데이터, 수요 예측 데이터, 제조 과정 데이터, 센서 활용 데이터	• 60% 마진 증가 • 0.5~1.0% 생산성 향상
개인 위치 데이터	개인과 차량의 위치 데이터	• 개발 및 조립 비용 50% 감소 • 운전 자본 7% 감소

빅데이터 기술은 아마존, 구글, 페이스북 등 선도 기업에 의해 소셜 데이터 분석에 활용되어 이슈 탐지 및 예측 분석을 통한 획기적인 비즈니스 창출에 활용되고 있다. 아마존은

고객별 소비 취향 분석과 개인화된 상품 추천을 자동화했고, 구글과 페이스북은 사진, 동영상 등 비정형 데이터를 분석하여 맞춤형 광고로 연동시키는 데 빅데이터 기술을 활용하고 있다. 국내의 경우 스마트폰 개발과 같은 하드웨어적인 부분은 경쟁우위를 나타내지만 소프트웨어 부문의 인프라가 약해 데이터의 활용도가 낮고, 빅데이터 관련 사업 환경 또한 미성숙한 상황이다.

기업	빅데이터 기반 비즈니스
구글	검색 및 위치 정보, 안드로이드 OS 기반의 모바일 콘텐츠 이용 정보, 구글플러스를 통한 소셜 정보, 구글박스를 통한 클라우드 서비스 등
애플	iOS 기반의 모바일 콘텐츠 이용 정보, 아이튠즈를 통한 콘텐츠 이용 정보, 아이클라우드를 통한 클라우드 서비스 등
아마존	인터넷 비즈니스를 통한 사용자 구매 정보 및 콘텐츠 이용 정보, 클라우드 서비스, 킨들을 통한 모바일 이용 정보 등
페이스북	세계 최대 소셜 정보 보유, 콘텐츠 기업과의 제휴·협력을 통한 이용 정보 등

표 5-6
빅데이터 기반 비즈니스

© 한국정보화진흥원, 「새로운 미래를 여는 빅데이터 시대」, 2013

PLUS NOTE | 빅데이터와 개인정보 보호

빅데이터는 무한한 활용 가치가 있고 앞으로도 계속 진화할 것이다. 하지만 우리 삶에서 빅데이터의 영향력이 커질수록 개인정보 침해의 문제가 심각하게 대두될 수 있다. 예를 들어 인터넷 쇼핑몰에서 검색했던 상품이 다른 정보를 검색할 때 추천 상품으로 나타나는 것을 본 적이 있을 것이다. 지금 어디에 가는지, 누구를 만나는지, 어떤 음식을 좋아하는지, 어떤 물건에 관심이 있는지 등의 정보를 본인도 모르는 사이에 누군가가 수집하여 파악할지도 모른다. 빅데이터 환경에서는 우리가 남긴 흔적이 방대한 개인 데이터로 만들어져 저장된다. 따라서 빅데이터가 계속 성장하고 발전하려면 개인정보 보호 정책이 반드시 마련되어야 한다. 또한 기업들도 수많은 개인정보 데이터를 보호할 수 있도록 기술 개발 및 보안에 신경을 써야 할 것이다.

01 데이터베이스는 특정 조직의 여러 사용자가 공유하여 사용할 수 있도록 통합해서 저장한 운영 데이터의 집합이라고 정의된다.

02 데이터 관리의 역사는 수작업 데이터 관리→디지털 자료 변환→데이터베이스 관리→분산 데이터베이스의 순으로 진행되었다.

03 파일시스템은 오래전부터 사용된 정보처리시스템으로 데이터를 파일로 관리할 수 있도록 파일을 생성·삭제·수정·검색하는 기능을 제공하며, 운영체제와 함께 설치된다.

04 데이터베이스는 실시간 접근 가능, 지속적인 변화, 동시 공유 가능, 내용 참조 가능과 같은 특징이 있다.

05 데이터베이스관리시스템은 파일시스템이 가진 데이터 중복과 데이터 종속 문제를 해결하기 위해 제시된 소프트웨어이다. 데이터베이스관리시스템은 기업에 필요한 데이터를 데이터베이스에 통합하여 저장하고 이에 대한 관리를 집중적으로 담당한다.

06 데이터베이스관리시스템은 사용하는 데이터 모델에 따라 네트워크 DBMS, 계층 DBMS, 관계 DBMS, 객체지향 DBMS, 객체관계 DBMS로 구분할 수 있다.

07 데이터 모델은 데이터를 데이터베이스에 저장하는 구조를 의미한다.

08 관계형 데이터베이스에서 관계는 행과 열로 구성된 2차원 테이블을 말한다. 관계형 데이터베이스는 데이터를 2차원 테이블로 표현한다. 하나의 테이블은 하나의 개체에 관한 데이터를 저장하며, 각 테이블은 고유한 이름을 가진다.

09 관계형 데이터베이스는 요구 사항 분석, 데이터 모델링, 데이터베이스 정규화 단계를 거쳐 개발한다.

10 관계형 데이터베이스를 구축하기 위해서는 먼저 사용자의 요구 사항을 분석해야 한다.

11 관계형 데이터베이스를 사용하기 위해서는 필요로 하는 자료의 성격을 미리 규정하고 체계화하는 노력이 선행되어야 하는데, 이를 데이터 모델링이라 한다.

12 개체-관계 다이어그램 또는 E-R 다이어그램은 개체-관계 모델을 이용하여 현실 세계를 개념적으로 모델링한 결과물을 그림으로 표현한 것이다.

13 정규화는 모델의 결과에서 이중성을 제거하기 위한 과정으로서 관계 이론의 개념을 활용한다.

14 관계형 데이터베이스는 수많은 사람이 함께 사용하는 시스템이기 때문에 보안 문제, 장애 처리와 비상 대책 문제, 동시성 문제에 관심을 가지고 관리해야 한다.

15 데이터웨어하우스는 기업 등의 조직에서 여러 해 동안 축적하여 생긴 조직의 데이터와 외부 데이터를 주제별로 통합하여 별도의 조작 없이 즉시 여러 각도에서 분석할 수 있게 하는 통합 데이터베이스시스템이다.

16 데이터웨어하우스는 의사결정 지원, 운영시스템과 분리, 통합 데이터 저장소, 시계열 데이터 저장소, 주제 중심적 데이터 조직, 쉬운 사용자 접근, 읽기 전용 데이터베이스와 같은 특징이 있다.

17 데이터마이닝은 대용량 데이터 내에 존재하는 관계, 패턴, 규칙 등을 탐색하고 모형화하여 유용한 지식을 추출하는 일련의 과정을 말한다.

18 데이터마이닝은 샘플링 및 데이터 선별→데이터 정제 및 전처리→탐색 및 변형→모형화→보고 및 시각화의 과정을 거친다.

19 데이터마이닝에는 연관 규칙 분석, 군집 분석, 의사결정나무 분석, 신경망 모형 분석, 유전자 알고리즘 분석 등의 기법이 있다.

20 데이터 수집의 어려움은 데이터 보강으로 해결할 수 있으며, 데이터 보강을 위해 데이터 통합 기법을 사용할 수 있다.

21 빅데이터는 큰 용량, 빠른 속도, 높은 다양성의 정보 자산이다. 빅데이터로 의사결정 및 통찰 발견, 프로세스 최적화를 향상하려면 새로운 형태의 처리 방식이 필요하다.

22 구글은 빅데이터를 처리할 수 있는 대표적인 프레임워크 기술인 하둡을 오픈소스로 공개했다. 하둡은 적은 비용으로 빅데이터를 처리할 수 있을 뿐만 아니라 높은 사용 편의성을 제공한다.

23 빅데이터는 기존의 데이터와 속성이 달라 데이터 생성과 수집, 저장, 처리, 분석, 표현의 과정으로 처리한다.

01 데이터 관리의 역사에서 (가), (나)에 들어갈 내용을 각각 쓰시오.

((가)) → 디지털 자료 변환 → ((나)) → 분산 데이터베이스

(가) _____ (나) _____

02 데이터베이스의 개념 중 적절하지 않은 것은?

① 공유 데이터   ② 통합 데이터   ③ 저장 데이터

④ 운영 데이터   ⑤ 분산 데이터

03 다음 중 파일시스템의 문제점이 아닌 것은?

① 응용 프로그램 개발이 쉽지 않다.

② 응용 프로그램이 데이터 파일에 종속적이다.

③ 같은 내용의 데이터가 여러 파일에 중복 저장된다.

④ 사용자의 데이터 요구에 실시간으로 응답할 수 있어야 한다.

⑤ 데이터 파일에 대한 동시 공유, 보안, 회복 기능이 부족하다.

04 다음 설명의 괄호 안에 공통으로 들어갈 내용을 쓰시오.

( )는(은) 파일시스템이 가진 데이터 중복과 데이터 종속 문제를 해결하기 위해 제시된 소프트웨어이다. ( )는(은) 기업에 필요한 데이터를 데이터베이스에 통합하여 저장하고 이에 대한 관리를 집중적으로 담당한다. 또한 응용 프로그램을 대신하여 데이터베이스에 존재하는 데이터의 검색·삽입·삭제·수정을 가능하게 하고, 모든 응용 프로그램이 데이터베이스를 공유할 수 있게 한다.

05 다음 그림이 나타내는 DBMS는?

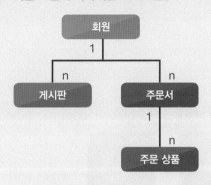

① 네트워크 DBMS   ② 계층 DBMS   ③ UCC/EAN-128

④ ISBN   ⑤ EAN-14

06 다음 설명에 해당하는 관계형 데이터베이스 관련 용어는?

> 테이블 내의 튜플들을 서로 구별할 수 있는 필드의 집합으로 유일한 값을 가져야 한다. 하나의 개체 내에 똑같은 객체가 존재하면 서로 구별하여 검색할 수 없고 데이터가 중복되는 문제가 발생한다.

① 튜플   ② 속성   ③ 필드

④ 키   ⑤ 레코드

07 데이터 모델링의 요소를 정리한 다음 표의 빈칸을 채우시오.

구분	정의
	현실 세계에서 조직을 운영하는 데 꼭 필요한 사람이나 사물과 같이 구별되는 모든 것을 의미한다. 즉 개체는 저장할 만한 가치가 있는 중요 데이터를 가지고 있는 사람이나 사물 등이며, 개념적 모델링을 하는 데 가장 중요한 요소이다.
	개체가 가지고 있는 고유의 특성이다. 자체만으로는 의미가 없지만 관련 있는 것들을 모아 개체를 구성하면 하나의 중요한 의미를 표현할 수 있다.
	개체와 개체가 맺고 있는 의미 있는 연관성으로, 개체-관계 모델의 중요한 요소이다. 개체 집합들 사이의 대응 관계, 즉 매핑을 의미한다.

08 다음 중 데이터웨어하우스의 특징이 아닌 것은?

① 운영시스템과 분리   ② 시계열 데이터 저장소   ③ 주제 중심적 데이터 조직

④ 일반화한 결과 도출   ⑤ 쉬운 사용자 접근

09 데이터마이닝의 과정을 나타낸 다음 그림에서 (가), (나)에 들어갈 내용을 각각 쓰시오.

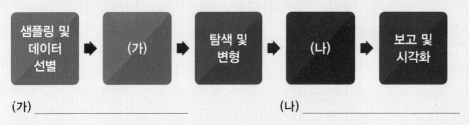

(가) _____   (나) _____

10 다음 중 데이터마이닝의 특징이 아닌 것은?

① 의사결정 지원   ② 대용량 관측 자료 이용

③ 실험적 방법에 근거   ④ 일반화한 결과 도출

⑤ 실무 위주 컴퓨터 처리 방식

11 다음 설명에 해당하는 데이터마이닝 기법은?

> 상품이나 서비스의 거래 기록 데이터로부터 상품 간의 연관성을 측정하여 연관성이 많은 상품을 그룹화하는 군집화 기법의 일종이며, 흔히 장바구니 분석이라고 한다.

① 의사결정나무 분석   ② 군집 분석   ③ 신경망 모형 분석

④ 연관 규칙 분석   ⑤ 유전자 알고리즘 분석

12 다음 설명의 괄호 안에 공통으로 들어갈 내용을 쓰시오.

> 데이터의 양이 엄청나게 증가하여 기존의 데이터 저장·관리·분석 기법으로는 데이터를 처리하는 데 한계가 있어 정보 기술의 패러다임이 바뀌었고, 이로 인해 (   )라는 용어가 등장했다. (   )의 개념이 등장하면서 데이터에 대한 관심이 높아졌고, 정보통신 기술이 발전하면서 데이터도 규모, 유형, 특성에 따라 변화하고 있다.

_____

13 다음 설명의 (가), (나), (다)에 들어갈 내용을 각각 쓰시오.

> 가트너그룹의 애널리스트 더그 레이니는 연구 보고서에서 현재 가장 널리 사용되는 빅데이터의 속성을 3V, 즉 (　(가)　), (　(나)　), (　(다)　)로 정의했다.

(가) _____　　　　(나) _____　　　　(다) _____

14 빅데이터 처리 과정을 나타낸 다음 그림에서 (가)에 들어갈 내용은?

① 저장　　　　② 입력　　　　③ 출력　　　　④ 운영　　　　⑤ 경영

15 다음은 어떤 기업의 빅데이터 기반 비즈니스 사례인가?

> • iOS 기반의 모바일 콘텐츠 이용 정보
> • 아이튠즈를 통한 콘텐츠 이용 정보
> • 아이클라우드를 통한 클라우드 서비스

① 구글　　　　② 아마존　　　　③ IBM　　　　④ 애플　　　　⑤ 페이스북

01   데이터베이스를 제대로 활용하여 성공적인 경영을 한 기업의 사례를 찾아보고 발표하시오.

02   상품의 연관 규칙 사례를 찾아보고 이를 분석한 후 토론하시오.

03   기업에서 빅데이터를 어떻게 활용하고 있는지 조사해보고, 앞으로 기업 경영에 빅데이터가 어떤 영향을 끼칠지
      리포트를 작성하시오.

04   4차 산업혁명과 관련된 정보 기술 중 빅데이터를 활용한 기술을 조사하여 발표하시오.

05   빅데이터 기술로 인해 미래에 발생할 문제점을 예측해보고, 이에 개인과 기업이 각각 어떻게 대응할 수 있을지
      토론하시오.

다음은 논문 「SNS와 빅데이터의 활용이 소셜커머스 활성화에 미치는 영향」의 일부를 발췌한 것이다. 다음을 읽고 주어진 주제를 조사하여 리포트를 작성하시오.

1인 미디어로서 의사소통과 정보 공유 수단으로 활용되던 트위터, 페이스북, 미투데이 등의 1세대 SNS와 단체 할인 방식의 공동 구매에 의존하는 그루폰, 티켓몬스터, 쿠팡, 위메이크프라이스 등 현재의 소셜커머스 업체들이 다양한 비즈니스 모델로 진화하는 새로운 국면에 진입하고 있다. 광범위한 커뮤니케이션 채널로서 SNS의 이점과 초대용량 데이터의 수집, 발굴, 분석을 통한 시의성 있는 예측 정보의 즉시 제공이라는 빅데이터의 이점이 결합되어 소셜커머스 비즈니스 모델의 패러다임을 변화시킬 것이라는 논의는 이론적으로도 뒷받침되고 있다. 아래 그림에서 보는 바와 같이 관련 연구를 종합해 보면 SNS와 소셜커머스는 통신 기술의 발전과 각종 스마트 단말기의 보급으로 실망기를 벗어나 재도약기로 점차 동반 진입하는 단계에 있으며, 이 과정에서 빅데이터 기술이 다양한 정보 제공을 기술적으로 뒷받침함으로써 새로운 형태의 소셜 비즈니스 모델이 등장할 것으로 예측된다.

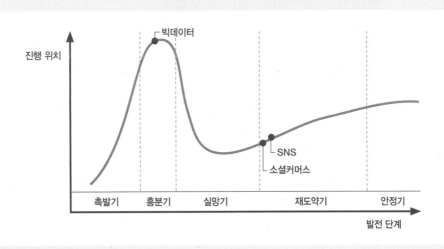

관련 사례로 이미 빅데이터 기술은 아마존, 구글, 페이스북 등 시장 선도 기업에 의해 소셜 데이터 분석에 활용됨으로써 이슈 탐지 및 예측 분석을 통한 획기적인 비즈니스 창출에 응용되고 있다. 즉 아마존은 고객별 소비 취향 분석과 개인화된 상품 추천을 자동화하는 데, 그리고 구글과 페이스북은 사진, 동영상 등 비정형 데이터를 분석하여 맞춤형 광고로 연동시키는 데 빅데이터 기술을 활용하고 있다.

ⓒ 천홍말, 「SNS와 빅데이터의 활용이 소셜커머스 활성화에 미치는 영향」, 물류학회지, 제23권 제5호, 2013

- 하이프커브 그림을 보고 빅데이터와 소셜커머스의 기술 수준에 대해 설명하시오.

- 하이프커브의 용도 및 사례를 조사하시오 (하이프커브의 내용을 설명해야 한다).

- 빅데이터를 활용할 수 있는 새로운 아이디어나 응용 사례를 한 가지 발표하시오.

정보통신과
사물인터넷

학 | 습 | 목 | 표

- 정보통신의 개념과 특징을 이해하고 발달 과정을 살펴본다.
- 데이터통신시스템을 이해하고 데이터 전송의 유형과 방식을 파악한다.
- 통신 프로토콜의 개념과 OSI 7 계층을 이해한다.
- LAN의 개념과 특징을 이해한다.
- 인터넷의 개념을 이해하고 주요 구성 요소를 파악한다.
- 사물인터넷의 개념을 이해하고 기술 및 활용 사례를 살펴본다.

SECTION 01 정보통신의 이해

01 정보통신의 개념

정보통신information communication이란 통신 회선을 통해 단말기를 멀리 떨어진 곳의 다른 단말기 또는 컴퓨터에 연결하여 정보를 송수신하는 것을 의미한다. 정보통신은 정보처리 개념과 데이터 전송 개념을 합한 것이라고 할 수 있다.

TIP **정보처리:** 주어진 데이터로부터 필요한 데이터인 정보를 얻기 위해 정보처리시스템을 이용하여 데이터 수집, 가공, 처리, 저장, 분배 등의 기능을 수행하는 것을 말한다.

TIP **데이터 전송:** 정보처리시스템에 의해 처리된 정보를 특정한 코드로 변환하여 멀리 떨어진 곳에서 데이터를 주고받는 것이다.

PLUS NOTE | 정보통신시스템

정보통신시스템은 원격지에 분산 설치된 각 단말 장치와 컴퓨터 간 또는 컴퓨터 상호 간을 통신 회선으로 접속하여 정보를 가공·처리·보관·전송하기 위해 유기적으로 결합된 시스템을 말한다.

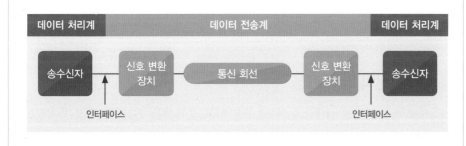

---

02 정보통신 기술의 특징

정보통신 기술은 멀리 떨어진 정보원과 정보 목적지 사이에서 정보를 전송하고 처리하는 기술을 말한다. 여기서 정보원과 목적지는 컴퓨터, 스마트폰 등이 될 수 있다. 정보통신 기술을 이용하여 통신 회선(유선 또는 무선)을 통해 컴퓨터와 컴퓨터 사이에서 정보를 교환하며, 컴퓨터끼리는 다양한 컴퓨터망computer network으로 연결한다.

정보통신 기술이 발전하면서 고속화, 대용량화, 모바일화 등의 특징이 나타나고 있다.

- **고속화:** 고속 전달망 기술, 고성능 네트워킹, 네트워크 서비스 기술을 통해 속도가 기가급에서 테라급으로 더욱 빨라지고 있다.

- **대용량화:** 광전송 기술, 파장 분할 다중화Wavelength Division Multiplexing, WDM, 광전송시스템 기술, 광회선분배시스템 기술, 광가입자 전송 기술 등의 확보로 전광통신망all

TIP **WDM:** 한 가닥의 광섬유에 각 채널별로 여러 개의 파장을 동시에 전송하는 기술을 말한다.
© 한경 경제용어사전

optical network의 구현이 가능해져 대용량화가 이루어지고 있다.

● **모바일화:** 반도체 기술의 발달로 인한 정보 기기의 소형화와 디스플레이 기술을 바탕으로 한 대형화가 동시에 진행되고 있다. 최근 스마트폰의 보급으로 무선 전파 기술도 기하급수적으로 발진하고 있다.

그림 6-1
정보통신 기술

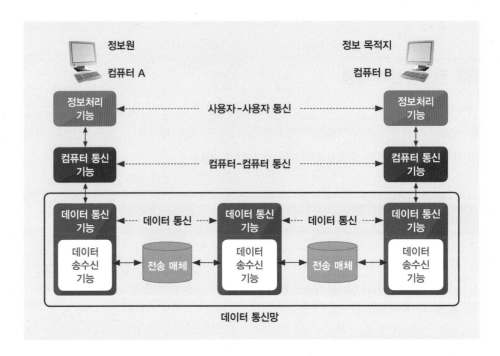

데이터 통신망

03 정보통신의 발달 과정

지리적으로 서로 떨어진 상대방과 의사소통을 하고 싶어 하는 인간의 욕구로 과거부터 현재까지 새로운 통신 방식이 고안되었다. 인류의 지속적인 진화와 함께 말과 몸짓만으로 정보를 전달하는 시대를 지나 광통신, 무선통신 등을 이용하여 좀 더 빠르게, 좀 더 멀리, 좀 더 신뢰성 있는 정보를 전달할 수 있게 되었다.

통신의 형태를 역사적으로 구분해보면 제1세대 통신은 전기통신, 제2세대 통신은 전화, 제3세대 통신은 컴퓨터를 이용한 정보통신인 데이터 통신이다. 현재는 모바일 통신이 제4세대 통신으로 자리매김하고 있다.

제1세대 통신

제1세대 통신은 전기를 이용한 통신 방법이다. 매체의 측면에서 보면 전기통신은 문자와 인쇄술 다음에 등장했지만 정보의 전달, 저장, 재생의 활용 가능성이 무궁무진하므로 전기통신이 현대 인류 사회를 지배하고 있다고 해도 과언이 아니다. 19세기에 새뮤얼 모스 Samuel Morse가 발명한 모스 부호와 전신기는 오늘날의 유선통신을 발달시키는 계기가 되었다. 이는 데이터 통신을 비롯하여 정보통신에 없어서는 안 될 '정보부호화'의 시작이라고 할 수 있다.

TIP 새뮤얼 모스: 미국의 화가이자 전신 발명가이다. 1837년 독자적인 알파벳 기호와 자기장치를 완성했는데, 이 기호가 개량된 것이 모스 부호이다.

제2세대 통신

전화를 이용하여 소리를 전달하는 시대를 제2세대 통신이라고 한다. 전화기는 1876년 3월, 알렉산더 그레이엄 벨Alexander Graham Bell이 인간의 음성을 전기 신호로 변환하여 멀리 전달할 수 있도록 개발한 것이다. 그 후 토머스 에디슨Thomas Edison이 탄소 송화기로 개량하여 인류 최초의 전화기가 빛을 보게 되었으며, 이를 토대로 오늘날의 전화기로 발전했다. 1888년에는 하인리히 헤르츠Heinrich Hertz가 전자파를 발견했다. 전자파 발견은 무선통신의 기초가 되는 혁명적인 사건으로, 이를 기념하기 위해 주파수의 단위로 헤르츠Hz를 사용하고 있다. 1901년에는 굴리엘모 마르코니Guglielmo Marconi가 전자파를 이용하여 모스 부호를 무선으로 전송하는 데 성공했다.

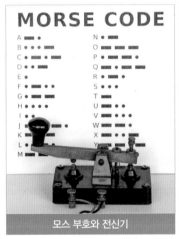

모스 부호와 전신기

최초의 전화기

© Shutterstock

그림 6-2
모스 부호와 전신기, 알렉산더 그레이엄 벨이 만든 최초의 전화기

제3세대 통신

정보를 컴퓨터로 처리하는 것을 데이터 통신 또는 컴퓨터 통신이라고 하며, 바로 이 시대가 제3세대 통신이다. 컴퓨터 통신이 가능하도록 연결된 컴퓨터의 집합을 데이터 통신망 또는 컴퓨터망이라고 하는데, 최초의 데이터 통신망은 1958년 미국에서 개발된 반자동방공망Semi-Automatic Ground Environment, SAGE 시스템에서 시작되었다.

미국 국방성은 1969년에 최초의 패킷 교환망인 아르파ARPA를 발표했는데, 아르파의 후원 아래 컴퓨터 자원의 공유를 실현하기 위해 아르파 컴퓨터 네트워크가 시작되었다. 아르파넷ARPAnet은 그 이후 TCP/IP 프로토콜 기반의 인터넷으로 발전했다.

제4세대 통신

유선이 아닌 무선으로 통신을 하는 방식의 시대를 제4세대 통신이라고 한다. 제4세대 통신에서는 제3세대 데이터 통신을 기본으로 하면서 여러 가지 전송 매체를 이용하고 있다.

● **위성 마이크로파(satellite microwave):** 지상에서 약 35,860km 상공에 위성을 띄워놓고 지상의 여러 송수신국을 서로 연결한다. 흔히 GPS(위치정보시스템)와 대용량 데이터 전송에 이용한다.

- **지상 마이크로파(terrestrial microwave):** 약 50km 간격으로 설치된 중계탑을 통해 데이터를 전송한다. 전송 속도가 매우 빠르며, 주로 전화 회사나 데이터 통신업자가 이용한다.

- **이동통신(cellular communication):** 지역을 여러 소규모 셀cell로 나누고 각 셀마다 설치된 안테나가 신호 전송을 담당하는 모바일 기술로 휴대전화에 사용된다.

ⓒ Shutterstock

데이터 통신

01 데이터통신시스템

데이터 통신data communication은 멀리 떨어져 있는 송신자 컴퓨터와 수신자 컴퓨터 또는 입출력 장치를 통신 회선으로 연결하여 데이터를 처리하고 전송하는 것을 말한다. 데이터 통신을 하려면 여러 가지 장비가 필요하다. 통신시스템 장비는 통신시스템의 역할에 따라 데이터 처리 장치data processing equipment와 데이터 전송 장치data transmission unit로 나눌 수 있다. 데이터 처리 장치는 컴퓨터와 주변기기로 구성되고, 데이터 전송 장치는 단말 장치, 신호 변환 장치, 통신 회선, 통신 제어 장치 등으로 구성된다.

TIP 데이터 처리 장치: 측정이나 조사로 얻은 다량의 수치를 고속으로 기록, 통계 등의 처리를 하는 장치를 말한다. 각종 형식이 있으나 컴퓨터와 조합하여 사용하는 경우가 많다.

단말 장치

단말 장치terminal unit는 데이터 통신의 송신자나 수신자의 끝에서 신호를 보내는 장치이다. 컴퓨터가 통신 장치를 통해 데이터를 교환하기 위한 인터페이스를 말하며 컴퓨터 자체를 가리키기도 한다.

신호 변환 장치

신호 변환 장치signal conversion equipment는 서로 다른 컴퓨터 신호 방식과 통신 회선 신호 방식을 상호 변환하는 역할을 담당한다. 신호 변환 장치로 대표적인 것은 모뎀modem과 디지털 서비스 장치Digital Service Unit, DSU이다. 모뎀은 컴퓨터의 디지털 신호를 아날로그 신호로 변환하는 장치로, 수신 시에는 아날로그 신호를 디지털 신호로 복구한다. 디지털 서비스 장치는 디지털 신호를 변조하지 않고 그대로 디지털 전송 매체를 이용하여 고속으로 전송하는 장치이다. 아날로그 신호로 변조하여 전송하는 모뎀보다 속도가 빠르다.

모뎀

디지털 서비스 장치

그림 6-4
신호 변환 장치

통신 회선

통신 회선communication line은 송신자와 수신자를 연결해주는 물리적인 통로를 말한다. 유선통신과 무선통신으로 구분하는데, 유선통신에는 꼬임 쌍선, 동축 케이블, 광섬유 등을 사용하고, 무선통신에는 라디오파, 마이크로파, 위성 마이크로파 등을 사용한다.

- **꼬임 쌍선(twisted pair cable):** 절연된 두 가닥의 구리선이 균일하게 감겨 있는 형태의 통신 회선이다. 여러 개의 쌍이 다발로 묶여 하나의 케이블을 형성하고 하나의 쌍이 하나의 통신 링크 역할을 한다. 선이 서로 감겨 있어 인접한 다른 쌍으로부터의 간섭을 최소화할 수 있다. 동축 케이블이나 광섬유보다 가격이 싸고 설치가 간편하지만 다른 케이블에 비해 신호 잡음에 취약하다.

- **동축 케이블(coaxial cable):** 아날로그 신호와 디지털 신호를 동시에 전송할 수 있는 통신 회선이다. 구리선을 감싼 피복 때문에 외부 간섭을 덜 받고 전력 손실이 적어 고속 통신 회선으로 많이 이용되고 있다. 또한 호수나 바다 아래 매설이 가능하며 꼬임 쌍선보다 더 넓은 주파수 범위를 사용할 수 있다.

- **광섬유(optical fiber):** 빛을 전송하는 광섬유는 머리카락보다 가늘고 유연하다. 구리선보다 많은 정보를 운반할 수 있으며, 일반적으로 전자기의 간섭을 받지 않으므로 신호를 재전송할 필요가 없다.

그림 6-5
통신 회선

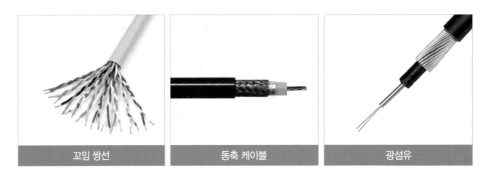

| 꼬임 쌍선 | 동축 케이블 | 광섬유 |

통신 제어 장치

통신 제어 장치communication control unit는 컴퓨터와 통신 회선 사이에서 서로 다른 데이터 취급 방법과 전송 속도 등을 조절하는 장치이다. 통신 회선으로의 접속과 종료, 데이터 전송 방식과 전송 상태 보고, 다중 접속 제어 등을 담당한다.

통신 소프트웨어

통신 소프트웨어communication software는 데이터 통신망을 관리하는 소프트웨어로, 데이터통신시스템 장치 간의 하드웨어 제어와 데이터 송수신 기능을 담당한다. 사용자에게는 복잡한 통신시스템 구조의 직접 접근 없이 원활한 데이터 전송을 위한 인터페이스를 제공한다.

02 데이터 전송의 유형

데이터 전송data transmission은 유형별로 전송 방향에 따른 분류와 회선 접속 방식에 따른 분류가 있다.

전송 방향에 따른 분류

통신 회선을 통해 연결된 통신 장치 간의 신호 흐름 방향에 따라 단방향 전송, 반이중 전송, 전이중 전송으로 구분할 수 있다.

- **단방향 전송:** 단방향 전송은 한 방향으로만 통신이 가능한 전송 형태로, 수신된 데이터의 오류 발생 여부를 송신 측이 알 수 없다는 것이 단점이다. 텔레비전과 라디오 등이 해당된다.

- **반이중 전송:** 반이중 전송은 양방향 어느 쪽으로나 통신이 가능하지만 동시에 전송할 수 없으며, 어느 한 시점에서는 한 방향으로만 데이터가 전송되는 형태이다. 만약 양측에서 동시에 데이터를 전송하면 충돌이 발생하며, 충돌을 피하기 위해 데이터를 송수신하기 전에 매체의 사용 가능 여부를 확인한다. 무전기를 통한 통신 방식이 그 예이다.

- **전이중 전송:** 전이중 전송은 송신하면서 동시에 수신도 할 수 있는 방식이다. 송신과 수신을 위해 별도의 채널을 두고 하나의 전송 매체를 두 개의 채널로 분할하여 사용하는 것이다. 전화는 대표적인 전이중 전송 방식 통신이다.

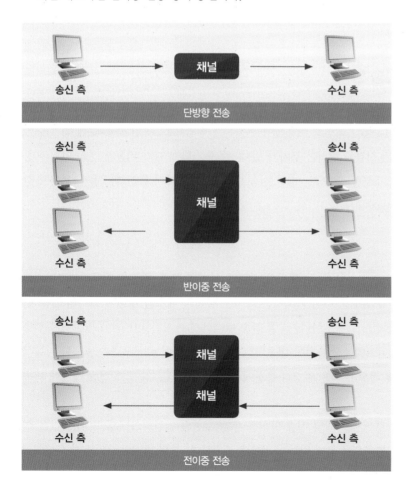

그림 6-6
전송 방향에 따른 분류

회선 접속 방식에 따른 분류

통신 회선 접속 방식에 따라 점대점 전송 방식과 다지점 전송 방식으로 구분할 수 있다.

- **점대점(point-to-point) 전송:** 컴퓨터에서 각 터미널로 연결할 때 일대일 방식으로 직접 연결하는 전송 방식으로, 데이터를 송수신할 때 전용 회선을 사용한다.

- **다지점(multipoint) 전송:** 둘 이상의 통신 장치가 하나의 회선을 공유하는 전송 방식이다. 회선을 여러 장치가 동시에 사용하면 공간적으로 공유되고, 만일 사용자가 시간에 따라 회선을 나누어 사용하면 시간상으로 공유된다. 이때 복잡한 회선 공유는 폴링polling 방식으로 해결한다. 폴링은 하나의 회선에 연결된 터미널에 정해진 순서에 따라 송신할 데이터가 있는지 조사하는 방식으로, 송신할 데이터가 있는 터미널이 신호를 보내면 회선을 점유하게 된다.

그림 6-7
회선 접속 방식에 따른 분류

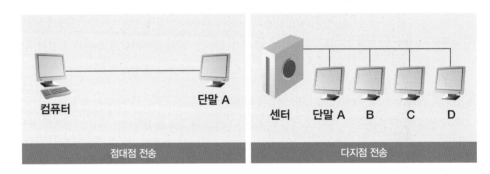

03 데이터 전송 방식

데이터 전송 방식은 직렬 전송 방식과 병렬 전송 방식으로 구분된다. 직렬 전송 방식은 2진 데이터를 하나의 통신 회선을 이용하여 전송하는 방법으로, 송신 측과 수신 측 사이에 데이터를 주고받는 시점을 정하는 절차가 있다. 즉 동기화에 따라 비동기 전송 방식과 동기 전송 방식으로 구분할 수 있다. 병렬 전송 방식은 여러 가지 통신 회선을 사용하여 한 번에 전송하는 방법이다.

직렬 전송

직렬 전송serial transmission은 각 데이터 비트가 하나의 통신 회선을 이용하여 1비트씩 차례로 전송되는 방식이다. 수신 측에서는 들어온 일련의 비트를 정해진 크기의 블록 단위로 묶어 원래의 정보로 복원한다. 직렬 전송 방식에서는 모든 비트가 동일한 전송선을 사용하기 때문에 비트별로 전송선이 대응되는 병렬 전송 방식보다 오류가 발생할 가능성이 줄어든다. 직렬 전송 방식은 원거리 통신에 적합하지만 전송 속도가 전송 매체에 의해 제한된다.

디지털통신시스템에서는 직렬 전송 방식을 통해 수신된 일련의 신호들의 비트 값을 일정한 길이의 비트 블록으로 묶어 원하는 정보로 복원한다. 복원 과정이 올바르게 수행되려면 송신 측과 수신 측 사이에 데이터를 주고받는 시점에 대한 약속이 필요한데, 이를 동기화라고 한다. 다시 말해 동기화란 송신 측과 수신 측 사이에 정보를 주고받는 비트 타이밍을 맞추는 절차를 말한다. 동기화 방법에는 비동기식 전송과 동기식 전송이 있다.

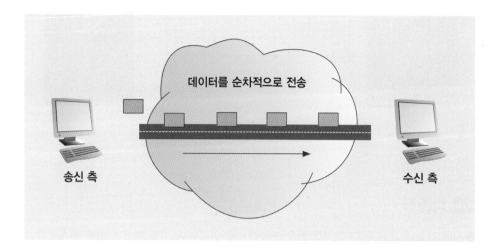

그림 6-8
직렬 전송

- **비동기식 전송:** 비동기식 전송에서는 문자 단위의 비트 블록을 전송의 기본 단위로 한다. 송신자와 수신자 사이의 동기화를 위해 시작 비트와 정지 비트를 비트 블록의 앞뒤에 덧붙여 전송한다. 그래서 스타트-스톱 start-stop 방식이라고도 한다. 비동기식 전송에서 송신 측은 유휴 상태 비트를 전송하다가 시작 비트 0을 보낸 후 데이터 전송을 시작한다. 두 개의 비트가 추가로 전송된다는 점에서 전송 효율이 상대적으로 떨어지므로 낮은 속도로 운영되는 소형 컴퓨터와 주변기기 전송에 주로 사용된다.

- **동기식 전송:** 동기식 전송은 송신 측과 수신 측이 사용하는 신호의 타이밍이 일치하도록 조정하여 비동기식 전송의 단점인 전송 효율이 떨어지는 것을 방지하고, 긴 길이의 비트열을 전송할 수 있도록 한 것이다. 동기식 전송에서는 전송할 데이터를 비동기식 전송에서의 시작 비트나 정지 비트를 사용하지 않고 데이터 블록을 만들어 블록 단위로 전송한다. 블록 단위로 전송하려면 블록의 시작을 알리는 데이터 블록 동기가 필요한데, 이를 위해 새로운 데이터 블록을 전송하기 전에 동기 비트를 전송한다.

병렬 전송

병렬 전송parallel transmission은 각 데이터 비트 하나하나에 대응하는 통신 회선이 있어서 비트 블록을 한 번에 전송하는 방식이다. 여기서 비트 블록은 하나의 문자를 표시하는 데 필요한 비트 수를 말한다. 단위 시간에 다량의 데이터를 전송할 수 있지만, 전송 거리가 길어지면 전송선별로 비트가 도착하는 시간이 다를 수 있어 원래의 비트 블록을 복원하기가 어렵고 비용도 많이 든다. 그래서 병렬 전송은 컴퓨터의 CPU와 주변장치 사이의 전송과 같이 거리가 비교적 짧은 데이터 통신에 이용된다.

그림 6-9
병렬 전송

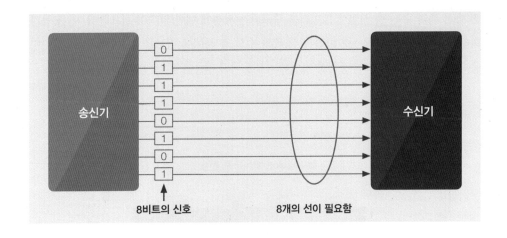

8비트의 신호   8개의 선이 필요함

04 다중화

통신이 필요한 모든 원격 장치를 전용 전송선으로 연결하면 비용 면에서 매우 비효율적이다. 대부분 전송선의 용량 전체를 사용하지 않으므로 서로 용량을 공유하는 것이 좋다. 이처럼 여러 정보의 흐름을 하나의 큰 전송선으로 공유하여 전송함으로써 전송 효율을 높이는 것을 다중화multiplexing라고 한다.

주파수 분할 다중화

주파수 분할 다중화Frequency Division Multiplexing, FDM 방식은 작은 주파수 대역을 점유하는 여러 신호를 각각 상이한 방송 주파수로 변조하여 넓은 주파수 대역을 가진 하나의 전송로에 동시에 전송하는 방식이다. 변조된 주파수 사이에 충분한 간격을 두어 독립적인 여러 개의 채널이 되도록 하고, 상호 간섭을 배제하기 위해 채널 사이는 사용하지 않는다. 수신 측에서는 원하는 주파수 요소만 여과 과정을 통해 얻게 된다. CATV나 통신위성을 이용한 전송에 사용된다.

시분할 다중화

시분할 다중화Time Division Multiplexing, TDM 방식은 시간을 타임 슬롯이라는 기본 단위로 나누고 각 채널에 차례로 분배하는 방식이다. 송신 측이 보내는 입력 신호는 다중화되기 전에 각자의 버퍼에서 대기하고 있다가 자신에게 배정된 타임 슬롯에 데이터를 실어 보낸다. 전송할 데이터가 없어도 타임 슬롯이 배정되어 데이터를 전송해야 하므로 효율이 떨어질 수 있는데, 이를 해결하고자 전송할 데이터가 있는 송신 측에만 타임 슬롯을 배정하는 방식이 개발되고 있다.

코드 분할 다중화

코드 분할 다중화Code Division Multiplexing, CDM 방식은 하나의 물리적인 회선을 통해 여러 채널의 정보를 같이 보내는 다중화 기술이다. 코드 분할 다중화 방식에서는 송신 측과 수신 측 간에 약속된 유일한 코드를 이용하여 통신한다. 송신자가 보내고자 하는 신호를 그 주파수 대역보다 넓은 주파수 대역으로 확산시켜 다른 송신자의 여러 신호와 함께 전송하면 수신 측에서는 미리 정해진 코드를 이용하여 원하는 신호만을 추출해낸다.

05 데이터 통신망의 유형

데이터 통신망data communication network은 통신망에 접속된 컴퓨터 간에 데이터를 송수신할 때 경로를 설정하는지 여부에 따라 교환 통신망과 방송 통신망으로 나뉜다. 교환 통신망은 교환기를 통해 경로 설정 과정을 거쳐 통신이 이루어진다. 교환 통신망에는 교환기 내부에 메모리를 두지 않고 데이터를 전송하는 회선 교환망, 교환기 내부에 메모리를 두어 데이터를 저장했다가 전송하는 메시지 교환망, 회선 교환망과 메시지 교환망을 결합한 형태의 패킷 교환망이 있다. 또한 방송 통신망에는 패킷 라디오 네트워크, 인공위성 네트워크, 로컬 네트워크 등이 있는데 여기서는 교환 통신망만 살펴보자.

회선 교환망

회선 교환망circuit switching network에서 이루어지는 데이터 통신은 일반 전화망처럼 송신 측과 수신 측 사이에 회선을 설정하고 데이터를 전송한 후 회선을 해제하는 단계를 거친다. 다시 말해 노드와 노드 간에 물리적으로 전용 통신로를 설정하여 데이터를 교환하는 것이다. 이때 설정된 경로의 집합을 회선이라고 한다. 회선 교환망은 회선을 설정하는 과정이 필요하므로 초기에 시간이 많이 걸리지만 일단 개설된 회선은 전용선처럼 사용이 가능하므로 많은 양의 데이터 전송에 유용하다. 그러나 통신이 이루어지지 않는 동안에도 회선이 점유되어 비효율적일 수 있으므로 음성 등과 같은 실시간 데이터나 긴 메시지 전송에 유리하다.

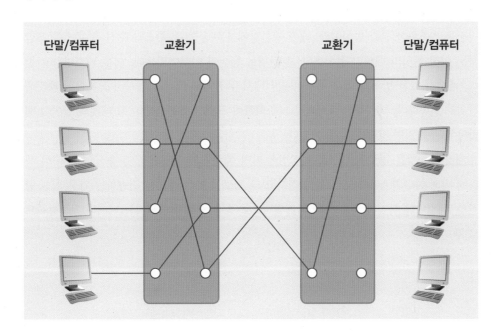

그림 6-10
회선 교환망

메시지 교환망

메시지 교환망message switching network에서의 메시지 전송은 송신 측 노드에서 메시지를 받아 적절한 회선이 빌 때까지 저장했다가 메시지의 길이 그대로 다음 노드로 전송하는 방식을 취한다. 회선 교환 방식의 제약 조건을 해결하기 위해 고안된 것으로, 통신을 원하는 송신 측 노드와 수신 측 노드 사이에 통신 시 통신 회선이 사용 가능할 때까지 기다렸다가 전송하는 축적 교환 방식을 사용한다. 지연 시간이 길어져 음성 데이터나 대화식 통신과 같은 실시간 데이터 전송에는 적합하지 않다.

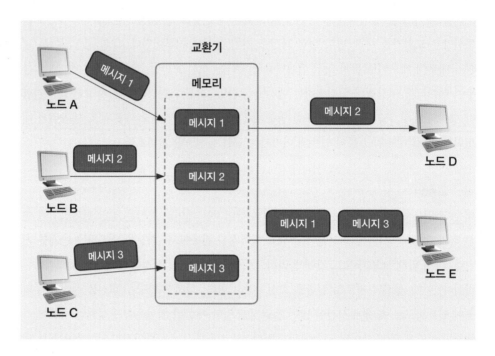

그림 6-11
메시지 교환망

패킷 교환망

패킷 교환망packet switching network은 회선 교환망과 메시지 교환망의 장점을 결합하고 단점을 최소화한 교환 방식이다. 패킷 교환망에서는 송신 측 주소와 수신 측 주소를 포함하는 일정 형식의 데이터 블록을 기본 단위로 통신이 이루어지는데, 이를 패킷이라고 한다. 메시지 교환 방식과 매우 흡사하지만 메시지 전체가 아니라 메시지를 분할한 패킷을 단위로 전송한다. 패킷화된 데이터를 다중화하여 채널의 효율을 높이고 패킷의 길이를 제한하여 전송 지연 시간을 줄일 수 있다.

　패킷 교환망은 경로를 설정하는 방법에 따라 패킷이 전송되기 전에 송신 측과 수신 측 간에 대해 하나의 논리적 경로를 설정하고 그 경로를 통해 패킷을 전송하는 가상 회선 방식과, 패킷마다 목적지 주소에 의해 개별적으로 송신 경로가 정해지는 데이터그램 방식으로 구분된다.

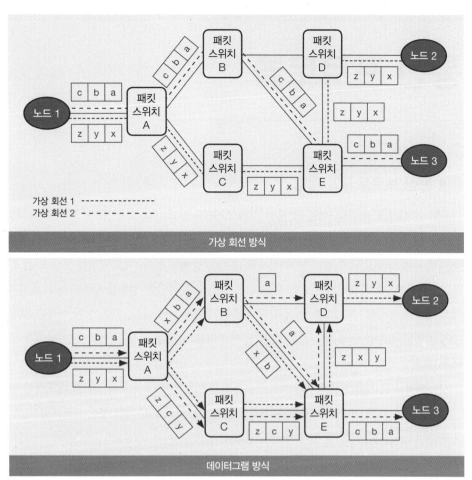

그림 6-12
패킷 교환망

가상 회선 1 ------------
가상 회선 2 - - - - - - - -

가상 회선 방식

데이터그램 방식

© 고응남, 『New 정보통신 개론』, 한빛아카데미, 2015

통신 프로토콜

01 통신 프로토콜의 개념

컴퓨터 사이에서 통신할 때는 정해진 말과 약속이 필요한데 이를 **통신 프로토콜**communication protocol, 즉 통신 규약이라고 한다. 그런데 데이터 신호는 컴퓨터가 처리해야 하기 때문에 사람의 말과 달리 더욱 섬세한 규칙을 정해야 한다. 네트워크를 통해 다른 컴퓨터와 통신할 때 컴퓨터의 기종이 다를 수도 있으므로 이러한 경우를 생각하여 네트워크에서 정확히 통신할 수 있도록 여러 가지 약속을 정해두는 것이다. 지켜야 할 약속은 전송 중에 발생한 실수를 어떻게 검사할 것인가, 데이터를 보내는 순서를 어떻게 할 것인가 등 매우 많다.

지금까지는 각 제조업체가 독자적인 프로토콜을 이용하여 통신을 해왔지만 대표적인 통신 프로토콜은 TCP/IP이다. TCP/IP 프로토콜은 인터넷의 표준적인 통신 프로토콜로, 사용자 수가 많기 때문에 현재 업계 표준이 되었다.

© Shutterstock

TIP **TCP/IP**: 네트워크에 접속하기 위해 인터넷에서 사용되는 100가지 이상의 프로토콜을 모아 놓은 프로토콜의 집합이다. 전자우편을 위한 SMTP, SMTP를 조금 개선한 MIME, 파일을 전송하기 위한 FTP, 원거리 호스트에 접속하기 위한 TELNET 등이 있다.

그림 6-13
통신 프로토콜
컴퓨터 시스템 사이의 정보 교환을 관리하는 통신 규약을 의미한다.

02 OSI 7 계층

1970년대 후반에 많은 컴퓨터 제조 회사는 특징 있는 네트워크 아키텍처를 발표했다. 이는 모두 자사 제품의 개발이나 판매를 유리하게 하려고 컴퓨터나 데이터 단말 장치의 통신 소프트웨어나 프로토콜을 표준화한 것이었다.

초기의 네트워크 아키텍처는 여러 국가, 연구소, 대학에서 앞다투어 연구했지만 호환성을 전혀 고려하지 않아 폐쇄성이 매우 강했기 때문에 사용자에게 곤란한 문제를 일으켰다. 만약 사용자가 A 사의 시스템을 구매하면 네트워크 아키텍처가 다르기 때문에 B 사의 특징 있는 단말이나 컴퓨터로 그 시스템에 접속할 수 없었던 것이다. 이와 같은 문제에 대응하기 위해 국제표준화기구ISO는 1978년부터 OSI Open System Interconnection 라는 네트워크 아키텍처의 표준화에 착수했다. OSI는 특정 메이커에 의존하지 않는 독립적인 기관이 정해준 표준적인 통신 규약으로 네트워크 아키텍처의 국제 헌장이라고 할 수 있다. OSI는 총 일곱 개의 층으로 표준화되었다.

물리 계층

물리 계층physical layer은 OSI의 1계층에 위치하며, 물리적 전송 매체의 비구조적인 비트 스트림 전송을 수행하는 계층이다. 물리 계층에 관한 프로토콜은 DTE/DCE Data Terminal Equipment/Data Circuit Equipment 인터페이스로 규정된다. 즉 물리 계층은 실제 장치를 연결하는 데 필요한 전기적·물리적 세부 사항을 정의한 것으로 볼 수 있다.

TIP **DTE/DCE**: 데이터 단말 인터페이스라고도 하며, 데이터 통신망의 가입자 회선 말단부에 놓인 데이터 회선 종단 장치(DCE)와 데이터 단말 장치(DTE) 사이의 경계 또는 경계 조건의 규정이다.
© IT용어사전

데이터 링크 계층

데이터 링크 계층data link layer은 OSI의 2계층에 위치하며, 컴퓨터 단말 등의 시스템 또는 교환기 같은 중계시스템 사이에 데이터 전송을 원활하게 실행하여 오류 검출과 그 회복 기능을 제공한다. 즉 인접한 노드 간에 투명하고 정확한 순서에 따라 오류 없이 보내는 높은 신뢰성의 데이터 전송을 실현하는 것이다.

네트워크 계층

네트워크 계층network layer은 OSI의 3계층에 위치하며, 사용자 프로그램, 단말 조작원 등 응용 프로세스 상호 간에 데이터를 전송할 때 정보의 경로 선택과 중계 기능을 수행한다. 일반적으로 데이터를 전송하려면 복수의 각종 통신망을 이용하기 때문에 이와 같은 통신망 내 및 통신망 간의 중계 기능을 제공할 필요가 있다.

전송 계층

전송 계층transport layer은 OSI의 4계층에 위치하며, 정보를 확실하게 상대 측에 보내는 운반, 운송을 관리한다. 일반적으로 하위 층을 구성하는 각종 통신망의 서비스 차이와 속성에 의존하지 않는 균일한 데이터 전송 서비스를 보장하는 계층이다. 전송 계층은 하위에 있는 세 개의 계층 서비스를 받아 통신하려는 두 시스템 간에 신뢰할 수 있고 경제적인 데이터 전달을 제공한다. 또한 긴 메시지를 작은 단위의 패킷으로 나누어 하위 계층에서 효율적으로 정보를 전송할 수 있도록 하고, 작은 단위로 수신된 패킷을 합쳐서 원래의 메시지로 복구하는 기능을 한다.

세션 계층

세션 계층session layer은 OSI의 5계층에 위치하며, 상위 층이 데이터를 교환할 때 그 통신의 특성에 맞는 통신 수단을 제공하기 위해 양단 프로세스 간에 대화를 위한 동기를 이루거나 데이터 전송 방법, 즉 전이중 또는 반이중 등의 선택 및 송신권의 지정 등을 제어하는 기능을 한다. 세션 계층의 역할과 기능은 전송 계층에서 제공하는 통신로를 사용하여 프로세스 간 대화를 성립시키고, 대량의 데이터를 보낼 때 데이터 전송 도중에 적당한 동기점을 정하는 것이다.

표현 계층

표현 계층presentation layer은 OSI의 6계층에 위치하며, 응용 계층이 취급하는 정보를 데이터 표현 형식에 따라 전송하는 역할을 한다. 즉 통신 장치에서의 데이터 표현 방식 및 다른 부호 체계 간의 변화에 대해 규정한다. 표현 계층은 프로세스 고유의 데이터 표현 형식으로 나타낸 내용을 전송할 때 표준의 데이터 표현 형식으로 변환하는 것이 주된 역할이다. 표현 계층은 통신에서 다른 정보의 표현 형식을 공통 전송 형식으로 변환하기도 하고 암호화와 데이터 압축을 실행한다. 표현 형식에는 응용 계층에서 사용되는 추상 구문과 데이터 전송에 실제로 사용되는 전송 구문이 있다. 추상 구문은 엔드 프로세스상에서 데이터의 의미를 표현·해석하는 데 사용되는 구문이고, 전송 구문은 데이터 전송 시 공통된 데이터 표현 형식이다.

응용 계층

응용 계층application layer은 OSI의 최상위 층에 위치하며, 정보를 처리하는 응용 프로그램 또는 프로세스와의 인터페이스와 통신하기 위한 기본적인 응용 기능을 제공한다. 이메일, 파일 전송, 분산 데이터베이스 관리, 원격 로그인과 같은 실제의 응용 기능을 제공하고 사용자에게 OSI 통신 환경을 제공하는 접점이 된다. 사용자는 응용 계층에 관한 지식이 없어도 서비스를 사용할 수 있다.

그림 6-14
OSI 7 계층의 구조

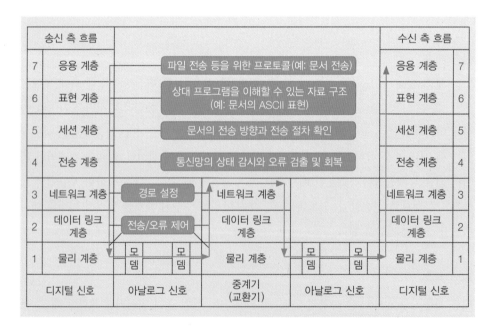

03 네트워크 장비

네트워크 장비는 랜카드LAN Card, 리피터repeter, 허브hub, 브리지bridge, 스위치switch, 라우터router, 브라우터brouter, 게이트웨이gateway 등이 있다.

장비	설명	비고
랜카드	• PC나 서버에 장착하며 케이블과의 연결을 제공 • LAN 카드 또는 어댑터로 불림	OSI 1계층
리피터	• 신호를 수신하고 증폭하며 다음 구간으로 재전송하는 장치 • 여러 대의 리피터를 사용하여 신호를 먼 거리까지 연장 가능 • 최근에는 허브가 그 역할을 대신하고 있음	OSI 1계층
허브	• 하나의 세그먼트 안에서 두 개 이상의 네트워크 장비를 연결 • 사용자들이 전체 대역폭을 나누어 사용 • 스타 토폴로지 역할	OSI 1계층
브리지	• 프레임을 분석하여 네트워크 세그먼트 간의 연결 및 전달 기능 수행(MAC 주소에 따라 결정) • 저장 전달(store-and-forward) 방법만을 사용	OSI 2계층
스위치	• MAC 주소를 사용하며 하드웨어로 이루어짐 • 소프트웨어적으로 처리하는 브리지에 비해 고속화가 가능 • 브리지보다 더 많은 포트 수 제공 • 커트스루(cut-through) 또는 저장 전달 방식 사용	OSI 2계층
라우터	• 네트워크 계층에서 동작하는 장비 • LAN과 WAN에서 주로 사용 • IP 주소를 이용하여 목적지까지 경로 설정 기능	OSI 3계층
브라우터	• 네트워크 브리지와 라우터가 하나의 제품으로 합쳐진 것	OSI 3계층
게이트웨이	• 다른 네트워크로 들어가는 입구 역할을 하는 네트워크 포인트이며, 라우터나 스위치 등을 사용해야 함	OSI 4계층

표 6-1
네트워크 장비

LAN

01 LAN의 개념

LAN Local Area Network은 협소한 지역에 분산된 컴퓨터를 네트워크로 연결해놓은 것을 말한다. LAN의 특징은 다음과 같다.

- 빌딩이나 구내 등 지리적으로 한정된 범위(약 10km 이내의 거리)에 적용된다.
- 수백 Kbps에 접속된 임의의 단말 간에 정보 교환을 할 수 있다.
- LAN에 접속된 임의의 단말 간에 정보 교환을 할 수 있다.
- 사무실, 빌딩, 공장 등과 같이 한정된 지역에서 정보처리 장치들을 연결하기 위해 최적화되고 신뢰성 있는 고속의 통신 채널을 제공하는 망이다.
- 비교적 협소한 지역에 분산된 컴퓨터, 단말, 대용량 메모리 등을 포함하는 주변장치, 제어기기, 모니터, 네트워크와의 접속을 위한 게이트웨이 등을 초고속 통신로(1~150Mbps)로 결합한 통신 수단이다.

02 LAN의 유형

LAN은 통신 회선을 이용하여 공간적으로 어떻게 구성하느냐에 따라 버스형, 트리형, 링형, 성형, 메시형으로 구분할 수 있다.

버스형

TIP 노드: 컴퓨터 또는 여기에 연결된 터미널이나 통신 장치를 말한다.

버스형 bus type은 버스라고 불리는 하나의 통신 회선에 여러 대의 노드를 연결한 형태이다. 버스형은 어떤 노드가 송신하려는 데이터가 있을 때 버스를 통해 방출하여 방송하는 방식으로 연결된 모든 노드에게 전송한다. 데이터를 전송받은 수신 노드는 전송된 데이터의 수신 측 주소를 확인하여 자신에게 보내지는 데이터인지 확인하고 이를 받아들인다. 버스형은 하나의 노드에 고장이 발생해도 전체 통신망에는 영향을 주지 않는다.

그림 6-15
버스형

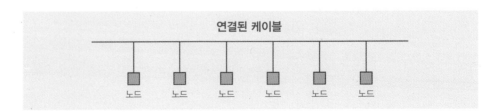

트리형

트리형tree type은 헤드엔드head end로, 원점에서 한 개 이상의 가지를 뻗어 좀 더 복잡한 계층 형태로 가지를 뻗어나가는 구조이며, 버스형을 확장한 형태이다. 트리형에서 정보는 양방향으로 모든 노드에 전송된다. 성형에 비해 통신 회선 수를 줄일 수 있으며, 통신 선로가 다른 회선망보다 짧아서 경제적이다.

링형

링형ring type은 링처럼 생겼다고 해서 붙은 이름이다. 링형은 모든 노드를 말 그대로 원형으로 연결한 형태로, 인접한 두 개의 노드를 점대점 방식으로 연결한다. 송신자가 보낸 패킷은 원을 따라 한 방향으로 흐르며 목적지가 아닌 노드를 거칠 때마다 매번 재생하는 과정을 거치는데 이런 과정을 통해 전송 오류를 줄일 수 있다. 링형에는 한 방향으로만 정보가 전달되는 단방향 링과 양방향으로 전송되는 이중 링 구조가 있다. 이중 링 구조는 링에서 장애가 발생하면 다른 링을 통해 통신을 재개할 수 있다는 것이 장점이다. 또한 모든 노드를 접속하는 버스형에 비해 유지보수가 쉽다.

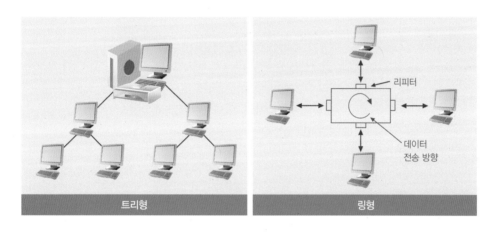

트리형

링형

리피터

데이터
전송 방향

그림 6-16
트리형과 링형

성형

성형star type은 중앙에 있는 제어 노드로 다른 모든 노드를 점대점 방식으로 연결한 형태이다. 중앙집중적 구조이므로 유지보수가 쉽고 전송 제어가 간단하다. 중앙의 제어 노드를 특별히 호스트host라고 하며, 노드 간의 직접 통신이 불가능하고 모든 통신은 호스트를 통해 이루어진다. 호스트가 노드 간의 통신을 중재하는 역할을 하는 것이다. 다른 노드의 고장이 통신망 전체에 영향을 주지 않지만, 호스트에 장애가 발생하면 전체 통신망의 동작이 중단되는 단점이 있다.

메시형

메시형mesh type은 통신의 신뢰도가 중요시되는 구성 형태이다. 주 컴퓨터의 중계 없이 직접 노드상의 정보통신이 가능하므로 통신망의 효율이 향상된다. 또한 일부 회선에 장애가 발생했을 때 다른 경로를 통해 전송이 가능하다는 장점이 있으나, 복잡한 통신망 구조로 인해 제어가 어렵다는 것이 단점이다.

그림 6-17
성형과 메시형

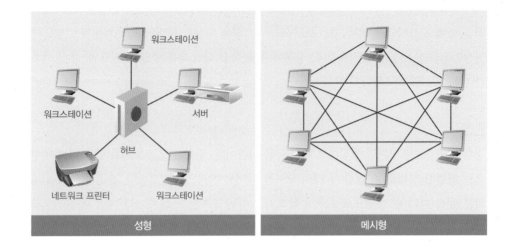

성형

메시형

SECTION 05 인터넷

01 인터넷의 개념

인터넷Internet은 전 세계에 연결된 수많은 컴퓨터와 서로 다른 네트워크 사용자들이 접속되어 있는 컴퓨터 통신망으로, 네트워크의 네트워크라고 할 수 있다. 네트워크는 컴퓨터 단말기들이 통신망으로 연결된 상태를 의미하는 정보통신 용어이며, 지역을 묶는 네트워크인 LAN과 광역의 컴퓨터들이 연결되어 있는 WAN Wide Area Network으로 구분된다. 특별히 인터넷은 글로벌 네트워크이기 때문에 일종의 WAN이라고 할 수 있다. 종합하면 인터넷은 'TCP/IP 프로토콜을 사용하는 글로벌 네트워크'이며, 다시 말해 수많은 프로토콜 중 TCP와 IP를 사용하는 네트워크이다.

> **TIP** **인터넷**: 통신망과 통신망을 연동해놓은 망의 집합을 의미하는 인터네트워크(internetwork)의 약어인 internet과 구별하기 위해 Internet 또는 INTERNET과 같이 고유명사로 표기한다. LAN 등 소규모 통신망을 상호 접속하는 형태에서 점차 발전하여 현재는 전 세계를 망라하는 거대한 통신망의 집합체가 되었다.
> © 두산백과

02 인터넷의 역사

인터넷의 역사는 웹을 기준으로 웹 이전 시대, 웹 시대, 웹 이후 시대로 구분할 수 있다.

웹 이전 시대

1969년 인터넷은 미국 국방성의 컴퓨터 통신망인 아르파넷으로 탄생했다. 원래 아르파넷은 일정 지역의 폭탄 폭격과 같은 긴급 상황에도 문제없이 정상적으로 제 기능을 발휘할 수 있는 통신망 구축 방법에 대한 연구로, 미국 국방성이 1963년부터 진행한 것이었다. 그러던 중 아르파넷 연구원들 간의 정보와 자원 공유를 위해 1969년부터 아르파넷이라는 컴퓨터 통신망을 구축하여 운용하기 시작했다.

아르파넷은 원격 시스템 접속telnet, 파일 전송FTP, 전자우편, 정보 공유가 가능한 컴퓨터 통신망으로, 사용자 수의 증가 및 망의 확장과 함께 미국의 중요한 컴퓨터 통신망으로 자리 잡게 되었다. 1982년 미국 국방성은 아르파넷에 접속되는 모든 호스트의 TCP/IP 사용을 의무화했다. 그 후 군사용은 밀넷MILNET, 민간용은 아르파넷으로 네트워크 기능을 분리했으며, 이후 인터넷이라는 이름으로 운용되었다.

웹 시대

본격적인 웹 시대에 들어서면서 다양한 웹 브라우저와 새로운 인터넷 서점 및 포털 사이트가 나타났다. 1992년에 세계 최초의 웹 브라우저인 월드와이드웹World Wide Web, WWW, 1993년에 그래픽 기반 웹 브라우저인 모자이크Mosaic, 1994년에 최초의 상용화 웹 브라우저인 넷스케이프Netscape, 1995년에 마이크로소프트의 인터넷 익스플로러 Internet Explorer가 각각 등장했다. 1994년에는 인터넷 서점인 아마존이 만들어졌으며, 1998년에는 포털 사이트인 구글이 서비스를 시작했다.

그림 6-18
다양한 웹 브라우저

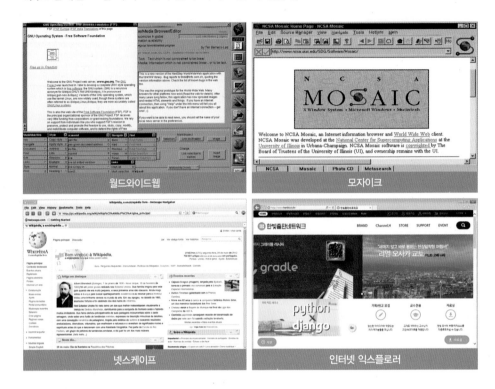

월드와이드웹　모자이크

넷스케이프　인터넷 익스플로러

TIP 소셜 네트워크 서비스: 웹 상에서 친구, 선후배, 동료 등 지인과의 인맥 관계를 강화하고 또 새로운 인맥을 쌓으며 폭넓은 인적 네트워크를 형성할 수 있도록 해주는 서비스를 말한다. 간단히 SNS라고도 한다.
© 두산백과

웹 이후 시대

웹 이후 시대는 흔히 모바일 및 소셜 인터넷의 시대라고도 부른다. 2004년 2월, 소셜 네트워크 서비스인 페이스북이 등장하여 현재 약 10억 명 이상이 서비스를 이용하고 있다. 이어서 2006년 7월에는 트위터가 문을 열고 블로그의 인터페이스와 미니 홈페이지의 친구맺기 기능, 메신저 기능 등을 합친 소셜 네트워크 서비스를 제공하고 있다.

03 인터넷 주소 체계

인터넷 주소 체계는 인터넷 주소, 도메인 네임, IPv6, DNS로 나눌 수 있다.

인터넷 주소

TIP IP 주소는 국내 IP 주소 할당 상황에 따라 주기적으로 APNIC 로부터 배정받고 있으며, IPv4 체계의 국내 보유 IP 주소는 현재 C 클래스 단위로 ISP에 배정되고 있다.

인터넷에 접속된 모든 컴퓨터는 숫자로 표현된 IP 주소가 있다. IP 주소는 32비트의 2진수 체계이지만, 사람이 사용할 때는 네 개의 10진수(0~255)가 '.' 부호로 연속적으로 연결된다(예: 128.12.36.147). IP 주소는 이론적으로 256×256×256×256개인 4,294,967,296개의 컴퓨터에서 사용할 수 있다. 세계 인구가 70억 명이 넘으니 42억 개의 IP로는 부족하여 기존의 IP 주소인 IPv4에 이어 새로운 IP 주소인 IPv6를 사용하기 시작했으며 향후 모두 IPv6로 대체될 것으로 보인다.

방대한 네트워크에 연결된 컴퓨터의 특정 파일을 찾으려면 해당 정보 자원의 위치와 종류를 정확히 파악할 필요가 있는데, 이를 나타내는 일련의 규칙을 URL Uniform Resource Locator이라고 한다. URL 표기법은 다음과 같다.

URL = 프로토콜명://사이트 주소/파일 디렉터리/파일명

도메인 네임

IP 주소는 숫자로 되어 있어 사람들이 암기하여 사용하기가 불편하다. 이러한 불편을 없애기 위해 DNS Domain Name System라는 시스템을 통해 문자로 된 주소를 사용할 수 있도록 했다.

TIP DNS: 네트워크에서 도메인이나 호스트 이름을 숫자로 된 IP 주소로 해석해주는 TCP/IP 네트워크 서비스이다.

http://　　www.　　bc.　　ac.　　kr
❶　　　　　 ❷　　　　 ❸　　　 ❹　　　 ❺

❶ **프로토콜의 이름:** http는 hyper text transfer protocol의 약자로, HTML 문서나 XML 문서를 사용하고 있다는 의미이다.

❷ **컴퓨터의 이름:** www는 컴퓨터에 접속한다는 것을 의미한다. 일반적으로는 네트워크에 연결된 컴퓨터의 이름을 모두 다르게 지정해야 한다. 같은 이름이 있으면 컴퓨터가 식별되지 않기 때문에 네트워크상에서 에러가 발생한다. 하지만 대부분의 조직에서는 웹 서버로 사용하는 컴퓨터의 이름에 www를 사용하기 때문에 대다수 웹 사이트의 주소는 www로 시작하는 경우가 많다.

❸ **조직의 명칭:** 회사의 이름이므로 자유롭게 명명한다. 하지만 너무 길거나 사람들이 이해하기 어려운 명칭은 인터넷을 통해 접속하기 어렵게 하므로 신중히 정해야 한다.

❹ **조직의 성격:** 표준화된 국제적 지침을 따라야 한다.

❺ **국가의 명칭:** 국가의 명칭은 국제적인 약속을 따라야 한다.

IPv6

IPv6는 기존에 사용하던 IPv4의 주소 길이(32비트)를 네 배 확장하여 IETF가 1996년에 표준화한 128비트 차세대 인터넷 주소 체계이다. IPv6 주소는 128비트 체계로 구성되며, 128비트를 16비트씩 여덟 부분으로 나누어 각 부분을 콜론(:)으로 구분하고 16진수로 표현한다.

128비트 주소 체계인 IPv6는 최대 1조 개 이상의 주소를 만들 수 있다는 것이 특징이다. IPv6를 사용하면 일상생활에 사용하는 모든 전자제품, 작게는 전자제품의 일부 회로가 서로 다른 IP 주소를 갖게 되는 것이다. 서비스에 따라 각기 다른 대역폭을 확보할 수 있도록 지원하고, 일정한 수준의 서비스 품질 Quality of Service, QoS을 요구하는 실시간 서비스를 더욱 쉽게 제공할 수 있으며, 인증, 데이터 무결성, 데이터 기밀성을 지원하도록

보안 기능을 강화했다. 또한 인터넷 주소를 기존의 'A, B, C, D'와 같은 클래스별 할당이 아닌 유니캐스트, 애니캐스트, 멀티캐스트 형태의 유형으로 할당하기 때문에 할당된 주소의 낭비 요인이 사라지고 더욱 간단하게 주소를 자동 설정할 수 있다.

DNS

DNS는 특정 네트워크에 속한 특정 호스트에 접속하기 위해 일일이 숫자로 된 IP 주소를 기억하지 않고 도메인 네임만으로도 접속이 가능하도록 도메인 네임을 IP 주소로 전환해 주는 시스템이다. IP 주소는 '128.156.210.196'과 같이 바이트마다 마침표로 구분된 4바이트 크기의 숫자 주소인 데 비해 도메인 네임은 'www.bc.ac.kr'과 같이 문자로 구성되어 이해하거나 기억하기 쉽다.

PLUS NOTE | WWW의 동작 원리

WWW(World Wide Web)는 흔히 웹이라고 하며 다음의 순서로 동작한다.

웹 브라우저에 URL 주소 입력 → 클라이언트는 서버 호스트 이름을 DNS 서버에 전송, 웹 서버의 IP 주소를 얻음 → IP 주소와 포트 80번을 사용하여 웹 서버와 TCP 연결을 시도 → TCP 연결이 설정되고 클라이언트가 서버에 GET 명령 전송 → 서버가 요청한 웹 문서를 웹 브라우저에 회신 → 둘 사이의 TCP 연결 해제 → 웹 브라우저는 해당 파일의 내용을 사용자가 볼 수 있게 화면에 표시

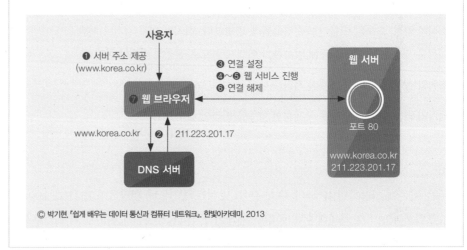

ⓒ 박기현, 『쉽게 배우는 데이터 통신과 컴퓨터 네트워크』, 한빛아카데미, 2013

SECTION 06 사물인터넷

01 사물인터넷의 등장 배경

사물인터넷은 1999년에 프록터앤드갬블Procter&Gamble, P&G에서 브랜드 매니저로 일하던 케빈 애슈턴Kevin Ashton이 처음 사용한 용어로, 우리 주변의 모든 사물을 인터넷에 연결하여 서로 대화하고 교감하며 정보를 주고받을 수 있도록 만든 서비스라고 정의했다. 이와 유사한 개념으로 1991년에 마크 와이저Mark Weiser 박사가 창안한 유비쿼터스 컴퓨팅이 있다.

또한 사물인터넷 개념이 정착되기 전에는 사물 지능 통신Machine to Machine, M2M의 연구도 매우 활발하게 진행되었는데, 사물 지능 통신은 동일한 유형의 사물끼리 서로 통신할 수 있는 기술을 의미한다. 결국 사물인터넷은 유비쿼터스 컴퓨팅, 사물 지능 통신 등의 기술이 더욱 발전된 형태라고 볼 수 있다.

TIP 유비쿼터스 컴퓨팅은 사물들이 서로 연결된다는 점에서 사물인터넷과 유사하나 사물과 사물, 사물과 사람이 서로 소통하는 지능형 환경 수준까지는 미치지 못했고 모든 사물에 칩을 넣어 어느 곳에서든 사용할 수 있도록 구현한 것이었다.

© 이동명 외 2인, 「컴퓨터 사이언스」, 한빛아카데미, 2015

02 사물인터넷의 개념

사물인터넷Internet of Things, IoT은 각종 사물에 컴퓨터 칩과 통신 기능을 내장하여 인터넷에 연결하는 기술을 말한다. 사람의 구체적인 개입이나 지시 없이 협력적으로 모든 사물이 센싱과 정보처리, 네트워킹 등을 하는 사물 공간 연결망으로, ICT의 기능인 입력, 저장, 출력, 정보처리 기능이 사물에 부여되어 사람이 개입하지 않고도 사물끼리 상황을 감지하고 데이터를 모아 인터넷에 전달하는 것이다.

TIP **사물인터넷**: 사물끼리 정보를 주고받기 위해 인터넷으로 연결되어 있는 사물 공간 연결망이라고 할 수 있다.

© 고응남, 「New 정보통신 개론」, 한빛아카데미, 2015

그림 6-19
사물인터넷
각종 사물에 컴퓨터 칩과 통신 기능을 내장하여 인터넷에 연결하는 기술이다.

© Shutterstock

가트너그룹의 조사에 따르면 2020년까지 전 세계적으로 약 500억 개의 휴대용 가전제품이 만들어질 것으로 전망된다. 이는 사물인터넷이 가능한 500억 개의 스마트 기기가 만들어진다는 것을 의미하며, 기존의 유선 인터넷 및 모바일 인터넷보다 진화된 단계의 인터넷인 사물인터넷의 응용 기술을 통해 언제든지, 어디서든지, 무엇이든지 연결하는 초연결 세계를 구현할 수 있다는 이야기이다. 5억 대의 전화기를 연결하는 유선전화 기술, 50억 명의 사람을 연결하는 휴대전화 기술에 이어 500억 개의 기기를 연결하는 사물인터넷이 IT 분야의 새로운 주인공이 되었다.

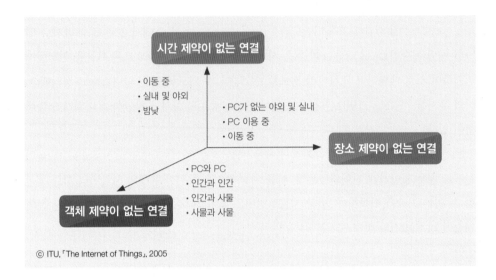

그림 6-20
사물인터넷의 연결

© ITU, 「The Internet of Things」, 2005

사물인터넷은 '서로 통신망으로 연결되어 있고, 누구든지 인식 가능하며, 자체 주소를 지정할 수 있는 물리적 사물로 구성된 광범위하고 자기조직적인 네트워크'라고 정의할 수 있다. 사물인터넷이라는 용어는 M2M, IoT를 거쳐 IoE Internet of Everything 로까지 확장되고 있다. 이러한 사물인터넷 디지털과 아날로그, 비트의 경제와 원자의 경제가 만나 온라인과 오프라인의 경계를 허무는 O2O Online to Offline 의 첨병 역할을 할 것으로 기대된다. 이때 클라우드 컴퓨팅이나 빅데이터는 백엔드에서 다양한 O2O 서비스를 지원하는 인프라가 될 것이다.

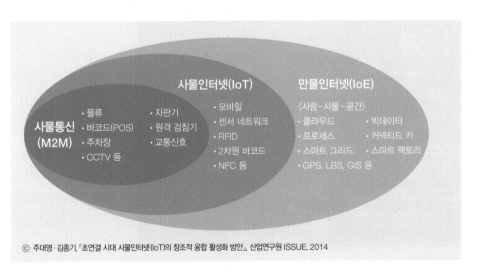

그림 6-21
사물인터넷의 개념 확장

© 주대영·김종기, 「초연결 시대 사물인터넷(IoT)의 창조적 융합 활성화 방안」, 산업연구원 ISSUE, 2014

03 사물인터넷의 기술

사물인터넷의 핵심 기술은 보는 관점에 따라 다르겠지만 일반적으로 센싱 기술, 유·무선통신 기술, 서비스 인터페이스 기술, 보안 기술로 구분된다.

센싱 기술

사물로부터 데이터를 인식하고 추출해내어 이를 인터넷으로 전송하는 기술이다. 전통적인 센서는 물론이고 중력, 온도, 습도, 열, 가스, 조도, 초음파 등 다양한 현상을 센서로 감지하여 사물과 주위 환경으로부터 정보를 얻을 수 있는 물리적 센서를 포함한다. 최근 MEMS Micro Electro Mechanical System, 반도체 SoC System on Chip, 임베디드 소프트웨어 기술의 발전으로 과거보다 더 지능화된 스마트 센서가 널리 활용되고 있다.

유·무선통신 기술

사람과 사물, 서비스 등의 분산된 컴퓨팅 자원을 서로 연결하여 고속 처리와 병렬 처리를 할 수 있는 유·무선통신 기술 및 네트워크 인프라 기술이다. 4세대4G 이동통신, 위성통신, 와이파이, 블루투스, NFC, 지그비, UWB 등이 해당된다.

서비스 인터페이스 기술

각종 서비스 분야와 형태에 적합하게 정보를 가공·처리·융합하는 기술이다. 서비스 인터페이스에서는 센서 게이트웨이sensor gateway의 역할이 매우 중요한데, 센서 게이트웨이는 미들웨어 시스템middleware system으로 센서 관리, 실시간 데이터 처리, 응용 서비스 연계, 보안과 같은 중요한 역할을 담당한다. 센서 게이트웨이는 MCU Micro Control Unit, 통신 모듈로 구성된 하드웨어, 하드웨어를 효율적으로 운영하기 위한 운영체제, 센서 및 자원을 관리하기 위한 미들웨어, 센서로부터 수집된 정보를 재해석하고 서버로 전송하기 위한 애플리케이션으로 구분된다.

보안 기술

대량의 데이터 등 사물인터넷 구성 요소에 대한 해킹이나 정보 유출을 방지하기 위한 기술로, 개인정보 보호를 위해 매우 중요하게 다루어야 할 기술이다. 적용 분야별로 기능, 애플리케이션, 인터페이스 등이 상이하기 때문에 개별적으로 보안 기술을 적용해야 한다.

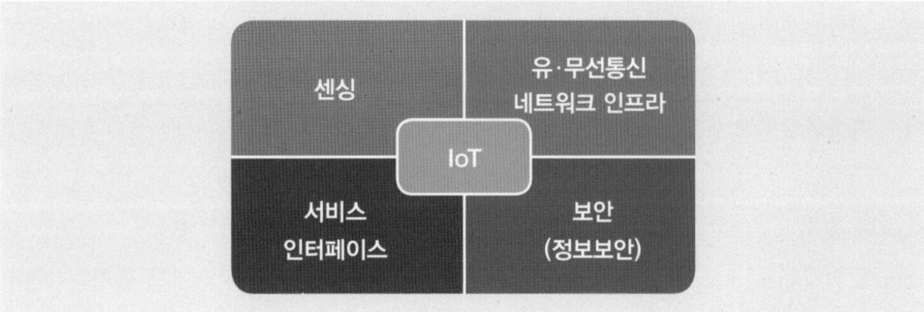

> **TIP MEMS:** 실리콘이나 수정, 유리 등을 가공하여 초고밀도 집적회로, 머리카락 절반 두께의 초소형 기어, 손톱 크기의 하드디스크 등 초미세 기계 구조를 만드는 기술을 말하며, 미세전자기계 시스템이라고 부른다. MEMS로 만든 미세 기계는 마이크로미터(100만분의 1미터) 이하의 정밀도이다.
> © 매일경제 용어사전

© 신승혁, 「IoT 환경에서 실시간 빅데이터 수신을 위한 센서 게이트웨이에 관한 연구」, 한국항행학회논문지, 2015

그림 6-22
사물인터넷 관련 기술

04 사물인터넷 활용 사례

사물인터넷은 스마트 홈, 헬스케어, 원격 검침, 스마트 카 등 다양한 분야에 적용할 수 있다. 또한 농·축산업, 건설, 에너지, 자동차, 교통, 물류, 환경, 디지털 콘텐츠에 이르기까지 다양한 산업에 융합하여 사용할 수 있다. 현재는 구글, 페이스북, 애플이 사물인터넷을 적용한 제품을 주도적으로 출시하고 있으며 주로 웨어러블 기기이다. 사물인터넷이 상용화되어 활용된 사례를 살펴보자.

구글 글라스

구글 글라스Google Glass는 구글이 개발한 헤드 마운티드 디스플레이Head Mounted Display, HMD가 장착된 웨어러블 컴퓨터의 일종이다. 안경처럼 착용하기 때문에 손을 쓰지 않고 정보를 얻을 수 있으며, 음성 명령을 통해 인터넷과 상호작용할 수 있다. 특히 시각장애인이나 청각장애인이 길 안내를 받을 수 있고, 운전자는 자동차 안에서 손을 쓰지 않고도 음악을 듣거나 교통 정보를 얻을 수 있다.

오큘러스 리프트

오큘러스 리프트Oculus Rift는 2012년에 파머 러키Palmer Luckey가 개발한 가상현실 게임을 위한 장비이다. 헤드셋을 쓰고 머리를 움직이면 머리가 향하는 방향으로 화면을 보여준다. 파노라마 디스플레이 영상을 제공하여 넓은 시야각을 확보할 수 있고 눈동자만 움직여도 가상현실의 영상을 볼 수 있게 해준다.

스마트 워치

스마트 워치smart watch는 시계 형태로 착용하는 기기이다. 최초의 스마트 워치는 2006

년에 소니에릭슨에서 발표한 MBW0199 모델로, 단순히 시계에 블루투스 통신 모듈을 탑재하여 휴대전화와 연동하는 수준이었다. 최근의 모델은 모바일 운영체제를 탑재하여 앱을 구동하는 형태로 출시되고 있다. 스마트 워치를 이용하여 전화, 문자, 스케줄 관리뿐만 아니라 심박계, 만보기, 혈당 체크와 같은 건강관리도 할 수 있다.

구글 카

구글 카Google Car는 교통사고를 예방하고 탄소 배출을 줄이는 것은 물론 운전자 없이 주행할 수 있도록 자동차를 만드는 것이 목표였다. 2009년부터 도요타의 일반 차량을 개조하여 자동차를 개발하고 시험 주행을 해왔다. 구글 카는 운전에 필요한 다양한 정보를 수집하고 이를 분석하여 의사결정을 내리는 방식으로 운행된다. 즉 GPS를 통해 현재 위치와 목적지를 끊임없이 비교하면서 원하는 방향으로 핸들을 돌리고, 다양한 정보를 감지하고 분석하여 차량의 방향이나 속도 등 운전에 필요한 최종 의사결정을 내린다.

구글 글라스

오큘러스 리프트

스마트 워치

구글 카

ⓒ Shutterstock

그림 6-23
사물인터넷 활용 사례

01 정보통신이란 통신 회선을 통해 단말기를 멀리 떨어진 곳의 다른 단말기 또는 컴퓨터에 연결하여 정보를 송수신하는 것을 의미한다.

02 정보통신 기술은 멀리 떨어진 정보원과 정보 목적지 사이에서 정보를 전송하고 처리하는 기술을 말한다.

03 정보통신 기술이 발전하면서 고속화, 대용량화, 모바일화 등의 특징이 나타나고 있다.

04 통신의 형태를 역사적으로 구분해보면 제1세대 통신은 전기통신, 제2세대 통신은 전화, 제3세대 통신은 컴퓨터를 이용한 정보통신인 데이터 통신이다. 현재는 모바일 통신이 제4세대 통신으로 자리매김하고 있다.

05 데이터 통신은 멀리 떨어져 있는 송신자 컴퓨터와 수신자 컴퓨터 또는 입출력 장치를 통신 회선으로 연결하여 데이터를 처리하고 전송하는 것을 말한다.

06 데이터 처리 장치는 컴퓨터와 주변기기로 구성되고, 데이터 전송 장치는 단말 장치, 신호 변환 장치, 통신 회선, 통신 제어 장치 등으로 구성된다.

07 데이터 전송은 통신 회선을 통해 연결된 통신 장치 간의 신호 흐름 방향에 따라 단방향 전송, 반이중 전송, 전이중 전송으로 구분할 수 있다.

08 데이터 전송은 통신 회선 접속 방식에 따라 점대점 전송 방식과 다지점 전송 방식으로 구분할 수 있다.

09 데이터 전송 방식은 직렬 전송 방식과 병렬 전송 방식으로 구분된다. 직렬 전송 방식은 각 데이터 비트가 하나의 통신 회선을 이용하여 1비트씩 차례로 전송되는 방식이며, 병렬 전송 방식은 각 데이터 비트 하나하나에 대응하는 통신 회선이 있어서 비트 블록을 한 번에 전송하는 방식이다.

10 여러 정보의 흐름을 하나의 큰 전송선으로 공유하여 전송함으로써 전송 효율을 높이는 것을 다중화라고 한다.

11 데이터 통신망은 통신망에 접속된 컴퓨터 간에 데이터를 송수신할 때 경로를 설정하는지 여부에 따라 교환 통신망과 방송 통신망으로 나뉜다.

12 컴퓨터 사이에서 통신할 때는 정해진 말과 약속이 필요한데 이를 통신 프로토콜, 즉 통신 규약이라고 한다.

13 OSI는 특정 메이커에 의존하지 않는 독립적인 기관이 정해준 표준적인 통신 규약으로 네트워크 아키텍처의 국제 헌장이라고 할 수 있다. OSI는 총 일곱 개의 층으로 표준화되었다.

14 네트워크 장비는 랜카드, 리피터, 허브, 브리지, 스위치, 라우터, 브라우터, 게이트웨이 등이 있다.

15 LAN은 협소한 지역에 분산된 컴퓨터를 네트워크로 연결해놓은 것을 말한다.

16 LAN은 통신 회선을 이용하여 공간적으로 어떻게 구성하느냐에 따라 버스형, 트리형, 링형, 성형, 메시형으로 구분할 수 있다.

17 인터넷은 전 세계에 연결된 수많은 컴퓨터와 서로 다른 네트워크 사용자들이 접속되어 있는 컴퓨터 통신망으로, 네트워크의 네트워크라고 할 수 있다.

18 인터넷의 역사는 웹을 기준으로 웹 이전 시대, 웹 시대, 웹 이후 시대로 구분할 수 있다.

19 인터넷에 접속된 모든 컴퓨터는 숫자로 표현된 IP 주소가 있다.

20 방대한 네트워크에 연결된 컴퓨터의 특정 파일을 찾으려면 해당 정보 자원의 위치와 종류를 정확히 파악할 필요가 있는데, 이를 나타내는 일련의 규칙을 URL이라고 한다.

21 IPv6는 기존에 사용하던 IPv4의 주소 길이(32비트)를 네 배 확장하여 IETF가 1996년에 표준화한 128비트 차세대 인터넷 주소 체계이다.

22 사물인터넷은 각종 사물에 컴퓨터 칩과 통신 기능을 내장하여 인터넷에 연결하는 기술을 말한다.

23 사물인터넷의 핵심 기술은 보는 관점에 따라 다르겠지만 일반적으로 센싱 기술, 유·무선통신 기술, 서비스 인터페이스 기술, 보안 기술로 구분된다.

24 사물인터넷은 스마트 홈, 헬스케어, 원격 검침, 스마트 카 등 다양한 분야에 적용할 수 있다. 또한 농·축산업, 건설, 에너지, 자동차, 교통, 물류, 환경, 디지털 콘텐츠에 이르기까지 다양한 산업에 융합하여 사용할 수 있다.

01 다음 설명의 (가), (나)에 들어갈 내용을 각각 쓰시오.

> 정보통신은 ((가)) 개념과 ((나)) 개념을 합한 것이라고 할 수 있다. ((가))는(은)
> 주어진 데이터로부터 필요한 데이터인 정보를 얻기 위해 정보처리시스템을 이용하여 데이터 수집, 가
> 공, 처리, 저장, 분배 등의 기능을 수행하는 것을 말한다. ((나))는(은) 정보처리시스템에 의해
> 처리된 정보를 특정한 코드로 변환하여 멀리 떨어진 곳에서 데이터를 주고받는 것이다.

(가) _____   (나) _____

02 다음 설명에 해당하는 정보통신 기술의 특징은?

> 반도체 기술의 발달로 인한 정보 기기의 소형화가 진행되고 있으며, 최근 스마트폰의 보급으로 무선
> 전파 기술도 기하급수적으로 발전하고 있다.

① 고속화   ② 다중화   ③ 대용량화   ④ 다양화   ⑤ 모바일화

03 정보통신의 발달 과정 중 다음 설명에 해당하는 것은?

> 19세기에 새뮤얼 모스가 발명한 모스 부호와 전신기는 오늘날의 유선통신을 발달시키는 계기가 되었
> 다. 이는 데이터 통신을 비롯하여 정보통신에 없어서는 안 될 '정보부호화'의 시작이라고 할 수 있다.

① 제1세대 통신   ② 제2세대 통신   ③ 제3세대 통신
④ 제4세대 통신   ⑤ 제5세대 통신

04 다음 설명에 해당하는 데이터 전송 장치는?

> 절연된 두 가닥의 구리선이 균일하게 감겨 있는 형태의 통신 회선이다. 여러 개의 쌍이 다발로 묶여 하
> 나의 케이블을 형성하고 하나의 쌍이 하나의 통신 링크 역할을 한다. 선이 서로 감겨 있어 인접한 다른
> 쌍으로부터의 간섭을 최소화할 수 있다. 동축 케이블이나 광섬유보다 가격이 싸고 설치가 간편하지만
> 다른 케이블에 비해 신호 잡음에 취약하다.

① 광섬유   ② 동축 케이블   ③ 꼬임 쌍선
④ 모뎀   ⑤ 디지털 서비스 장치

05 다음 그림이 나타내는 데이터 전송 유형은?

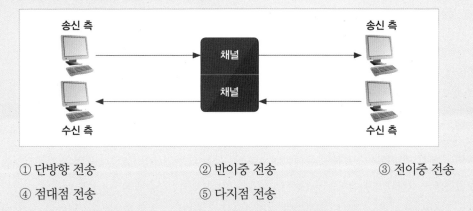

① 단방향 전송   ② 반이중 전송   ③ 전이중 전송
④ 점대점 전송   ⑤ 다지점 전송

06 다음 설명에 해당하는 데이터 통신망의 유형은?

> 일반 전화망처럼 송신 측과 수신 측 사이에 회선을 설정하고 데이터를 전송한 후 회선을 해제하는 단계를 거치는 통신망이다. 다시 말해 노드와 노드 간에 물리적으로 전용 통신로를 설정하여 데이터를 교환하는 것이다.

① 패킷 교환망   ② 메시지 교환망   ③ 회선 교환망
④ 점대점 교환망   ⑤ 반이중 교환망

07 OSI 7 계층 중 5계층에 위치한 것은?

① 물리 계층   ② 데이터 링크 계층   ③ 전송 계층
④ 세션 계층   ⑤ 표현 계층

08 다음 중 LAN의 특징으로 옳지 않은 것은?

① LAN에 접속된 임의의 단말 간에 정보 교환을 할 수 있다.

② 수백 Kbps에 접속된 임의의 단말 간에 정보 교환을 할 수 있다.

③ 빌딩이나 구내 등 지리적으로 한정된 범위(약 10km 이내의 거리)에 적용된다.

④ 하나의 도시, 나라, 대륙과 같이 매우 넓은 지역에 설치된 컴퓨터 간에 정보와 자원을 공유하기에 적합하도록 설계한 컴퓨터 통신망이다.

⑤ 사무실, 빌딩, 공장 등과 같이 한정된 지역에서 정보처리 장치들을 연결하기 위해 최적화되고 신뢰성 있는 고속의 통신 채널을 제공하는 망이다.

09 다음 중 LAN의 유형이 아닌 것은?

① 성형   ② 방사형   ③ 트리형   ④ 링형   ⑤ 메시형

10 다음 설명의 (가), (나), (다)에 들어갈 내용을 각각 쓰시오.

> ((가))은(는) 전 세계에 연결된 수많은 컴퓨터와 서로 다른 네트워크 사용자들이 접속되어 있는 컴퓨터 통신망으로, 네트워크의 네트워크라고 할 수 있다. 네트워크는 컴퓨터 단말기들이 통신망으로 연결된 상태를 의미하는 정보통신 용어이며, 지역을 묶는 네트워크인 LAN과 광역의 컴퓨터들이 연결되어 있는 ((나))(으)로 구분된다. 특별히 인터넷은 글로벌 네트워크이기 때문에 일종의 ((나))(이)라고 할 수 있다. 종합하면 인터넷은 '((다)) 프로토콜을 사용하는 글로벌 네트워크'이다.

(가) _____   (나) _____   (다) _____

11 인터넷 주소 체계 중 (가), (나), (다)에 해당하는 것을 각각 쓰시오.

> - ((가)): 32비트의 2진수 체계이지만, 사람이 사용할 때는 네 개의 10진수(0~255)가 '.' 부호로 연속적으로 연결된다(예: 128.12.36.147).
> - ((나)): 방대한 네트워크에 연결된 컴퓨터의 특정 파일을 찾으려면 해당 정보 자원의 위치와 종류를 정확히 파악할 필요가 있는데, 이를 나타내는 일련의 규칙을 말한다.
> - ((다)): 128비트 차세대 인터넷 주소 체계이다. 128비트 체계로 구성되며, 128비트를 16비트씩 여덟 부분으로 나누어 각 부분을 콜론(:)으로 구분하고 16진수로 표현한다.

(가) _____   (나) _____   (다) _____

12 다음 설명에 해당하는 것은?

> 특정 네트워크에 속한 특정 호스트에 접속하기 위해 일일이 숫자로 된 IP 주소를 기억하지 않고 도메인 네임만으로도 접속이 가능하도록 도메인 네임을 IP 주소로 전환해주는 시스템이다. IP 주소는 '128.156.210.196'과 같이 바이트마다 마침표로 구분된 4바이트 크기의 숫자 주소인 데 비해 도메인 네임은 'www.bc.ac.kr'과 같이 문자로 구성되어 이해하거나 기억하기 쉽다.

① IPv4   ② IP 주소   ③ WWW   ④ DNS   ⑤ IPv6

13 다음 중 사물인터넷에 대한 설명으로 적절하지 않은 것은?

① 사물끼리 정보를 주고받기 위한 사물 공간 연결망이라고 할 수 있다.

② 각종 사물에 컴퓨터 칩과 통신 기능을 내장하여 인터넷에 연결하는 기술이다.

③ 사람의 구체적인 개입이나 지시 없이 협력적으로 모든 사물이 센싱과 정보처리, 네트워킹 등을 하는 사물 공간 연결망이다.

④ 전 세계에 연결된 수많은 컴퓨터와 서로 다른 네트워크 사용자들이 접속되어 있는 컴퓨터 통신망으로, 네트워크의 네트워크라고 할 수 있다.

⑤ 서로 통신망으로 연결되어 있고 누구든지 인식 가능하며 자체 주소를 지정할 수 있는 물리적 사물로 구성된 광범위하고 자기조직적인 네트워크이다.

14 다음 중 사물인터넷의 기술이 아닌 것은?

① 센싱 기술　　　　　② 유·무선통신 기술　　　　　③ 서비스 인터페이스 기술

④ 보안 기술　　　　　⑤ 빅데이터 기술

15 다음 중 사물인터넷 활용 사례가 아닌 것은?

① 스마트 홈　　　　　② 헬스케어　　　　　③ SNS

④ 스마트 카　　　　　⑤ 원격 검침

01 정보통신 기술의 발전이 기업 경영에 어떤 영향을 끼쳤는지에 대해 토론하시오.

02 OSI 계층을 도식화하고 각 계층별 특징을 정리하여 리포트를 작성하시오.

03 소셜 네트워크 서비스(SNS)의 대중화로 인한 긍정적 효과와 부정적 효과에 대해 토론하고 이를 발표하시오.

04 국내에서 사물인터넷이 상용화된 사례를 찾아보고, 앞으로 기업에 사물인터넷이 어떤 영향을 끼칠지 리포트를 작성하시오.

05 4차 산업혁명과 관련된 정보 기술 중 사물인터넷을 활용한 기술을 조사하시오.

다음은 논문 「IoT Platform 기술 동향」의 일부를 발췌한 것이다. 다음을 읽고 주어진 주제를 조사하여 리포트를 작성하시오.

사물인터넷 기술이 발달함에 따라 우리는 손쉽게 스마트폰을 이용하여 집 안의 가전제품을 제어할 뿐만 아니라 많은 산업 분야에서 사물인터넷 기술을 활용하고 있다. 앞으로도 우리 생활에 다양한 영향을 미치게 될 사물인터넷 기술은 현재 스마트 홈, 헬스케어, 스마트 카 등 여러 분야에서 활용되고 있다. 스마트폰을 이용하여 밖에서도 집 내부의 전력을 점검·차단할 수 있으며 보일러, 전등 등을 조정할 수도 있다. 이 외에도 사용자가 음식을 먹는 속도와 포크질 횟수 등을 측정하여 다이어트에 필요한 식습관을 제안할 수 있는 해피포크, 자전거에 설치된 센서가 실시간으로 주행 속도와 운행 거리를 측정하여 거치된 스마트폰으로 자신의 운동량이나 주행 거리 등을 파악할 수 있는 커넥티드 자전거 등 사물인터넷 기술은 다양하게 사용된다. 이러한 기술은 사용자에게 편의를 제공할 뿐만 아니라 전력을 절약할 수 있고, 상업 매장에서는 사용자의 위치에 따라 필요한 정보를 제공하여 시간을 절약해줄 수 있다. 이러한 사물인터넷의 발전에 따라 2015년 미래창조과학부는 국내에서 2020년까지 총 38조 원을 투자하여 초연결지능망을 구축할 예정이라고 발표했다. 초연결지능망은 모든 사람, 사물이 항상 연결되어 있는 상태인 '초연결' 기능과 속도, 품질, 보안 등의 가용 자원이 유연하게 제공되는 '지능망'을 결합한 네트워크 로드맵으로, 앞으로의 사물인터넷 발전을 보여준다.

© 최지현·최종원·윤웅익, 「IoT Platform 기술 동향」, 정보처리학회지, 제23권 제3호, 2016

- 사물인터넷은 모든 사물에 인터넷을 연결하여 각각을 식별하고 정보를 주고받아야 하는데, 현재의 인터넷 주소 체계로 이것이 가능한지 알아보고, 그렇지 않다면 다른 대안을 찾아보시오.
- 사물인터넷과 RFID를 비교해보시오.
- 사물인터넷과 관련된 표준이 왜 중요한지 플랫폼 간 상호 운용성을 중심으로 조사하시오.

CHAPTER

07

정보시스템 보안

01. 정보시스템 보안의 이해

02. 악성 프로그램

03. 해킹

04. 정보시스템 보안 기술

학 | 습 | 목 | 표

- 정보시스템 보안의 개념과 필요성을 이해한다.

- 정보시스템 보안의 위협 요소를 파악한다.

- 악성 프로그램의 개념을 이해하고 종류 및 그 대응 체계를 알아본다.

- 해킹의 개념을 이해하고 종류를 파악한다.

- 정보시스템 보안 기술의 개념을 이해한다.

- 암호화시스템, 인증시스템, 네트워크보안시스템에 대해 살펴본다.

정보시스템 보안의 이해

01 정보시스템 보안의 개념

정보사회에서의 정보시스템은 자연재해나 인간의 오류와 같은 우발적 사고보다 고의적이고 불법적인 컴퓨터 범죄로 인한 사고로 기업이나 조직이 피해와 손실을 입을 가능성이 매우 크다. **정보시스템 보안**information system security은 정보시스템의 불법적 접근, 절취, 물리적 손상을 방지하기 위한 안전 관리 및 기술적인 대책을 총칭한다. 즉 보안은 컴퓨터 하드웨어, 소프트웨어, 통신 네트워크, 데이터 등을 안전하게 관리하는 기술과 도구이다.

TIP **정보보안**: 컴퓨터에서 다루는 정보보안은 정보의 수집, 가공, 저장, 검색, 송신, 수신 도중에 정보의 훼손, 변조, 유출 등을 방지하기 위한 관리적·기술적 방법을 의미한다.

02 정보시스템 보안의 필요성

정보시스템이 적절히 보호되어 잘 운영되면 훌륭한 경영자원이 되지만 그렇지 못하면 재정적·전략적으로 조직 전체에 큰 피해를 줄 수 있다. 최근에는 지능적·전문적으로 행해지는 다양한 컴퓨터 범죄에 의한 피해가 심각하기 때문에 정보시스템 보안의 필요성이 더욱 강조되고 있다. 정보시스템 보안을 위해 필요한 요소는 다음과 같다.

기밀성

기밀성confidentiality은 인가된 사용자만 정보 자산에 접근할 수 있는 것을 의미한다. 일반적으로 자물쇠를 연상하면 이해하기 쉬운데, 자물쇠처럼 정보에 대한 비인가자의 접근을 막는 역할을 한다. 방화벽, 암호, 비밀번호는 기밀성의 대표적인 예이다.

무결성

무결성integrity은 적절한 권한을 가진 사용자가 인가된 방법으로만 정보를 변경할 수 있도록 하는 것을 의미한다. 다시 말해 데이터가 의도적·비의도적으로 위조 또는 변조되지 않도록 하는 것이다. 허락되지 않은 사용자 또는 객체가 정보를 함부로 수정할 수 없도록 하며, 통신의 암호화 수준과 관계가 있다.

가용성

가용성availability은 인가받은 사용자가 정보 자산에 대해 적절한 시간에 접근할 수 있도록 하는 것을 의미한다.

그림 7-1
정보시스템 보안의 요소

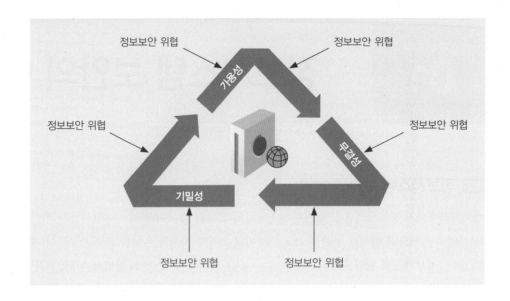

정보보안 위협
정보보안 위협
가용성
정보보안 위협
무결성
정보보안 위협
기밀성
정보보안 위협
정보보안 위협

03 정보시스템 보안의 위협 요소

정보시스템 보안에 위협이 되는 요소는 여러 가지가 있는데, 그 발생 원인에 따라 우발적 위협, 컴퓨터 범죄, 컴퓨터 바이러스 등으로 분류할 수 있다.

우발적 위협

정보시스템은 종종 예기치 않거나 우연히 일어나는 일로 인해 보안에 심각한 위협을 받기도 한다. 우발적 위협이 발생하는 경우는 다음과 같다.

- **조작자의 실수**: 조작자의 피로나 부주의 등으로 절차를 지키지 않으면 시스템에 오류가 발생할 수 있다. 사실 조작자의 실수에 의한 오류는 컴퓨터 시스템 운영 과정에서 가장 자주 발생하는 사고 가운데 하나이다.

- **하드웨어 고장과 소프트웨어 오류**: 하드웨어 고장이나 소프트웨어 오류 문제는 항상 발생할 수 있기 때문에 고장에 대비하여 정보시스템 관리 직원이 상주하거나 원격으로 통제하는 시스템을 운영해야 한다. 시험 단계에서 이상 없이 동작하던 하드웨어도 나중에 문제가 발생할 수 있으며, 소프트웨어도 예상치 못한 상황이 발생하면 부정확한 처리 결과가 나올 수 있다.

- **자료의 오류**: 거래처리시스템은 입력 자료의 오류를 발견하기 위해 다양한 자료의 타당성 검사를 수행한다. 하지만 많은 오류가 사람의 부주의와 소홀함으로 발생하는 것이기 때문에 어떤 자동화된 점검 과정도 모든 입력 오류를 잡아낼 수는 없다. 이러한 입력의 오류를 방지하기 위해 중요한 자료에는 여러 사람이 같은 자료를 입력하고 나중에 다른 부분을 자동으로 찾아내는 방식을 사용한다.

- **자연재해**: 정보시스템의 각종 설비는 화재, 홍수, 폭풍, 지진 등 자연적인 원인으로 손상을 입을 수 있다. 자연재해는 예측이 어려운 만큼 철저히 사전 예방을 하고 자연재해 발생 시 대처 방안을 매뉴얼로 마련해놓아야 한다.

그림 7-2
우발적 위협
정보시스템은 예기치 않거나 우연히 일어나는 일로 인해 심각한 위협을 받기도 한다.

컴퓨터 범죄

컴퓨터 범죄는 일부 컴퓨터 전문가나 사용자가 컴퓨터를 이용하여 불법적으로 행하는 고의 범죄 행위를 총칭한다. 컴퓨터 범죄는 크게 절취형 범죄, 변조형 범죄, 인터넷 범죄로 나눌 수 있다.

- **절취형 범죄**: 개인이나 일부 집단의 불법적 이익을 위해 데이터, 소프트웨어 및 하드웨어 시스템 등을 훔쳐 가는 형태의 범죄 행위이다.

- **변조형 범죄**: 데이터나 소프트웨어를 변조하여 금품을 횡령하거나 피해를 입히는 것을 말한다.

- **인터넷 범죄**: 허가 없이 타인 또는 타 기관의 컴퓨터에 접근하여 그 시스템의 파일을 꺼내어 이용하거나 손상시키는 범죄를 말하며, 보통은 해커가 저지른다.

그림 7-3
컴퓨터 범죄
컴퓨터를 이용하여 불법적으로 행하는 고의 범죄 행위를 말한다.

컴퓨터 바이러스

컴퓨터 바이러스는 사용자의 컴퓨터 내부에 있는 프로그램이나 실행 가능한 데이터에 자신 또는 변형된 자신을 복사하는 명령어들의 조합이다. 생물학적 바이러스가 생물체에 침투하여 질병을 일으키는 것처럼 컴퓨터 바이러스도 컴퓨터에 침투하여 자료를 손상하거나 프로그램을 파괴하여 컴퓨터의 작동을 방해한다. 컴퓨터 바이러스는 여러 사람이 공동으로 사용하는 컴퓨터에서 작업한 USB를 통해 감염되기도 하고, 불법 인터넷 사이트에서 자료를 주고받을 때 감염될 수도 있다.

그림 7-4
컴퓨터 바이러스
컴퓨터에 침투하여 자료를 손상하거나 프로그램을 파괴하여 컴퓨터의 작동을 방해한다.

ⓒ Shutterstock

PLUS NOTE | 정보시스템 보안을 위한 개인 수칙

정보시스템 보안을 위해 개인적으로 취해야 할 몇 가지 행동 수칙이 있다.

● **비밀번호 사용 및 관리:** 온라인 환경에서 가장 대표적인 신분 확인 방법은 비밀번호를 사용하는 것이다. 정보센터나 지점에서 내부 직원이 정보시스템에 접근하려 할 때는 반드시 개인의 비밀번호를 사용해야 한다. 또한 암호화된 비밀번호를 주기적으로 변경하여 비밀번호가 노출되는 것을 방지해야 한다.

● **컴퓨터 로그:** 일반적인 정보시스템은 컴퓨터 운영체제 안에 스스로 컴퓨터에서 일어나는 여러 가지 조작 내용을 지속적으로 기록하는 로그(log) 기능이 있다. 가능하면 시스템에서 단말기, 문서 및 조작자를 확인하는 거래 관리 번호를 생성하게 하며, 권한이 부여된 관리자가 업무 처리에 관한 로그를 관리·통제하게 하여 로그의 변경이나 손상을 막는다.

TIP **로그:** 컴퓨터의 처리 내용이나 이용 상황을 시간의 흐름에 따라 기록한 것 혹은 기록하는 것을 말한다. 사고가 발생했을 때 데이터의 복원이나 사고 원인의 규명 등에 도움이 되고, 네트워크의 부정 이용이나 데이터 파괴의 방지, 이용 요금의 산정 등에 쓰인다. 또한 PC 통신에서 이메일 등 통신 내용의 기록을 로그라 하고, 그 파일을 로그 파일이라 한다.
ⓒ 전자용어사전

- **백업과 복구**: 갑작스러운 재난이나 컴퓨터 운용 중의 장애와 같은 비상사태에 대비하여 중요한 자료와 프로그램 파일에 대한 책임을 정해놓고 복구 절차를 마련해두어야 한다. 이러한 백업과 복구 절차는 정기적으로 갱신 및 검증하고, 특히 중대한 업무를 처리하는 시스템일수록 안정되어야 하므로 백업과 복구 절차에 많은 투자를 한다. 또한 온라인 시스템의 경우 컴퓨터와 단말기 등의 하드웨어는 물론 통신 회선과 프로그램, 각종 데이터 파일, 문서, 전담 요원 등 모든 분야에 대한 백업과 복구 대책을 준비해놓아야 한다.

악성 프로그램

SECTION
02

01 악성 프로그램의 개념

악성 프로그램malicious program은 컴퓨터에 악영향을 끼칠 수 있는 모든 소프트웨어를 말한다. 악성 소프트웨어malicious software의 약자인 멀웨어malware 또는 악성 코드라고 부르기도 한다. 과거에는 단순히 컴퓨터 바이러스 정도만 가리켰으나 1990년대 말부터 감염 방법과 증상이 다양해지면서 상세히 분류하기 시작했다. 악성 프로그램은 주로 웹 페이지 검색, P2P 서비스 이용, 셰어웨어shareware 사용, 불법 복제 프로그램 사용, 이메일 첨부 파일 열람 등을 할 때 침투한다.

> **TIP 셰어웨어:** 정식 제품 구매 전에 먼저 체험해볼 수 있도록 사용 기간이나 특정 기능에 제한을 둔 소프트웨어를 말한다. 체험판 또는 평가판이라고도 하며 대부분 무료로 배포된다.

02 악성 프로그램의 종류

악성 프로그램에는 컴퓨터 바이러스, 웜, 트로이 목마 등이 있다.

컴퓨터 바이러스

컴퓨터 바이러스는 하나의 악의적인 코드로 스스로를 복제하여 컴퓨터를 감염시키는 컴퓨터 프로그램의 일종이다. 컴퓨터 바이러스는 한 컴퓨터에서 다른 컴퓨터로 확산되는데, 사용자가 인터넷이나 네트워크를 통해 또는 CD, DVD, USB와 같은 이동식 매체를 통해 컴퓨터 바이러스를 전파할 수 있다. 네트워크 파일시스템이나 다른 컴퓨터를 통해 접근하는 파일시스템상의 파일을 감염시켜 다른 컴퓨터로 확산시키는 것이다.

표 7-1
컴퓨터 바이러스의 감염 증상

유형	증상	
작동 속도의 변화	• 부팅 시간의 지연	• 명령어 처리 속도의 지연
메모리의 변화	• 파일 내용의 변화	• 사용 가능한 메모리의 변화
각종 정보의 변화	• 파일 내용의 변화	• 디스크 내용의 변화
보다 직접적인 징후	• 디스크 파손 • 파일 삭제 시스템 방지	• 파일 삭제 • 비정상적인 메시지 발견

> **TIP 웜:** 원래 벌레와 증식을 뜻하는 말인데 IT 분야에서는 인터넷 또는 네트워크를 통해 컴퓨터에서 컴퓨터로 전파되는 프로그램을 의미한다. 웜은 다른 컴퓨터의 취약점을 이용하여 스스로 전파되거나 메일로 전파되지만, 다른 파일을 감염시키는 컴퓨터 바이러스와는 상당히 다르다.

웜

웜worm은 독립적으로 자기복제를 실행하여 번식하는 컴퓨터 프로그램 또는 실행 가능한 코드이다. 컴퓨터 바이러스는 다른 실행 프로그램에 기생하여 실행되는 데 반해, 웜은 독자적으로 실행되며 다른 실행 프로그램이 필요하지 않다는 것이 차이점이다. 웜은 네트워크상에서 컴퓨터의 파일 전송 기능에 기대어 침투한다. 또한 네트워크를 사용하여 자신의 복사본을 전송할 수 있으며, 어떠한 중재 작업 없이 악성 코드를 실행할 수 있다. 컴퓨터 바이러스는 보통 네트워크에 영향을 주지 않지만 웜은 네트워크를 통해 스스로 감염되기 때문에 인터넷 속도를 느리게 하며 사용자의 정보를 빼내기도 한다.

트로이 목마

트로이 목마trojan horse는 정상적인 프로그램처럼 보이지만 실행하면 악성 코드를 실행하는 형태의 악의적 프로그램을 말한다. 이메일이나 소프트웨어에 숨어 있다가 인터넷을 통해 특정 컴퓨터가 감염되면 해커가 감염된 컴퓨터의 정보를 탈취한다. 트로이 목마는 컴퓨터 바이러스와 달리 복제 능력이 없어 다른 파일을 감염시키지 않으므로 해당 파일만 삭제하면 치료가 가능하다. 하지만 해커가 악의적인 목적으로 컴퓨터의 자료를 빼갈 수 있기 때문에 주의해야 한다.

TIP 트로이 목마: 자료의 삭제, 정보의 탈취 등 사이버 테러를 목적으로 사용되는 악성 프로그램으로 해킹 기능까지 있어 인터넷을 통해 감염된 컴퓨터의 정보를 외부로 유출하는 것이 특징이다.
© 한경 경제용어사전

PLUS NOTE | 기타 유해 프로그램

유해 프로그램은 컴퓨터 바이러스처럼 악의적인 목적으로 사용자에게 피해를 주는 것은 아니지만, 컴퓨터를 이용하기 불편하게 하거나 다른 악성 코드에 의해 악용될 수 있는 프로그램을 말한다. 요즘은 영향을 미치는 정도가 악성 코드에 버금갈 정도로 규모가 커지고 있다. 유해 프로그램의 종류에는 스파이웨어, 키로거, 조크 등이 있다.

- **스파이웨어(spyware):** 일반적으로 어떤 사람이나 조직에 관한 정보를 수집하는 데 도움을 주는 기술을 의미한다. 하지만 정보시스템 보안 분야에서는 사용자의 동의 없이 설치되어 광고 또는 마케팅용 정보를 수집하거나 개인정보를 몰래 훔쳐 가는 프로그램을 말한다. 대개 인터넷에 무료로 공개된 소프트웨어를 다운로드할 때 설치되거나 특정 사이트에서 제공하는 툴바 형태로 설치된다. 최근에는 사용자 이름은 물론 IP 주소, 즐겨찾기 URL, ID, 비밀번호까지 수집하여 악의적으로 이용되기도 한다.

- **키로거(key logger):** 키보드로부터 정보를 수집하여 저장하고, 필요한 경우 특정 이메일로 저장된 정보를 전송하는 프로그램이다. 키로거는 여러 사람이 사용하는 컴퓨터에 몰래 설치되어 비밀번호와 신용카드 번호를 수집하는 등 악용 사례가 많다.

- **조크(joke):** 악의적인 목적 없이 사용자의 심적 동요나 불안을 조장하는 가짜 컴퓨터 바이러스이다. 웜의 일종인 러브 바이러스(love virus)의 변종인 조크는 가짜 바이러스라는 점에서 이메일, 메신저, 문자 메시지 등에 거짓된 정보나 괴담 등을 실어 사용자를 속이는 혹스(hoax)와 비슷하다.

© 이동명 외 2인, 『컴퓨터 사이언스(개정판)』, 한빛아카데미, 2015

03 악성 프로그램 대응 체계

최근 인터넷 사용자의 급증과 이메일의 보편화로 악성 프로그램의 위험이 날로 커지고 있다. 각종 악성 프로그램에 대한 대응 소프트웨어인 백신 프로그램이 출시되고 있지만, 여러 호스트와 서버를 관리할 때는 이에 대한 바이러스 대응 체계 관리 업무도 많아지게 된다. 따라서 철저한 보안 체계를 유지하기 위해서는 바이러스 대응 체계 정책이 마련되어야 한다.

우선 최신 백신 프로그램을 갖추어야 함은 물론이고, 서버와 파일 종류의 중요도에 따라 명확한 업무 책임자의 선정과 체계적인 바이러스 검사 및 결과 보고 체계가 이루어져야 한다. 관리 책임자는 이러한 정책에 따라 정기적인 바이러스 검사 보고를 해야 하며, 백신 프로그램을 최신 엔진으로 업데이트하고 이례적인 상황에 대해 바이러스 검사 및 치료를 수행할 능력을 갖추어야 한다.

악성 프로그램이 정보시스템에 감염되기 전에 예방이 필요하며, 만약 감염되었다면 이를 적절히 제거하는 조치를 취해야 한다. 악성 프로그램에 대응하기 위한 경영관리적 보안 정책은 다음과 같다.

- 조직 구성원들에게 악성 프로그램의 위험성을 알리고 악성 프로그램에 대한 경각심을 심어 준다.

- 모든 외부 프로그램은 조직 내 시스템에 직접 접촉할 수 없도록 통제한다.

- 허가되지 않은 사람은 시스템에 접근할 수 없도록 한다.

- 시스템에 있는 파일은 주기적으로 점검하고 파일의 원본 또는 백업본은 별도의 독립된 장소에 보관한다.

- 중요한 파일 내용의 변경은 반드시 여러 단계의 엄격한 통제 과정을 거치도록 한다.

해킹

01 해킹의 개념

해킹hacking이란 다른 사람의 컴퓨터 또는 정보시스템에 침입하여 정보를 빼내는 행위를 말한다. 처음에는 컴퓨터 전문가들이 컴퓨터 조작을 즐기는 정도였지만, 다른 사람의 컴퓨터에 침입하여 정보를 빼내 이익을 취하거나 파일을 없애고 전산망을 마비시키는 악의적 행위로 바뀌면서 점차 나쁜 의미로 변질되었다.

02 해킹의 종류

해킹의 종류에는 디도스, 스푸핑, 스니핑 등이 있다.

디도스

최근 많이 발생하고 있는 디도스DDoS, Distributed Denial of Service는 분산 서비스 거부 또는 분산 서비스 거부 공격으로도 불린다. 네트워크의 공격 대상이 수용할 수 있는 능력 이상의 정보를 제공하거나 사용자 또는 네트워크의 용량이 초과되어 정상적으로 작동하지 못하게 하는 공격이다. 디도스 공격은 디스크, 데이터, 시스템을 파괴하거나 CPU, 메모리, 디스크의 과다한 사용을 유발하여 시스템을 파괴한다. 또한 쓰레기 데이터를 집중적으로 보내어 네트워크의 대역폭을 고갈시켜 시스템을 사용할 수 없게 만드는 능동적 공격이다.

디도스 공격은 죽음의 핑ping of death 공격을 주로 사용하는데, 핑을 이용하여 ICMP 패킷의 크기를 정상보다 아주 크게 만들어 네트워크를 통해 라우팅되어 공격 네트워크에 도달하는 동안 아주 작은 조각으로 쪼개지는 것을 이용한다. 공격 대상 서버는 잘게 조각난 패킷을 모두 처리해야 하므로 정상적인 핑보다 과부하가 걸리게 된다. 라우팅은 패킷을 전달할 때 특성이 똑같은 네트워크를 지나지 않는 것이 당연한 일이다. 네트워크마다 최대로 전송이 가능한 패킷의 길이가 다르기 때문에 최대 전송 가능한 패킷의 길이가 작은 네트워크를 지나면 데이터는 더 작게 분할되며 한 번 분할된 패킷은 다시 커지지 않는 특성이 있다.

전통적인 디도스 공격이 OSI 7 계층에서 네트워크를 담당하는 3, 4계층이라면, 최근에는 응용 계층을 주 공격 대상으로 하는 경우가 많아졌다. OSI 7 계층 디도스 공격은 HTTP, SMTP, FTP, VoIP 등의 프로토콜을 사용하여 정상 트래픽으로 특정 애플리케이션의 취약점을 공격하여 서버의 자원을 고갈시키는 공격이다.

TIP **죽음의 핑**: 인터넷 프로토콜 허용 범위(6만 5,536바이트) 이상의 큰 패킷을 고의로 전송하여 발생하는 서비스 거부(DoS) 공격이다. 공격자의 식별 위장이 용이하고 인터넷 주소 하나만으로도 공격이 가능하다. 미래의 변종 공격에 대비하여 침입차단시스템으로 인터넷 제어 메시지 프로토콜(ICMP) 핑 메시지를 차단하는 기술이 개발되었다. 변종 공격으로 jolt, sPING, ICMP bug, IceNewk 등이 있다.
© IT용어사전

그림 7-5
디도스의 공격 형태

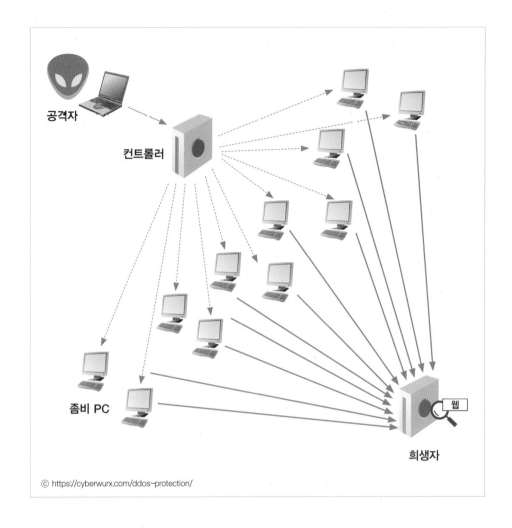

공격자

컨트롤러

좀비 PC

웹

희생자

ⓒ https://cyberwurx.com/ddos-protection/

스푸핑

스푸핑spoofing은 '속이다'라는 의미로, 공격자가 MAC 주소, IP 주소, 이메일 주소와 같
은 자신의 정보를 위장하여 정상적인 사용자나 시스템이 위장된 가짜 사이트를 방문하도
록 유도하고 정보를 빼가는 수법이다. 스푸핑 공격은 시스템 권한 얻기, 암호화된 세션 복
호화하기, 네트워크 트래픽 흐름 바꾸기 등으로 다양하게 이용된다.

스니핑

스니핑sniffing의 사전상 의미는 '코를 킁킁거리다'인데, 코를 킁킁거리면서 음식을 찾는
동물처럼 데이터 속에서 정보를 찾는 것이라고 생각하면 된다. 이처럼 네트워크에서 주고
받는 데이터를 도청하여 사용자의 ID, 비밀번호, 이메일 내용, 쿠키 등을 가로챈다. 쿠키
정보를 이용하면 사용자가 해당 웹 사이트를 재방문할 때 ID나 비밀번호를 입력하지 않고
도 로그인을 할 수 있다.

128비트의 주소 체계를 사용하는 IPv6는 차세대 인터넷을 구축하는 데 가장 핵심적인 기술로, 풍부한 주소 공간을 활용하여 컴퓨터나 스마트 기기의 인터넷 접속 시에 예상되는 인터넷 주소 고갈 문제를 근본적으로 해결하는 차세대 인터넷 프로토콜이다. 그러나 국내외의 망 사업자ISP들이 현재 인터넷 주소 방식인 IPv4의 주소 고갈을 목전에 두고서도 IPv6 주소 방식의 도입을 미루는 이유는 기존 IPv4 방식과의 안전한 변환 및 연동이 제대로 지원되지 않고, 아직 IPv6 네트워크 환경에서의 효율적인 보안 관리를 위한 보안 요구 사항에 대한 연구가 제대로 이루어지지 않고 있기 때문이다.

1. IPv4/IPv6 혼합망에서의 유사한 공격 위협

IPv6 네트워크는 의무화된 IPSec Internet Protocol Security를 통해 인증과 기밀성을 제공받을 수 있다. 하지만 IPSec는 키 관리 및 구성의 문제점과 어려움이 있기 때문에 아직 현실화되기 어렵다. 따라서 IPSec가 없다면 IPv4에서 나타난 스니핑 공격, 응용 계층 공격, 인증되지 않은 임의의 디바이스 공격, 중간 공격, 플러딩 공격 등의 위협이 IPv6에 그대로 존재한다.

2. IPv6에 새롭게 등장한 공격 위협

- **사전답사 공격:** 사전답사 공격은 공격자가 실행하는 첫 번째 공격으로, 스캐닝과 같은 액티브 네트워크 방식과 검색엔진 또는 공공 문서를 통한 소극적인 데이터 수집 방식을 모두 포함한다.

- **허가받지 않은 접근 공격:** IPv4로부터 상속받은 투명 전송 정책open transport policy을 이용하는 공격의 집합을 일컫는다. IP 프로토콜에서 어떤 호스트가 네트워크상의 다른 호스트에 연결을 설정하는 것을 막을 수 있는 방법이 없기 때문에 공격자는 인터네트워킹 디바이스, 종단 호스트의 상위 계층 프로토콜, 애플리케이션에 연결을 설정하여 허가받지 않은 접근 공격을 할 수 있다.

- **헤더 조작 및 단편화 공격:** 단편화나 헤더 조작은 공격자가 네트워크 침입탐지시스템이나 방화벽과 같은 네트워크 보안 기기의 정책을 피해 가거나 네트워크 구조를 직접적으로 공격하기 위해 사용될 수 있다.

- **3, 4계층에서의 스푸핑 공격:** IP 주소를 수정하고, 다른 장소나 응용 프로그램에서 보낸 조작된 트래픽을 나타내기 위해 통신하고 있는 포트 주소를 수정하는 공격이다.

- **주소 결정 프로토콜과 동적 호스트 설정 프로토콜 공격:** 호스트의 초기화 프로세스나 호스트가 공격을 위해 접근하는 디바이스를 파괴하려는 공격이다.

- **브로드캐스트 증폭 공격:** 공격자가 소스의 주소를 희생자의 주소로, 서브넷의 브로드캐스트 주소를 목적지로 에코 요청 메시지를 보내어 서브넷상의 모든 종단 호스트가 스푸핑된 희생자의 주소로 에코 응답 메시지를 보내기 때문에 결국 희생자는 에코 응답 메시지가 넘치게 되는 디도스 공격이다.

- **라우팅 공격:** 네트워크의 트래픽을 방해하거나 방향 재설정에 초점을 맞춘다. 공격은 다양한 방식으로 실행되는데 플러딩 공격, 공격자의 잘못된 경로 재설정 언급, 디폴트 라우터의 메시지 제거 등의 방식을 이용할 수 있으며 공격의 상세한 부분은 사용되는 프로토콜에 따라 다르다.

© 오하영 외, 「IPv6 네트워크 환경에서 MCGA를 고려한 통합적인 보안 관리 방안」, 정보처리학회 논문지 C, 제14권 제1호, 2007

정보시스템 보안 기술

01 정보시스템 보안 기술의 개념

정보시스템 보안 기술은 컴퓨터 범죄를 억제하고 정보 자산을 보호하기 위한 기술 및 시스템을 말한다. 정보시스템 보안 기술은 크게 암호화 기술, 인증 기술, 네트워크 보안 기술로 나눌 수 있다. 암호화 기술은 평문을 암호문으로 바꾸는 기술이고, 인증 기술은 정보를 보낸 사람과 문서 내용을 인증하는 기술이며, 네트워크 보안 기술은 해킹의 위협으로부터 시스템을 보호하는 기술이다.

02 암호시스템

암호는 비밀을 유지하기 위해 상호 간에 약속한 기호이며, 암호 기술은 정보의 기밀성, 무결성, 가용성을 위해 필요하다. 암호화encryption는 암호를 사용하여 평문을 암호문으로 변환하는 것이고, 복호화decryption는 암호문을 본래의 평문으로 복원하는 것이다. 암호시스템은 대칭키 알고리즘을 이용한 대칭키 암호시스템과 공개키 알고리즘을 이용한 공개키 암호시스템으로 크게 분류할 수 있다.

그림 7-6
암호화

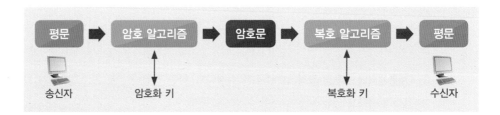

대칭키 암호시스템

대칭키 알고리즘은 '비밀키 암호 알고리즘' 혹은 '단일키 암호 알고리즘'이라고 하며, 송수신자가 동일한 키를 이용하여 암호화 및 복호화 과정을 수행한다. 대칭키 암호시스템 symmetric key cryptosystem은 공개키 암호시스템보다 암호화 키의 크기가 상대적으로 작아서 효과적인 암호시스템을 구축할 수 있다. 알고리즘의 내부 구조가 간단하여 시스템 환경에 맞는 적절한 암호 알고리즘을 쉽게 개발할 수 있지만, 정보를 교환하는 당사자끼리 동일한 키를 공유해야 하므로 여러 사람과 정보를 교환할 때 많은 키를 유지·관리해야 하는 어려움이 있다. 대칭키 암호시스템을 적용한 시스템으로는 DES Data Encryption Standard와 IDEA International Data Encryption Algorithm가 대표적이다.

- **DES**: 1976년 11월에 미국 연방 표준으로 승인되어 1977년 1월 FIPS PUB 46 Federal Information Processing Standard 46에 'Data Encryption Standard'로 공표되었다. DES 는 64비트의 평문을 64비트의 암호문으로 만드는 블록 암호시스템으로 64비트의 키를 사용한다. 대칭키 알고리즘으로 복호화는 암호화 과정과 동일하나 사용되는 키만 역순으로 작용하는 것이다.

- **IDEA**: 1990년 PES Proposed Encryption Standard, 1991년 IPES Improved PES에 이어 1992년에 IDEA를 대칭키 알고리즘 형태로 개발했다. IDEA는 현재 전자우편을 위한 보안 도구로 널리 이용되는 PGP Pretty Good Protocol에 적용되고 유럽 표준으로 등록되어 있다.

공개키 암호시스템

공개키 알고리즘은 개인키와 인증된 공개키를 이용하여 암호화 및 복호화를 실행하는 알고리즘이다. 암호화할 때는 공개키로 암호화하고, 복호화할 때는 자신만 알고 있는 개인키를 이용하여 실행한다. 공개키 암호시스템 public key cryptosystem의 경우, 공개키는 공개되어 있고 개인키는 거래 당사자 간 하나씩만 있으면 되기 때문에 대칭키에 비해 키의 개수를 상대적으로 적게 유지할 수 있으며, 키를 전송할 필요가 없어 상대적으로 안전한 시스템이지만, 암호화를 위한 키의 크기가 상대적으로 크기 때문에 컴퓨팅 수행 능력이 떨어질 수 있다.

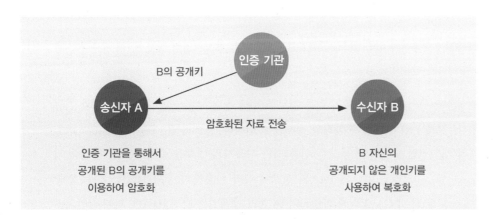

그림 7-7
공개키 암호시스템

대표적인 공개키 암호시스템은 1977년에 MIT의 수학자인 론 리베스트 Ron Rivest, 아디 샤미르 Adi Shamir, 레너드 에이들먼 Leonard Adleman이 개발한 RSA Rivest Shamir Adleman이다. RSA 암호시스템은 인수분해를 이용한 암호 알고리즘으로, 1976년에 휫필드 디피 Whitfield Diffie와 마틴 헬먼 Martin Hellman이 그 개념을 처음 소개했다. 이후 1978년 미국의 MIT에서 최초로 효율성과 보안성을 두루 갖춘 RSA 암호시스템이 개발되었다. RSA는 임의의 큰 수를 소인수분해하는 데 많은 시간이 소요되지만 반대로 소인수분해한 결과값을 알면 소인수들을 곱하여 임의의 수를 간단히 얻을 수 있다는 원리를 이용한 것이다. RSA는 비공개키 해독에 슈퍼컴퓨터로도 1만 년 이상이 소요되므로 거의 모든 분야에 응용되지만, 비공개키를 만들기까지 계산량이 많다는 단점이 있다.

공개키 암호시스템을 운영하려면 공개키를 인증해주는 공신력 있는 기구가 필요하다. 공개키를 허위로 발급하거나 공개키를 믿을 수 없다면 아무리 훌륭한 공개기 암호시스템일지라도 거래 당사자가 믿을 수 없을 것이다. 공개키 암호시스템의 안전성과 신뢰성을 확보하기 위해서는 기술적·제도적 기반이 요구되는데, 이를 공개키 기반 구조Public Key Infrastructure, PKI라고 한다. PKI는 암호키 갱신, 복구, 위탁 등과 같은 키 관리, 인증서 생성 및 취소 관리, 인증 정책 관리와 같은 기능을 하는 자동적인 공개키 관리 체계이다. PKI는 전자상거래뿐만 아니라 전자우편, FTP 등과 같이 네트워크에서 통신이 되는 모든 데이터의 암호화에도 필수적이다. PKI는 인증 기관, 등록 기관, 디렉터리 서비스, 암호 알고리즘, 사용자 측 PKI 응용 소프트웨어로 구성된다.

- **인증 기관(Certification Authority, CA):** 사용자에게 인증서를 발급하거나 취소하고, 공개키 인증서와 인증 취소 목록Certificate Revocation List, CRL을 공개된 장소에 게시하는 역할을 한다.

- **등록 기관(Registration Authority, RA):** 특정한 공개키/비밀키 쌍이 특정 사용자에게 귀속됨과 암호키의 유효성을 보증한다. 이러한 정보를 인증 기관에 제공하는 역할을 하는데, 인증 기관이 이 역할을 하기도 한다.

- **디렉터리 서비스:** 공개키 인증서와 인증 취소 목록을 저장하고 열람할 수 있도록 공개된 전자적인 저장소를 가지고 편리한 검색 기능을 제공한다.

- **암호 알고리즘:** 전자서명을 생성하고 데이터를 암호화 및 복호화하는 소프트웨어 또는 하드웨어로 구현된 메커니즘이다.

- **사용자 측 PKI 응용 소프트웨어:** 인증서와 인증 취소 목록의 검색 및 증명, 전자서명의 생성 및 해석, 메시지의 암호화 및 복호화 기능을 수행하는 사용자 측의 소프트웨어이다.

PKI에서 사용자 간 신뢰성은 인증서의 전달 경로인 인증 경로를 통해 전달되며, 인증 기관은 역할과 기능에 따라 계층적으로 구성된다. 전체 PKI에 대한 전반적인 정책을 수립하는 정책 승인 기관Policy Approving Authority, PAA의 정책에 따라 개별적인 도메인 내의 모든 인증 기관 사용자의 정책을 수립하는 정책 인증 기관Policy Certification Authority, PCA, 그리고 PCA와 PAA의 정책에 따라 사용자의 공개키를 확인하는 인증 기관으로 구분된다. 인증 기관 공개키는 PCA에 의해 확인되며 PCA의 공개키는 다시 PAA에 의해 확인되는 계층적 인증 절차를 거친다.

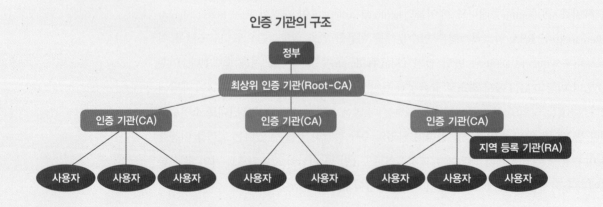

인증 기관의 구조

03 인증시스템

인증시스템authentication system은 인증을 하고자 하는 주체에 대해 식별을 수행하고 이에 대한 인증 서비스를 제공하는 시스템이다. 기존에 종이로 작성되던 계약서나 중요 문서가 컴퓨터로 작성되면서 계약자 간에 신원과 문서 내용을 인증해야 할 필요성이 시급해졌다. 이에 대응하기 위해 컴퓨터로 주고받는 문서 작성자의 신원을 보증하고 문서 내용을 인증하는 데 전자서명, 공인인증서 등의 인증시스템이 사용되고 있다.

전자서명

전자서명digital signature은 기존의 인감 또는 서명처럼 개인의 신원을 인증하기 위해 전자적 문서에 서명하는 것을 말한다. 공개키 기반 알고리즘을 응용하여 전자서명을 할 수 있는데, 전자서명을 이용한 문서는 암호화되지 않았기 때문에 누구나 읽을 수 있다. 즉 기밀성이 보장되지 않는다. 전자서명이 제공하는 기능은 다음과 같다.

● **위조 불가:** 서명은 서명자 이외의 다른 사람이 생성할 수 없어야 한다.

● **인증:** 서명은 서명자의 의도에 따라 서명된 것임을 확인할 수 있어야 한다.

● **재사용 불가:** 어떤 문서의 서명을 다른 문서의 서명으로 사용할 수 없어야 한다.

● **변경 불가:** 서명한 문서의 내용을 변경할 수 없어야 한다.

● **부인 방지:** 서명자가 자신이 서명한 사실을 부인할 수 없어야 한다.

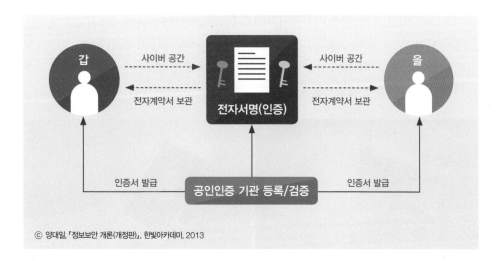

© 양대일, 『정보보안 개론(개정판)』, 한빛아카데미, 2013

그림 7-8
전자서명을 사용한 인증

공인인증서

공인인증서certificate는 공인인증 기관Certification Authority, CA이 발행하는 전자정보 형태의 사이버 거래용 인감 증명서로, 인터넷 뱅킹이나 온라인을 통한 신용카드 거래에서 거의 필수적으로 사용되고 있다. 현재는 전자상거래, 사이버 금융거래, 각종 증명서 발급, 개인정보 조회 등에 널리 사용된다. 공인인증서에는 인증서 버전, 인증서 일련번호, 인증서 유효 기간, 발급 기관 이름, 가입자 이름 및 신원 확인 정보, 전자서명 방식 등이 포함된다.

인터넷 뱅킹이나 인터넷 쇼핑을 할 때 비밀키를 암호화한 비밀번호만 입력하면 자동으로 전자서명이 생성되어 공인인증서와 함께 첨부된다.

그림 7-9
공인인증서 사용의 예

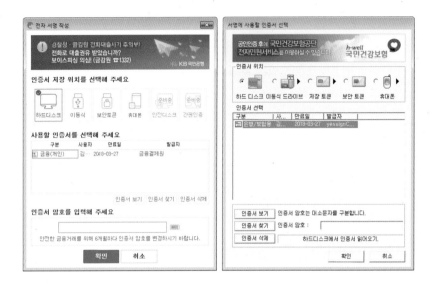

기타 인증시스템

최근에는 지문 인식, 홍채 인식, 얼굴 인식, 음성 인식, 손가락 인식 등 생체 조직을 이용한 인증시스템이 등장하고 있다. 이 중에서 지문인식시스템과 홍채인식시스템에 대해 간단히 살펴보자.

- **지문인식시스템:** 생체 조직을 이용한 인증시스템 중에서 가장 많이 사용되고 있는 것은 역시 지문이다. 지문인식시스템은 가격이 싸고 효율성이 좋으며 사용하는 데 거부감도 거의 없는 편이다. 하지만 손에 땀이 많거나 허물이 잘 벗겨지는 사람은 인증이 힘든 경우가 있다는 것이 단점이다. 또한 영화에서 가끔 나오듯 타인의 지문을 특수 셀로판지 등을 이용하여 도용하는 것처럼 악용하는 경우도 있다.

그림 7-10
지문인식시스템

© Shutterstock

- **홍채인식시스템:** 홍채는 인체 부위 중에서 개인 간의 차이를 가장 잘 나타낸다고 한다. 빛을 조절하는 홍채의 무늬는 생후 6개월경부터 형성되기 시작하여 두세 살이면 완전한 모양을 갖추는데, 이때 형성된 홍채 패턴은 사람마다 다르고 이후로 오랫동안 변하지 않는다. 이러

한 홍채 패턴의 차이점을 이용하는 홍채인식시스템을 활용할 수 있는 분야는 출입 통제, 근태 관리, 빌딩 통합시스템, 금융 자동화 기기, 컴퓨터 보안, 전자상거래 인증, 공항 정보시스템 등이다.

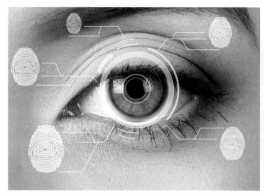

© Shutterstock

그림 7-11
홍채인식시스템

04 네트워크 보안시스템

네트워크 보안시스템network security system은 외부의 공격으로부터 내부의 시스템을 보호하는 시스템으로 소프트웨어와 하드웨어를 총망라한다.

방화벽

방화벽firewall은 외부의 공격으로부터 시스템을 보호하고 내부의 중요한 정보가 유출되지 않도록 차단하는 하드웨어와 소프트웨어를 말한다. 방화벽의 주요 목적은 외부 네트워크로부터 내부 네트워크를 보호하는 것이다. 외부 네트워크는 신뢰할 수 없으며 보안 침해의 원천이 되기도 한다. 또한 내부 네트워크의 보호는 허가되지 않은 사용자가 내부 네트워크의 정보에 접근하는 것을 막고, 허가된 사용자가 방해받지 않고 네트워크 자원에 접근할 수 있도록 하는 것이다. 방화벽의 주요 기능은 외부 네트워크의 접근 제어이며, 이 외에도 로깅과 감사 추적, 인증 및 데이터의 암호화 기능도 함께 수행하는 것이 일반적이다.

방화벽은 외부의 침입을 봉쇄하면서 동시에 네트워크 사이트의 호스트가 사용하는 서비스 중에 보안 취약점이 있는 NFS Network File System 나 NIS Network Information System 같은 편리한 서비스를 계속 안전하게 이용하거나, 보안 취약점이 있는 텔넷, FTP, HTTP 등 외부 호스트와의 상용 네트워크 서비스를 원활하게 제공할 수 있게 한다. 이러한 방화벽이 설치되어 있지 않을 때 해당 사이트 내의 호스트는 전적으로 호스트 단위 보안에 의존해야 하며, 모든 호스트가 상당 수준의 보안 상태를 유지하도록 해야 할 것이다. 그러나 호스트 수가 많으면 이러한 작업이 쉽지 않기 때문에 보안의 허점이 발생한다. 방화벽은 이와 같은 상황에서 해당 사이트 내에 존재하는 많은 호스트의 보안 상태를 전반적으로 향상하는 방법이다.

그림 7-12
방화벽의 개념

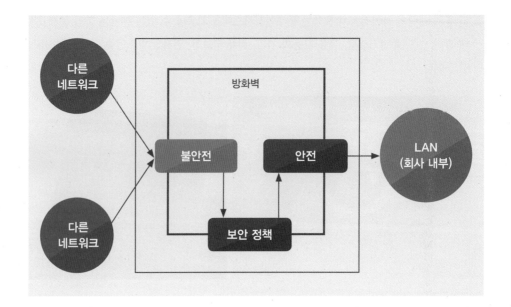

방화벽은 접근 제어 리스트를 통해 접근 제어를 관리한다. 특정 IP 주소의 트래픽을 허용하거나 거부하는 식으로 리스트를 관리하며, 서비스 단위로 접근 제어를 할 수 있다. 인터넷 서비스 제공업체와 같이 많은 일반 사용자에게 인터넷 서비스를 제공하는 경우, 모든 서비스에 접근을 허용하고 몇몇 서비스만 거부하는 방법을 사용한다. 반면 연구소나 중요 정보를 다루는 기업은 모든 서비스를 거부하고 특정 서비스를 허용하는 방법을 사용한다. 예를 들어 웹 서비스만을 할 때는 80번 포트만 허용하고 모든 포트를 닫는다. 이렇게 하면 유용성은 떨어지지만 보안성이 뛰어나다고 볼 수 있다.

패킷 단위로 IP 주소를 제어하는 방화벽을 패킷 필터링 방화벽packet filtering firewall이라 하고, 서비스 단위의 접근 제어를 제공하는 방화벽 형태를 프록시 서버proxy server라부른다. 다음 표에 방화벽의 종류별 기능과 장단점을 정리했다.

표 7-2
방화벽의 종류

종류	기능	장점	단점
패킷 필터링 방화벽	소스 및 목적지 IP 주소와 포트 번호를 이용하여 제어	단순하며 처리 속도가 빠름	단순해서 사용자별로 제어하지 못함
서킷 게이트웨이 방화벽	패킷 필터링과 비슷하지만 OSI의 다른 레벨에서 서킷을 만들어 동작	소스를 감출 수 있으며 단순하면서 사용자에게 투명성을 보장	각 클라이언트 측의 프로그램을 수정해야 함
애플리케이션 방화벽	소스를 감출 수 있으며 단순하면서 사용자에게 투명성을 보장	강력한 인증 및 부가적인 서비스 제공	투명성을 보장하지 못함
하이브리드 방화벽	위의 세 가지 유형을 경우에 따라 조합하여 사용	보안상 가장 효율적이고 유연성 있는 보안 정책 부여 가능	구축이 어려움

침입탐지시스템

침입탐지시스템Intrusion Detection System, IDS은 실시간으로 해당 지역에 외부인이 침투하는지 감시하고 이를 관리자에게 보고하는 기능을 수행한다. 침입탐지시스템은 설치 위치와 목적에 따라 호스트 기반 IDS Host-based Intrusion Detection System, HIDS와 네트워크 기반 IDS Network-based Intrusion Detection System, NIDS로 나눌 수 있다. 호스트 기반 IDS는 호스트에 설치되고 호스트의 동작과 상태 등을 분석하여 침입을 식별한다. 또한 네트워크 기반 IDS는 네트워크에서 독립된 하나의 시스템으로 설치되어 네트워크 트래픽 흐름을 분석하여 침입을 감시하는 침입탐지시스템이다.

침입탐지시스템의 특징은 여러 계층으로 구성된 각 보안 계층 지역의 침입 시 공격자의 시간을 지체시키는 것과, 침입자가 침입하는 동안 이를 관리자에게 통보하여 대응할 수 있도록 침입자의 다음 지역 침입을 재빨리 막고 피해를 최소화하는 것이다. 침입탐지시스템은 방화벽과 연동하여 운영하면 더 빨리 침입 사실을 파악할 수 있다.

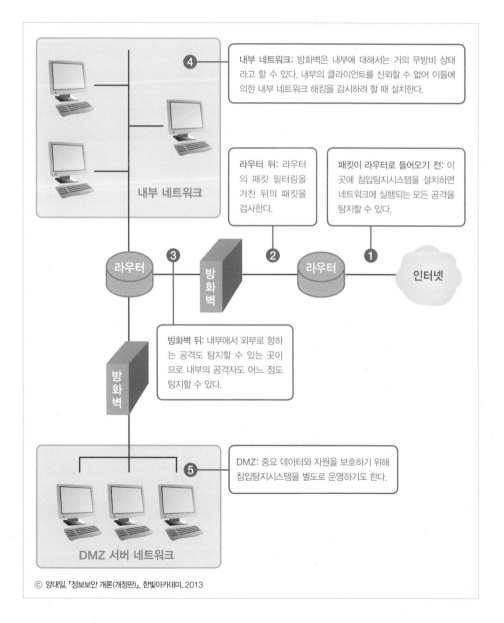

내부 네트워크: 방화벽은 내부에 대해서는 거의 무방비 상태라고 할 수 있다. 내부의 클라이언트를 신뢰할 수 없어 이들에 의한 내부 네트워크 해킹을 감시하려 할 때 설치한다.

라우터 뒤: 라우터의 패킷 필터링을 거친 뒤의 패킷을 검사한다.

패킷이 라우터로 들어오기 전: 이 곳에 침입탐지시스템을 설치하면 네트워크에 실행되는 모든 공격을 탐지할 수 있다.

방화벽 뒤: 내부에서 외부로 향하는 공격도 탐지할 수 있는 곳이므로 내부의 공격자도 어느 정도 탐지할 수 있다.

DMZ: 중요 데이터와 자원을 보호하기 위해 침입탐지시스템을 별도로 운영하기도 한다.

ⓒ 양대일, 『정보보안 개론(개정판)』, 한빛아카데미, 2013

그림 7-13
침입탐지시스템의 구조

01 정보시스템 보안은 정보시스템의 불법적 접근, 절취, 물리적 손상을 방지하기 위한 안전 관리 및 기술적인 대책을 총칭하며, 이를 위해 필요한 요소는 기밀성, 무결성, 가용성이다.

02 정보시스템 보안에 위협이 되는 요소는 여러 가지가 있는데, 그 발생 원인에 따라 우발적 위협, 컴퓨터 범죄, 컴퓨터 바이러스 등으로 분류할 수 있다.

03 악성 프로그램은 컴퓨터에 악영향을 끼칠 수 있는 모든 소프트웨어를 말하며, 악성 프로그램의 종류에는 컴퓨터 바이러스, 웜, 트로이 목마 등이 있다.

04 컴퓨터 바이러스는 하나의 악의적인 코드로 스스로를 복제하여 컴퓨터를 감염시키는 컴퓨터 프로그램의 일종이다. 웜은 독립적으로 자기복제를 실행하여 번식하는 컴퓨터 프로그램 또는 실행 가능한 코드이다. 트로이 목마는 정상적인 프로그램처럼 보이지만 실행하면 악성 코드를 실행하는 형태의 악의적 프로그램이다.

05 해킹은 다른 사람의 컴퓨터 또는 정보시스템에 침입하여 정보를 빼내는 행위를 말하며, 해킹의 종류에는 디도스, 스푸핑, 스니핑 등이 있다.

06 디도스는 분산 서비스 거부 또는 분산 서비스 거부 공격으로도 불린다. 스푸핑은 공격자가 MAC 주소, IP 주소, 이메일 주소와 같은 자신의 정보를 위장하여 정상적인 사용자나 시스템이 위장된 가짜 사이트를 방문하도록 유도하고 정보를 빼가는 수법이다. 스니핑은 코를 킁킁거리면서 음식을 찾는 동물처럼 데이터 속에서 정보를 찾는 것이라고 할 수 있다.

07 정보시스템 보안 기술은 컴퓨터 범죄를 억제하고 정보 자산을 보호하기 위한 기술 및 시스템을 말한다.

08 암호시스템은 대칭키 알고리즘을 이용한 대칭키 암호시스템과 공개키 알고리즘을 이용한 공개키 암호시스템으로 크게 분류할 수 있다.

09 인증시스템은 인증을 하고자 하는 주체에 대해 식별을 수행하고 이에 대한 인증 서비스를 제공하는 시스템이다.

10 네트워크 보안시스템은 외부의 공격으로부터 내부의 시스템을 보호하는 시스템으로 소프트웨어와 하드웨어를 총망라하며, 종류에는 방화벽, 침입탐지시스템 등이 있다.

11 방화벽은 외부의 공격으로부터 시스템을 보호하고 내부의 중요한 정보가 유출되지 않도록 차단하는 하드웨어와 소프트웨어를 말한다.

12 침입탐지시스템은 실시간으로 해당 지역에 외부인이 침투하는지 감시하고 이를 관리자에게 보고하는 기능을 수행한다.

01 정보시스템 보안을 위해 필요한 요소 중 다음 설명에 해당하는 것은?

> 인가된 사용자만 정보 자산에 접근할 수 있는 것을 의미한다. 일반적으로 자물쇠를 연상하면 이해하기
> 쉬운데, 자물쇠처럼 정보에 대한 비인가자의 접근을 막는 역할을 한다. 대표적인 예는 방화벽, 암호,
> 비밀번호 등이다.

① 기밀성　　　　② 무결성　　　　③ 가용성　　　　④ 보안성　　　　⑤ 사용성

02 정보시스템 보안의 위험 요소 중 우발적 위협에 해당하지 않는 것은?

① 많은 오류가 사람의 부주의와 소홀함으로 발생한다.

② 하드웨어 고장이나 소프트웨어 오류 문제는 항상 발생할 수 있다.

③ 데이터나 소프트웨어를 변조하여 금품을 횡령하거나 피해를 입히는 것이다.

④ 정보시스템의 각종 설비는 화재, 홍수, 폭풍, 지진 등 자연적인 원인으로 손상을 입을 수 있다.

⑤ 조작자의 피로나 부주의 등으로 절차를 지키지 않으면 시스템에 오류가 발생할 수 있다.

03 다음 설명의 (가), (나)에 들어갈 내용을 각각 쓰시오.

> • (　(가)　)는(은) 일부 컴퓨터 전문가나 사용자가 컴퓨터를 이용하여 불법적으로 행하는 고의 범
> 죄 행위를 총칭한다.
> • (　(나)　)는(은) 사용자의 컴퓨터 내부에 있는 프로그램이나 실행 가능한 데이터에 자신 또는
> 변형된 자신을 복사하는 명령어들의 조합이다.

(가) _____　　　　　　　　(나) _____

04 악성 프로그램의 종류 중 다음 설명에 해당하는 것은?

> 정상적인 프로그램처럼 보이지만 실행하면 악성 코드를 실행하는 형태의 악의적 프로그램이다. 이메
> 일이나 소프트웨어에 숨어 있다가 인터넷을 통해 특정 컴퓨터가 감염되면 해커가 감염된 컴퓨터의 정
> 보를 탈취한다.

① 트로이 목마　　　　　　② 컴퓨터 바이러스　　　　　③ 웜

④ 스파이웨어　　　　　　⑤ 키로거

05 컴퓨터 바이러스의 감염 증상 중 유형이 다른 것은?

① 디스크 파손 ② 파일 삭제 시스템 방지 ③ 부팅 시간의 지연

④ 파일 삭제 ⑤ 비정상적인 메시지 발견

06 다음 그림은 해킹의 종류 중 어떤 공격 형태를 나타낸 것인가?

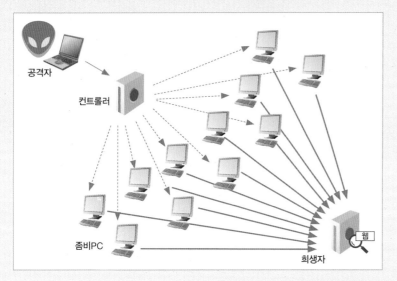

① 디도스 공격 ② 라우팅 공격 ③ 단편화 공격

④ 사전답사 공격 ⑤ 프로토콜 공격

07 다음 설명의 괄호 안에 들어갈 내용으로 적절한 것은?

> (   )의 사전상 의미는 '코를 킁킁거리다'인데, 코를 킁킁거리면서 음식을 찾는 동물처럼 데이터 속에서 정보를 찾는 것이라고 생각하면 된다. 이렇게 네트워크에서 주고받는 데이터를 도청하여 사용자의 ID, 비밀번호, 이메일 내용, 쿠키 등을 가로챈다.

① 패킷 교환망 ② 메시지 교환망 ③ 스니핑

④ 스푸핑 ⑤ 디도스

08 다음 설명의 괄호 안에 들어갈 내용을 쓰시오.

> (   )은(는) 컴퓨터 범죄를 억제하고 정보 자산을 보호하기 위한 기술 및 시스템을 말하며, 크게 암호화 기술, 인증 기술, 네트워크 보안 기술로 나눌 수 있다.

09 다음 중 대칭키 암호시스템의 특징으로 옳지 않은 것은?

① 비밀키 암호 알고리즘 혹은 단일키 암호 알고리즘이라고 한다.

② 송수신자가 동일한 키를 이용하여 암호화 및 복호화 과정을 수행한다.

③ 키의 개수를 적게 유지할 수 있으며 키를 전송할 필요가 없어 상대적으로 안전한 시스템이다.

④ 공개키 암호시스템보다 암호화 키의 크기가 상대적으로 작아서 효과적인 암호시스템을 구축할 수 있다.

⑤ 대표적으로 DES(Data Encryption Standard)와 IDEA(International Data Encryption Algorithm)가 있다.

10 다음 중 대표적인 공개키 암호시스템은?

① IDEA　　　　② PKI　　　　③ CA　　　　④ RSA　　　　⑤ DES

11 다음 중 전자서명이 제공하는 기능은?

① 위조 불가　　　　② 식별 불가　　　　③ 얼굴 인식

④ 음성 인식　　　　⑤ 손가락 인식

12 다음 설명의 (가), (나)에 들어갈 내용을 각각 쓰시오.

((가))는(은) ((나))이(가) 발행하는 전자정보 형태의 사이버 거래용 인감 증명서로, 인터넷 뱅킹이나 온라인을 통한 신용카드 거래에서 거의 필수적으로 사용되고 있다. 현재는 전자상거래, 사이버 금융거래, 각종 증명서 발급, 개인정보 조회 등에 널리 사용된다.

(가) _____　　　　　　(나) _____

13 인증시스템 중 다음 설명에 해당하는 것은?

• 생체 조직을 이용한 인증시스템 중에서 가장 많이 사용되고 있다.

• 가격이 싸고 효율성이 좋으며 사용하는 데 거부감도 거의 없는 편이다.

• 손에 땀이 많거나 허물이 잘 벗겨지는 사람은 인증이 힘든 경우가 있다는 것이 단점이다.

① 지문 인식　　　　② 홍채 인식　　　　③ 얼굴 인식

④ 음성 인식　　　　⑤ 손가락 인식

14 방화벽의 종류별 기능을 정리한 다음 표의 빈칸을 채우시오.

종류	기능
	소스 및 목적지 IP 주소와 포트 번호를 이용하여 제어
	패킷 필터링과 비슷하지만 OSI의 다른 레벨에서 서킷을 만들어 동작
	소스를 감출 수 있으며 단순하면서 사용자에게 투명성을 보장
	위의 세 가지 유형을 경우에 따라 조합하여 사용

15 다음 중 침입탐지시스템에 대한 설명으로 적절하지 않은 것은?

① 여러 계층으로 구성된 각 보안 계층 지역의 침입 시 공격자의 시간을 지체시킨다.

② 실시간으로 해당 지역에 외부인이 침투하는지 감시하고 이를 관리자에게 보고하는 기능을 수행한다.

③ 설치 위치와 목적에 따라 호스트 기반 IDS(HIDS)와 네트워크 기반 IDS(NIDS)로 나눌 수 있다.

④ 외부의 공격으로부터 시스템을 보호하고 내부의 중요한 정보가 유출되지 않도록 차단하는 하드웨어와 소프트웨어를 말한다.

⑤ 침입자가 침입하는 동안 이를 관리자에게 통보하여 대응할 수 있도록 침입자의 다음 지역 침입을 재빨리 막고 피해를 최소화한다.

01 정보시스템 보안이 기업 경영에 중요한 이유에 대해 토론하시오.

02 악성 프로그램으로 피해를 당했던 경험을 이야기해보고, 기업의 경영자 입장에서 이러한 피해를 막기 위해 취해야 할 행동을 발표하시오.

03 기업에 심각한 타격을 주었던 해킹 피해 사례를 조사하여 리포트를 작성하시오.

04 생체 조직을 이용한 인증시스템에 대해 알아보고, 미래에는 어떤 인증시스템이 나타날지 예측하여 발표하시오.

05 4차 산업혁명과 관련된 정보 기술 중에서 보안에 특히 신경 써야 할 기술이 무엇인지 찾아보고, 그 대비책에 대해 리포트를 작성하시오.

다음은 논문 「디지털 시대의 정보보호와 네트워크 보안」의 일부를 발췌한 것이다. 다음을 읽고 주어진 주제를 조사하여 리포트를 작성하시오.

오늘 아침 신문을 보니 어떤 해커가 인터넷을 통해 ○○은행의 컴퓨터 네트워크에 침투하여 수백억 원에 달하는 고객 예금을 몰래 빼내 간 사건이 보도되었다. 그 은행은 철저한 네트워크 보안을 자랑하던 곳이었다. 요즘에는 금융 사고가 터졌다 하면 작게는 수백억 원에서 크게는 수천억 원에 이르고, 그 대부분이 인터넷을 통한 해킹에 의한 것이다. 이런 세상에 젊은 애들은 도대체 무얼 믿고 모든 금융거래를 인터넷을 통해 하는가 말이다. 결국 출근하는 아들 등 뒤로 A 씨는 기어이 한소리를 하고 만다.

"얘 아범아, 그 인터넷 뱅킹이라는 거, 그거 좀 하지 마라. 어떤 놈이 언제 네 통장에서 몰래 돈을 빼갈지 알 수가 있냐? 꼭 해야 한다면 적은 액수만 들어 있는 통장을 따로 만들어서 해라. 사고가 나도 그 돈만 잃어버리도록…… 알았냐?"

아버님이 늘 하시는 이런 말씀에 아들은 크게 신경 쓰지 않는다. 인터넷 뱅킹은 공인인증서를 비롯하여 이중삼중의 안전망이 설치되어 있고, 이를 이용하는 사용자들의 컴퓨터에 해킹 툴이 있는지 자동적으로 검사하기 때문에 안전하다고 아무리 설득을 해도 아버님이 믿지 않으신다는 것을 잘 알고 있기 때문이다. 아들은 건성으로 "네." 하고는 출근길을 서두른다. A 씨는 아무리 이야기해도 아들이 또 인터넷을 이용하여 모든 금융 관련 업무를 볼 것을 잘 알고 있다. 그래서 더욱 불안하다. 언제 어떤 사고가 터질지 모르기 때문이다.

ⓒ 홍성걸, 「디지털 시대의 정보보호와 네트워크 보안」, 지역정보화, 제33권, 한국지역정보개발원, 2013

- 인터넷을 통한 금융거래 사고가 어느 정도 심각한지 최근의 사례를 조사하시오.
- 인터넷 뱅킹의 위험에 미리 대비할 수 있는 제도나 기술에는 무엇이 있는지 조사하시오.

PART 03

정보 기술 응용

전략정보시스템

학 | 습 | 목 | 표

- 전략정보시스템을 이해하고 경영전략과 경영 혁신에 대해 알아본다.
- 마이클 포터의 경쟁전략과 가치사슬 분석을 이해한다.
- BPR의 개념을 이해하고 절차와 효과를 파악한다.
- ERP 시스템과 CRM 시스템에 대해 알아본다.
- SCM 시스템과 PDM 시스템에 대해 알아본다.
- 산업별 정보시스템에 대해 알아본다.

SECTION 01 — 전략정보시스템의 이해

01 전략정보시스템의 개념

정보 기술은 그 자체로는 의미가 없고, 이를 활용하여 개인이나 기업이 비용을 줄여 생산성을 높이거나, 제품 및 서비스의 차별화를 통해 기업 경쟁력을 강화하는 도구로 사용해야 한다. 실제로 정보 기술은 정보혁명의 촉매가 되었으며 기업의 업무 구조 및 생산 방식을 근본적으로 바꾸어놓았다. 즉 정보 기술의 활용은 단순히 조직적 차원에서 효율성 제고를 통한 생산성 향상뿐만 아니라 기업 경쟁우위의 수단으로서 기업 성과를 증진하는 기업의 전략적 차원에서 검토되고 있다.

정보 기술을 경영전략에 활용하기 위해 구축한 정보시스템을 **전략정보시스템**Strategic Information System, SIS이라고 한다. 전략정보시스템은 산업 내의 경쟁우위 확보, 유지 및 계획을 지원하는 것을 주 기능으로 하는 시스템을 말한다. 초기의 전략정보시스템은 동일 산업 내에서 경쟁 회사와의 직접적인 경쟁을 돕기 위한 외부 지향적 시스템이었지만 1980년대 이후 내부의 생산성 향상을 지원하는 내부 지향적 시스템으로 발전했다. 시간이 지나면서 전략정보시스템을 다른 기업들이 차용하기 시작했고, 대부분의 기업이 비슷한 정보시스템을 사용하면서 결국 경영정보시스템MIS으로 연결되었다.

ⓒ Shutterstock

그림 8-1
전략정보시스템
정보 기술을 경영전략에 활용하기 위해 구축한 정보시스템이다.

02 경영전략과 경영 혁신

경영전략management strategy은 기업이 나아가야 할 미래의 방향을 설정하고, 기업의 목적과 목표를 달성하기 위한 행동 지침을 규정한 것을 말한다. 4차 산업혁명의 도래로 수많은 기업이 탄생하고 사라질 시점에 기업들은 그 어느 때보다 확실한 경영전략을 세울 필요가 있다.

그림 8-2
경영전략
변동하는 기업 환경하에 기업의 존속과 성장을 도모하기 위해 환경의 변화에 대해 기업 활동을 전체적·계획적으로 적응시켜나가는 전략을 의미한다.
ⓒ 두산백과

경영전략의 본질은 기업이 변화하는 것인데, 이러한 변화를 **경영 혁신**management innovation이라고 한다. 경영전략은 기업을 어떠한 수준에서 개발할 것인지에 따라 기업 전략, 사업부 전략, 기능별 전략으로 분류할 수 있다.

TIP **경영 혁신:** 기술 혁신에 수반하여 필연적으로 일어나는 경영상의 전반적인 혁신을 말한다. 혁신의 기본은 개성적인 경영 이념을 밑바탕으로 한 경영전략과 시스템화이다. 대량의 정보를 컴퓨터로 즉시 처리하고 경영 각부의 유기적 결속을 강화한다. 오늘날 경영의 이념과 방법을 몸에 익힌 전문 경영인의 출현과 경영정보시스템(MIS)의 정비에 따라 의사결정을 중핵으로 하는 경영 기능이 크게 혁신되는 추세이다.
ⓒ 매일경제 용어사전

기업 전략

기업 전략corporate strategy은 기업의 종합적인 관점에서 비전과 목표를 설정하고, 각 사업 분야에 경영자원을 배분 및 조정하는 활동을 의미한다. 즉 회사에서 수행하는 여러 사업을 정의하고, 각 사업부의 환경 및 성과를 분석하여 각 사업부에 자원을 어떻게 배분할지 결정하는 것으로, 최고경영자나 경영전략 입안자가 전략을 수립할 때 명확한 기획이 필요하다.

사업부 전략

사업부 전략business department strategy은 상대적인 관점에서 기업 전략에 종속된 하위 전략으로, 각 사업 단위에서 경쟁우위 확보를 위한 구체적이고 실천적인 전략을 수립하는 것을 의미한다. 대부분의 기업에서는 제품별로 다각화된 사업부를 두고 사업부별로 별도의 사업 계획을 수립하는데, 이 사업 단위를 전략 사업 단위Strategic Business Unit, SBU라고 한다. 전략 사업 단위는 기업에서 비슷한 제품이나 서비스를 생산하는 모든 경영 활동을 서로 결합하여 소규모 기업체와 같이 독립성을 가지고 기업 전체의 경영 목표에 맞게 경영전략을 수립해야 한다.

기능별 전략

기능별 전략functional strategy은 경영 기능별 세부 전략을 의미한다. 경영 기능은 기업의 목표를 달성하기 위한 기능으로 대부분 기획, 생산, 마케팅, 인사, 재무, 연구·개발, 경영 정보시스템 등으로 분화되어 있다. 기능별 전략은 기업 전략과 사업부 전략을 전개하는 과정에서 자금과 인력 등 내부 자원의 배분과 기능 분야의 활동을 조정하여 기업의 전략적 목표 달성에 중요한 역할을 한다. 예를 들어 특정 사업부서의 경영전략이 신제품 개발이라면 연구·개발 부서의 기능별 전략은 신제품을 개발하기 위한 구체적인 계획을 작성하는 것이다.

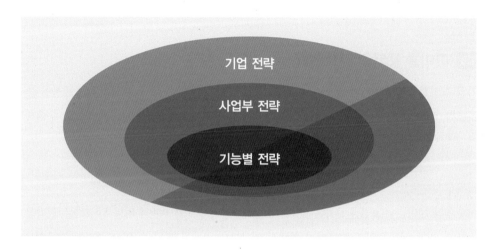

그림 8-3
경영전략의 수준

PLUS NOTE | 경영전략 프로세스

경영전략 프로세스는 기업의 경영전략을 완벽하게 구체화하고, 경영전략을 실행하기 위해 각각의 책임 영역을 규정하는 것을 목표로 하는 활동이다. 경영전략 프로세스는 다음과 같다.

❶ **경영 환경 분석:** 외부 환경 분석 및 내부 역량 분석은 경영전략을 수립하는 데 중요한 기초 자료가 되며, 분석의 수준 및 기법 선택은 올바른 경영전략 수립의 원천 정보이다. 경영전략 수립 및 실행 평가의 과정은 일반적인 경영 기술로 경영자의 능력과 경험에 따라 이루어진다. 경영 환경 분석은 경영에 직간접적으로 영향을 끼치는 요인을 계량적·정성적으로 추출하는 것이다. 경영 환경 분석에 통계 및 예측 기법을 비롯한 경영과학 기법이 사용되기도 하는데, 무엇보다도 중요한 것은 환경의 변화를 미리 감지하는 것이다. 이처럼 환경의 변화를 감지하는 것은 경영자의 능력이다. 경영 환경 분석을 통해 기업의 강점과 약점, 기회와 위협이 도출된다.

❷ **경영전략 수립 및 실행:** 경영 환경 분석을 토대로 기업의 목표 설정 및 CSF를 도출하고, 이를 최소의 자원으로 이룰 수 있는 단위 전술을 수립한다. 이때 많은 대안 중에서 더 중요한 것을 선택하고 덜 중요한 것을 버리는 선택과 집중의 결단이 필요하다. 전략이 수립되면 변화 관리 등을 통해 전략의 내용을 전 구성원이 공유하고 수행한다.

TIP **CSF:** 기업이나 개인이 성공하기 위해 반드시 수행해야 하는 핵심적인 요소이다. CSF는 숫자가 제한되어 있으며, 이를 잘 관리하면 개인 및 부서 또는 기업 전체의 성과가 향상되는 특징이 있다.
ⓒ 이강원·손호웅, 『지형 공간정보체계 용어사전』, 구미서관, 2016

❸ **경영전략 평가:** 경영전략이 추진됨에 따라 경영자는 기업이 전략 목표를 향해 올바른 방향으로 진행되고 있는지 수시로 또는 중요한 단계마다 보고받고, 전략 계획과 비교·검토하여 전략의 목표를 달성할 수 있도록 적절히 통제한다.

03 마이클 포터의 경쟁전략

TIP 마이클 포터: '현대 전략 분야의 아버지'라 불리는, 명실공히 경영전략의 세계 최고 권위자이다. 피터 드러커, 톰 피터스와 함께 세계 3대 경영석학으로 평가받은 바 있다. 저서 『경쟁전략』(1980), 『경쟁우위』(1985), 『국가 경쟁우위』(1990) 3부작은 '경영전략의 바이블이자 마스터피스'로 공인받고 있다.
ⓒ 해외저자사전

기업 경영전략의 최고 권위자인 마이클 포터는 기업이 취할 수 있는 경쟁전략을 비용우위, 차별화, 집중화로 구분했다. 이러한 세 가지 경쟁전략 중 어느 하나를 효율적으로 수행하기 위해서는 전력투구와 이를 뒷받침하는 조직상 정비가 필요하다.

비용우위 전략

비용우위 전략 overall cost leadership strategy 은 산업에서의 비용우위를 달성하는 전략을 말한다. 비용상의 우위를 확보하기 위해서는 규모의 경제를 꾀할 수 있는 설비를 적극적으로 갖추고 경험의 축적을 통한 원가 절감을 모색해야 한다. 그 밖에 원가와 총경비의 철저한 통제와 수지를 맞추기 어려운 거래의 회피, 연구·개발이나 서비스, 판매요원, 광고 등의 분야에서 비용을 최소화하는 노력이 필요하다. 이러한 목표를 달성하려면 경영관리층이 원가 관리에 관심을 기울일 필요가 있다.

차별화 전략

차별화 전략 differentiation strategy 은 기업이 판매하는 제품이나 용역을 차별화하는 전략이다. 차별화를 성취하는 접근 방식은 디자인과 상표의 이미지를 이용하는 방법, 기술을 이용하는 방법, 독특한 특성을 이용하는 방법, 고객 서비스를 이용하는 방법 등 여러 가지가 있다. 확실한 차별화 전략을 위해 여러 가지 접근 방법 중 몇 가지를 동시에 채택하여 추진해야 한다. 또한 차별화는 신규 진출을 노리는 기업의 경우 고객의 신뢰를 얻고 그 제품의 독특성을 극복해야 하는 어려운 과제를 안겨줌으로써 진입 장벽의 구실도 하게 된다. 차별화로 높은 수익을 얻게 되면 원자재를 공급하는 회사들의 영향력을 쉽사리 배제할 수 있을 뿐만 아니라 구매자들의 압력도 극복할 수 있다.

집중화 전략

집중화 전략 focusing strategy 은 특정 구매 집단이나 생산 라인별 부문, 또는 지역적으로 한정된 시장을 집중적인 목표로 삼는 전략이다. 차별화와 마찬가지로 집중화 전략도 여러 가지 형태가 있다. 비용우위 전략이나 차별화 전략은 산업 전체를 대상으로 목표를 추구하지만, 집중화 전략은 특정한 목표만을 집중적으로 겨냥하면서 모든 기능적 방책을 이에 맞추어 전개해나가는 것이다.

그림 8-4
마이클 포터의 경쟁전략

04 가치사슬 분석

가치사슬value chain은 기업에서 경쟁전략을 세우기 위해 자신의 경쟁적 지위를 파악하고 이를 향상할 수 있는 지점을 찾는 데 사용하는 모형이다. 가치사슬은 기업의 내부를 볼 수 있는 강력한 도구이기 때문에 가치사슬 분석은 경쟁우위의 잠재적 원천을 파악하는 방법론이 된다. 이 모형은 기업의 자원 배분을 최적화하기 위해 기업의 내부 핵심 역량이 외부 경쟁 환경과 어떻게 통합될 수 있는지를 제시한다.

가치사슬 분석value chain analysis은 경쟁전략의 목표에서 시작한다. 경쟁전략의 목표는 가치 전달에 사용되는 비용을 초과하는 고객의 가치를 창조하는 것이며, 이것은 바로 기업 이익의 원천이 된다. 고객의 가치는 기업이 수행하는 일련의 가치 창조 활동에서 발생한다.

마이클 포터는 기업의 가치사슬이 제품 또는 서비스를 디자인·생산·마케팅·유통·지원하기 위해 기업이 수행하는 모든 활동과 프로세스로 구성된다고 보았다. 기업의 가치사슬과 기업이 개별 활동을 수행하는 방식은 기업만의 고유한 역사와 전략, 실행 접근법, 활동 그 자체와 관련된 경제적 행위를 반영한다. 마이클 포터는 이 모든 활동을 본원적 활동과 지원 활동으로 구분했다. 이와 같은 활동 전체의 비용보다 더 적게 고객에게 부과된 가격이 기업의 수익을 결정한다. 원료 공급자와 구매자도 그들 자신만의 본원적 활동과 지원 활동으로 구성된 가치사슬을 가지고 있다. 전체적으로 이 모든 가치사슬이 산업 차기 시스템을 구성하는 것이다.

가치사슬 분석은 총체적 산업의 맥락에서 기업을 전략적으로 관련이 있는 여러 가지 가치 창조 활동으로 분해할 수 있다. 이러한 분석적 접근법은 산업의 수익률과 경쟁우위 창출에 필요한 전략적 통찰력을 제공한다. 가치사슬 분석의 두 가지 주요 목적은 비용우위를 확보하기 위한 기회와 제품·서비스 차별화 속성을 창조할 수 있는 기회를 파악하는 것이다. 기업은 저비용으로 이러한 활동의 일부 또는 전부를 수행하거나 경쟁사보다 고객 가치 차별화의 수준을 높여 경쟁우위를 확보한다.

PLUS NOTE | 마이클 포터의 5-Force 분석

마이클 포터는 저서 『경쟁전략(Competitive Strategy)』에서 기존 기업 간의 경쟁, 새로운 진입 기업의 위협, 대체 상품의 위협, 구매자의 교섭력, 공급자의 교섭력, 이 다섯 가지를 산업의 매력을 결정하는 중요한 요소라고 강조했다. 마이클 포터의 5-Force 분석은 지금까지도 기업에서 산업 환경을 분석하는 유용한 분석 도구로 사용되고 있다.

마이클 포터가 말한 경쟁 요인 다섯 가지는 모두 산업의 경쟁 강도와 수익성을 동시에 결정하지만, 그중 가장 유력한 한 요인이나 복수의 요인이 지배적인 영향을 미치는 만큼 전략을 수립할 때는 이러한 유력한 요인을 중요시해야 한다. 예를 들어 잠재적 진출 기업이 별다른 위협이 되지 않을 만큼 특정 산업의 시장에서 매우 확고한 기반을 다져놓은 기업이라 할지라도 품질이 더 좋고 값이 싼 대체품이 등장하면 수익률이 떨어지고 말 것이다.

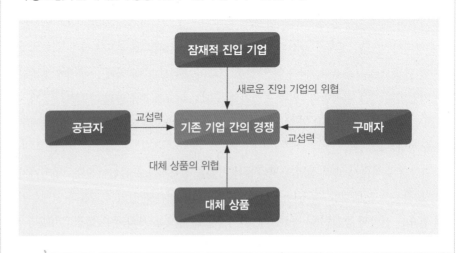

BPR

정보 기술은 기업이 경쟁우위를 차지할 수 있도록 경영 혁신을 도와주는 도구이다. 정보 기술을 활용한 경영 혁신을 BPR Business Process Reengineering 이라고 한다.

01 BPR의 개념

BPR이 등장하게 된 배경으로 급격한 기업 환경의 변화를 들 수 있다. 국가 간, 지역 간 통합 경제 체제의 출현으로 다국적 글로벌 기업이 출현했으며, 정보 기술의 급격한 발전으로 국가 간 경계를 넘어 전 세계로 경쟁 지역이 확대되었다. 그러면서 기업 간 무한경쟁 시대가 되었고, 소비자의 주권이 강화되어 고객 만족이 경쟁우위의 최대 지표가 되었다.

또 다른 이유로는 정보 기술의 빠른 발전을 들 수 있다. 새로운 정보 기술이 시장 지향적이면서 고객 만족을 이룰 수 있는 새로운 도구로 발전하면서 기존의 작업 설계, 업무 흐름, 통제 기능 및 조직 구조가 변화했다. 그러면서 현재와는 다른 경쟁 환경에 대처할 수 있도록 통제 대신 혁신, 신속성, 서비스, 품질 등의 새로운 기업 목표에 맞추어 조직의 구조를 재정비하고 있다.

BPR은 정보 기술을 활용하여 조직 구성원의 직무 만족을 극대화하고 직무 재설계를 통해 조직을 근본적으로 재설계하며, 이로써 고객 만족의 향상으로 경쟁우위를 창출하는 것이다.

> **TIP** 마이클 해머(Michael Hammer)와 제임스 챔피(James Champy)는 BPR을 비용, 서비스, 속도와 같이 현재 중요한 평가 척도의 급격한 향상을 위해 업무 프로세스를 본질적으로 재고하고 재설계하는 것이라고 정의했다. 또한 토머스 대븐포트(Thomas Davenport)는 BPR을 경영 혁신, 정보처리 기술과의 유기적 결합을 이용한 업무 프로세스의 재구축이라고 정의했다.

02 BPR과 정보 기술

정보 기술은 BPR을 수행하는 데 핵심 기반이다. 정보 기술을 BPR에 적용할 때 가장 중요한 것은 정보 기술에 대한 사고를 전환하는 것이다. 과거에는 정보 기술을 활용하는 방안이 부서별 업무 단위의 자동화에 불과하고, 개별 업무의 자동화가 정보 기술을 융통성 있게 활용하지 못해 오히려 경영 혁신에 장애물이 되었다.

BPR을 이용하면 정보 공유를 통해 동시공학적 작업으로 업무 방식을 재편할 수 있다. 하지만 프로세스가 재설계되지 않은 채 정보 기술을 접목하면 단순 자동화에 불과하며 기업의 성과에 연결되지 못하거나 그 효과가 반감될 수 있다.

> **TIP** **동시공학적 작업:** 순차적인 단계로 진행되던 과거의 제품 개발과 달리, 전체 프로세스를 담당하는 모든 부서가 통합된 정보통신망과 전산시스템의 지원 아래 동시 진행과 상호 교류로 제품 개발의 성공 가능성을 높이고 개발 기간과 비용을 줄이는 방법이다.
> © IT용어사전

표 8-1
정보 기술에 의해 와해되는 과거
규칙의 예

주요 정보 기술	과거의 규칙	새로운 규칙
공유 데이터베이스	정보는 한 번에 한 장소에만 존재할 수 있다.	정보는 필요할 때 동시에 여러 장소에 존재할 수 있다.
선문기 시스템	전문가만이 복잡한 전문 지식이 요구되는 일을 수행할 수 있다.	일반인도 전문가의 일을 할 수 있다.
정보통신 네트워크	기업은 집중화 또는 분산화 중 하나를 선택해야 한다.	기업은 집중화와 분산화의 장점을 동시에 가질 수 있다.
의사결정지원시스템	경영관리자가 모든 의사결정을 수행한다.	의사결정은 모든 조직 구성원의 업무 중 일부이다.
무선 데이터 통신 및 휴대용 컴퓨터	현장 사원들은 정보의 수신·저장·검색·전송을 위한 사무실이 필요하다.	현장 사원들은 장소에 구애받지 않고 정보를 주고받을 수 있다.
대화식 비디오 디스크	잠재적 고객과의 가장 좋은 접촉 방법은 개인적 접촉이다.	잠재적 고객과의 가장 좋은 접촉 방법은 효과적 접촉이다.
자동 식별 및 추적 기술	사물이 어디에 있는지 알려면 찾아보아야 한다.	사물이 스스로 자신이 있는 곳을 알려준다.
게이트웨이	계획이 주기적으로 수정된다.	계획이 즉시 수정된다.

© 김은홍, 『경영정보학 개론』, 다산출판사, 2001

03 BPR과 프로세스

BPR 이전, 과거의 기업들은 대량생산에 적합한 분업의 원칙과 부서 단위로 나누어진 기능 위주의 관리, 다단계 계층 구조로 된 관리 조직에 따라 업무를 수행했다. 하지만 정보사회에서는 이러한 업무 처리 방식이 적합하지 않아 과거에 분산되었던 작업을 다시 통합하여 하나의 일관성 있는 프로세스로 재조직화하게 되었다. 또한 프로세스적인 관점에서는 최종 고객이 느끼는 시간에 초점을 맞추어 부서와 연계되는 시간을 어떻게 단축할지가 관건이 되었다. 그리하여 BPR을 이용한 프로세스 설계를 통해 기업 내에서 일이 진행되는 방식이 행동 지향적이면서 고객을 위해 가치를 생산하는 업무 처리 절차 중심의 구조로 변화되었다.

그림 8-6
BPR로 인한 프로세스의 변화

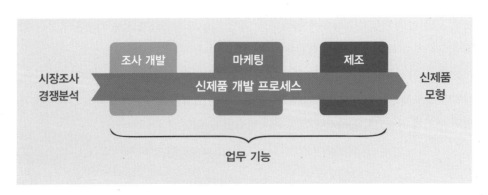

'비즈니스 리엔지니어링'의 창시자인 마이클 해머와 '세계 3대 경영전략 애널리스트'인 토머스 대븐포트는 BPR의 원칙을 각각 제시했다.

마이클 해머가 제시한 BPR의 원칙은 다음과 같다. 첫째, 업무 위주가 아닌 결과 위주로 경영한다. 최종 산출물을 획득하는 고객이 성과를 평가할 것이기 때문에 고객의 입장에서 평가해야 한다는 것이다. 둘째, 프로세스의 결과를 받는 사람이 프로세스를 수행하게 한다. 프로세스의 산출물을 받는 부서나 사람이 프로세스를 수행하면 업무의 중복이나 책임 전가에 따른 문제를 제거할 수 있다. 셋째, 정보처리 업무를 정보를 제공하는 실제 업무로 만든다. 과거에는 정보수집 부서와 정보처리 부서가 별개의 독립된 조직이어서 정보의 신속성이나 정확성에 문제가 발생했다. 따라서 정보를 취득하는 부서나 사람이 정보를 제공하게 해야 한다. 넷째, 지역적으로 분산된 자원을 중앙에 집중한다. 과거에는 지역적으로 흩어진 자원을 중앙에 집중하기 어려웠지만, 오늘날에는 통신 네트워크를 이용하여 흩어진 자원을 중앙에서 총괄 관리하여 운영할 수 있다. 다섯째, 업무는 단순 통합이 아닌 연계가 가능하도록 한다. 정보가 공유되지 않고 관료주의적인 업무 방식을 정보 공유를 통해 재개편한다. 여섯째, 업무 수행 부서에 결정권을 부여하고 프로세스 내에서 관리한다. 업무 수행 부서에 결정권이 없으면 신속한 의사결정이 이루어지지 않는다. 일곱째, 정보는 발생 지역에서 한 번만 처리한다. 정보가 각 부서로 전달될 때 동일한 정보가 반복 처리됨에 따라 추가적인 처리 비용뿐만 아니라 정보의 누락 및 변질의 가능성이 커진다.

한편 토머스 대븐포트는 다음과 같은 BPR의 원칙을 제시했다. 첫째, 프로세스 대상은 전사적인 차원에서 선정하되, 여러 사업부가 어울려 있는 경우에는 특정 사업부를 중심으로 전개하는 것이 좋다. 둘째, 리엔지니어링은 개선 활동을 무시하는 것이 아니라 병행해야 한다. 셋째, 팀을 구성할 때는 각 팀원이 책임과 권한을 가질 수 있는 프로세스가 확립되어야 한다. 넷째, 리엔지니어링은 범기능적 접근 방식이므로 철저한 하향 접근 방식으로 이루어져야 한다. 다섯째, 프로세스의 목표는 다소 과도하게 설정되어야 한다.

마이클 해머(왼쪽)와 토머스 대븐포트(오른쪽)

04 BPR의 절차

기업 환경과 대상 프로세스, 방법론에 따라 실행 절차에 약간의 차이가 있지만, 기본적으로 BPR을 추진하는 절차는 토머스 대븐포트가 제시한 BPR의 5단계가 일반적이다. 최근 기업에서는 정보시스템 구축을 더욱 효율적이고 효과적으로 수행하기 위해 정보 전략 계획인 ISP Information Strategy Planning를 BPR과 함께 수행하는 경우가 늘어나고 있다.

1단계: 사업 비전과 프로젝트별 목표 개발

BPR은 단순히 프로세스의 합리화나 그 자체만으로는 충분하지 않으며, 기업의 비전과 목표를 고려하여 프로젝트의 목적에 맞는 전체적 프로세스의 재설계가 이루어져야 한다. 따라서 가장 먼저 1단계에서는 사업의 비전과 프로젝트별 목표를 개발해야 한다.

2단계: 재설계 대상 핵심 프로세스 선정

2단계에서는 재설계 대상에 따라 핵심 프로세스를 선정한다. 핵심 업무 중에서 재설계해야 할 프로세스를 결정하기 위해서는 전체 업무를 규명하고, 각 프로세스의 재설계 업무를 긴급 정도에 따라 정하거나 조직에 영향이 큰 업무를 우선 선택하는 방법을 사용한다.

3단계: 기존 프로세스 이해 및 분석

3단계에서는 기존 프로세스를 이해하고 분석한다. 프로세스를 재설계하기 전에 먼저 현재의 프로세스를 이해하고 평가한다. 현재의 업무 운영상 문제점을 파악하여 문제가 발생하는 것을 미연에 방지하고, 정확하게 측정 및 분석하여 향후 개선 기준으로 삼기 위해 필요한 단계이다. 기존 업무를 이행함으로써 혁신해야 할 부분을 선정하고 재설계에 필요한 정보 기술을 파악한 후, 조직 구조의 조정 사항을 확인하여 전체적 프로세스의 전략을 수립한다.

4단계: 필요한 정보 기술 탐색

4단계는 필요한 정보 기술을 탐색하는 단계이다. 필요한 정보 기술을 탐색하기 위해서는 사례를 분석하거나 정보 기술 목록을 이용하는 것이 효과적이다. 특히 정보 기술의 도입에 따른 조직적 영향을 신중히 고려해야 한다. 이 과정에서 정보 기술은 단순히 기존 프로세스를 지원하는 도구로 사용될 수도 있고, 새로운 프로세스를 설계하는 전략적 기회로 사용될 수도 있다.

5단계: 새로운 프로세스 원형 설계 및 구축

마지막 단계에서는 프로세스 원형을 개발하고 구축한다. 조직적·기술적 측면을 고려하여 새로운 프로세스의 프로토타입을 설계하고 이를 시범적으로 운용해본다. 이러한 새로운 프로세스의 시범 운용을 통해 조직적·기술적 측면에서의 저항과 문제점, 개선 사항을 발견하고 이를 해결해나간다.

TIP **토머스 대븐포트:** 피터 드러커, 톰 프리드민과 함께 '세계 3대 경영전략 애널리스트'로, '신경제의 마스터 10인', 'e-비즈니스 구루 25인', '세계 최고의 컨설턴트 25인'으로 선정되었다. 하버드 경영대학원, 뱁슨대학, 다트머스 대학 터크경영대학원 등의 교수를 거쳐 현재 액센추어전략변화연구소 소장을 맡고 있다.

TIP **프로토타입:** 본격적인 상품화에 앞서 성능을 검증·개선하기 위해 간단히 핵심 기능만 넣어 제작한 기본 모델을 말한다. 시제품, 견본품이라고도 한다.

© 시사상식사전

그림 8-7
BPR의 5단계

```
사업 비전과          재설계 대상          기존 프로세스
프로젝트별 목표 개발  ▶  핵심 프로세스 선정  ▶  이해 및 분석
                                              ↓
새로운 프로세스 원형                           필요한
설계 및 구축      ◀                           정보 기술 탐색
```

05 BPR의 효과

기업이 BPR을 통해 얻을 수 있는 효과는 다음과 같다.

● **고객 만족 추구에 따른 비용 절감:** 고객 만족을 추구한 결과 제품과 부품의 표준화가 이루어진다. 표준화로 인해 부품의 수가 감소하면 부품 개발이 감소하고 인원도 감소한다. 즉 사이클타임과 개발 기간 또는 생산 기간이 단축된다.

● **프로세스의 효율화, 고성능화 도모:** 비즈니스 프로세스마다 조직의 효율과 성능을 높인다.

● **비효율적 업무 배제:** 분업화로 발생한 업무의 폐해를 제거하고 권한 위양과 조직의 플랫flat화를 추진한다. 또한 팀에 의해 분업의 범위를 확대하고 분업의 형태 및 프로세스의 구조 자체를 바꾼다.

● **사이클타임 단축:** 사이클타임을 단축하면 비용이 절감되어 변화 대응형 기업이 된다. 즉 기업은 변화에 신속히 대응할 수 있다.

● **기업의 틀 제거:** 기업의 틀을 넘어 기업 내 개인을 네트워크로 묶는다.

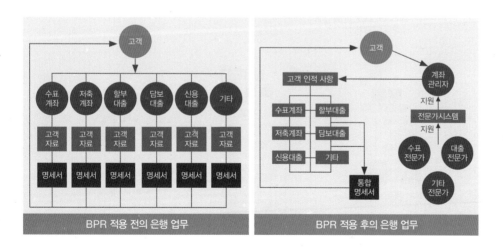

그림 8-8
BPR 적용 전후의 은행 업무 비교

전략정보시스템 솔루션

우리나라 기업은 글로벌 정보사회에서 경쟁우위를 확보하기 위해 20세기 말부터 다양한 정보시스템 솔루션을 도입하기 시작했다. 최근에는 더욱더 강력한 IT 솔루션인 ERP, CRM, SCM, PDM 등을 적극적으로 기업 경영에 활용하고 있다.

01 ERP 시스템

기업의 시장이 확장되면서 생산·물류 거점이 국내외 여러 곳에 흩어져 있어 글로벌 프로세스 관리global process management 및 최적의 공급사슬 구축이 더욱 필요해졌다. 이에 따라 생겨난 것이 바로 '전사적 자원 관리', 즉 ERP Enterprise Resource Planning 이다.

ERP는 기업의 생산, 물류, 재무, 회계, 판매, 구매, 재고 등 기간 업무 프로세스를 통합적으로 연계 및 관리해주며, 기업 내외부적으로 발생하는 정보를 서로 공유하고 새로운 정보를 생성하며 빠른 의사결정을 도와주는 기업 통합 정보시스템을 말한다. 기업의 업무 처리 방식을 선진화하여 한정된 기업의 자원을 효과적으로 관리하고 업무를 좀 더 원활하게 수행할 수 있도록 지원하는 정보시스템인 것이다. 한마디로 객체 기술과 분산 데이터 처리 개방형 구조를 받아들여 분산화·개방화한 시스템으로 개발되어 경영정보시스템을 지원하는 대표적인 정보시스템이다.

TIP 공급사슬관리(SCM): 새로운 정보 기술과 기업의 자원을 수요에 맞게 배치하여 조직을 재구축하고, 수요가 최종 소비자에게 정확히 공급되도록 하여 기업의 업무 효율성을 강화하는 최적화 프로세스를 말한다. 기업들은 SCM을 통해 고객 서비스의 수준을 높이면서 비용도 최소화하여 경쟁력을 향상할 수 있다.
ⓒ 시사경제용어사전

그림 8-9
ERP 시스템
기업의 기간 업무 프로세스를 통합적으로 연계 및 관리해주는 정보시스템이다.

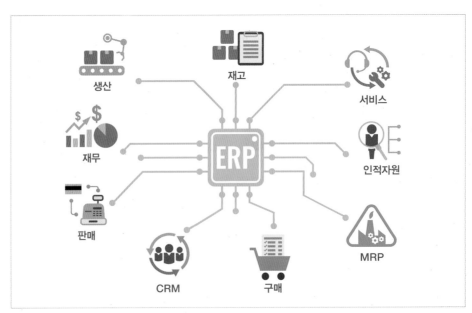

ⓒ Shutterstock

ERP 시스템의 도입 배경

ERP의 최종 목표는 기업의 자원인 인력, 금전, 자재, 기계를 통합적으로 관리하여 시너지 효과를 창출하고, 이를 통해 고객 만족을 달성하는 데 있다. 기업들이 경쟁우위를 달성하기 위해 ERP를 전략적으로 도입한 배경은 다음과 같다.

- **경영 환경의 악화:** 국내 기업을 둘러싸고 있는 경영 환경은 인건비의 상승, 고급 인력의 절대적 부족, 사회간접자본의 미흡, 금융 비용의 과다, 그리고 제품 설계, 핵심 부품, 생산 설비의 지나친 해외 의존으로 인해 기업의 경쟁력이 날로 약화되고 있다. 이러한 시점에 새로운 정보시스템 기술의 도입과 이를 통한 생산 전략의 혁신에 관심이 높아져 ERP가 이러한 문제를 해결할 수 있는 새로운 대안으로 부각되었다.

- **전산 비용 절감:** 전산 비용을 획기적으로 절감할 수 있다. 즉 ERP 시스템을 구축함으로써 기존의 정보시스템 개발과 유지보수 비용의 획기적인 절감이 가능하다.

- **신속한 대응의 필요성:** 급격하게 짧아지는 제품의 수명주기와 날로 다양해지는 소비자의 요구에 기업이 전사적으로 대응하기 위해 ERP가 절대적으로 필요하다.

- **리엔지니어링의 수단으로 활용 가능:** ERP는 리엔지니어링의 가시적인 실천 수단으로 활용할 수 있다는 기대감이 있다.

1990년대에 미국에서 시작된 리엔지니어링의 성과가 기대에 못 미친 것은 이를 지원하는 핵심 정보 기술이 부족했기 때문이다. 하지만 이제 ERP는 기업의 모든 단위 활동을 통합하여 기업 활동이 실시간으로 수행될 수 있도록 도와준다.

ERP 시스템의 발전 과정

ERP는 역사적으로 자재 소요량 계획에서 비롯되었다. 자재 관리 합리화에 획기적으로 이바지한 MRP Material Requirements Planning, Manufacturing Resource Planning 는 1980년대 들어서 생산 자원 계획으로 확대되었고, 1990년대에는 단위 업무에 대한 정보를 전사적으로 관리하는 ERP로 발전하게 되었다. ERP 시스템의 발전 과정은 다음과 같다.

❶ **MRP(Manufacturing Resource Planning):** 1970년대에 등장한 MRP(제조 자원 계획)는 기업의 재고를 줄일 목적으로 제안되었으며, 단순한 자재 수급 관리를 위한 시스템이었다. 이 시대에는 자재 소요량 계획, 제품의 구성 정보, 표준 공정도, 기준 생산 계획, 재고 기록 등의 기준 정보를 근거로 기업 자원의 비능률적인 활용이나 낭비를 제거하는 것이 주목적이었다.

❷ **MRP II(Manufacturing Resource Planning II):** 1980년대에 출현한 MRP II는 자재뿐만 아니라 생산에 필요한 모든 자원을 효율적으로 관리하기 위한 것으로 MRP가 확대된 개념이다.

❸ **ERP(Enterprise Resource Planning):** ERP는 기업의 목적을 달성하기 위한 일련의 활동을 한정된 자원(제조 자원, 인력 자원, 수송 자원 등)을 이용하여 효율적으로 수행할 수 있

TIP MRP: 컴퓨터를 이용하여 최종 제품의 생산 계획에 따라 그에 필요한 부품 소요량의 흐름을 종합적으로 관리하는 생산관리시스템을 말한다.
© 지식경제용어사전

도록 도와주는 기업 통합 정보시스템이다.

❹ **ERP II(Enterprise Resource Planning II):** ERP II는 기존 ERP의 기능인 기업 내 자원 활용의 최적화뿐만 아니라 기업 간의 생산, 운영 및 재무상의 협업을 통해 고객과 주주의 가치를 증대하는 산업에 특화된 애플리케이션의 집합이자 새로운 비즈니스 전략이다. ERP II 는 특정 산업 또는 특정 산업에 속해 있는 기업의 비즈니스 프로세스 최적화를 지원하는 것은 물론, 기존의 ERP가 가지고 있던 범용 기업 애플리케이션으로서의 기능을 기업 간 또는 산업 간에 협업이 가능하도록 완벽히 통합하는 기능을 수행한다.

그림 8-10
ERP 시스템의 발전 과정

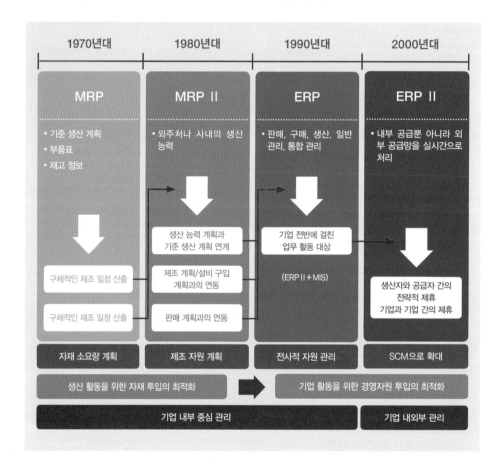

ERP 시스템의 구축

일반적인 ERP 시스템 구축 방법은 자체 개발 방법과 ERP 패키지 시스템을 구매하여 자사 환경에 맞게 수정하는 방법이 있다. 시스템을 자체적으로 개발하려면 먼저 프로세스 공학을 바탕으로 한 실무 지식이 필요하며, 객체화 기술이 중심이 된 첨단 소프트웨어 개발 기술이 필수적이다. 현재 대부분의 기업에서는 자체 개발하여 시스템을 구축하기보다는 패키지를 도입하여 ERP를 구축하고 있는데, 이는 패키지를 도입하는 것이 여러 가지 측면에서 장점이 많기 때문이다. 특히 패키지 도입을 통한 ERP 시스템의 구축은 자체 개발보다 비용을 절감하고 위험 요소를 줄일 수 있다. 또한 빠른 시간 내에 적응하고 세계적인 최고급 정보 기술을 활용할 수 있다는 것이 장점이다. ERP 시스템을 구축하여 기대할 수 있는 효과는 다음과 같다.

- **업무 효율 증대:** 기업 내 또는 기업 간 업무가 하나의 데이터베이스로 통합되기 때문에 관련 데이터의 일원화와 공유가 가능하고 업무 간의 의사소통이 원활해져 업무 효율을 높여준다.

- **비용 절감:** ERP는 선진 프로세스를 내장하고 있는 BPR(경영 혁신)의 지원 도구로, 기업의 업무 처리 방식을 최적화하고 정보시스템의 비용을 절감해준다. 또한 통합 데이터베이스를 통한 정보의 접근과 공유로 데이터의 중복이나 오류, 재입력에 따른 비용이 최소화된다.

- **신속한 의사결정 강화:** 기업의 업무 과정에서 발생하는 데이터를 일원화하고 계속 변화하는 경영 상황에 대한 정보를 신속 정확하게 경영 하층부까지 제공하기 때문에 빠른 의사결정이 가능하다.

- **투명성 제고:** 회계 등 관련 업무의 자동화로 경영의 투명성을 높인다.

- **높은 고객 만족도:** 수주 처리에서 출하, 회계 처리까지 일련의 업무 통합으로 고객의 요구에 신속 정확하게 대응하여 고객의 만족도를 높여준다.

ERP 시스템의 업무 기능

ERP의 기능은 생산, 생산 관리, 설계, 재무, 회계, 영업, 인사 등의 순수 관리 부문과 경영 지원 기능을 포함한다. ERP는 단순한 정보시스템이 아니라 혁신적인 업무 처리 방식이나 구조를 본질적으로 개혁하여 업무의 생산성을 극대화하는 강력한 통합 솔루션이다. 즉 이전의 모든 기업 활동은 영업이 완료된 후 생산 계획이 수립되고 공장이 가동되는 순차적인 구조이지만, ERP는 기업 내의 모든 정보를 실시간으로 통합 처리하면서 비능률적인 업무 프로세스가 발견되면 경영 재설계를 통해 반드시 개선시키는 개념이다.

ERP 패키지의 기능은 큰 업무 단위로 업무를 보기 때문에 공급사별로 뚜렷한 차이가 나타나지 않는다. 기업을 운영하는 데 필요한 기본적인 업무 기능은 대부분 공급사가 다 같이 제공하기 때문이다. 그러나 공급사별로 업무 기능을 구분하는 기준의 차이와 이러한 모듈별로 각기 다른 이름을 붙이는 데에서 오는 혼란이 있다. 또한 ERP 패키지별 규모에 따른 추가적인 기능이나 기능의 깊이에 많은 차이가 있다.

- **통합 업무 시스템:** 기존 정보시스템은 회계, 영업, 생산 등 분업화된 부문의 요구에 따라 제각각 데이터베이스를 사용하여 업무 간 정보시스템으로 통합되지 못해 비효율적이었다. ERP 패키지는 로지스틱스logistics, 제품 개발, 재무 등의 기업 내 모든 업무를 실시간으로 연동시킨 통합 시스템이다.

- **통합 데이터베이스:** 기존 정보시스템은 판매, 생산, 회계, 인사 등 개별 업무 시스템을 위한 개별 데이터베이스를 구축했는데, 이는 개별 데이터베이스 간 코드 체계의 불일치를 발생시켰다.

TIP 로지스틱스: 본래 의미는 병참(兵站)이지만 유통 합리화의 수단으로 채택되어 원료 준비, 생산, 보관, 판매에 이르는 과정에서 물적 유통을 가장 효율적으로 수행하는 종합 시스템을 가리키게 되었다.

02 CRM 시스템

CRM Customer Relationship Management은 기업이 고객과 관련된 자료를 분석하여 고객

중심으로 자원을 집중하고, 이를 바탕으로 고객의 특성에 맞는 마케팅 활동을 하는 과정이다. CRM 시스템은 '고객관계관리시스템'이라고도 한다.

정보사회에서 CRM은 e-CRM으로 진화하는데, e-CRM은 고객 관계 마케팅customer relationship marketing이 인터넷 비즈니스에 확장된 개념으로, 현대 마케팅의 주요 핵심 수단인 목표 마케팅target marketing의 세분화 전략을 인터넷 비즈니스에 활용한 것이다. 단 한 명의 고객까지 세분화하여 고객의 개별화된 특성을 파악하고 맞춤 서비스를 제공하는 데 그 목적이 있다.

그림 8-11
CRM
고객 중심으로 자원을 집중하고 이를 바탕으로 고객의 특성에 맞는 마케팅 활동을 하는 과정이다.

ⓒ Shutterstock

PLUS NOTE | e-CRM

인터넷 마케팅의 주요 수단으로 e-CRM이 많이 소개되고 있다. e-CRM을 구현하기 위해 데이터웨어하우징(data warehousing), 데이터마이닝, OLAP 등이 사용되며, 특히 장바구니 분석과 같은 데이터마이닝에 대한 연구가 많이 진행되고 있다. 또한 고객 데이터의 군집화 및 세분화, 분류 및 예측, 연관성 분석 등을 통해 고객의 개인적인 성향을 밝히려는 노력을 하고 있다. 다음과 같은 장점 때문에 이미 기업들은 e-CRM 시스템으로의 전환을 완료했다.

- 자사의 웹 사이트를 통해 고객의 행동 패턴을 효과적으로 추출할 수 있다.
- 고객지원시스템을 통해 고객 지원에 들어가는 비용과 인력을 줄일 수 있다.
- 시간과 장소에 구애받지 않고 고객에게 서비스를 제공할 수 있다.
- 고객 정보의 실시간 관리가 가능하여 고객 정보의 분석이 수월하다.
- 고객과의 일대일 커뮤니케이션이 가능하다.

CRM 시스템의 전략은 기존 고객이나 잠재 고객 모두 대상으로 삼을 수 있다. 또한 기존 판매 상품뿐만 아니라 새로운 상품을 대상으로 전개할 수도 있다. 하지만 CRM 시스템의 전략 원칙은 기존 고객의 관리라는 것을 잊지 말아야 한다. CRM 시스템의 전략은 다음

과 같다.

- **고객 유지 전략:** 고객이 구매한 제품에 대한 다양한 정보를 제공하여 구매 제품에 호의적인 태도를 갖게 한다. 동시에 구매 고객에게 개인적인 관심을 표명함으로써 가치 있는 고객으로 대접받고 있다는 감정을 갖게 할 수도 있다.

- **고객 활성화 전략:** 빈도가 상대적으로 높은 소비재의 경우에는 상표 충성도의 제고, 사용 빈도 증가 등의 고객 활성화 전략이 필요하다. 이를 위해서는 기존 고객에게 인센티브를 제공하거나 샘플링, 쿠폰, 경품 등의 판매 촉진 전략과 결부한 마케팅 활동을 전개해야 한다.

- **교차 판매 전략:** 기업이 다양한 제품을 생산하는 경우에 유용한 전략으로, 신제품의 판매를 위해 기존 제품의 데이터베이스를 이용하는 것이다. 특히 제품 간의 연관성이 높을수록 더욱 효과적인 교차 판매가 가능하다.

- **과거 고객 재활성화 전략:** 상품 및 서비스를 구매한 경험이 있는 고객은 거래 실적이 전혀 없는 고객에 비해 가치 있는 고객으로 전환될 가능성이 더 크다. 이를 위해서는 과거 고객에 대한 데이터베이스를 유지·관리해야 한다. 과거 실적을 면밀히 분석하는 동시에 거래를 중단하게 된 이유도 파악할 필요가 있다. 이러한 분석을 통해 가치 있다고 판단되는 고객에게는 비용 효율적인 마케팅 활동을 전개해나갈 수 있다.

- **신규 고객 확보 전략:** 구매 가능성 정도에 대한 고려 없이 무작위로 잠재 고객을 추출하여 데이터베이스 마케팅 활동을 전개하는 것이다. 이 전략은 제품 문의를 통한 고객 리스트 확보 등의 중간 단계를 거치지 않기 때문에 사전 작업에 드는 비용이나 시간을 절약할 수 있지만 잠재 고객의 신규 고객화 비율이 낮다.

TIP **교차 판매:** 금융 회사가 자체 개발한 상품에만 의존하지 않고 다른 금융 회사가 개발한 상품까지 판매하는 적극적인 판매 방식을 말한다.
© 두산백과

고객 분류	타깃	전략	고객 분류	타깃	전략
기존 고객	기존 상품	• 고객 유지 전략 • 고객 활성화 전략 • 고객 충성도 전략	잠재 고객	신상품	• 교차 판매 전략
				신규 고객	• 신규 고객 확보 전략
				과거 고객	• 재활성화 전략

표 8-2
고객의 분류 및 전략

03 SCM 시스템

SCM Supply Chain Management 시스템은 '공급사슬관리시스템'이라고도 하며, SCM에 대해 알려면 먼저 공급사슬의 개념을 이해해야 한다. 공급사슬은 고객, 소매상, 도매상, 제조업자, 부품 및 자재 공급자 간의 정보를 서로 공유하여 생산성을 높이고자 하는 개념으로, 상품의 공급 과정을 시장 상황에 최적화함으로써 경영의 효율을 높이는 것이 목적이다.

SCM은 기업 전체의 최적화에 머물렀던 정보, 물류, 현금에 관련된 업무 흐름을 공급사슬 전체의 관점에서 재검토하여 정보의 공유화와 업무 처리의 근본적인 변혁을 꾀하고 공급사슬 전체의 효율을 향상하려는 경영 방식을 말한다.

그림 8-12
SCM 시스템
공급사슬을 관리하는 시스템이다.

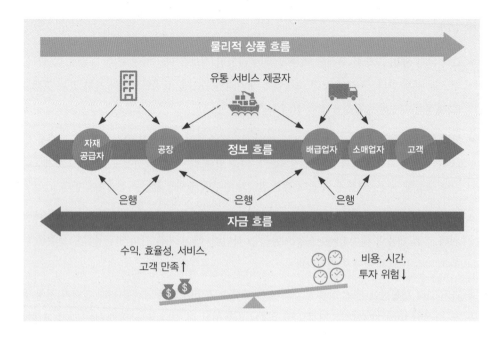

SCM이 중요하게 인식되는 이유는 다음과 같다.

- **기업 활동의 글로벌화:** 생산, 부품 조달 및 구매, 보관 및 물류, 운송, 판매 및 유통 등의 기업 활동이 글로벌화됨에 따라 공급사슬의 리드타임 lead time 이 길어지고 불확실해졌다. 이에 따라 글로벌한 공급사슬 및 물류의 합리적인 계획, 관리와 조정, 통제가 중요해졌다.

- **다품종 소량생산:** 고객의 다양한 요구에 맞추어 제조·납품해야 하는 다품종 소량생산이 보편화되었다. 따라서 재고 및 물류 관리의 효율성을 높이기 위해서도 SCM이 중요해졌다.

- **기술의 발전:** ERP 등에 의해 기업 내 프로세스가 정보화되고, EDI, 인터넷, 웹, 전자상거래 등의 기술이 급속히 발전했다. 이에 따라 공급사슬 간의 프로세스를 적극적으로 통합할 수 있게 되어 관련 개념 및 기법 보급이 확산되고 있다.

TIP 리드타임: 주문부터 소비자에게 제품이 전달되기까지의 소요 시간을 의미한다.

PLUS NOTE | SCM의 주요 목표

- 납품 수행도↑
- 주문별 납기 준수율↑
- 수요 증가 대처에 걸리는 시간↓
- 종업원당 부가가치 생산성↑
- 현금 회수 기간↓

- 주문 충족 성과↑
- 변화에 대한 공급망의 적응 소요 시간↓
- 물류 관련 총비용↓
- 고객 만족도↑
- 재고에 의한 공급 가능 기간↓

SCM 시스템의 발전 과정

SCM의 기원은 MRP이다. MRP는 고객으로부터 주문을 받고, 제품을 만들 원자재를 어느 정도 구매해야 하는지 결정하기 위해 사용되었다. 취급하는 제품의 종류가 많아지고 재고 상황도 고려해야 하는데 이를 수작업으로 해결하는 데 한계에 도달했기 때문에 기업은 정보시스템을 도입하게 되었다. 이후 회계시스템과 연계되면서 MRP II로 발전했다. 또한 기업의 모든 정보시스템을 통합적으로 관리하는 ERP가 새로운 정보 기술로 등장하고 인터넷이 발달하면서 SCM이 기업의 유통망을 연결하는 최신 정보 기술로 자리 잡았다.

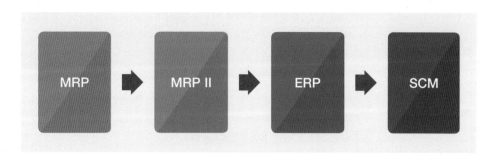

그림 8-13
SCM 시스템의 발전 과정

SCM 시스템의 구성

SCM 시스템은 SCP Supply Chain Planning와 SCE Supply Chain Execution로 구성된다. SCP는 공급사슬을 구성하는 다양한 요소(제조 공장, 유통센터, 공급자)의 관계를 파악하고, 시장 수요를 예측하여 공급사슬 전체에 대한 최선의 계획을 수립하는 것을 말한다. 또한 SCP는 물류 및 제조, 구매 부분의 계획 기능을 동기화·효율화하는 것을 목적으로 한다.

표 8-3
고객의 분류 및 전략

기능		효과	
• 수요 예측	• 기준 생산 계획(MPS)	• 재고 감축	• 리드타임 단축
• 재고 계획	• 일정 계획	• 자원 가동률 향상	• 고객 서비스 제고
• 거점 관리	• 자재 소요량 계획(MRP)		
• 생산 할당	• 구매 계획		
• 운송 계획	• 자원 능력 계획 또는 용량 계획		

SCE는 공급사슬의 구매, 운송, 생산, 배송, 제품 인도 과정을 더욱 효율화하고, 소비자에게 서비스를 효과적으로 전달하는 실행적 활동이며, 수요와 공급의 균형이 맞는 효율적 실행을 목적으로 한다.

- **SCE 주문관리시스템:** 상품의 주문, 견적 기능과 주문 현황을 비롯하여 배송, 주문 취소, 입금, 반품 등 고객과의 연결 통로 역할을 한다.

- **SCE 구매관리시스템:** 자재 조달에 필요한 공급자 평가 및 발주, 입하 처리를 하는 공급자와의 연결 통로 역할을 한다.

- **SCE 창고관리시스템:** 화물의 입출고와 관련된 하역과 창고 내의 보관 위치, 적재 방법, 화물의 품질, 보관 효율 증대, 재고 이동, 조정, 폐기 등의 활동을 효율적으로 처리하기 위한 시스템이다.

- **SCE 운송관리시스템:** 운송에 필요한 정보를 신속히 수집하여 이를 가장 효율적으로 관리하고, 최소의 비용과 최단 경로로 수송을 제공하는 시스템이다.

표 8-4
SCE 주문 관리 순서

SCE 주문 관리	설명
❶ 고객 주문 등록	• 구매 계획에서 구매처, 단가 정보를 설정한 후 구매 계획을 확정하고 자동 발주 처리를 토대로 등록한다. • 주문 품목에 따라 납기 일자 관리와 가격 결정/운송 경로를 정하여 주문 정보를 완성한다. • 고객이 직접 주문 품목을 등록하고 ATP를 실행한다. • 고객이 등록한 주문에 대해 현재 공급사는 주문 접수부터 출하까지의 진행 상황을 모니터링한다. • 고객 주문 정보는 ERP의 주문 정보로 자동 연계된다.
❷ ATP(Available To Promise) 계산	고객 주문 등록과 연계되어 주문 등록하는 품목에 대해 주문량만큼의 물량이 어느 창고에 있는지, 또는 이미 확정된 생산 스케줄에 따라 언제 생산될 예정인지 신속하게 검토하여 고객에게 가능한 납기 기한을 제공한다.
❸ CTP(Capable To Promise) 계산	공급사가 고객으로부터 수주할 때 생산 스케줄 등을 종합적으로 검토하여 주문에 대해 납품 가능한 시점을 산출하여 제공하고, 필요시 고객과의 협의를 거쳐 납기 기한을 확정한다.
❹ 출하 지시 처리	출하 지시 처리를 완료하면 출하 품목에 대한 거래명세서가 자동으로 생성되어 고객에게 전송 및 출력된다.
❺ 입고 확인 처리	발주 제품이 창고에 도착하면 고객은 공급자 제품 출하 정보를 참조하여 제품 입고를 확인한다. 입고 확인 승인으로 공급자에게 납품 제품이 정상적으로 입고되었음을 자동 통보한다.
❻ 매출계산서 발행	거래명세서의 정보를 참조하여 공급사는 매출계산서를 자동 생성하거나, 출고되어 고객으로부터 입고 확인된 정보를 참조하여 매출계산서를 수동으로 작성하고 출력할 수 있다. 매출계산서의 정보는 ERP의 회계 이관 처리를 통해 회계전표로 이관된다.
❼ 고객 주문 진행 상황 모니터링	고객이 등록한 주문에 대해 공급사는 주문 정보 접수 여부와 진행 상황을 실시간으로 모니터링한다.

그림 8-14
SCM 시스템의 구성

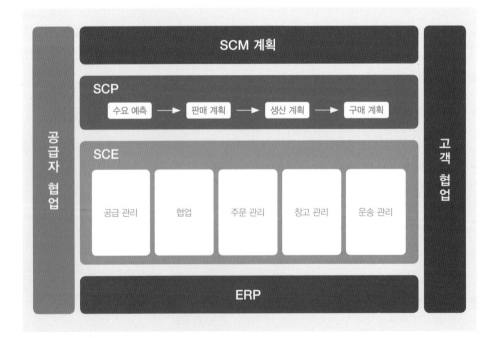

표 8-5
SCE 구매 관리 순서

SCE 구매 관리	설명
❶ MRP 기반 구매 지시	• **자동 구매 지시**: 구매 계획에서 구매처와 단가 정보를 설정한 후 구매 계획을 확정하고 자동 발주 처리를 실행하면 구매처별로 발주 문서가 자동으로 생성되어 각 구매처에 전송된다. 발송된 구매처별 발주 정보는 ERP 시스템의 발주 정보에 자동 연계된다. • **수동 구매 지시**: 주로 간접 자재에 대한 구매 지시 처리이다. 발주서를 작성한 후 발주 처리를 실행하면 구매처별로 발주 문서가 자동으로 생성되어 각 구매처에 전송된다. 발송된 구매처별 발주 정보는 ERP 시스템의 발주 정보에 자동 연계된다.
❷ 자동 재고 보충	재고 보충 대상 품목의 재고가 재주문점 이하가 되면 자동으로 재주문점을 계산하고 재고 보충 품목의 재주문량을 생성한다.
❸ 구매 지시 확정 및 승인	구매 지시에 의해 발주 정보가 생성된다. 생성된 발주 정보가 공급사 주문접수시스템에 연계되어 발주 정보에 대해 응답 회신을 한다. 공급 물량에 대한 응답 회신 정보를 토대로 발주사는 구매 지시를 확정하고 회신 정보를 승인한다.
❹ 구매 선적	공급사는 주문 정보를 참조하여 출하 계획을 수립하고 확보된 공급 물량의 출하를 구매 지시서에 따라 처리한다. 구매 선적이 완료되면 자동으로 매출 거래명세서와 매출 세금계산서가 생성되어 고객사로 전송된다.
❺ 자재 입고 확인 처리	공급사로부터 납품된 품목을 참조하여 입고를 확인하고 입고가 완료되었음을 공급사에 자동 통보하며, 입고 확인 처리를 통한 입고 품목 정보는 ERP 시스템의 입고 정보로 자동 연계된다.
❻ 매입계산서 수령	공급사의 매출 세금계산서를 근거로 매입계산서를 자동으로 생성할 수 있으며, 입고 확인된 정보를 참조하여 매입계산서를 수동으로 작성하고 매입계산서를 발행한다. 매입계산서의 정보는 ERP 시스템의 회계 이관 처리를 통해 회계전표로 이관된다.
❼ 구매 모니터링	자동 및 수동 구매 지시 처리된 발주 정보를 기준으로 공급사에 접수되는 과정부터 납품하는 과정까지의 공급 흐름을 모니터링한다. 발주 담당자는 공급 계획의 이상 유무를 실시간으로 모니터링하여 변동된 사항을 즉시 판매 및 생산, 구매 계획에 반영하여 조정한다.

MIS 특강 | SCM 응용 시스템

SCM 응용 시스템에는 APS, QR, ECR, CRP, CPFR, ATP, CTP, TOC, SCC 등이 있다.

- **APS(Advanced Planning and Scheduling)**: 고객 납기, 부품의 입수 가능성, 생산 능력의 요소를 동시에 고려하고 공급사슬 활동의 동기화 등을 추가로 고려하여 재고의 극소화를 꾀하며 현실적으로 가능한 공급 계획의 선택안을 제시한다.

- **QR(Quick Response)**: 고객과 생산자 사이에 걸쳐 있는 경로상의 많은 재고를 줄여 제품 공급사슬의 효율성을 극대화하는 방법으로 정확한 장소, 정확한 시간, 적절한 가격으로 적합한 제품을 얻는다.

- **ECR(Efficient Customer Response):** 전체 공급사슬에서 서로 간의 이익 극대화를 위한 데이터 공유, 기술, 비용 및 표준에 집중하여 판매자(제조업체)와 구매자(소매업체)가 서로 협력하게 함으로써 상호 이익을 얻는 기법이라고 할 수 있다.

- **CRP(Continuous Replenishment Program):** 제조업체가 유통센터 출하 데이터에 근거하여 유통센터의 재고를 직접 보충한다는 의미이다. 즉 일방적으로 상품을 밀어내는 것이 아니라 유통센터 출하 데이터에 근거하여 상품을 보충한다. 점포 입장에서 보면 고객의 구매 행동에 입각한 보충 활동을 하기 때문에 결과적으로는 고객의 구매 행동에 따라 제품 보충이 결정되는 것과 동일하다.

- **CPFR(Collaborative Planning, Forecasting, Replenishment):** 공급자와 소매자의 비즈니스 프로세스와 시스템을 통합하고 정보를 공유하는 것으로, 종래의 파트너십을 개선하는 것을 말한다.

- **ATP(Available To Promise):** 보유한 재고 품목에 대해 주문량만큼의 물량이 어느 창고에 있는지, 또는 이미 확정된 생산 스케줄에 따라 언제 생산될 예정인지 신속하게 검토하고 고객에게 가능한 납기 기한을 제공하여 영업을 지원한다.

- **CTP(Capable To Promise):** 공급사가 고객으로부터 수주할 때 자사의 생산 스케줄 등을 종합적으로 검토하여 고객의 주문에 대해 납품 가능한 시점을 산출하여 제공하고, 필요시 고객과의 협의를 거쳐 납기 기한을 확정하는 업무 방식이다.

- **TOC(Theory of Constraints):** 조직의 목표를 달성하는 데 제약이 되는 요인을 찾아 개선하는, 기능 중심이 아니라 프로세스 중심의 경영 혁신 기법이다. 즉 MRP의 약점을 보완하여 OPT Optimization Product Technique 라는 생산스케줄시스템을 정보시스템으로 구현한 것이다.

- **SCC(Supply Chain Coordinator):** 복수 기간의 전반적인 물류 소요량을 기반으로 동 기간 내 구매, 생산, 운송, 재고와 같은 다양한 형태의 물류 계획을 최적의 비용 개념으로 수립하는, 공급사슬관리의 전술적인 솔루션이다.

04 PDM 시스템

PDM Product Data Management 시스템은 '제품관리시스템'이라고 부른다. **PDM**은 기업 간 전자상거래 구현에 중요한 역할을 담당하며, 제품 정보의 관리와 공유를 위해 동시공학적 접근 방법으로 전자적 문서 관리를 처리하게 하는 전자상거래 지원 도구이다.

PDM은 제품 설계도, 부품 구성도, 각종 규격서, 설계 분석서, 하드카피 등 제품의 수명 주기에 발생하는 제품 데이터를 통합하여 효과적으로 관리하고, 제품의 개발이나 수정에 필요한 제품 관련 데이터의 흐름을 효율화하는 시스템이다. 제품과 관련된 모든 정보를 통합적으로 관리하고, 기능 중심의 각 부서에서 독립적으로 관리하는 제품 데이터와 CAD/CAM, EDM, MRP, 워크플로/그룹웨어 등 기업에서 활용되는 응용 소프트웨어를 효과적으로 연결하여 기업의 생산성과 경영의 효율을 개선하고자 고안된 것이 PDM이다.

TIP CAD/CAM: 컴퓨터를 이용하여 제품을 설계하고 그 설계 데이터를 토대로 공작기계 등을 작동하는 NC(수치제어) 테이프를 작성하여 자동 생산하는 시스템을 말한다.

PDM은 제품과 관련된 모든 정보를 제품 구조와 동기화하여 통합적으로 관리하는 데 필요한 응용 프로그램으로, 필요한 시점에 그 정보를 정확히 전달할 수 있도록 지원한다. 이러한 PDM의 기능은 제품 데이터 관리 기능과 프로세스 관리 기능으로 구분된다.

- **제품 데이터 관리 기능:** 제품 데이터 관리 기능은 컴포넌트 분류 기능, 문서 분류 기능, 제품의 구조 관리 기능 등 세 가지 관점으로 세분된다. PDM에서 컴포넌트는 업무의 필요에 따라 사용자가 쉽게 검색할 수 있도록 계층형 네트워크 구조의 다양한 클래스로 분류되어 데이터베이스에 저장된다. 컴포넌트나 어셈블리와 관련된 문서는 설계도, 3차원 모델링, 기술자료, 스프레드시트 파일과 같은 형태의 클래스로 분류할 수 있으며, 각각의 문서에 대한 파트, 문서 번호, 작성자, 작성일 등의 속성을 가진다. 이와 동시에 컴포넌트와 문서의 관계를 정의하고 관리할 수 있다. PDM은 제품 데이터를 물리적 관계뿐만 아니라 제조, 재무, 유지보수 등 제품주기 각 단계에 필요한 형태로 구조화하여 표현할 수 있다.

- **프로세스 관리 기능:** 데이터 관리 기능은 데이터에 대한 접근과 참조 및 상호 참조가 쉬운 형태로 데이터를 구조화하는 기능이다. 이러한 데이터 관리 기능의 프로세스를 생성하고 수정하는 방식은 작업 관리 기능, 작업 흐름 관리 기능, 작업 이력 관리 기능 등 세 가지로 분류할 수 있다. 작업 관리 기능은 작업 수행의 결과 데이터에 어떤 변화가 발생했는지 관리하는 것이다. 한 제품이 개발되어 상품화되기까지 수명주기의 각 단계에서 무수히 많은 변경이 발생한다. PDM은 엔지니어가 변경에 무관하게 작업할 수 있도록 기존 데이터와 변경된 신규 데이터를 모두 보관하고 이에 대한 정확한 정보를 제공하므로 필요한 버전의 데이터를 검색하여 사용할 수 있다. 그리고 작업 흐름 관리 기능은 필요한 정보를 필요한 시점에 필요한 사용자에게 제공하여 업무의 효율을 높여준다. 또한 작업 이력 관리 기능은 지금까지 진행된 작업의 내력을 구조화하여 관리하는 것을 말한다.

SECTION 04

산업별 정보시스템

정보시스템은 산업별로 오랫동안 발전해왔기 때문에 산업의 특징이 잘 반영되어 있다. 이절에서는 병원정보시스템, 호텔정보시스템, 물류정보시스템, 부동산정보시스템의 특징을 간단하게 살펴보자.

01 병원정보시스템

병원정보시스템Hospital Information System, HIS은 1960년대 중반 미국과 유럽의 몇몇 국가에서 의료정보학의 일부분과 병원 업무를 접목하면서 등장한 것으로, 우리나라에서는 1970년대 말 의료보험 제도의 시행이 계기가 되어 원무 행정 중심으로 병원 정보화가 이루어졌다. 1980년대에는 원무 행정 정보화가 확대되어 병동 OCS Order Communication System가 도입 및 운영되기 시작했다.

1990년대에 원무 행정, 병동 OCS, 외래 OCS, 진료 지원 등 병원의 모든 업무에 대한 정보화가 진행되었고, 2000년대에는 전자 의무 기록Electronic Medical Record, EMR, 의료 영상 전달Picture Archive Communication System, PACS, 원격 진료telemedicine, 전과 전사적 자원 관리ERP 등이 도입되었다. 다가오는 4차 산업혁명 시대에는 더 큰 발전이 이루어질 것이다.

© 박찬석·이현우·고석하, 「병원정보시스템 사용성에 대한 실증연구」, *Information Systems Review*, 2008

그림 8-15
병원정보시스템
EMR, PACS, 원격 진료, ERP 등이 도입되었다.

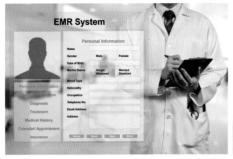

© Shutterstock

02 호텔정보시스템

호텔에 적용되는 정보 기술은 호텔의 크기, 이용 고객 등에 따라 다양하고 표준화되지는 않았지만, **호텔정보시스템**을 총괄하는 **PMS** Property Management System 라는 용어가 공

274 Part 03. 정보 기술 응용

통적으로 사용되고 있다. 호텔에서의 PMS는 정보 흐름의 허브로서 예약 모듈, 체크인, 체크아웃, 고객 계정, 고객 기록, 객실 경영 등의 업무 처리를 수행한다.

호텔 컴퓨터화의 초기 시도 중 하나는 1963년 객실 운영을 자동화하기 위해 IBM의 미니컴퓨터를 설치한 뉴욕 힐튼호텔에서 이루어졌다고 한다. 그러나 기술적인 한계로 체크인 과정에 많은 인력이 필요했으며, 고객의 불만을 야기하는 운영의 비효율성을 촉발했다.

1960년대에 컴퓨터 시스템은 기본적인 호텔 기능을 자동화하는 강력한 도구로 묘사되었다. 다른 산업의 컴퓨터 활용에 영향을 받아 회계, 임금, 예약, 재고 통제 등과 같은 반복적인 직무의 자동화가 이루어졌다. 이 단계에서 컴퓨터 활용의 목적은 운영의 효율성을 높이고, 시간을 절약하며, 직원을 감축하는 것이었다. 이 무렵 하드웨어는 사용자를 고려한 디자인이 아니었고, 프런트 운영의 자동화에 소홀했으므로 성공적이지 못했다.

컴퓨터가 발달하여 1970년대에는 호텔 산업에서 컴퓨터를 저렴하고 더욱 쉽게 사용할 수 있게 됨으로써 마케팅과 통제 기능에까지 컴퓨터 시스템을 적용했다. 세부적이고 정확한 프런트오피스 front office 거래의 기록을 통해 정확한 고객 정보를 얻어 마케팅 부분을 더욱 효과적으로 운영할 수 있었다. 더욱이 백오피스 back office 에 의해 만들어진 많은 양의 데이터는 시기적절하고 분석적인 통제 정보를 제공할 수 있었기 때문에 경영층은 컴퓨터 시스템을 호텔 운영에 유용한 도구로 활용했다.

1970년대 말에서 1980년대에 걸쳐 PMS가 개발되었다. 독립 기업 내의 통합, 기업과 외부 데이터 소스 등의 통합이 주요 요구 사항이 되었다. 관리자들은 프런트오피스와 백오피스 시스템의 통합에 많은 관심을 가지고 있었다. PMS가 개발된 목적은 하나의 데이터베이스 안에서 프런트오피스와 백오피스의 업무 처리가 이루어지면서 달성할 수 있었다. 때때로 더욱 발전된 수준의 통합은 CIB Computer Intelligent Building 의 개념으로 이루어졌다.

1990년대에 들어서면서 인터넷과 GDS Global Distribution System 등의 발달로 외부 세계와의 통합이 용이해졌으며, PMS 시스템의 발전에 힘입어 호텔의 내부 통합도 크게 발전했다.

TIP **백오피스:** 거래 기록이 정리되고 보관되는 장소를 말한다. 중개 회사에서의 백오피스는 개별적인 계정 기록 보관, 수표 처리, 증권 발송 등이 이루어지는 장소를 포괄한다.
© 매일경제 용어사전

© 김권수, 「호텔정보시스템의 전략적 적용에 관한 연구」, 관광경영학연구 제9호, 2000

그림 8-16
호텔정보시스템
호텔 산업에 적용되는 정보시스템을 총괄하는 용어로 PMS가 사용되고 있다.

© Shutterstock

03 물류정보시스템

물류정보시스템logistic information system은 운송, 보관, 하역, 포장, 유통가공 등 물류에 대한 모든 정보 관리를 지원하는 전산시스템을 말한다. 물류정보시스템은 주문받은 물품을 신속 정확하게 고객에게 인도하는 것을 목적으로 하며, 이를 통해 고객의 만족도를 높이고 물류비의 절감을 꾀한다. 화물의 집하, 배송, 운송, 보관, 하역 등 각 하부 시스템을 포함한 전체적인 측면에서 일관된 운송 체계를 구축하는 데 물류정보시스템이 필요하다. 물류정보시스템은 원격지 간의 시스템이고 많은 기업과 관련되기 때문에 표준화가 중요하다. 또한 현장을 지원하는 현장 중심형 시스템이므로 관련 물류 기기와의 연결이 필수적이다. 특히 물류정보시스템은 정보를 대량으로 처리하고 정보량의 변동이 심하기 때문에 필요에 따라 실시간 혹은 배치 형태로 처리한다.

그림 8-17
물류정보시스템
물류에 대한 모든 정보 관리를 지원하는 전산시스템이다.

© Shutterstock

물류정보시스템은 크게 물류계획시스템, 물류비용관리시스템, 수주출화처리시스템, 재고관리시스템, 창고관리시스템, 수배송시스템으로 이루어진다.

- **물류계획시스템:** 수주에서 배송까지 전 과정을 계획·실시·평가·통제하는 시스템으로, 물류 거점 통폐합 및 생산 거점과 물류 거점의 균형을 이루려고 노력한다. 주요 기능은 물류 모델 제작 및 수정, 시뮬레이션 시행, 시스템의 모니터링 및 실적 평가이다.

- **물류비용관리시스템:** 물류비 예산 편성과 집계 및 예산 대비 실적의 평가를 수행하는 시스템이다.

- **수주출화처리시스템:** 주문 처리와 출화 처리를 수행하는 시스템으로, 최소의 주문 처리 비용으로 최대의 고객 서비스를 달성할 수 있다. 다품종화, 주문 처리 프로세스의 신속화 등을 목표로 하며, 주문 정보를 물류 정보로 전환하여 정확한 납기 정보를 제공한다.

- **재고·창고관리시스템:** 최소의 비용으로 재고를 관리하고 적정 재고 수준을 유지하며 창고별·품목별 재고 기록을 유지하기 위해 입하(입하 검사, 입하 지시), 보관(재고 관리, 보충, 재고 조사), 출하(피킹, 주문별 분류, 포장, 출하) 기능을 갖추고 있다.

- **수배송시스템:** 화물의 정확한 이동 계획 및 관리, 차량의 운송 효율 향상, 자원 절약, 에너지 절약, 오출하 및 오배송의 최소 유지를 위한 정보시스템이다. 주요 기능은 출하 계획 작성, 실적 데이터 수집 및 분석, 화물·차량 추적, 배송 루트 계획 작성, 차량 보수 정보 수집·분석, 운송 비용 계산이다.

그림 8-18
물류정보시스템의 구성 요소

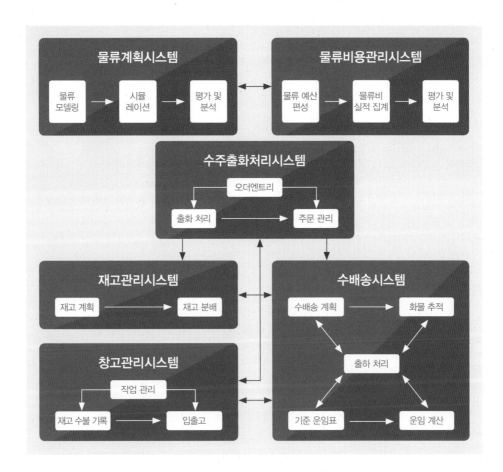

04 부동산정보시스템

부동산 거래 정보망 체계는 정보통신 기술의 발달과 컴퓨터의 보급으로 가능해진 것이다. 컴퓨터와 통신 기술의 결합으로 부동산 시장의 국지성을 극복할 수 있고, 체계적인 정보의 축적과 수집이 가능하여 정보의 밀집 효과를 극대화함으로써 정보의 비대칭을 해소할 수 있다. 그리고 시간과 공간의 제약을 극복하여 거래 비용 절감 효과를 얻을 수 있으며, 부동산 거래의 효율성을 제고하는 한편 중개 서비스의 질적 향상을 도모할 수 있다. 또한 부동산 정보가 공유되면서 부동산 거래 시장의 투명화를 촉진할 수 있다.

PLUS NOTE | 한국토지정보시스템

한국토지정보시스템(Korea Land Information System, KLIS)은 필지중심토지정보시스템(Parcel Based Land Information System, PBLIS)과 토지종합정보시스템(Land Management Information System, LMIS)을 통합 구축한 시스템이다. 과거에 행정자치부는 PBLIS를, 건설교통부는 LMIS를 주관하여 개발·운영했으나 2001년 4월 감사원의 통합 권고로 2004년 KLIS를 개발했다.

01 정보 기술을 경영전략에 활용하기 위해 구축한 정보시스템을 전략정보시스템이라고 한다.

02 경영전략은 기업이 나아가야 할 미래의 방향을 설정하고, 기업의 목적과 목표를 달성하기 위한 행동 지침을 규정한 것을 말한다.

03 경영전략의 본질은 기업이 변화하는 것인데, 이러한 변화를 경영 혁신이라고 한다.

04 경영전략은 기업을 어떠한 수준에서 개발할 것인지에 따라 기업 전략, 사업부 전략, 기능별 전략으로 분류할 수 있다.

05 경영전략 프로세스는 경영 환경 분석→경영전략 수립→경영전략 실행→경영전략 평가의 과정을 거친다.

06 마이클 포터는 기업이 취할 수 있는 경쟁전략을 비용우위, 차별화, 집중화로 구분했다.

07 가치사슬은 기업에서 경쟁전략을 세우기 위해 자신의 경쟁적 지위를 파악하고 이를 향상할 수 있는 지점을 찾는 데 사용하는 모형이다. 가치사슬은 기업의 내부를 볼 수 있는 강력한 도구이기 때문에 가치사슬 분석은 경쟁우위의 잠재적 원천을 파악하는 방법론이 된다.

08 BPR은 정보 기술을 활용하여 조직 구성원의 직무 만족을 극대화하고 직무 재설계를 통해 조직을 근본적으로 재설계하며, 이로써 고객 만족의 향상으로 경쟁우위를 창출하는 것이다.

09 BPR의 절차는 사업 비전과 프로젝트별 목표 개발→재설계 대상 핵심 프로세스 선정→기존 프로세스 이해 및 분석→필요한 정보 기술 탐색→새로운 프로세스 원형 설계 및 구축의 단계를 거친다.

10 ERP는 기업의 생산, 물류, 재무, 회계, 영업, 구매, 재고 등 기간 업무 프로세스를 통합적으로 연계 및 관리해주며, 기업 내외부적으로 발생하는 정보를 서로 공유하고 새로운 정보를 생성하며 빠른 의사결정을 도와주는 기업 통합 정보시스템을 말한다.

11 CRM은 기업이 고객과 관련된 자료를 분석하여 고객 중심으로 자원을 집중하고, 이를 바탕으로 고객의 특성에 맞는 마케팅 활동을 하는 과정이다.

12 SCM은 기업 전체의 최적화에 머물렀던 정보, 물류, 현금에 관련된 업무 흐름을 공급사슬 전체의 관점에서 재검토하여 정보의 공유화와 업무 처리의 근본적인 변혁을 꾀하고 공급사슬 전체의 효율을 향상하려는 경영 방식을 말한다.

13 PDM은 기업 간 전자상거래 구현에 중요한 역할을 담당하며, 제품 정보의 관리와 공유를 위해 동시공학적 접근 방법으로 전자적 문서 관리를 처리하게 하는 전자상거래 지원 도구이다.

14 병원정보시스템은 다가오는 4차 산업혁명 시대에 더 큰 발전이 이루어질 것이다.

15 호텔정보시스템을 총괄하는 용어로 PMS가 공통적으로 사용되고 있다.

16 물류정보시스템은 운송, 보관, 하역, 포장, 유통가공 등 물류에 대한 모든 정보 관리를 지원하는 전산시스템을 말한다.

17 부동산 거래 정보망 체계는 정보통신 기술의 발달과 컴퓨터의 보급으로 가능해진 것이다.

01 다음 설명의 괄호 안에 공통으로 들어갈 내용은?

> 정보 기술을 경영전략에 활용하기 위해 구축한 정보시스템을 (   )이라고 한다.
> (   )은 산업 내의 경쟁우위 확보, 유지 및 계획을 지원하는 것을 주 기능으로 하는
> 시스템을 말한다.

① 응용정보시스템   ② 통합정보시스템   ③ 구매정보시스템

④ 주문정보시스템   ⑤ 전략정보시스템

02 다음 설명의 (가), (나)에 들어갈 내용을 각각 쓰시오.

> ((가)   )은(는) 기업이 나아가야 할 미래의 방향을 설정하고, 기업의 목적과 목표를 달성하기
> 위한 행동 지침을 규정한 것을 말한다. ((가)   )의 본질은 기업이 변화하는 것인데, 이러한 변화
> 를 ((나)   )(이)라고 한다.

(가) _____   (나) _____

03 경영전략 프로세스 중 (가), (나)에 들어갈 내용을 각각 쓰시오.

> ((가)   ) → 경영전략 수립 → ((나)   ) → 경영전략 평가

(가) _____   (나) _____

04 마이클 포터의 경쟁전략 중 다음 설명에 해당하는 것은?

> 특정 구매 집단이나 생산 라인별 부문, 또는 지역적으로 한정된 시장을 집중적인 목표로 삼는 전략이
> 다. 이 전략은 차별화와 마찬가지로 여러 가지 형태가 있으며, 특정한 목표만을 집중적으로 겨냥하면
> 서 모든 기능적 방책을 이에 맞추어 전개해나간다.

① 고객 유지 전략   ② 교차 판매 전략   ③ 경쟁전략

④ 집중화 전략   ⑤ 비용우위 전략

05 다음 그림은 무엇을 나타낸 것인가?

① 전략 프로세스   ② 가치사슬   ③ 5-Force

④ SCM   ⑤ CRM

06 BPR의 절차 중 적절하지 않은 것은?

① 1단계: 사업 비전과 프로젝트별 목표 개발

② 2단계: 재설계 대상 핵심 프로세스 선정

③ 3단계: 기존 프로세스 이해 및 분석

④ 4단계: 새로운 정보 기술 개발

⑤ 5단계: 새로운 프로세스 원형 설계 및 구축

07 다음 중 BPR의 효과가 아닌 것은?

① 기업의 틀 고착화   ② 사이클타임 단축

③ 프로세스의 효율화, 고성능화 도모   ④ 비효율적 업무 배제

⑤ 고객 만족 추구에 따른 비용 절감

08 다음 중 ERP 시스템의 도입 배경으로 적절하지 않은 것은?

① 경영 환경의 악화   ② 전산 비용 절감

③ 신속한 대응의 필요성   ④ 고객 관리 효율성 약화

⑤ 리엔지니어링의 수단으로 활용 가능

09 ERP 시스템의 발전 과정을 나타낸 다음 그림의 빈칸을 채우시오.

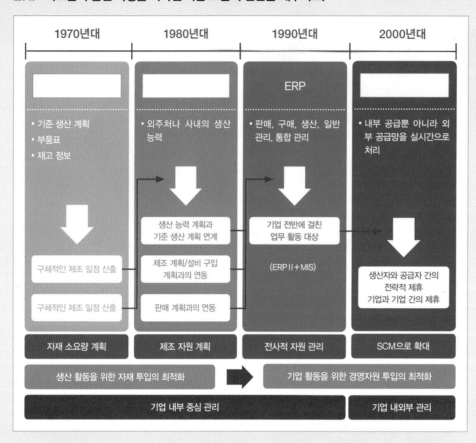

1970년대	1980년대	1990년대	2000년대
		ERP	
• 기준 생산 계획 • 부품표 • 재고 정보	• 외주처나 사내의 생산 능력	• 판매, 구매, 생산, 일반 관리, 통합 관리	• 내부 공급뿐 아니라 외부 공급망을 실시간으로 처리
구체적인 제조 일정 산출	생산 능력 계획과 기준 생산 계획 연계	기업 전반에 걸친 업무 활동 대상	
구체적인 제조 일정 산출	제조 계획/설비 구입 계획과의 연동	(ERP II + MIS)	생산자와 공급자 간의 전략적 제휴 기업과 기업 간의 제휴
	판매 계획과의 연동		
자재 소요량 계획	제조 자원 계획	전사적 자원 관리	SCM으로 확대
생산 활동을 위한 자재 투입의 최적화		기업 활동을 위한 경영자원 투입의 최적화	
기업 내부 중심 관리		기업 내외부 관리	

10 다음 설명의 (가), (나)에 들어갈 내용을 각각 쓰시오.

((가))은(는) 기업이 고객과 관련된 자료를 분석하여 고객 중심으로 자원을 집중하고, 이를 바탕으로 고객의 특성에 맞는 마케팅 활동을 하는 과정이다. 정보사회에서 ((가))은(는) ((나))(으)로 진화하는데, ((나))은(는) 고객 관계 마케팅이 인터넷 비즈니스에 확장된 개념으로, 현대 마케팅의 주요 핵심 수단인 목표 마케팅의 세분화 전략을 인터넷 비즈니스에 활용한 것이다.

(가) _____   (나) _____

11 다음 중 CRM 시스템의 전략이 아닌 것은?

① 고객 유지 전략   ② 고객 활성화 전략   ③ 고객 차별화 전략

④ 교차 판매 전략   ⑤ 신규 고객 확보 전략

12 다음 중 SCM이 중요하게 인식되는 이유로 적절하지 않은 것은?

① 기업 활동이 글로벌화됨에 따라 공급사슬의 리드타임이 길어지고 불확실해졌다.

② 글로벌한 공급사슬 및 물류의 합리적인 계획, 관리와 조정, 통제가 중요해졌다.

③ 고객의 다양한 요구에 맞추어 제조·납품해야 하는 다품종 소량생산이 보편화되었다.

④ 리엔지니어링의 가시적인 실천 수단으로 활용할 수 있다는 기대감이 있다.

⑤ EDI, 인터넷, 웹, 전자상거래 등의 기술이 급속히 발전했다.

13 다음 설명에 해당하는 시스템은?

> • 기업 간 전자상거래 구현에 중요한 역할을 담당하며, 제품 정보의 관리와 공유를 위해 동시공학적 접근 방법으로 전자적 문서 관리를 처리하게 하는 전자상거래 지원 도구이다.
> • 제품 설계도, 부품 구성도, 각종 규격서, 설계 분석서, 하드카피 등 제품의 수명주기에 발생하는 제품 데이터를 통합하여 효과적으로 관리하고, 제품의 개발이나 수정에 필요한 제품 관련 데이터의 흐름을 효율화하는 시스템이다.

① SCM 시스템   ② CRM 시스템   ③ CRP 시스템
④ PDM 시스템   ⑤ ERP 시스템

14 다음 중 병원정보시스템에 포함되지 않는 것은?

① OMR   ② PACS   ③ EMR   ④ OCS   ⑤ ERP

15 물류정보시스템의 종류 중 (가), (나), (다)에 해당하는 것을 각각 쓰시오.

> • (가   ): 수주에서 배송까지 전 과정을 계획·실시·평가·통제하는 시스템으로, 물류 거점 통폐합 및 생산 거점과 물류 거점의 균형을 이루려고 노력한다. 주요 기능은 물류 모델 제작 및 수정, 시뮬레이션 시행, 시스템의 모니터링 및 실적 평가이다.
> • (나   ): 물류비 예산 편성과 집계 및 예산 대비 실적의 평가를 수행하는 시스템이다.
> • (다   ): 최소의 비용으로 재고를 관리하고 적정 재고 수준을 유지하며 창고별·품목별 재고 기록을 유지하기 위해 입하(입하 검사, 입하 지시), 보관(재고 관리, 보충, 재고 조사), 출하(피킹, 주문별 분류, 포장, 출하) 기능을 갖추고 있다.

(가) _____   (나) _____   (다) _____

01 효과적인 경영전략으로 경영 혁신을 이룬 기업의 사례를 조사하여 리포트를 작성하시오.

02 정보 기술을 통한 경영 혁신의 결과로 사람들이 직장을 잃은 사례를 찾아보고 이 문제에 대해 토론하시오.

03 주민센터를 방문하여 주민센터의 업무 혁신을 위해 무엇이 필요해 보이는지 정보 기술을 기반으로 조사하여 발표하시오.

04 마이클 포터는 싸고 좋은 물건을 만드는 전략을 구사한 기업들은 역사적으로 대부분 도태되었다고 했다. 이 주장에 대해 토론하시오.

05 병원정보시스템, 호텔정보시스템, 물류정보시스템, 부동산정보시스템 외에 산업별 정보시스템을 하나 찾아 리포트를 작성하시오.

다음은 논문 「정보 기술을 활용한 BPR 성공 전략」의 일부를 발췌한 것이다. 다음을 읽고 주어진 주제를 조사하여 리포트를 작성하시오.

BPR의 추진 대상은 크게 세 가지로 볼 수 있다. 첫째, 기업 내 프로세스 자체에 대한 주된 개선 활동, 둘째, 리엔지니어링 활동에 의해 변화된 프로세스를 수행하는 주체로서의 조직 구성원, 셋째, 변화된 프로세스를 실제 기업 운영에 적용하는 것으로, 정보 기술 부문의 지원이 필수적이며 리엔지니어링 활동 자체를 지원해주는 효과적 도구로서 정보 기술이 활용된다. 이 가운데 프로세스를 대상으로 하는 리엔지니어링 활동은 변화 범위에 따라 기업 전체 수준의 변화와 프로세스 개선 수준의 변화, 과업 수준의 변화로 나누어질 수 있다. 기업 내 업무 프로세스의 혁신을 가져오는 BPR은 기대하는 성과만큼 위험 부담도 크기 때문에 체계적인 절차를 통해 세심하게 추진되어야 한다.

BPR에 ISP를 함께 수행하는 절차

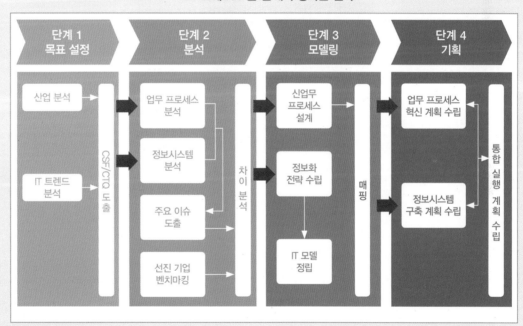

© 이지원, 「정보 기술을 활용한 BPR(Business Process Reengineering) 성공 전략」, 한국인터넷비즈니스학회, 2006

- BPR을 수행하면 조직원들의 저항에 부딪히게 되는 경우가 일반적인데 이를 어떻게 해결할 수 있을지 조사하시오. 또한 왜 컨설팅 업체를 활용하여 BPR을 수행하는지도 알아보시오.

- 위의 그림을 보면 2단계에 선진 기업 벤치마킹을 수행하는 단계가 있는데, BPR을 추진하기 위해 선진 기업 벤치마킹이 꼭 필요한지 조사하시오.

의사결정
지원시스템

학 | 습 | 목 | 표

- 의사결정의 개념을 이해하고 절차와 유형을 파악한다.

- 의사결정나무 분석과 의사결정 모델에 대해 알아본다.

- 의사결정지원시스템의 개념을 이해하고 구조를 파악한다.

- 그룹의사결정지원시스템에 대해 알아본다.

- 중역정보시스템에 대해 알아본다.

- 엑셀을 활용하여 의사결정을 수행하는 여러 가지 기법을 실습해본다.

경영과 의사결정

01 의사결정의 개념

경영에서의 **의사결정**decision making은 경영자가 기업의 경영 상태 전반에 대한 방향을 결정하는 일을 말한다. 경영자는 기업을 경영하면서 끊임없이 의사결정 문제에 직면하게 된다. 인구 증가, 환경 문제, 인플레이션, 디플레이션, 에너지 고갈, 글로벌화, 정보화 등 급격한 사회 변화로 인해 경영자는 과거와는 차원이 다른 의사결정 환경에 처해 있다. 이러한 환경에서 기업이 경쟁우위를 차지하려면 직관에 의한 의사결정보다는 과학적인 의사결정이 필요하다.

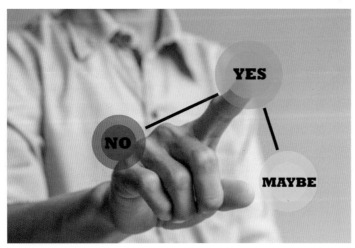
ⓒ Shutterstock

그림 9-1
의사결정
경영자는 끊임없이 의사결정 문제에 직면하게 된다.

허버트 사이먼Herbert A. Simon에 의하면 의사결정 문제는 구조적 문제, 비구조적 문제, 반구조적 문제로 구분할 수 있다.

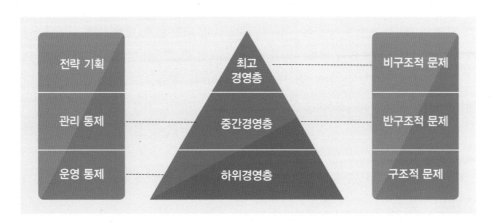

그림 9-2
의사결정 문제와 경영 계층의 대응

구조적 의사결정structured decision making은 일정한 규칙이나 절차에 따라 의사결정 과정을 미리 명시할 수 있는 의사결정이며, 비구조적 의사결정unstructured decision making은 일정한 의사결정 규칙이나 절차를 미리 결정할 수 없는 것으로, 주로 비정형적이거나 일시적인 의사결정과 반복되어 발생하지만 조건이나 상황이 너무 자주 바뀌어 의사결정 규칙이 공식화될 수 없는 유형의 의사결정을 말한다. 반구조적 의사결정semi-structured decision making은 구조적 의사결정과 비구조적 의사결정의 중간 정도 문제라고 할 수 있다.

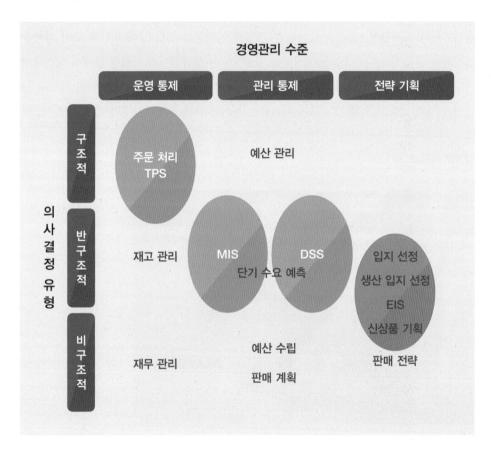

그림 9-3
의사결정 유형과 경영관리 수준

02 의사결정의 절차

TIP **대안:** 의사결정자가 선택할 수 있는 여러 해 중의 하나이다.

의사결정의 절차는 허버트 사이먼이 제시한 문제 인식, 대안 설계, 대안 선택, 실행의 4단계가 일반적이다. 문제 인식 단계는 의사결정을 내려야 할 조건을 탐색하는 과정이며, 대안 설계와 선택을 요구하는 위협 및 기회 상황을 파악하는 활동을 포함한다. 대안 설계 단계는 가능한 대안을 개발·분석하는 단계로, 문제점을 이해하는 과정과 해결책을 찾아내고 실현 가능한지 실험해보는 과정을 포함한다. 마지막으로 대안을 선택하고 이행하는 단계를 거치면 의사결정의 모든 과정이 끝나게 된다.

한편 에버렛 해리슨Everett Harrison은 허버트 사이먼과 달리 의사결정을 하나의 동적인 과정으로 보았다.

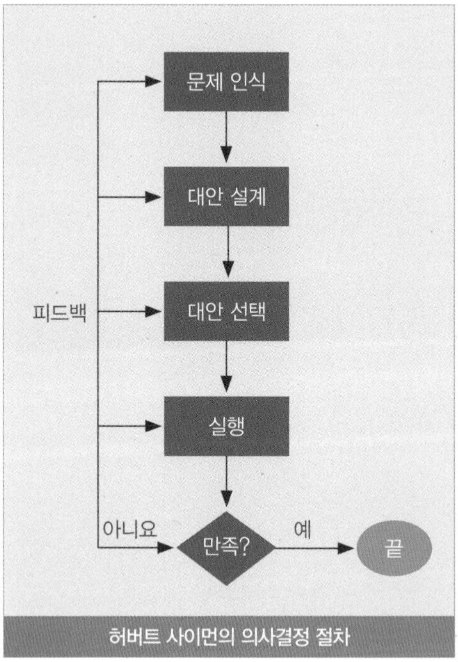

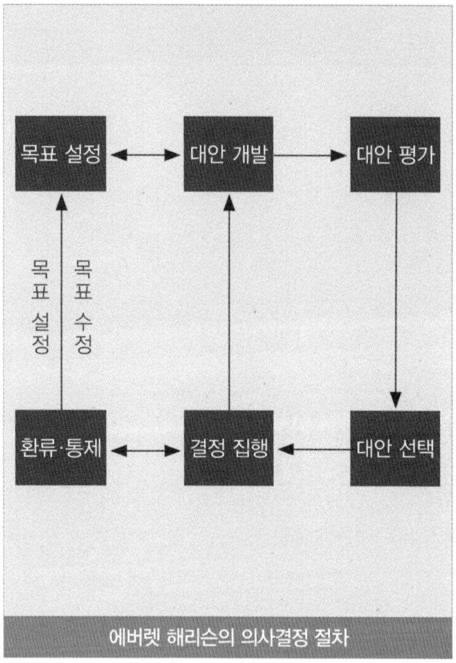

그림 9-4
의사결정의 절차

허버트 사이먼의 의사결정 절차

에버렛 해리슨의 의사결정 절차

03 의사결정의 유형

의사결정의 유형에는 확실성하의 의사결정, 위험하의 의사결정, 불확실성하의 의사결정, 상충하의 의사결정, 다기준 의사결정, 다목적 의사결정이 있다.

확실성하의 의사결정

확실성하의 의사결정decision making under certainty은 대안을 선택할 때 어떠한 상황이 발생할 것인지를 확실하게 알고 있는 경우의 의사결정을 말하며, 수학적 계산을 통해 그 해답을 정확히 파악할 수 있다. 대표적인 예인 선형계획법linear programming은 가장 널리 사용되는 경영과학 기법으로, 하나의 목표를 달성하기 위해 한정된 자원을 최적으로 배분하는 수리계획법의 일종이다. 선형계획 모델을 이용하여 문제를 해결하는 방법으로는 도표해법, 심플렉스법, 컴퓨터를 활용하는 방법이 있다.

위험하의 의사결정

위험하의 의사결정decision making under risk은 미래에 특정 상황이 발생할지 여부를 확률적으로 알고 있는 경우의 의사결정이다. 미래에 발생할 일을 정확히 알 수는 없지만 어느 정도 믿을 만한 발생 확률을 구할 수 있다면 위험하의 의사결정에 확률 이론을 적용하여 주어진 상황에서의 최적 의사결정을 수행할 수 있다.

TIP **선형계획법:** 오퍼레이션 리서치(OR)의 한 방법으로, 리니어 프로그래밍(LP)이라고도 한다. 제2차 세계대전 중 미국을 중심으로 군사 계획 기술로 발전했으며, 그 후 기업의 경영 계획이나 경제 분석에서 새로운 방법으로 각광받게 되었다. 특히 활동 분석으로서 컴퓨터의 발달, 산업 연관 분석 등의 발전과 더불어 그 응용 분야를 확대해왔다.
© 두산백과

다음 성과표를 토대로 기대 수익이 가장 높은 대안을 선택해보자.

상황(발생 확률) / 대안	경기 호황(S1) (=0.3)	경기 보통(S2) (=0.5)	경기 침체(S3) (=0.2)
예금(A1)	1.3	1.3	1.3
채권(A2)	2.5	2.0	0.5
주식(A3)	5.0	1.5	−1.0

- 기대 수익 (A1) = (0.3×1.3) + (0.5×1.3) + (0.2×1.3) = 1.3
- 기대 수익 (A2) = (0.3×2.5) + (0.5×2.0) + (0.2×0.5) = 1.85
- 기대 수익 (A3) = (0.3×5.0) + (0.5×1.5) + (0.2×−1.0) = 2.05

∴ 기대 수익이 가장 큰 주식 (A3) 투자가 최적의 대안이다.

불확실성하의 의사결정

불확실성하의 의사결정decision making under uncertainty은 발생 가능한 여러 상황이나 각 대안과 상황에 따른 의사결정의 결과를 추정할 수는 있지만 상황의 발생 확률을 전혀 예측할 수 없는 경우를 말한다. 불확실한 상황에서의 의사결정은 완벽한 의사결정 기준이 있을 수 없고 의사결정자의 취향이나 위험에 대한 태도 등에 따라 의사결정 방법에 차이가 생긴다. 불확실한 상황에서 선택할 수 있는 의사결정 기준에는 최소극대화 기준, 최대극대화 기준, 새비지 기준, 라플라스 기준 등이 있다.

TIP 최소극대화 기준: 게임 이론의 전략 가운데 하나로 일련의 최솟값 중에서 가장 큰 값을 선택하는 기준을 말한다. 최대극소화 기준과 대비된다.
ⓒ 행정학 사전

- **최소극대화 기준(maximin criterion)**: 의사결정 시 비관적인 입장을 취하는 경우이다. 이 기준은 미래에 항상 자신에게 불리한 상황이 전개될 것이라 가정하고, 불리한 상황의 이익(각 의사결정 대안에서의 최솟값) 중에서 가장 큰 값을 가진 의사결정 대안을 선택한다.

- **최대극대화 기준(maximax criterion)**: 의사결정 시 낙관적인 입장을 취하는 경우이다. 이 기준은 미래의 상황이 자신에게 유리하게 전개될 것이라 가정하고, 유리한 상황의 이익(각 의사결정 대안에서의 최댓값) 중에서 가장 큰 값을 가진 대안을 선택한다.

- **새비지 기준(savage's criterion)**: 의사결정의 기준을 '그 의사결정을 선택함으로써 잃게 되는 기회'로도 나타낼 수 있는데, 그 기회를 최소로 하는 의사결정이 새비지 기준이다. 새비지 기준 의사결정의 경우 최대 기회 손실이 가장 작은 대안을 선택한다.

- **라플라스 기준(laplace criterion)**: 각 대안 선택에 따른 모든 가능한 성과의 평균값을 의사결정의 기준으로 하여 가장 큰 평균값을 가진 대안을 선택하는 것이다. 이러한 평가 기준은 각 상황이 발생할 확률이 동일하다는 가정을 바탕으로 하는데, 한 상황이 다른 상황보다 일어날 가능성이 좀 더 높다고 믿을 만한 근거가 없다면 이러한 가정의 타당성이 인정될 수 있을 것이다.

상충하의 의사결정

상충하의 의사결정decision making under conflict은 각 대안의 결과를 확실하게 알 수 없다는 점에서 불확실성하의 의사결정과 동일하다. 그러나 불확실성하의 의사결정과 달리 각 결과가 다른 사람, 즉 경쟁 상대의 행동에 따라 달라진다. 대표적인 것이 카드놀이나 장기와 같은 게임이다. 서로 상충적인 이해관계를 가진 의사결정자들이 상대방에 대응하여 의사결정을 하는 경우 이를 게임 모델game model이라고 한다.

TIP 게임 모델과 비슷한 경제학 용어로 게임 이론이 있다. 게임 이론은 경쟁 주체가 상대편의 대처 행동을 고려하면서 자기의 이익을 효과적으로 달성하기 위해 수단을 합리적으로 선택하는 행동을 수학적으로 분석하는 이론이다.
© 두산백과

다기준 의사결정

다기준 의사결정multi-criteria decision making은 평가 기준이 다수인 경우, 각 기준하에서 선택 대상으로 고려하는 다수 대안의 선호도를 각각 측정하고 이를 종합하여 최선의 대안을 선택하는 과정을 말한다. 따라서 다기준 의사결정은 평가 기준들의 상대적 중요도(가중치)를 도출하고, 고려 중인 대안 각각이 일련의 평가 기준하에서 어느 정도 선호되는지를 계량화한 후 이를 체계적으로 종합하면 가능하다. 그러나 이는 현실적으로 쉬운 문제가 아닌데, 평가 기준의 속성이 다양하고 이에 따라 기준별로 대안의 선호도를 측정하는 척도도 상이하기 때문이다. 또한 다기준 의사결정에서 평가 기준이 상충관계인 경우, 모든 평가 기준의 절충관계를 고려하여 최적의 대안을 찾기가 현실적으로 어려우며, 평가자의 선호도를 객관적으로 측정하는 것도 쉽지 않다.

다목적 의사결정

다목적 의사결정multi-objective decision making은 의사결정의 목적이 두 개 이상일 때 내리는 의사결정을 말한다. 목적은 공간시스템의 바람직한 상태에 대한 기술로서 속성의 개선 방향을 나타낸다. 만약 목적이 '대기오염에 대한 노출 인구의 최소화'라면 '일정 정도 이상의 이산화황에 노출된 사람 수', '일정 정도 이상의 일산화탄소에 노출된 사람 수'를 속성으로 사용할 수 있다. 목적은 변수의 상대적인 합당함을 알려주는 추상적인 변수이다. 다목적 의사결정은 연속적인 개념으로 해가 있을 수 있는 범위 내에서는 어디서나 최선의 대안이 나올 수 있어 연속적 의사결정 문제로 불린다.

PLUS NOTE | 다목적 의사결정의 해법

의사결정 변수(decision variable)와 의사결정 기준(decision criteria)이 구분된다. 대안들은 구체적으로 명기되는 대신 내재적으로 정의되어 있다. 속성값은 목적을 달성하는 데 필요한 정보의 원천 또는 수단으로 여겨진다. 다목적 의사결정은 의사결정 규칙을 적용하여 가능한 대안 X 가운데에서 목적함수의 값에 따라 대안 x_{i^*}를 순서대로 늘어놓아 최적의 대안을 고르는 것을 말한다.

- i번째 대안: $f_{i^*} = (f_{i1}, f_{i2}, \cdots, f_{iq})$, $i = 1, 2, \cdots, m$

- k번째 목적: $f_{*k} = (x_{1j}, x_{2j}, \cdots, x_{mj})$, k = 1, 2, $\cdots$, q
- f_{ij}: 목적함수
- 의사결정 규칙: $[f_{i1}, f_{i2}, \cdots, f_{iq} | x_{i*} \in X, i = 1, 2, \cdots, m]$

04 의사결정나무 분석

의사결정나무decision tree는 마디로 구성된 하향식 나무 구조로서 데이터 사이의 의미 있는 관계를 체계적으로 발견하여 분류나 예측의 목적으로 활용한다. 마디는 그 기능에 따라 뿌리마디root node, 자식마디child node, 부모마디parent node, 끝마디terminal node, 중간마디internal node, 가지link로 분류된다.

표 9-1
의사결정나무에서 사용하는
주요 용어

구분	설명
뿌리마디	• 나무 구조가 시작되는 마디
자식마디	• 하나의 마디로부터 분리되어나간 두 개 이상의 마디
부모마디	• 자식마디의 상위 마디
끝마디	• 각 나무 줄기의 끝에 있는 마디 • 잎이라고도 하며, 끝마디의 개수만큼 분류 규칙이 생성됨
중간마디	• 뿌리마디와 끝마디가 아닌 마디
가지	• 하나의 마디부터 끝마디까지 연결된 일련의 마디 • 가지를 이루는 마디의 개수를 깊이라고 함

그림 9-5
의사결정나무의 예

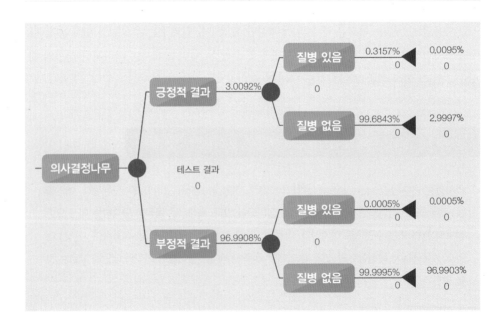

의사결정나무는 뿌리마디에서 시작하여 각 가지가 끝마디에 이를 때까지 자식마디를 생성해나감으로써 완성된다. 즉 데이터의 각 레코드는 뿌리마디에서 출발하여 끝마디에 도착할 때까지 각 마디의 의사결정에 따라 결정되는 경로를 통과함으로써 특정 집합으로 분류되거나 예측된다. 의사결정나무는 연속형 데이터와 이산형 데이터 모두에 적용될 수 있다. 연속형 데이터의 경우에는 회귀나무regression tree가, 이산형 데이터의 경우에는 분류나무classification tree가 구축된다. 즉 분류나 예측에 사용되는 다른 방법에 비해 상대적으로 다양한 데이터의 척도나 분포에 적용될 수 있으며, 결과가 나무 구조에 의한 추론 규칙induction rule으로 표현되기 때문에 과정을 쉽게 이해하고 설명할 수 있다는 것이 장점이다. 이러한 장점 때문에 의사결정나무는 온라인 마케팅, 온라인 제품추천시스템, 프로젝트관리 등 다양한 분야에서 활용되고 있다.

© 이창용 · 송보미 · 박용태, 「고객 요구 기반 신제품-서비스의 설계: 의사결정나무 및 연관성 분석 기법을 통한 접근법」, 대한산업공학회, 2009

05 의사결정 모델

과학적으로 문제를 해결하려면 문제 정의, 자료 수집, 가설 설정(대안 개발), 가설 검증(대안 분석), 결과 분석(최적안 선택), 의사결정 실행의 단계를 거친다. 문제를 정의하기 위해 일반적으로 모델을 사용하는데, 모델은 실제의 것을 실제보다 단순하면서도 명료하게 나타낸 것으로 문제를 정확히 해결할 수 있도록 중요한 변수 또는 요소를 표현해야 한다. 모델은 일반적으로 수리 모델mathematical model, 상사 모델analog model, 형상 모델iconic model로 분류할 수 있다.

모델	설명
수리 모델	기호적 모델로서 언어 표현이 아닌 수학적인 관계식으로 표현되는 모델이다.
상사 모델	지도, 청사진, 조직 도표 등 실제를 그대로 또는 크기를 변형하여 몇 가지 기본적인 기능을 실제와 동일하게 수행하는 형태의 물리적 모델이다.
형상 모델	항공기, 선박, 건물 등을 축소한 모형이나 평면의 그림 사진을 만들어놓은 모델이다.

표 9-2
모델의 분류

또한 의사결정 문제를 효과적으로 해결하기 위해서는 의사결정자와 의사결정 분석가, 영역 전문가 등의 의견을 교환하고 수렴할 필요가 있다. 이 경우 시각적 표현이 가능한 **의사결정 모델**decision model이 필요하다.

이러한 모델을 사용하면 직감적으로 문제를 파악하고 풀기보다는 복잡한 문제를 풀기 쉬운 모양으로 변환하여 처리할 수 있으며, 정보시스템의 지원을 받아 세부 사항을 계속 지켜보고 필요한 모든 계산을 빨리 수행할 수 있다. 그러므로 모델을 사용할 때 의사결정 분석가는 모델에 의해 생기는 문제의 개별적 세부 사항이나 복잡한 결과에 대한 판단에 항상 주의를 기울일 수 있다.

의사결정지원시스템의 이해

01 의사결정지원시스템의 개념

TIP 의사결정지원시스템: 규모가 큰 프로젝트를 개시할 때 주로 이용하며, 많은 변동 요소가 복잡하게 관계되는 경영이나 정책 등의 분야에서 컴퓨터를 이용하여 변동 요소의 데이터를 분석하거나 모델을 사용한 모의실험을 행하여 영향을 판정하는 시스템이다.
ⓒ 컴퓨터인터넷IT용어대사전

의사결정지원시스템Decision Support System, DSS은 기업을 경영할 때 당면하는 여러 가지 의사결정 문제를 해결하기 위해 복수의 대안을 개발하고 비교 및 평가하여 최적의 대안을 선택할 수 있도록 의사결정 과정을 지원하는 정보시스템이다. 또한 비구조적이거나 반구조적인 의사결정 문제 해결 과정을 효과적으로 지원하기 위해 자료와 모델을 이용하여 의사결정자를 지원하는 상호 반응적 정보시스템이다.

의사결정지원시스템은 조직 내외부의 다양한 정보를 활용하여 의사결정 과정을 지원하는 구조로서 의사결정 과정의 모든 단계를 지원해야 한다. 또한 사용자 편의 위주의 사용 환경을 제공하고 의사결정 환경의 변화를 반영할 수 있는 유연성이 있어야 한다.

그림 9-6
의사결정지원시스템의 위상

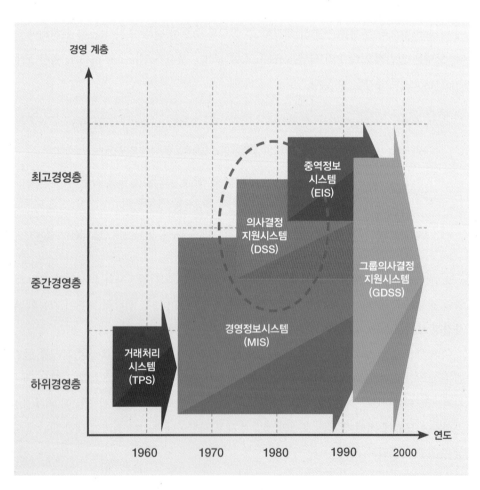

02 의사결정지원시스템의 구조

의사결정지원시스템은 데이터베이스 시스템, 모델베이스 시스템, 사용자 인터페이스 기관, 사용자, 네 가지 하부 시스템으로 구성된다. 최근 지식경영 knowledge management 에 대한 관심이 높아져 모형에 지식 베이스를 추가하는 학자들도 있다.

데이터베이스 시스템

의사결정지원시스템에서 데이터베이스 시스템의 기능은 의사결정에 필요한 데이터를 저장·관리하고 이를 제공하는 것이다. 데이터베이스에는 조직의 내부 데이터베이스, 외부 데이터베이스, 경영관리자의 개인 데이터베이스 등이 포함된다.

모델베이스 시스템

모델베이스 시스템은 의사결정에 필요한 다양한 모델을 저장하고 있는 모델베이스와 이를 관리하는 모델베이스 관리시스템 Model Base Management System, MBMS 으로 구성된다. 특히 모델베이스 관리시스템은 의사결정에 필요한 모델을 개발·수정·통제하는 기능을 제공하여 의사결정 지원에서 가장 핵심적인 역할을 수행한다.

사용자 인터페이스 기관

사용자 인터페이스 기관 user interface unit 은 데이터의 입력과 출력, 그리고 다양한 분석 과정에서 일어나는 사용자와 시스템 간의 인터페이스 환경을 제공하는 시스템 모듈을 말한다. 주로 메뉴 방식이나 그래픽 처리 형식을 이용하여 사용자가 쉽게 이해할 수 있으며 사용하기 편리한 대화 기능을 제공하기 때문에 대화생성관리시스템 Dialogue Generation and Management System, DGMS 이라고도 한다. 사용자 인터페이스는 정보 기술의 발전에 따라 음성 인식 등 사용자 편의를 위해 더욱 쉽게 사용할 수 있도록 지속적으로 발전하고 있다.

사용자

의사결정지원시스템의 사용자는 주로 기업 경영의 주요 의사결정을 담당하는 경영관리자이다. 이들은 당면한 의사결정에 가장 적합한 모델을 모델베이스에서 선정 및 수정하며, 필요한 데이터를 데이터베이스로부터 제공받거나 직접 입력한 후 대안을 평가하고 분석하여 최적의 대안을 선택하는 의사결정 과정을 수행한다.

지식 베이스 시스템

의사결정지원시스템은 지식을 기반으로 정성적인 정보 quantitative information 를 제공한다. 모델시스템이 계량적인 정보를 생성하는 것이라면 지식시스템은 계량화하기 어려운 정성적인 정보를 제공한다.

> TIP **지식경영**: 조직 구성원 개개인의 지식이나 노하우를 체계적으로 발굴하여 조직 내 보편적인 지식으로 공유함으로써 조직 전체의 문제 해결 능력을 비약적으로 향상하는 경영 방식을 말한다. 이는 조직 내 지식의 활발한 창출과 공유를 제도화하는 것을 목표로 한다.

그림 9-7
의사결정지원시스템의 구조

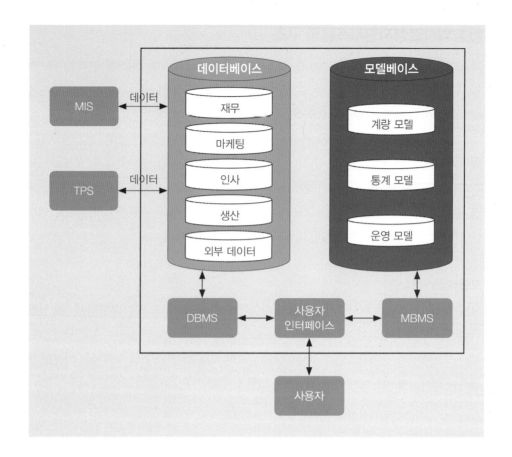

TIP 프로토타이핑: 소프트웨어
시스템이나 컴퓨터 하드웨어 시스
템을 본격적으로 생산하기 전에
그 타당성의 검증이나 성능 평가
를 위해 미리 시험 삼아 만들어보
는 모형 제작 방법을 말한다.

PLUS NOTE | 의사결정지원시스템 개발 방법론(프로토타이핑)

의사결정지원시스템은 일반적인 시스템 개발 단계와 유사한 과정을 거치지만, 그 특성상 정보
를 효율적으로 수집·저장·분배하기 위한 시스템이 아니라 경영관리자의 의사결정을 지원하여
의사결정의 효과성을 향상하기 위한 정보시스템으로, 일반적인 정보시스템과는 다른 개발 방식
으로 개발된다.

　　일반적인 정보시스템의 경우, 개발자가 사용자의 요구를 조사하고 시스템 개발의 대상이 되는
업무를 분석하여 시스템을 설계한 다음, 프로그래밍 과정을 통해 시스템이 개발되면 이를 사용
자에게 제공한다. 그러나 의사결정지원시스템은 사용자의 요구를 반영하여 시스템을 개발하며,
이를 사용자가 직접 사용하고 평가하게 하여 새로운 요구와 문제점을 찾고 이를 해결하면서 시
스템을 개선해나가는 과정을 거친다. 이러한 개발 방식을 프로토타이핑(prototyping)이라 하는
데, 이는 가능한 한 빠른 시간 안에 사용자의 기초적인 요구를 최대한 반영한 소규모 모델을 구축
한 후 이를 점진적으로 개선해나가는 시스템 개발 방식을 말한다. 즉 사용자와 설계자는 소규모
의 중요한 문제에 관해 먼저 논의하고, 이 문제의 해결을 지원할 수 있는 초기 시스템을 설계하고
구축한다. 개발자는 구축된 시스템을 사용자에게 시범 보이며 사용자는 이를 사용하고 평가한다.
시스템 개발자는 사용자의 평가를 기초로 하여 프로토타입에 만족할 때까지 필요한 데이터 내역
과 시스템 구조를 추가하고 변경하며 입출력을 개선하는 등 시스템을 수정·확장한다.

03 의사결정지원시스템 분석 기능

의사결정지원시스템의 전통적인 분석 기법은 what-if 분석, 시나리오 분석, 목표값 찾기, 최적화 분석이다. 과거에는 상당히 비싼 소프트웨어를 사용하여 의사결정을 할 수 있었지만 최근에는 엑셀 등 기본적인 스프레드시트 프로그램을 이용하여 분석이 가능하다.

what-if 분석
특정 모형의 독립변숫값을 변화시키면서 종속변숫값이 변화하는 것을 분석하는 기법이다. 예를 들어 100만 원을 이자율 5%에 3년 동안 은행에 넣어두면 3년 뒤에 얼마를 받을 수 있는지 분석하는 것이다. 엑셀은 재무 관련 함수를 대부분 제공한다.

시나리오 분석
독립변수의 변화에 따른 종속변수의 변화를 한 번에 여러 개 처리하는 기법이다. 한 달에 100만 원씩 적금을 부으면 이자율에 따라 3년 후에 얼마를 받을 수 있는지 한 번에 알 수 있다.

목표값 찾기
종속변수(결과값)가 얼마가 되려면 독립변수가 얼마가 되어야 하는지를 알아내는 기법이다. 예를 들어 "3년 만기, 이자율 6% 복리이자로 1,000만 원을 모으려면 매달 얼마씩 저축해야 하는가?"에 대한 답은 목표값 찾기를 통해 알 수 있다.

최적화 분석
특정한 제약 조건하에서 최선의 선택을 하는 분석 기법이다. 예를 들어 기업이 주어진 생산 설비하에서 이익을 최대화하거나 비용을 최소화할 수 있는 원료의 배합을 구할 때 최적화 분석을 사용하며, 주로 경영과학 기법을 이용한다.

04 그룹의사결정지원시스템

그룹의사결정지원시스템Group Decision Support System, GDSS은 의사결정지원시스템의 일종으로, 의사결정 관련 모임에 참가한 사람들을 지원하기 위한 소프트웨어, 하드웨어, 전산 언어, 처리 절차의 집합으로 구성된 시스템이다. 그리고 보고서 작성, 대화, 토론, 협상, 대안 평가, 계획, 의견 일치 도출, 그 외에 의사결정과 같은 활동을 지원하는 데 사용된다. 이러한 목적성 때문에 그룹의사결정지원시스템의 정의는 여러 가지이다.

그룹의사결정지원시스템의 유형
그룹의사결정지원시스템에는 의사결정실, 근거리 의사결정망, 원격 회의, 원거리 의사결정망 등의 유형이 있다.

TIP **그룹의사결정지원시스템:** 그룹 의사소통 및 집단 의사결정을 보다 효과적으로 지원하기 위해 구축하는 시스템을 말한다. 과거와 달리 경영 환경이 보다 복잡해지는 상황에서 기업의 업무와 관련된 의사결정을 더 효과적으로 지원할 필요성이 대두되면서 생겨난 의사결정지원시스템이다.
© 매일경제 용어사전

- **의사결정실:** 가장 보편적이며 전통적인 그룹의사결정지원시스템 유형으로, 의사결정자들은 회의실의 원탁에 둘러앉아서 얼굴을 맞대고 대화하거나 각자의 앞에 놓여 있는 컴퓨터 시스템을 사용하여 회의한다.

- **근거리 의사결정망:** 의사결정실 유형의 시간적·공간적 제약을 극복하기 위해 각 의사결정자가 데이터베이스와 다양한 모델 및 프로시저가 저장된 중앙 서버와 연결된 전자 메시지 등을 이용하여 의사결정을 한다.

- **원격 회의:** 여러 명의 의사결정자가 두세 개 이상의 의사결정실을 연결하여 의사결정을 한다. 다수의 의사결정자가 한 장소에 모여서 의사결정을 하는 것보다 비용과 시간을 절약할 수 있다.

- **원거리 의사결정망:** 의사결정자들이 공간적으로 널리 분산되어 있는 경우에 사용하며, 인터넷과 같은 원거리 통신망을 이용하여 정보를 분석하거나 공유한다. 쉽게 말해 카카오톡과 같은 메신저 기능에 의사결정 기법을 추가한 시스템이라고 생각하면 된다.

그림 9-8
그룹의사결정지원시스템의 유형

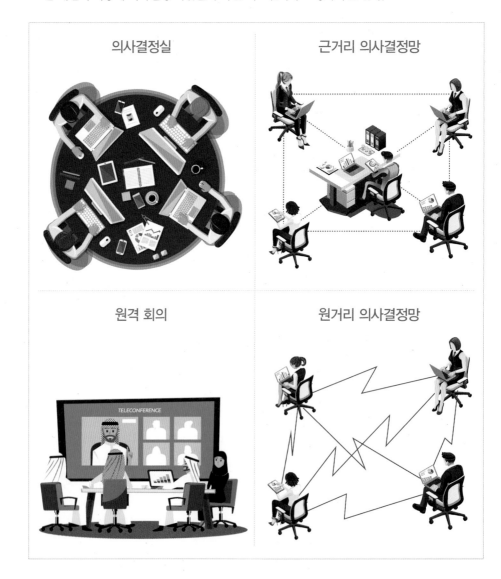

그룹의사결정지원시스템의 활용

그룹의사결정지원시스템은 브레인스토밍 기법, 그룹 합의 접근법, 명목 그룹 기법 등에 활용할 수 있다.

● **브레인스토밍 기법(brainstorming technique)**: 참여자들이 자유롭게 의견을 제시하고, 의견에 대한 토의를 통해 창조적인 아이디어를 도출하는 기법이다. 브레인라이팅brain-writing 기법도 있는데, 이는 말을 하지 않고 아이디어를 자유롭게 글로 써서 표현하는 기법이다. 컴퓨터를 활용할 때는 브레인라이팅에 가깝다고 할 수 있다.

ⓒ Shutterstock

그림 9-9
브레인스토밍 기법

● **그룹 합의 접근법(group consensus approach)**: 참여자들이 만장일치와 어떤 결정에 도달하도록 시스템이 유도한다.

● **명목 그룹 기법(nominal group technique)**: 자유로운 아이디어 도출 및 대안 선택이 투표를 통해 이루어진다.

05 중역정보시스템

중역정보시스템Executive Information System, EIS은 조직의 최고경영층이 조직의 운영 결과나 상황 평가, 감시 및 계획 수립에 필요한 각종 정보나 분석 도구에 쉽게 접근할 수 있도록 구축된 정보시스템이라고 할 수 있다. 또한 기업 내부와 외부의 정보를 포함하는 데이터베이스와 연계되어 최고경영층 스스로 원하는 정보를 검색할 수 있도록 하고 효과적으로 정보를 제공해야 한다.

경영자에게 필요한 정보의 종류

일반적으로 경영자가 필요로 하는 정보의 종류는 요약 정보, 경고 정보, 주요 지표, 상황 정보, 가십, 외부 정보로 나눌 수 있다.

● **요약 정보**: 사업이나 조직의 일반적인 상태를 요약한 정보로 최근 판매 성과, 생산성, 주요 계정이나 고객의 상태 등이 포함된다. 일반적으로 경영자는 이러한 종류의 정보 확인과 분

석에 많은 시간을 할애하지는 않지만, 요약 정보는 현재 기업의 현황을 파악하는 데 가장 기본적인 정보이기 때문에 항상 경영자에게 제공되어야 한다.

- **경고 정보**: 계획된 기업 활동의 변경이나 관리적 관심을 요하는 상황의 발생 가능성을 미리 예시하는 정보를 말한다. 경영자는 기업 활동에 심각한 문제가 발생하기 전에 예방하거나 문제 상황의 대처 방안을 수립할 수 있도록 가능하면 미리 적절한 사전적 정보를 제공받아야 한다.

- **주요 지표**: 생산성, 불량률, 클레임 발생률, 재가공 비율, 원가 구성비 등과 같이 조직 성과를 측정하여 평가할 수 있는 주요 정보를 말한다. 이러한 지표는 가능한 경우 계량화되어 정보시스템에 의해 관리된다.

- **상황 정보**: 경영자의 관심이 필요한 문제 또는 이슈에 관한 현황 정보이다. 상황은 하급자의 개인적인 문제부터 주요 광고 계획에 이르기까지 다양한데 경영자는 종종 이러한 상황 정보를 지속적으로 감시해야 한다.

- **가십**: 사무실이나 산업 내에 떠돌아다니는 비공식적인 정보로 흔히 '찌라시'라고 한다. 경영자는 가십을 통해 사람들이 어떤 생각을 하고 있는지 알 수도 있고, 때로는 근거 없는 소문이라 할지라도 의사결정에 결정적인 단서가 되기 때문에 지속적으로 가십을 파악해야 한다.

- **외부 정보**: 기업 외부로부터 제공되는 정보를 말한다. 경쟁자들에 관한 정보, 산업 현황과 발전 방향에 관한 정보, 정부 정책에 관한 정보, 국제관계의 변화에 관한 정보 등이 이에 해당된다.

중역정보시스템의 특징

중역정보시스템은 다음과 같은 특징을 가지고 있다.

TIP 드릴 다운: 가장 요약된 레벨부터 가장 상세한 레벨까지 차원의 계층에 따라 분석에 필요한 요약 수준을 바꿀 수 있는 기능이다. 고위 관리자뿐만 아니라 데이터 분석이 필요한 하위 직원에게도 유용하다.

- **요약 형태의 정보 제공**: 일반적으로 최고경영층은 회사의 전략적인 문제를 해결하기 위한 업무를 수행하므로 대량의 거래 자료보다는 필요에 맞게 거르고 요약한 전략적인 정보를 제공한다. 또한 정보를 더 자세히 볼 수 있도록 드릴다운drill down 형태로 인터페이스를 구성해야 한다.

- **문제 중심의 정보 제공**: 일상적인 기업 현황에 대한 정보도 필요하지만 경영자가 당면할 문제를 예상하여 그것의 해결에 필요한 정보를 제공하거나, 예상치 못한 문제가 발생하는 경우 사태의 분석과 이에 따라 가장 합리적인 의사결정을 행할 수 있도록 필요한 정보와 분석 기법을 제공한다.

- **쉬운 사용자 인터페이스**: 일반적으로 경영자는 컴퓨터 전문 지식이 부족하고 배울 시간적 여유가 없으므로 하드웨어의 조작이나 소프트웨어의 사용이 간편하도록 개발해야 한다. 경영자를 대상으로 하는 정보시스템은 정보의 내용뿐만 아니라 제공 형태도 다른 정보시스템과 차이가 있다. 즉 같은 정보라도 경영자가 좀 더 쉽고 빨리 이해할 수 있도록 요약된 표나 그래프를 사용하여 표현하며, 정보시스템은 이러한 기능을 제공할 수 있는 시스템으로 구성된다.

세븐일레븐은 현재 세계에서 점포 수가 가장 많은 편의점 회사이다. 한때 미국의 모회사가 부도 위기에 처했을 때, 일본의 세븐&아이홀딩스가 모회사를 인수하여 성공적으로 정착시킬 수 있었던 것은 고객 지향적 의사결정지원시스템 덕분이었다. 세븐일레븐이 재기할 수 있었던 이유를 살펴보자.

ⓒ Shutterstock

먼저 세븐일레븐은 자신들의 문제를 인식하고 분명한 목표를 설정했다. 세븐일레븐이 가장 먼저 취했던 행동은 고객이 누구이고 고객의 욕구가 무엇인지 파악하는 기본적인 작업이었다. 그리고 인공위성을 이용하여 유통센터와 제조업체를 연결하여 제품을 추적하고 각 점포의 재고 품목을 결정했다. 그러면서 점포의 제품 70%가 매년 교체되었다. 또한 점포별 제품 진열에 필요한 선반 공간을 결정했으며, 종업원의 실적을 관리하고 실적 우수자를 포상하는 인센티브시스템을 실시했다. 이를 위해 세븐일레븐은 의사결정지원시스템을 도입했다. 세븐일레븐이 도입한 의사결정지원시스템의 특징은 다음과 같다.

● **데이터베이스 공유:** 세븐일레븐은 데이터베이스를 공유하여 일본 전역 5,000여 개 점포의 판매량과 고객 정보를 실시간으로 파악했다. 해당 지역의 식품점, 주점, 잡화상, 연료점 등과 데이터베이스를 공유하고 이를 통해 제품의 재고와 납품 내역을 실시간으로 파악하여 보다 유용한 의사결정 지원이 가능해졌다.

● **실시간 배송 정보 파악:** 인공위성과 연결된 제품 배송 정보 데이터베이스를 사용하여 인터넷 기반의 제품 배송 정보를 제공함으로써 효율적인 제품 운송 및 고객 신뢰의 축적이 가능해졌다.

● **의사결정 지원 모델 구축:** 의사결정지원시스템을 구축함으로써 인공위성 위치추적시스템에 의한 제품 배송 위치 파악, 실시간 재고 관리 데이터베이스의 판매량 분석, 고객별 구매 패턴 분석 및 향후 니즈 파악, 납품업체와의 데이터베이스 공유를 통한 효율적인 재고 관리와 같은 기능을 수행하고 있다. 의사결정지원시스템에서 제공하는 결과값은 계약 조건 및 재고 관리 방안을 설계하는 데 중요한 기본 자료로 사용된다.

이를 통해 비인기 제품을 처리하여 기존 재고 감소 효과를 가져왔고, 줄어든 매출은 인기 상품을 투입함으로써 보충하여 결과적으로 지점의 매출 증가를 도모하고 납기를 단축할 수 있었다. 이렇게 해서 세븐일레븐은 마침내 부활하게 되었다.

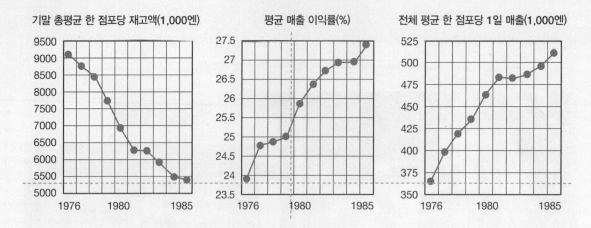

일본 세븐일레븐의 성과 변화

엑셀을 활용한 의사결정

01 해 찾기

확실성하의 의사결정 중에서 가장 널리 사용되는 경영과학 기법은 선형계획법이다. 선형계획법을 엑셀로 해결하려면 '해 찾기'를 이용한다. 해 찾기는 가상 분석 도구로서 사용자가 지정해놓은 조건에서 가장 적절한 결과값을 오차범위 내에서 반복하여 결과를 얻어낸다.

MIS 특강 | 해 찾기 실습: 선형계획법

다음 사례를 통해 해 찾기를 실습해보자.

TIP 해 찾기 실습 준비
① 엑셀에서 [파일]-[옵션]을 클릭하고, [Excel 옵션] 대화상자에서 [추가 기능]을 선택한다.
② [추가 기능]에서 '해 찾기 추가 기능'을 선택하고 [이동]을 클릭한다.
③ [추가 기능]에서 '해 찾기 추가 기능'을 선택하고 [확인]을 클릭한다.
④ 메뉴에서 [데이터]를 클릭하면 [분석] 툴에 [해 찾기]가 추가된 것을 확인할 수 있다.

사례

후니공업사는 두 종류의 소형 금속제품 A와 B를 생산하여 무게 단위로 판매하고 있다. kg당 판매이익은 A가 2만 원, B가 1만 원이다. 두 제품은 절삭 공정과 조립 공정을 거쳐 생산되며, 1kg을 생산하는 데 A는 절삭 공정에서 1시간, 조립 공정에서 3시간 작업하고, B는 절삭 공정에서 2시간, 조립 공정에서 1시간 작업한다. 한편 이 회사 설비의 하루 작업 가능 시간은 절삭 공정 100시간, 조립 공정 150시간이다. 또한 A, B 두 제품 모두 얼마든지 생산 당일에 판매할 수 있다고 가정한다. 이 회사의 판매이익을 최대로 하려면 각 제품을 하루 몇 kg씩 생산 및 판매해야 할까? (매일 생산량과 판매량이 같다고 가정한다)

❶ **문제 분석:** 후니공업사는 A와 B 제품을 판매하고 있으며 판매이익의 최대화를 목표로 한다. A의 판매이익은 2만 원, B의 판매이익은 1만 원이고, 생산할 때 절삭 공정과 조립 공정을 거친다. 이를 다음과 같은 표로 나타낼 수 있다.

생산 공정	A	B	제한 시간
절삭 공정	1시간	2시간	100시간
조립 공정	3시간	1시간	150시간

❷ **선형계획 모델 도출:** x_1은 A, x_2는 B라 가정하고 선형계획 모델을 도출한다.

Maximize $Z = 2x_1 + 1x_2$

제약 조건

$1x_1 + 2x_2 \leqq 100$

$3x_1 + 1x_2 \leqq 150$

$x_1, x_2 \geqq 0$

❸ **엑셀에 자료 입력:** 엑셀 시트에 다음과 같이 입력한다.

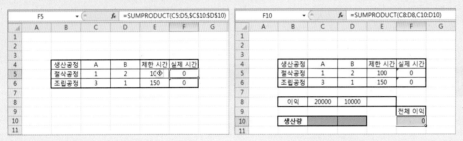

TIP 엑셀에서 SUMPRODUCT 함수는 행의 열끼리 곱한 결과를 각 행끼리 합하는 연산을 수행한다.

❹ **해 찾기 선택:** [데이터]-[해 찾기]를 선택한다.

❺ [해 찾기 매개 변수] 대화상자에서 '목표 설정', '변수 셀 변경', '제한 조건에 종속'을 다음과 같이 입력하고, [해 찾기 결과] 대화상자에서 [확인]을 클릭한다.

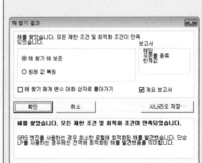

❻ A와 B의 생산량 결과값이 다음과 같이 출력된다.

	A	B	C	D	E	F	G
1							
2							
3							
4		생산공정	A	B	제한 시간	실제 시간	
5		절삭공정	1	2	100	100	
6		조립공정	3	1	150	150	
7							
8		이익	20000	10000			
9						전체 이익	
10		생산량	40	30		1100000	
11							

02 목표값 찾기

엑셀에서 '목표값 찾기'는 의사결정 분석 기법 중 목표값 찾기를 해결하는 기능으로, 계산된 결과가 목표값이 되도록 역산하는 기능이다. 손익분기점 매출액의 계산이나 특정 이익을 달성하기 위해 주어진 조건에서 판매되는 수량과 같은 손익분기점의 특수 문제를 엑셀의 목표값 찾기로 해결할 수 있다.

우선 엑셀에서 목표값 찾기를 하려면 PMT 함수에 대해 알아야 한다. 엑셀에서 PMT 함수는 대출금 매월 상환액을 계산하는 함수이다.

MIS 특강 │ 목표값 찾기 실습

다음 두 가지 사례를 통해 목표값 찾기를 실습해보자.

사례1 대출금 상환액 구하기 --

1억 원을 연간 이자율 6%의 5년 만기로 대출받았을 때, 매월 상환해야 할 대출금은 이자를 포함하여 얼마인지 엑셀을 이용하여 구해보자.

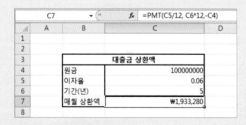

	A	B	C	D
		C7	▼	f_x =PMT(C5/12, C6*12,-C4)
1				
2				
3		대출금 상환액		
4		원금	100000000	
5		이자율	0.06	
6		기간(년)	5	
7		매월 상환액	₩1,933,280	
8				

> **TIP** 이자율을 12로 나눈 것은 연간 이자율을 월간 이자율로 환산한 것이고, 기간을 12로 곱한 것도 연 단위를 월 단위로 환산한 것이다.

∴ 위와 같이 PMT 함수를 이용하여 구한 매월 상환액은 1,933,280원이다.

사례2 대출 원금 구하기

연간 이자율 6%의 5년 만기 대출이 있을 때, 매월 20만 원을 상환할 수 있다면 원금을 얼마까지 빌릴 수 있는지 엑셀의 [목표값 찾기] 메뉴를 이용하여 구해보자.

TIP 엑셀에서 목표값 찾기는 [데이터]-[가상 분석]-[목표값 찾기]를 선택하여 수행한다.

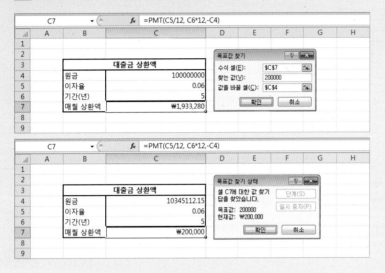

∴ 위와 같이 [목표값 찾기] 메뉴를 이용하면 원금을 약 10,345,112원 대출할 수 있다는 결과를 얻는다.

03 시나리오 분석

시나리오 분석scenario analysis은 여러 경영 상황을 만들어두고 해당 상황에 따른 결과를 바탕으로 미래를 예측하는 기법이다.

MIS 특강 | 시나리오 분석 실습

다음 사례를 통해 시나리오 분석을 실습해보자.

TIP 엑셀에서 시나리오 분석은 [데이터]-[가상 분석]-[시나리오 관리자]를 선택하여 수행한다.

사례

(주)부천은 신제품 개발에 성공하여 새로운 시장을 개척하려고 한다. 시장 상황에 따라 투자액과 제조원가가 달라지므로 이를 동시에 고려하여 최적의 의사결정을 수행해야 한다. 의사결정은 순이익이 많은 쪽으로 하게 될 것이며, 인건비는 1,000만 원으로 일정하다. 순이익은 (투자액-제조원가-광고비-관리비-인건비)라고 가정한다. 다음 중 어떤 투자안이 가장 순이익이 높은지 알아보자.

- 투자안 1: 투자액 3,000만 원, 제조원가 1,500만 원, 광고비 500만 원
- 투자안 2: 투자액 5,000만 원, 제조원가 2,000만 원, 광고비 500만 원
- 투자안 3: 투자액 7,000만 원, 제조원가 3,000만 원, 광고비 1,000만 원

❶ 엑셀 시트에 다음과 같이 조건을 입력한다.

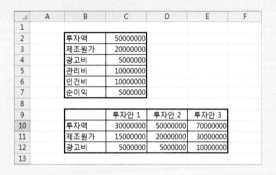

❷ 메뉴에서 [데이터]-[가상 분석]-[시나리오 관리자]를 선택하고 [추가]를 클릭한다.

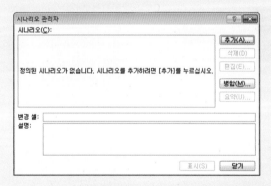

❸ [시나리오 추가] 대화상자에서 투자안 1, 투자안 2, 투자안 3의 시나리오를 작성한다. 변경 셀에는 해당되는 투자안의 금액을 각각 입력한다.

❹ 세 가지 투자안을 모두 입력했으면 [시나리오 관리자] 대화상자에서 [요약]을 클릭하여 결과 셀을 설정하고
[확인]을 클릭한다.

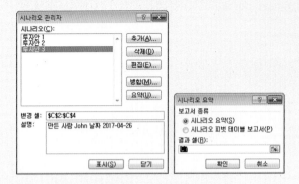

❺ 시나리오 분석 결과가 다른 시트에 출력된다.

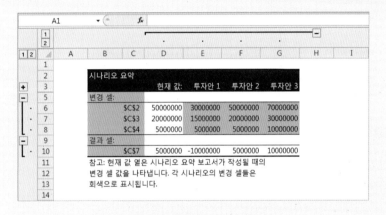

∴ 투자안 3의 순이익이 1,000만 원으로 가장 높다.

01 경영에서의 의사결정은 경영자가 기업의 경영 상태 전반에 대한 방향을 결정하는 일을 말한다.

02 허버트 사이먼에 의하면 의사결정 문제는 구조적 문제, 비구조적 문제, 반구조적 문제로 구분할 수 있다.

03 의사결정의 절차는 허버트 사이먼이 제시한 문제 인식, 대안 설계, 대안 선택, 실행의 4단계가 일반적이다.

04 의사결정의 유형에는 확실성하의 의사결정, 위험하의 의사결정, 불확실성하의 의사결정, 상충하의 의사결정, 다기준 의사결정, 다목적 의사결정이 있다.

05 의사결정나무는 마디로 구성된 하향식 나무 구조로서 데이터 사이의 의미 있는 관계를 체계적으로 발견하여 분류나 예측의 목적으로 활용한다.

06 의사결정지원시스템은 기업을 경영할 때 당면하는 여러 가지 의사결정 문제를 해결하기 위해 복수의 대안을 개발하고 비교 및 평가하여 최적의 대안을 선택할 수 있도록 의사결정 과정을 지원하는 정보시스템이다.

07 의사결정지원시스템은 데이터베이스 시스템, 모델베이스 시스템, 사용자 인터페이스 기관, 사용자, 네 가지 하부 시스템으로 구성된다. 최근 지식경영에 대한 관심이 높아져 모형에 지식 베이스를 추가하는 학자들도 있다.

08 의사결정지원시스템의 전통적인 분석 기법은 what-if 분석, 시나리오 분석, 목표값 찾기, 최적화 분석이다. 과거에는 상당히 비싼 소프트웨어를 사용하여 의사결정을 할 수 있었지만 최근에는 엑셀 등 기본적인 스프레드시트 프로그램을 이용하여 분석이 가능하다.

09 그룹의사결정지원시스템은 의사결정지원시스템의 일종으로, 의사결정 관련 모임에 참가한 사람들을 지원하기 위한 소프트웨어, 하드웨어, 전산 언어, 처리 절차의 집합으로 구성된 시스템이다.

10 중역정보시스템은 최고경영층의 의사결정에 필요한 정보를 적시에 제공하고, 필요한 경우 의사결정을 지원하는 시스템이다.

11 선형계획법을 엑셀로 해결하려면 '해 찾기'를 이용한다.

12 엑셀에서 '목표값 찾기'는 의사결정 분석 기법 중 목표값 찾기를 해결하는 기능으로, 계산된 결과가 목표값이 되도록 역산하는 기능이다.

13 시나리오 분석은 여러 경영 상황을 만들어두고 해당 상황에 따른 결과를 바탕으로 미래를 예측하는 기법이다.

01 경영자는 급격한 사회 변화로 인해 과거와는 차원이 다른 의사결정 환경에 처해 있다. 이러한 사회 변화의 요인이 아닌 것은?

① 인구 증가   ② 환경 문제   ③ 물가 안정
④ 에너지 고갈   ⑤ 정보화

02 의사결정 문제와 경영 계층의 대응을 나타낸 다음 그림의 (가), (나), (다)에 들어갈 내용을 각각 쓰시오.

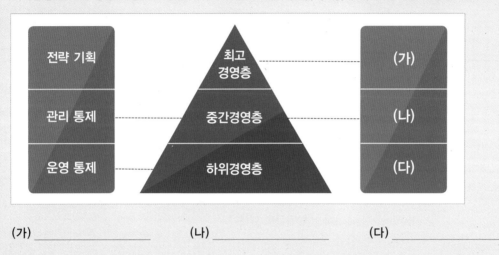

(가) _____   (나) _____   (다) _____

03 다음 중 의사결정의 유형이 아닌 것은?

① 확실성하의 의사결정   ② 상충하의 의사결정   ③ 다계획 의사결정
④ 다목적 의사결정   ⑤ 위험하의 의사결정

04 다음 중 의사결정나무 분석에 대한 설명으로 적절하지 않은 것은?

① 연속형 데이터에만 적용할 수 있다.

② 온라인 마케팅, 온라인 제품추천시스템, 프로젝트 관리 등 다양한 분야에서 활용되고 있다.

③ 의사결정나무는 뿌리마디에서 시작하여 각 가지가 끝마디에 이를 때까지 자식마디를 생성해나감으로써 완성된다.

④ 의사결정나무는 마디로 구성된 하향식 나무 구조로서 데이터 사이의 의미 있는 관계를 체계적으로 발견하여 분류나 예측의 목적으로 활용한다.

⑤ 데이터의 각 레코드는 뿌리마디에서 출발하여 끝마디에 도착할 때까지 각 마디의 의사결정에 따라 결정되는 경로를 통과함으로써 특정 집합으로 분류되거나 예측된다.

05 다음 설명에 해당하는 모델의 종류는?

> 기호적 모델로서 언어 표현이 아닌 수학적인 관계식으로 표현되는 모델이다.

① 형상 모델   ② 의사결정 모델   ③ 목적 모델

④ 수리 모델   ⑤ 상사 모델

06 다음 중 의사결정지원시스템에 대한 설명으로 적절하지 않은 것은?

① 사용자 편의 위주의 사용 환경을 제공하고 의사결정 환경의 변화를 반영할 수 있는 유연성이 있어야 한다.

② 정보 기술을 활용하여 조직 구성원의 직무 만족을 극대화하고 직무 재설계를 통해 조직을 근본적으로 재설계하며, 이로써 고객 만족의 향상으로 경쟁우위를 창출하는 것이다.

③ 조직 내외부의 다양한 정보를 활용하여 의사결정 과정을 지원하는 구조로서 의사결정 과정의 모든 단계를 지원해야 한다.

④ 비구조적이거나 반구조적인 의사결정 문제 해결 과정을 효과적으로 지원하기 위해 자료와 모델을 이용하여 의사결정자를 지원하는 상호 반응적 정보시스템이다.

⑤ 기업을 경영할 때 당면하는 여러 가지 의사결정 문제를 해결하기 위해 복수의 대안을 개발하고 비교 및 평가하여 최적의 대안을 선택할 수 있도록 의사결정 과정을 지원하는 정보시스템이다.

07 다음 중 의사결정지원시스템을 구성하는 하부 시스템이 아닌 것은?

① 데이터베이스 시스템   ② 사용자 인터페이스 기관   ③ 지식 베이스 시스템

④ 모델베이스 시스템   ⑤ 중역정보시스템

08 그룹의사결정지원시스템의 유형 중 (가), (나), (다)에 해당하는 것을 각각 쓰시오.

> • ((가)): 가장 보편적이며 전통적인 그룹의사결정지원시스템 유형으로, 의사결정자들은 회의실의 원탁에 둘러앉아서 얼굴을 맞대고 대화를 하거나 각자의 앞에 놓여 있는 컴퓨터 시스템을 사용하여 회의한다.
>
> • ((나)): 여러 명의 의사결정자가 두세 개 이상의 의사결정실을 연결하여 의사결정을 한다. 다수의 의사결정자가 한 장소에 모여서 의사결정을 하는 것보다 비용과 시간을 절약할 수 있다.
>
> • ((다)): 의사결정자들이 공간적으로 널리 분산되어 있는 경우에 사용하며, 인터넷과 같은 원거리 통신망을 이용하여 정보를 분석하거나 공유한다.

(가) _____   (나) _____   (다) _____

01 허버트 사이먼은 의사결정 문제를 구조적 문제, 비구조적 문제, 반구조적 문제로 구분했다. 경영 계층별로 이러한 문제에 어떻게 대응해야 할지 리포트를 작성하시오.

02 기업에서 의사결정지원시스템이 제대로 적용된 사례를 조사하여 리포트를 작성하시오.

03 그룹의사결정지원시스템의 유형에는 네 가지가 있는데, 각 유형의 장단점에 대해 토론하시오.

04 경영자에게 필요한 정보의 종류 중 가십을 경영자가 알아야 하는 이유를 발표하시오.

05 중역정보시스템을 구축할 때 사용자가 나이가 많고 컴퓨터 사용 능력이 부족하다는 전제하에 쉬운 사용자 인터페이스를 강조하는데, 이에 대해 토론하시오.

다음은 논문 「의사결정나무 모형을 이용한 공연예술 시장의 소비자 그룹 분석」의 일부를 발췌한 것이다. 다음을 읽고 주어진 주제를 조사하여 리포트를 작성하시오.

본 연구에서는 의사결정나무 모형을 이용하여 공연예술 시장의 소비자 그룹 분류를 통한 소비자 분석을 실시했다. 공연 소비자의 인구통계적 특성과 함께 인지 및 행동적 특성에 해당하는 관여도, 지식 수준, 정보 획득 수단을 기준 변수로 소비자 그룹 분류를 시도했는데, 본 연구의 결과는 국내 공연예술 시장의 소비자 저변 확대 및 수요 촉진을 위한 전략 마련에 활용될 수 있을 것으로 기대된다. 분석 결과를 보면, 관람률이 가장 높은 그룹은 관여도가 가장 높고 공연예술 지식 수준이 상대적으로 높아 전문성도 함께 갖춘 소비자로 나타났으며, 관람률이 가장 낮은 그룹은 저관여 그룹 안에서도 40대 소비자로 나타났다. 또한 공연 티켓 구매 시 가장 높은 등급의 좌석을 선택하는 그룹은 지식 수준이 높은 여성 소비자로 분석되었으며, 가장 낮은 등급의 좌석을 선택하는 그룹은 중간 정도의 지식 수준이면서 소득이 낮은 편인 40대 소비자로 나타났다. 본 연구의 결과에서 주목할 만한 사항은 공연 관람 여부와 좌석 등급 선택이라는 공연예술 소비 행태에 대해 교육과 경험을 통해 개발 가능한 변수인 관여도와 지식 수준이 인구통계 변수보다 더 큰 영향을 미치는 것으로 나타났다는 것이다.

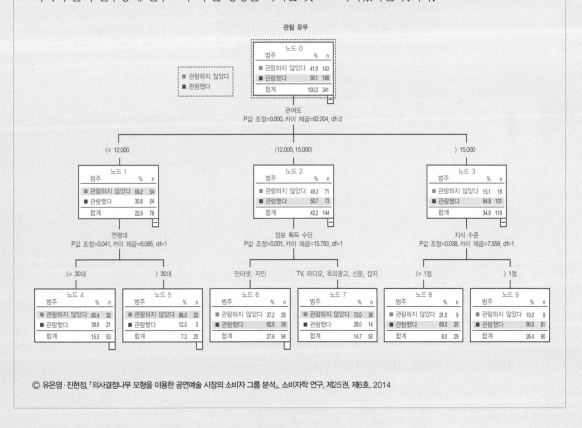

ⓒ 유은영·진현정, 「의사결정나무 모형을 이용한 공연예술 시장의 소비자 그룹 분석」, 소비자학 연구, 제25권, 제6호, 2014

• 의사결정나무 모형에 대해 설명하고 의사결정나무 모형의 장점을 조사하시오.

• 위의 의사결정나무 모형을 보고 공연예술 소비 행태에 대해 얻은 결론을 설명하시오.

지식경영과
지능정보시스템

학 | 습 | 목 | 표

- 지식의 개념을 이해하고 지식경영이 등장하게 된 배경을 알아본다.

- 지식경영의 핵심 요소와 지식경영이 중요하게 된 요인을 알아본다.

- 지식관리시스템의 개념을 이해하고 특징을 파악한다.

- 지능정보시스템이 등장하게 된 배경을 알아본다.

- 인공지능의 개념을 이해하고 연구 및 활용 분야를 살펴본다.

- 전문가시스템을 이해하고, 전문가시스템을 구축하는 데 필요한 요소를 알아본다.

지식경영

01 지식의 개념

지식의 사전적 의미는 '어떤 대상에 대해 배우거나 실천을 통해 알게 된 명확한 인식이나 이해' 또는 '알고 있는 내용이나 사물'이다. 지식은 상황에 따른 인간의 인지적 활동이 축적되어 생성된다. 즉 정보나 데이터가 사용자의 인식, 해석, 분석, 이해 등의 인지적 활동을 거치면서 경험이나 상황과 결합하여 가치 부가적이고 생명주기가 긴 지식으로 창출된다. 정보가 인간의 경험, 상황 및 인간의 인지적 활동과 결합하여 생성된다면, 지식은 자료나 정보보다 인간의 개입 정도가 더 큰 고부가가치 정보를 의미한다.

ⓒ Shutterstock

그림 10-1
지식
행동 및 의사결정에 이용할 가치가 있다고 판단된 정보를 말한다.

최근 지식에 대한 연구가 많이 진행되면서 지식과 관련된 공통된 특징이 도출되었다.

● 지식은 응용할 수 있어야 한다.

● 지식은 실용적이어야 한다.

● 지식은 전후 관계가 있다.

● 지식은 경험적이다.

● 지식은 역사적이다.

● 지식은 공공적이다.

● 지식은 개인적이다.

『지식 창출 기업』이라는 저서로 유명한 노나카 이쿠지로 교수는 조직 내의 암묵적 지식 tacit knowledge과 명시적 지식 explicit knowledge이 사회화, 외재화, 결합화, 내재화 등의 상호 전환 과정을 거치면서 개인 지식에서 팀 및 조직 지식으로 발전한다고 말했는데, 이를 SECI 모델이라고 한다.

- **S(socialization, 사회화):** 체험에 의해 지식을 공유하고 직접 전수하는 프로세스로, 암묵적 지식에서 암묵적 지식으로 전환하는 것을 의미한다. 도제 제도, OJT On the Job Training, 학습 조직 등이 대표적인 예이며, 관찰과 모방, 실험과 비교, 연습, 작업장을 통해 사회화되는 것이 일반적이다.

- **E(externalization, 외재화):** 개인이 기억한 지식을 표면화하여 글이나 도표의 형태로 전환하는 것으로, 암묵적 지식이 명시적 지식으로 변환된다. 프로젝트 보고서, 제안 제도, 연구 보고서 등이 대표적인 예이다.

- **C(combination, 결합화):** 이미 존재하는 명시적 지식을 연결하여 새로운 형태의 명시적 지식을 만들어내는 프로세스로, 명시적 지식이 다른 형태의 명시적 지식으로 전환된다.

- **I(internalization, 내재화):** 명시적 지식을 행동하고 실천하여 자신의 생각이나 개념(암묵적 지식)으로 정립하는 프로세스로, 명시적 지식을 암묵적 지식으로 전환하는 것을 의미한다.

그림 10-2
SECI 모델
노나카 이쿠지로의 지식 변환 과정을 보여준다.

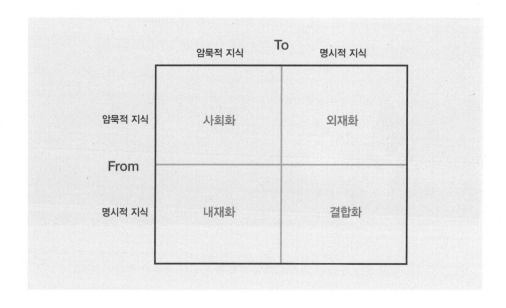

02 지식경영의 등장

지식에 대한 관심이 높아지고 다양한 연구가 진행되면서 기업에서도 **지식경영** knowledge management이라는 개념이 등장했다. 지식경영이란 조직 내의 지식을 지식관리시스템 knowledge management system의 데이터베이스에 저장하고 이를 공유하여 모든 조직원이 함께 활용하는 경영 방식이라고 할 수 있다.

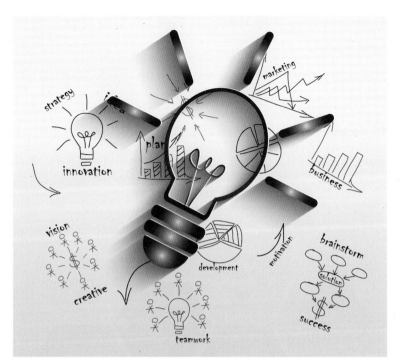

© Shutterstock

그림 10-3
지식경영
조직 내의 지식을 지식관리시스템
의 데이터베이스에 저장하고 공유
하여 활용하는 것이다.

PLUS NOTE | 지식 관리

정보통신 기술의 발달로 정보화가 빠르게 진행되었는데 최근에는 정보와 함께 지식도 관리의 대상이 되고 있다. 예전에는 주로 정보 관리의 수단인 정보 기술이나 정보시스템을 주 대상으로 삼았으나 최근에는 조직의 목표 달성을 위한 정보 자원의 효과적 관리를 목표로 삼고 있다. 다른 말로 하면, 정보시스템의 개발 및 관리를 강조했던 정보 기술 관리(IT management)의 노력에서 조직의 목표를 달성하기 위한 수단으로 정보 자원의 총합적 관리를 지향하는 정보 자원 관리(information resource management)의 노력으로 전환해가고 있는 것이다.

최신 정보 기술의 등장과 함께 지식 관리라는 개념이 등장했다. 지식 관리란 조직이 보유한 지식을 수집하여 이를 효과적으로 활용할 수 있도록 제공하는 활동을 의미한다. 여기서 지식은 데이터베이스나 지면에 기록되어 있거나 구성원의 머릿속에 들어 있는 것을 총칭한다.

03 지식경영의 핵심 요소

미국 IT 분야 리서치 업체인 가트너그룹은 지식경영에 대해 기업의 지적 자산을 생성, 채집, 구조화, 접근 및 사용하기 위한 관리 방법론으로, 데이터베이스, 문서, 업무 규정, 절차뿐만 아니라 직원들의 머릿속에 담겨 있는 전문 지식이나 경험까지 포함하는 것으로 정의했다. 지식경영의 4대 핵심 요소4R는 다음과 같다.

TIP 노나카 이쿠지로 교수는 지식경영을 조직적 차원에서의 지식 뿐만 아니라 개인의 지식을 체계적으로 발굴하여 기업 내부에 축적 및 공유하고, 이 지식을 기업의 경쟁력 제고를 위해 활용하는 경영으로 정의한다.

- **지식의 데이터베이스(repository):** 지식은 다른 사람과 공유할수록 새로운 지식으로 변하여 부가가치가 비약적으로 향상된다.
- **지식의 관리인(reference worker):** 지식의 공동 창고를 책임감을 가지고 전문적으로 관리할 사람을 두어야 한다.
- **지식 창고의 쇄신(refresh):** 지식 창고의 내용물을 항상 새롭게 생신하고 유지해야 한다.
- **지식의 보상(reward):** 새로운 지식을 공급한 조직원에게는 반드시 그 대가(인센티브)를 지불해야 한다.

그림 10-4
지식경영의 4대 핵심 요소(4R)

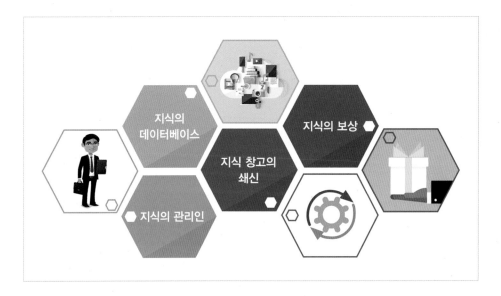

04 지식경영이 중요해진 배경

정보사회에서뿐만 아니라 4차 산업혁명 시대로 넘어가는 시점에 기업의 지식경영이 이전보다 더욱 중요해지게 된 데에는 다음과 같은 요인이 있다.

- **정보 자원의 증가:** 정보통신망의 발달로 조직 구성원들이 정보의 방대함에 압도당하고, 이에 따라 자연히 자기 스스로 중요한 내용을 놓치고 있다는 두려움을 갖게 된 것이 원인이다.
- **정보 기술의 발달:** 스마트폰, 태블릿 PC, 사물인터넷, 인공지능, 증강현실 등 이전에 없었던 새로운 기술이 등장하여 지식경영의 중요성이 커지면서 적용 분야나 활용 대상이 다양하게 변하고 있다.
- **지식경영 시스템화:** 선진 기업은 구성원들이 보유한 전문 지식이나 노하우를 시스템화하고 있다.

지식관리시스템

01 지식관리시스템의 개념

지식관리시스템Knowledge Management System, KMS은 조직상 서로 연계된 업무 부서에서 취급하는 업무의 능률을 높이고 효과적으로 수행하기 위해 각종 정보 관련 기술로 구성된 정보시스템이다. 지식관리시스템의 기술 요소는 각종 정보 기술의 발전에 따라 매우 다양하게 변하고 있다. 지식관리시스템은 이러한 정보 기술을 이용하여 관련 부서와의 의사소통이 효과적으로 이루어지도록 하고, 보다 효율적인 업무 수행을 가능하게 해준다. 최근에는 기술 요소가 통합된 인터페이스 형태로 구조화되어 사용 편의성 및 정보 가용성을 높여주는 방향으로 전개되고 있다.

> **TIP** **지식관리시스템**: 조직이나 기업의 인적자원이 축적한 개별적인 지식을 체계화하여 공유함으로써 경쟁력을 향상하기 위한 기업 정보시스템을 의미한다. 기업이나 조직의 지식을 이용하기 쉽게 축적하여 기업의 전략이나 정책 수립, 의사결정에 사용할 수 있도록 적절한 시간에, 적절한 사람에게, 적절한 지식을 제공하기 위한 시스템을 말한다.
> © IT용어사전

02 지식관리시스템의 특징

지식관리시스템의 일반적인 특징은 다음과 같다.

연계 업무의 통합

지식관리시스템의 적용 대상 업무는 한 개인보다는 서로 다른 역할을 가진 여러 구성원이 어떤 절차에 따라 공동으로 수행하는 업무이다. 따라서 지식관리시스템은 업무의 효율적인 수행을 위해 각 구성원 간에 연계된 역할의 통합화를 꾀한다.

정보 전달 기능

정보 및 의사 전달 기능은 매우 중요하다. 지식관리시스템은 여러 구성원 또는 부서에 의해 수행되기 때문에 부서 내부 또는 부서 간에 이루어지는 정보 전달이 필수적이다.

문서 자체 처리

지식관리시스템에서는 서류, 메시지, 전자우편 등이 하나의 실체로 취급된다. 이 실체에 포함된 내용을 자료화하여 컴퓨터에 넣어 처리하는 방식을 택하지 않고, 문서와 같은 실체 그 자체를 저장하고 불러내어 처리한다.

코레일은 정부 기관 최초로 철도 지식관리시스템을 구축하여 지식경영을 시작했다. 지식경영의 도입을 위해 전산시스템을 확충한 것은 물론 제도를 시행하기 위해 규정을 제정하고 이전의 유사한 활동을 통합했다.

© Shutterstock

　　각 기술 부서에서 개별적으로 이루어졌던 지식 창출 활동과 제안 활동을 하나의 조직에서 집중적으로 관리하도록 일원화하고, 지원 제도도 규정으로 통합하여 직원의 참여를 유도했다. 시행 초기에 직원들의 참여를 이끌어내기 위해 적극적인 교육과 홍보를 실시함으로써 점차 직원들이 지식경영 활동의 필요성과 중요성을 인식되게 되었고, 정부 행정기관 지식관리시스템 운영 실태 평가에서 대통령상을 수상하는 등 가시적인 성과가 나타나기 시작했다. 코레일은 지식경영 발전을 위해 다음과 같은 다양한 활동을 전개하면서 지식경영과 종합 관리를 도모하고 있다.

코레일의 지식경영 활동

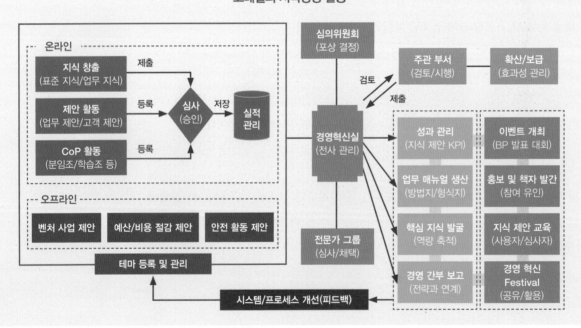

코레일의 지식관리시스템에서 지식경영 활동의 핵심은 코레일의 경영 성과에 긍정적 영향을 미치는 지식을 정리 및 공유하고, 이를 통해 획기적 개선 제안을 하는 것으로 요약할 수 있다. 지식관리시스템은 이러한 핵심 지식경영 활동을 위해 다음과 같이 설계되었다.

코레일의 지식관리시스템 메뉴

코레일의 지식관리시스템에서 관리하는 표준 지식은 업무 수행에 필요한 규정이나 약속, 표준, 절차 등을 대상으로 한다. 업무 지식은 업무 후생과 업무 처리에 필요한 문서로서 특정 업무에 대한 문제 해결 과정에서 생성되는 업무 노하우가 주가 되는 지식 영역이다.

주요 분류를 살펴보면, 업무 노하우와 성공 및 실패 사례를 등록하여 공유하고 타사 또는 자사 타 소속의 벤치마킹 자료를 등록하도록 했다. 그 외에 각종 행사 자료와 회의 자료, 서식과 양식을 공유하여 업무 수행에 도움이 되도록 했다. 업무 제안은 특정 아이디어를 업무에 적용하거나 실행하여 경영 개선 효과가 발생하는 내용이 주가 된다.

또한 당장은 실행하기 어렵지만 장래에 적용 가능한 유용한 기술 또는 정책으로서 다소 완성되지 않은 내용이 이 범주에 속하도록 유도했다. 업무 제안은 철도 업무 현장에서 발생하는 아이디어와 이 외에 다양한 창의적인 내용이 축적됨에 따라 미래에 수익을 창출할 수 있는 내용이 다수 있어 성과가 특히 많은 영역이기도 하다.

© 이건창, 「성공적인 지식경영시스템 운영 전략을 통한 조직 혁신과 성과 향상에 관한 사례 연구」, 지식경영연구, 2011

지능정보시스템

TIP **알파고**: 구글의 인공지능 전문 자회사인 '구글 딥마인드'가 개발한 컴퓨터 바둑 프로그램이다. 알파고는 인간의 두뇌처럼 신경망 구조로 작동하며, 이 신경망은 '정책망'과 '가치망'이라는 두 가지 신경망의 결합으로 이루어졌다. 바둑 프로기사 이세돌 9단과의 공개 대국에서 4승 1패로 승리했다.

TIP **딥 러닝**: 인공 컴퓨터 신경망의 수많은 반복, 수정 과정을 거쳐 디지털화된 데이터를 말한다. 특정 이미지, 음성, 동영상 데이터 등을 패턴을 통해 스스로 무엇인지 인식하는 기술도 딥 러닝 기술의 일종이다.

01 지능정보시스템의 등장 배경

최근 기업에서는 정보사회를 넘어 4차 산업혁명과 같은 급격한 환경의 변화로 인해 점점 복잡하고 다양한 문제가 나타나고 있다. 이러한 변화에 신속하게 대처하기에는 경험과 지식이 부족하다는 것을 기업 스스로 인지하고 있는데, 이와 같이 불확실한 환경에서 신속한 의사결정이 필요할 때 인공지능을 기반으로 구축된 **지능정보시스템**Intelligent Information System, IIS이 매우 유용하게 활용될 수 있다. 지능정보시스템은 인공지능 기술을 활용하여 구축된 다양한 유형의 정보시스템을 포괄적으로 지칭한다.

최근 4차 산업혁명의 핵심 도구로 부상하고 있는 인공지능은 혁신적 컴퓨팅 능력의 지속적인 발전과 과학적 문제를 해결하는 수학적 알고리즘의 발전에서 비롯되었다. 현재 인공지능은 자연어 처리, 알파고AlphaGo의 핵심 수단인 딥 러닝deep learning 등을 활용하는 외부 인지, 논리, 추론, 예측 등 다방면에서 혁신적으로 발전하고 있다.

02 인공지능

지능은 문제 해결 및 인지적 반응을 나타내는 개체의 총체적 능력을 말한다. 컴퓨터는 사실 스스로 작업의 내용과 의미를 이해하지 못하며, 작업의 결과로 발생 가능한 일을 추론하지도 못한다. 즉 컴퓨터는 인간이 가지고 있는 지능이 없다. 인간의 좌뇌는 주로 언어 이해, 논리적인 사고, 계획 수립, 시간 개념 등과 같은 순차적 패러다임에 맞는 작업을 처리하는데, 뇌의 기능적 패러다임에 따르면 컴퓨터는 인간의 좌뇌에 해당하는 기능을 보유하고 있다고 할 수 있다. 이러한 측면에서 인공지능은 컴퓨터에 인간의 우뇌를 심어주려는 시도라고 할 수 있다.

인공지능Artificial Intelligence, AI은 컴퓨터과학, 생물학, 심리학, 언어학, 수학, 공학과 같은 학문에 기초하여 지능을 기계로 실현하고자 하는 과학의 한 분야로, 1956년에 다트머스대학 학술회의에서 '기계의 지능화'에 관심을 가졌던 마빈 민스키Marvin Minsky, 앨런 뉴웰Allen Newell, 존 매카시John McCarthy, 허버트 사이먼Herbert Simon 등의 학자들이 처음 소개했다. 그 후 지능을 구성하는 지식의 표현과 사고 기능을 컴퓨터로 실현하려는 노력이 새로운 연구 분야로 각광받기 시작했다.

인공지능은 컴퓨터에 지능을 부여하여 인간이 생각하고 판단하는 것과 같은 과정을 컴퓨터로 실현하려는 과학 분야로, 인간 지능의 메커니즘을 규명하는 것을 목표로 하는 언어학적 입장과 인간의 지적 능력을 컴퓨터에 부가하는 것을 목표로 하는 공학적 입장에서 연구되고 있다. 즉 인공지능이란 컴퓨터가 지능을 가질 수 있도록 컴퓨터 프로그램이나 하드웨어를 개발하는 것을 말한다.

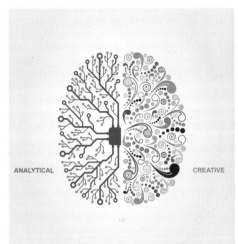 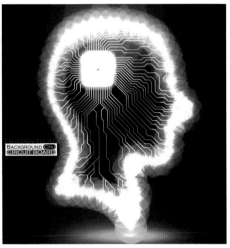

© Shutterstock

인공지능의 연구 분야

인공지능에서 기초적인 개념과 이론을 제공하는 기초 연구 분야는 다음과 같다.

- **문제 해결:** 인공지능은 데이터와 순차적인 절차 중심의 전통적인 컴퓨터의 문제 해결 방법과 달리 경험과 지식의 종합적인 분석을 통해 문제를 해결한다. 즉 문제를 '어떻게' 푸는가보다는 '무엇'을 원하는가에 중점을 두어 문제를 표현하고 추론 과정을 설계한다.

- **지식 표현:** 컴퓨터로 문제를 풀려면 먼저 문제를 모델링하고 컴퓨터 언어로 표현한다. 인간의 지적인 행위 또한 주위에서 접하는 물체, 작업, 목표, 시간, 행동 등에 관한 지식을 저장하고 처리하는 능력으로부터 나온다. 인공지능에서의 지식 표현이란 주어진 문제나 사물, 사건을 시스템이 이해할 수 있는 단어와 문법 체계로 번역하는 것을 말한다. 주어진 문제를 얼마나 잘 풀 수 있느냐 하는 것은 많은 경우 그 문제를 얼마나 잘 표현하는지에 달려 있기 때문에 지식 표현은 인공지능의 연구 분야 중 가장 기본이라고 할 수 있다.

- **탐색:** 인공지능이 해결하는 문제는 일반적으로 해解를 찾는 방법에 경우의 수가 무수히 많기 때문에 효율적으로 해를 찾기 위해 탐색 기법에 대한 연구가 필수적이다.

- **계획 수립:** 인간의 행위를 살펴보면 주어진 목적을 달성하기 위해 어떠한 과정이 필요하고, 그 과정을 어떻게 수행할 것인지를 기획하는 능력이 있다. 이를 통해 시행착오를 줄이고 효과적으로 목적을 달성한다.

인공지능의 활용 분야

인공지능은 자연언어처리시스템, 영상인식시스템, 로보틱스, 전문가시스템 등 여러 분야에서 다양하게 활용되고 있다.

- **자연언어처리시스템(natural language processing system):** 일상생활의 자연어를 인간처럼 인식하고 구사하는 컴퓨터 시스템을 말한다. 즉 키보드, 마우스와 같이 다양한 입력 도구를 사용하는 대신 음성으로 데이터를 입력하거나 전달하면 컴퓨터가 음성을 분해하여 전기 신호로 변환하고, 이것을 다시 컴퓨터 명령어로 바꾸는 것이다. 최근 이 분야는 활발히 연구가 진행되어 일부 간단한 것은 실용화되었지만, 복잡한 자연언어를 해석하고 이해할 수 있는 시스템은 아직 초기 연구 단계를 벗어나지 못하고 있다. 자연언어처리시스템의 주요 연구 분야는 음성 인식·해석, 음성 출력이며, 최근에는 음성 인식 기능을 적용한 애플의 시리siri가 애플 iOS용 개인 비서 기능을 수행하고 있다.

- **영상인식시스템(vision recognition system):** 인간과 대등한 수준으로 사물의 형상을 인식할 수 있는 시스템이다. 이 시스템은 고도의 정밀도를 가진 카메라와 센서를 장착한 컴퓨터 시스템이 대상 물체를 인식하여 그것을 점들로 전환하고, 전환된 점들에 물체의 음영을 반영하여 데이터베이스에 저장된 이미지와 비교하고 사물을 파악해내는 원리이다. 이러한 시각 정보를 처리하기 위해서는 계속적으로 많은 양을 탐색하거나 패턴 대조 기법을 이용해야 하므로 상당히 많은 컴퓨터 자원을 필요로 한다. 이미 지문 인식, 홍채 인식 등에 널리 활용되고 있으며 무인자동차, 방범 장치 등 활용 분야가 무한하다. 나아가 영상인식시스템이 로봇과 통합되어 상호 보완적으로 사용된다면 그 활용 분야가 매우 광범위할 것이다.

그림 10-6
자연언어처리시스템과 영상인식시스템

자연언어처리시스템
애플의 시리(siri)는 대표적인 자연언어처리시스템이다.

영상인식시스템
사물의 형상을 인식할 수 있는 시스템이다.

ⓒ Shutterstock

● **로보틱스(robotics)**: 인간과 유사한 동작을 수행할 수 있는 기계의 연구·개발 분야로, 이미
기업 활동의 각 분야에서 실용화되어 생산성을 높이는 데 크게 기여하고 있다. 인공지능을 이
용한 로봇이 실용화된다면 인간 생활과 기업의 생산 현장에 획기적인 변화를 가져올 것이다.

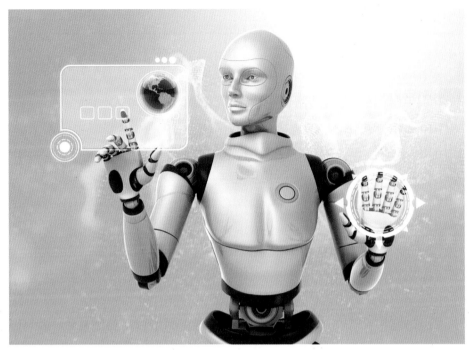

© Shutterstock

그림 10-7
로보틱스
인간과 유사한 동작을 수행할 수
있는 기계의 연구·개발 분야이다.

● **전문가시스템(Expert System, ES)**: 전문가 또는 기술자의 지식과 경험을 체계적으로 컴
퓨터 시스템에 입력하여 일반 사용자가 전문가처럼 특정한 문제를 해결하고자 하는 활용 분
야이다. 전문가시스템은 현재 인문·사회과학 분야에서 가장 널리 연구되고 있으며, 웹 서비
스의 발달로 그 활용도가 커지고 있다.

인공지능의 활용 분야는 매우 다양하지만 최근 기업의 지능정보시스템 구축과 관련하여
심도 있게 연구가 진행되고 있는 대표적인 기술은 전문가시스템이다. 다음 절에서 전문가
시스템에 대해 자세히 알아보자.

전문가시스템

01 전문가시스템의 개념

TIP 전문가시스템: 특정 분야의 전문가가 수행하는 고도의 업무를 지원하기 위한 컴퓨터 응용 프로그램이다. 인간의 지적 활동과 경험을 통해 축적된 전문가의 지식과 전문가에 의해 정의된 추론 규칙을 활용하여 결정을 내리거나 문제를 해결한다.
© IT용어사전

전문가시스템은 1960년대 중반부터 인공지능 학자들이 연구하기 시작한 분야로, 전문가의 지식이 필요한 작업을 컴퓨터가 대신 하게 한다는 아이디어에서 출발했다. 전문가시스템의 가장 중요한 구성 요소는 지식이다. 특정 분야의 지식이 컴퓨터에 저장되고 컴퓨터는 이로부터 추론을 행하여 결론에 도달하며, 인간 상담자처럼 충고를 하고 필요에 따라서는 설명도 할 수 있다.

이를 위해 전문가시스템은 특정 전문가의 축적된 경험과 지식을 시스템화하여 의사결정을 지원하거나 자동화할 수 있도록 정보시스템 형태로 구축되어야 한다. 다시 말해 전문가시스템은 전문가의 지식과 경험을 컴퓨터라는 도구를 이용하여 재구성하고, 이를 토대로 추론하여 정보를 습득하는 시스템이라 할 수 있다. 즉 전문가가 아닌 사람들이 전문가시스템을 통해 전문가의 능력을 활용할 수 있도록 구성된 소프트웨어이다. 예를 들어 세무 자문을 위한 전문가시스템의 경우 컴퓨터에 세법, 시행령, 관련 규정, 판례 등을 입력하고 발생 가능한 사례를 전문가로부터 추출하여 기억시켜, 자문을 구하는 사용자가 컴퓨터에 질문을 하면 축적된 지식을 바탕으로 응답하도록 만든 것이다.

그림 10-8
전문가시스템

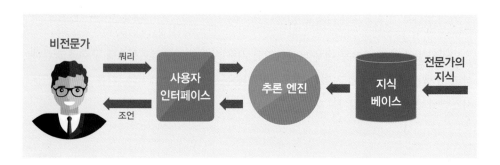

02 전문가시스템의 유형

전문가시스템은 유형별로 규칙 기반 전문가시스템, 지식 기반 전문가시스템, 퍼지 전문가시스템, 신경망 전문가시스템으로 분류할 수 있다.

규칙 기반 전문가시스템

규칙 기반 전문가시스템rule-based expert system은 전문가로부터 얻은 전문 지식을 조건문 형태의 규칙으로 표현한다. 규칙을 이용하여 데이터에 대해 연산을 수행하고, 적절한 결론을 얻기 위해 추론을 한다. 추론은 규칙 베이스나 지식 베이스에서 정보를 유추하고 결론을 내리는 가장 일반적인 방법이다. 또한 특정 사례를 규칙으로 전환하여 전문가시스템으로 활용하기도 하는데 이를 사례 기반 추론case base reasoning이라고 한다.

규칙 기반 전문가시스템의 응용 분야는 정신과 진단, 하이퍼그래프 표현, 시스템 개발, 지식 검증, DNA 히스토그램 해석, 지식 베이스 유지, 스케줄링 전략, 지식 습득, 지식 표현, 통신시스템 오류 진단, 바이오 의학, 오류 진단, 농업 계획, 튜터링시스템, 지구과학, 센서 제어 등이다.

지식 기반 전문가시스템

지식 기반 전문가시스템knowledge-based expert system은 컴퓨터 시스템에서 인간의 지식을 이용하는 것을 목적으로 한다. 지식 기반 시스템의 네 가지 기본 구성 요소는 지식 베이스, 추론 엔진, 지식공학 도구, 사용자 인터페이스이다.

지식 기반 전문가시스템의 응용 분야는 의료 진단, 생산 관리, 의사결정 지원, 지식경영, 지식 표현, 파워 전력 설계, 회계 분석, 화학물질 사고 관리, 기후 예측, 농작물 관리, 강철 복합물 설계, 환경 보호, 치료 계획, 병행시스템 설계, 사례 분석, 공장 공정 제어, 칩 설계, 농업 계획, 도시 계획 등이다.

퍼지 전문가시스템

퍼지 전문가시스템fuzzy expert system은 불확실성을 다루는 퍼지 논리fuzzy logic를 사용한다. 이는 수학 이론인 퍼지 집합을 사용하여 컴퓨터보다 정확성과 논리성이 부족한 보통의 인간과 비슷한 추론을 할 수 있도록 하는 기법이다. 이는 의사결정이 참true, 1이나 거짓false, 0으로 명백히 구분할 수 있는 것이 아니라 '아마도'라는 애매한 영역에 놓이는 경우가 많다는 데 착안한 것이다.

퍼지 전문가시스템의 응용 분야는 온라인 스케줄링, 생태 계획, 제어시스템, 불확실성 추론, 지식 통합, 오류 감지, 파워시스템 분류, 물 공급 예측, 온라인 분석 처리, 호텔 선택, 의료 상담, 의학 진단 등이다.

TIP **퍼지 논리:** 컴퓨터의 논리 회로를 근사적인 확률을 포함하는 비결정적인 것으로 처리하는 기술을 말한다. 애매모호한 상황을 여러 근삿값으로 구분하여 근사적으로 추론하는 방법이다.
© 컴퓨터인터넷IT용어대사전

신경망 전문가시스템

신경망 전문가시스템neural network expert system은 생물학적인 신경망을 모사하는 시스템이다. 이 개념은 네트워크 구조로 연결된 처리 요소를 포함하는 대규모 병행 프로세스를 이용하여 시뮬레이션할 수 있다. 신경망 전문가시스템은 다양한 분야에서 사용되고 있는데, 주로 영상이나 음성의 자동 인식과 예측에 탁월한 능력을 발휘한다.

그림 10-9
전문가시스템의 유형

03 전문가시스템의 일반적인 구조

전문가시스템의 핵심은 시스템을 구축하는 동안 축적되는 강력한 지식 기관이라고 할 수 있다. 이러한 지식은 명확해야 하고 의사결정을 단순화할 수 있도록 조직되어야 한다. 즉 지식의 축적은 가장 중요한 전문가시스템의 요소라고 할 수 있다.

전문가시스템의 유용한 특징을 살펴보면, 먼저 문제 해결에 도움을 주는 고수준의 전문 기술을 가지고 있다. 이 전문 기술은 정확하고 효과적인 문제 해결 방법을 도출하기 위한, 어느 특정 분야에서 최상의 사고력을 가진 전문가의 지식을 의미한다. 또한 전문가시스템은 필요한 지식과 추론 처리 능력을 가지고 있기 때문에 이를 통해 훈련설비의 설계가 가능하다.

전문가시스템은 전문 지식을 컴퓨터가 이해할 수 있는 형태로 표현하고 저장하는 지식 베이스, 저장된 지식에 근거하여 추론을 수행하는 추론 엔진, 추론 과정을 설명하는 지식 공학 도구, 사용자와 시스템 간의 인터페이스를 가능하게 하는 사용자 인터페이스로 구성된다.

지식 베이스

지식 베이스는 특정한 문제를 해결하기 위해 전문 지식이나 노하우를 정리하여 모아놓은 것으로, 지식을 사실과 if-then 식 규칙의 형태로 저장한다. 전문가의 지식을 추출하여 지식 베이스를 구축하는 사람을 지식 엔지니어knowledge engineer라 하는데, 이들은 질문과 분석의 반복 과정을 거쳐 전문가의 지식을 논리정연하게 추출한다. 즉 지식 엔지니어는 현장 전문가의 모호한 경험적 지식을 명확한 개념과 일관성 있는 논리로 추출하고, 이를 개발하고자 하는 시스템의 컴퓨터 언어로 표현한다. 지식 베이스의 지식 표현 방법으로는 규칙, 의미망, 프레임 등이 주로 사용되고 있다.

추론 엔진

추론 엔진inference engine은 주어진 문제를 해결하기 위해 저장된 지식과 데이터를 이용하여 얻고자 하는 결과를 추론하는 기관이다. 추론 기관은 인간의 사고 과정을 모델링한 프로그램으로, 새로운 지식을 추론하기 위해 규칙을 어떻게 적용할 것인지 결정하는 인터프리터interpreter와 선택된 규칙을 어떤 순서로 결정할 것인지 결정하는 스케줄러scheduler로 구성된다.

전문가는 단순히 지식만 가지고 있는 것이 아니라 자신의 지식에 근거하여 추론 과정을 거침으로써 문제 해결을 위한 결론에 도달하게 된다. 즉 전문가시스템이 실제 전문가와 같은 기능을 수행할 수 있으려면 추론 기관이 있어야 한다. 추론 방법에는 전방 추론, 후방 추론, 혼합형 추론이 있다. 전방 추론은 자료(입력된 사실)에서 시작하여 목표로 움직여 나가는 추론 방식으로 순방향 추론 방식이라고도 하고, 후방 추론은 목표에서 시작하여 이를 충족하는 해를 찾아가는 방식으로 역방향 추론이라고도 한다. 혼합형 추론은 전방 추론과 후방 추론을 절충한 방식이다.

PLUS NOTE | 순방향 추론과 역방향 추론

순방향 추론은 다른 말로 데이터 지향(data-driven) 추론이라고 하며, 알려진 데이터에서 추론을 시작하여 순방향으로 진행한다. 한 번에 가장 좋은 규칙 하나만 실행되고, 규칙이 점화되면 그 규칙은 데이터베이스에 새로운 사실을 추가한다. 어떤 규칙이라도 한 번만 수행되며, 일치 점화 사이클은 더 이상 점화할 수 있는 규칙이 없으면 중단된다.

역방향 추론은 목표 지향(goal-driven) 추론으로, 전문가시스템이 목표를 정하고 추론 기관은 이를 증명하기 위해 증거 찾기를 시도한다. 먼저 원하는 해결책이 있는 규칙을 찾기 위해 기반 지식을 탐색한다. 규칙은 then(취해야 할 행동) 부분에 반드시 목표가 있어야 하며, 목표로 한 규칙을 발견하고 if(조건) 부분이 데이터베이스에 있는 데이터와 일치하면 규칙이 점화되고 목표가 증명된다. 그러나 이런 경우는 드물다. 따라서 추론 기관은 규칙의 if 부분을 증명하기 위해 작업 중이던 규칙을 제쳐두고 새로운 목표와 하위 목표를 설정한다. 그리고 하위 목표를 증명할 수 있는 규칙을 찾아 기반 지식을 다시 탐색한다. 추론 기관은 현재의 하위 목표를 증명하기 위해 기반 지식에서 더 이상 규칙을 발견할 수 없을 때까지 규칙을 스택에 쌓아올리는 과정을 반복한다.

지식공학 도구

지식공학 도구knowledge engineering tool는 결론의 원인과 추론 과정을 설명하는 사용자 인터페이스 기관으로, 기존 소프트웨어와 다른 특징 중의 하나이다. 전문가시스템의 설명 기능은 주어진 데이터와 지식 베이스에 있는 사실을 이용하여 결과를 도출하는 과정에서 적용한 규칙을 역으로 추정하는 과정을 말한다. 예를 들어 의료 진단 전문가시스템이 어떤 환자의 병명을 감기라고 진단했다고 하자. 이 경우 환자가 전문가시스템에 감기라고 결론 내리게 된 이유를 물어볼 수 있다. 그러면 전문가시스템은 환자의 혈액 검사, 소변 검사, 체온, 기타 여러 증상 및 시스템이 보유한 지식에 입각하여 감기라는 결론은 내리게 된 과정을 역으로 추적하여 설명한다.

사용자 인터페이스

사용자 인터페이스user interface는 사용자와 시스템 간의 의사소통을 매개하는 프로그램으로, 사용자가 데이터를 입력하거나 추론 결과를 제공받고 전문가시스템을 용이하게 개발 및 이용할 수 있도록 하는 기관이다.

그림 10–10
전문가시스템의 일반적인 구조

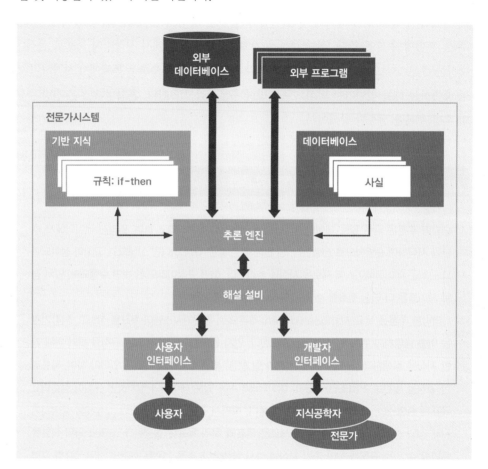

04 전문가시스템의 구축

전문가시스템을 구축하려면 전문가시스템 개발팀과 적절한 전문가시스템 개발 도구가 필요하며, 팀원 간의 소통을 위해 지식의 표현 방법을 통일하는 것이 좋다.

전문가시스템 개발팀

일반적으로 전문가시스템 개발팀은 주제 전문가, 지식공학자, 프로그래머, 프로젝트 관리자, 최종 사용자로 구성된다.

- **주제 전문가:** 특정 분야나 주제에 관한 지식이 풍부하고 관련 문제를 푸는 데 능숙한 사람으로, 주제에 대해 최고의 전문 지식을 갖추고 있어야 한다. 주제 전문가의 전문 지식은 전문가시스템에 저장된다. 또한 주제 전문가는 자신의 지식을 전달할 수 있고 전문가시스템 개발에 기꺼이 참여하여 프로젝트에 많은 시간을 투자해야 한다.

- **지식공학자:** 전문가시스템을 설계하고 만들고 테스트할 수 있는 사람으로, 전문가시스템을 만들기 위해 어떤 일을 해야 하는지 결정한다. 지식공학자는 특정 문제를 푸는 방법을 알아내기 위해 주제 전문가와 상담하는데, 상담을 통해 전문가가 사실과 규칙을 다루는 데 어떤 추론 방법을 사용하는지 알아내고, 전문가시스템에서 이를 어떻게 표현할지 결정한다. 그런 다음 기존의 개발 소프트웨어나 전문가시스템 틀을 선택하고, 지식을 표현할 프로그래밍 언어를 살펴본 후, 전문가시스템을 실제 작업 영역으로 옮겨 테스트하고 수정하여 통합한다. 따라서 지식공학자는 전문가시스템의 초기 설계 단계부터 최종 단계, 그리고 프로젝트가 완료된 후에도 시스템을 유지하는 일에 참여한다.

- **프로그래머:** 프로그래밍을 책임지며 지식을 컴퓨터가 이해할 수 있는 용어로 기술하는 사람이다. 일반 언어뿐만 아니라 LISP, PROLOG, OPS5 같은 인공지능 언어를 프로그래밍할 줄 알고, 다른 형태의 여러 전문가시스템 틀을 응용한 경험이 있어야 한다. 전문가시스템 도구를 사용할 때는 지식공학자가 전문가시스템에 지식을 쉽게 코딩할 수 있어서 프로그래머가 필요하지 않을 수도 있다. 하지만 그렇지 않은 경우에는 프로그래머가 지식, 데이터 표현 구조(기반 지식과 데이터베이스), 제어 구조(추론 엔진), 대화 구조(사용자 인터페이스) 등을 개발해야 하고, 전문가시스템을 테스트할 때도 참여한다.

- **프로젝트 관리자:** 전문가시스템 개발팀의 리더로, 프로젝트를 제대로 진행하기 위해 관리와 실행이 모두 가능할 수 있도록 다른 임무를 맡은 구성원과 상호작용하는 역할을 한다.

- **최종 사용자:** 개발된 전문가시스템을 직접 사용하는 사람을 말한다.

TIP 지식공학자: 컴퓨터에 익숙지 않은 전문가로부터 그 전문 분야의 지식을 제공받아 인공지능이나 전문가시스템을 만드는 컴퓨터 기술자를 말한다.
© IT용어사전

전문가시스템 개발 도구

전문가시스템을 구축하는 기본적인 수단은 프로그래밍 언어이다. 전문가시스템을 응용하는 데 사용되는 프로그래밍 언어는 문제 중심 언어와 기호 처리 언어로 구분된다. 전통적으로는 문제 중심 언어인 C, C++, 자바, 파스칼, 포트란, 코볼, 비주얼 베이직 등을 사용할 수 있지만, 이런 언어는 수치 데이터 처리에는 적합해도 기호를 주체로 하는 지식을 처리하기에는 적합하지 않다. 그래서 1980년대에는 지식의 표현과 처리를 손쉽게 할 수 있는 기호 처리 언어인 LSIP, PROLOG 등의 인공지능 언어를 사용하게 되었다. 그리고 최근에는 실행 속도나 주기억장치의 용량 면에서 C 언어의 장점이 인식되어 전문가시스템 개발의 주요 도구로 사용되는 경향이 있다. 한편 전문가시스템을 좀 더 쉽게 개발하는 도구로 1st-Class, Level 5, VP Expert System과 같은 전문가시스템 셸을 사용하고 있다.

지식의 표현

전문가시스템은 지식 집약적인 문제를 해결하는 데 적절한 정보시스템이다. 그러한 문제는 유일한 최적값을 구하기보다는 일반적으로 적절한 값을 구하는 것이 목적이다. 따라서 먼저 문제의 명령이 분명하게 정의될 수 있는 분야여야 하고, 그 분야의 지식에 대해 전문가의 통일된 견해가 존재해야 한다. 인공지능 과학자들이 사용하는 지식이란 용어는 컴퓨터의 프로그램이 지능적으로 행동하는 데 필요한 정보를 의미하며, 이와 같은 정보는 '사실'이나 '규칙'의 형식을 취한다. 전문가시스템에서 사실이나 규칙이 항상 참이거나 거짓이 되는 것은 아니다. 경우에 따라서는 불확실한 경우도 있는데 이와 같은 의심이 명백할 때는 확신율을 이용하여 표현한다. 전문가시스템의 지식을 표현하는 방법은 다음과 같다.

● **규칙에 의한 지식 표현 방법:** 지식 베이스 표현의 가장 일반적인 유형으로, 규모가 큰 전문가 시스템에 많이 이용된다. 전문가시스템에서 규칙은 어떤 결정을 내리기 위해 사물 등을 이용하는 법칙으로 권고, 명령, 전략 등을 표현하는 형식적인 방법을 제공한다. 규칙은 다음과 같이 'if-then' 형식으로 표현되며, 이 형식에서 현재의 문제 상황이 'if' 부분과 부합되면 규칙의 'then' 이하 부분에 기술된 동작(명령)을 수행한다.

> **규칙 1:** if 이자율 = 하락, then 주식 시세 = 상승
> **규칙 2:** if 이자율 = 상승, then 주식 시세 = 하락
> **규칙 3:** if 달러 환율 = 하락, then 이자율 = 상승
> **규칙 4:** if 달러 환율 = 상승, then 이자율 = 하락

● **의미망에 의한 지식 표현 방법:** 의미망 구조는 지식 표현 방법 중 가장 먼저 개발된 것으로, 망 구조를 기초로 한 기법이다. 애초에 의미망은 인간 기억의 심리학적 모델로 사용하기 위해 개발되었으나 오늘날에는 인공지능과 전문가시스템에서 표준적인 지식 표현 방법으로 사용되고 있다. 의미망은 노드와 가지로 구성되는데, 노드는 물체, 개념, 사건 등을 나타내고, 노드를 연결하는 링크는 지식을 표현하는 방법에 따라 여러 가지 정의가 가능하다.

그림 10-11
의미망의 예

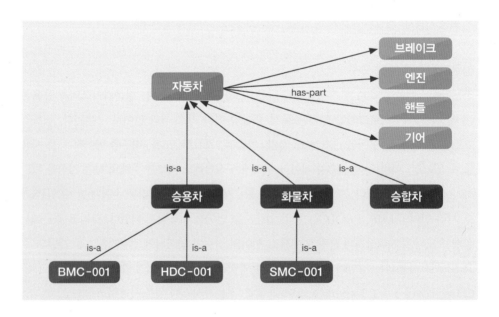

● **프레임에 의한 지식 표현 방법:** 새로운 경험을 분석하기 위해 저장된 구조로부터 적절한 정보를 호출하고, 현재의 사건에 관한 세부적인 내용을 이러한 구조에 첨가한다. 이와 같이 일반

적인 지식을 컴퓨터에 표현하기 위해 설계한 범용 메커니즘을 프레임frame이라고 한다. 프레임은 의미망 구조와 유사하게 구성되는데, 실제로 프레임은 노드로 구성된 네트워크이고 관계는 계층적으로 조직되는데, 상위 레벨의 노드는 일반적인 개념을 나타내고 하위 레벨의 노드는 그와 같은 개념의 특별한 실제적 예를 나타낸다. 이 구조는 의미망 구조와 유사하나 프레임 시스템에서 각 노드의 개념이 속성의 집합(이름, 색, 크기 등)과 속성의 값(빨강, 작다 등) 등으로 정의되며, 이와 같은 속성을 슬롯slot이라고 한다.

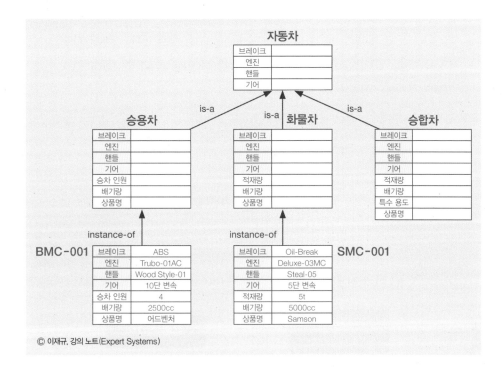

그림 10-12
프레임의 예

05 전문가시스템의 활용 분야

전문가시스템이 활용될 수 있는 범위는 지식이 필요한 전 분야라고 볼 수 있지만, 일반적으로 경제적 효과가 있으면서도 지식 집약적인 문제나 탐색을 통한 추론 집약적인 문제를 찾는 것이 타당하다. 일반적으로 데이터의 해석, 예측, 진단, 설계, 계획, 감사, 교정, 수리, 지도, 제어 등의 목적으로 활용될 수 있다. 전문가시스템이 주로 활용되는 경영 분야, 제조 분야, 공학 분야는 다음과 같다.

- **경영 분야:** 재무 계획 및 투자 분석, 자문 및 의사결정 지원, 마케팅, 보험, 법률 상담, 출판 편집, 건물 관리, 통신 등

- **제조 분야:** CAD/CAM, 제품 설계, 기계 고장 진단 및 수리, 공정 제어, 에너지 관리, 제조 과정 모의실험, 용접, 발전시설 관리, 석유 및 자원 탐사, 품질 관리 등

- **공학 분야:** 항공학, 농공학, 자동차공학, 유전공학, 화공학, 토목, 전기, 환경, 산업, 제조, 금속, 석유, 교통, 건축, 식품공학, 핵공학, 제어, 통신, 용접공학 등

K-SISS는 KAIST에서 개발한 주식투자 전문가시스템이다. 주식 시장에서 투자 의사결정(매도 및 매수 시점 포착)을 돕는 전문가시스템으로, 일반직으로 투자자들은 주식 매도 및 매수 시점을 결정하기 위해 현재 장세를 나타내는 시장지표를 분석했다. 과거의 투자 행태로부터 유용한 지식을 추출하기에 적합한 '사례 학습 방법Case Base Reasoning, CBR'이 사용된 K-SISS의 처리 프로세스는 다음과 같다.

❶ 먼저 시장지표를 선택한다. 시장지표에는 가격 변화 비율Price Change Ratio, PCR, 가격 변화-거래량 비율 Price Change-Volume Ratio, PCVR, 거래량 골든데스 비율Golden Death Ratio of Volume, GDRV, 가격-거래량 상관 곡선Price-Volume Correlation Curve, PVCC 등이 있다.

❷ 각 지표의 속성을 구체적으로 결정한다. '강매수', '중간 매수', '약매수', '유보', '약매도', '중간 매도'. '강매도' 등 일곱 가지 추천을 결과로 한다.

❸ 과거 사례를 수집한다.

❹ 수집된 모든 사례를 포함하면서도 오류가 없는 규칙을 자동 학습 방법으로 도출한다.

❺ 도출된 규칙을 현재 시장 상황에 적용하고 그에 따라 매도 및 매수 시점을 결정한다.

K-SISS의 처리 프로세스

01 지식의 사전적 의미는 '어떤 대상에 대해 배우거나 실천을 통해 알게 된 명확한 인식이나 이해' 또는 '알고 있는 내용이나 사물'이다.

02 노나카 이쿠지로 교수는 조직 내의 암묵적 지식과 명시적 지식이 사회화, 외재화, 결합화, 내재화 등의 상호 전환 과정을 거치면서 개인 지식에서 팀 및 조직 지식으로 발전한다고 말했는데, 이를 SECI 모델이라고 한다.

03 지식경영은 조직 내의 지식을 지식관리시스템의 데이터베이스에 저장하고 이를 공유하여 모든 조직원이 함께 활용하는 경영 방식이라고 할 수 있다.

04 지식경영의 핵심 요소는 지식의 데이터베이스, 지식의 관리인, 지식 창고의 쇄신, 지식의 보상이다.

05 지식관리시스템은 조직상 서로 연계된 업무 부서에서 취급하는 업무의 능률을 높이고 효과적으로 수행하기 위해 각종 정보 관련 기술로 구성된 정보시스템이다.

06 지식관리시스템의 일반적인 특징은 연계 업무의 통합, 정보 전달 기능, 문서 자체 처리 등이다.

07 지능정보시스템은 인공지능 기술을 활용하여 구축된 다양한 유형의 정보시스템을 포괄적으로 지칭한다.

08 인공지능은 컴퓨터에 지능을 부여하여 인간이 생각하고 판단하는 것과 같은 과정을 컴퓨터로 실현하려는 과학 분야로, 인간 지능의 메커니즘을 규명하는 것을 목표로 하는 언어학적 입장과 인간의 지적 능력을 컴퓨터에 부가하는 것을 목표로 하는 공학적 입장에서 연구되고 있다.

09 인공지능의 기초 연구 분야는 문제 해결, 지식 표현, 탐색, 계획 수립이며, 인공지능은 자연언어처리시스템, 영상인식시스템, 로보틱스, 전문가시스템 등에서 다양하게 활용되고 있다.

10 전문가시스템은 전문가의 지식과 경험을 컴퓨터라는 도구를 이용하여 재구성하고, 이를 토대로 추론하여 정보를 습득하는 시스템이라 할 수 있다. 즉 전문가가 아닌 사람들이 전문가시스템을 통해 전문가의 능력을 활용할 수 있도록 구성된 소프트웨어이다.

11 전문가시스템은 유형별로 규칙 기반 전문가시스템, 지식 기반 전문가시스템, 퍼지 전문가시스템, 신경망 전문가시스템으로 분류할 수 있다.

12 전문가시스템은 전문 지식을 컴퓨터가 이해할 수 있는 형태로 표현하고 저장하는 지식 베이스, 저장된 지식에 근거하여 추론을 수행하는 추론 엔진, 추론 과정을 설명하는 지식공학 도구, 사용자와 시스템 간의 인터페이스를 가능하게 하는 사용자 인터페이스로 구성된다.

13 전문가시스템을 구축하려면 전문가시스템 개발팀과 전문가시스템 개발 도구가 필요하다.

01 다음 중 지식의 특징으로 적절하지 않은 것은?

① 지식은 개인적이다.   ② 지식은 공공적이다.

③ 지식은 경험적이다.   ④ 지식은 전후 관계가 있다.

⑤ 지식은 단편적이다.

02 노나카 이쿠지로 교수의 SECI 모델을 나타낸 다음 그림의 (가), (나), (다), (라)에 해당하는 내용을 각각 쓰시오.

	To	
	암묵적 지식	명시적 지식
암묵적 지식 (From)	(가)	(나)
명시적 지식	(다)	(라)

(가) _____

(나) _____

(다) _____

(라) _____

03 다음 중 지식경영의 핵심 요소가 아닌 것은?

① 지식의 독점   ② 지식의 데이터베이스   ③ 지식의 관리인

④ 지식 창고의 쇄신   ⑤ 지식의 보상

04 다음 중 지식관리시스템의 특징으로 적절하지 않은 것은?

① 지식관리시스템의 기술 요소는 각종 정보 기술의 발전에 따라 매우 다양하게 변하고 있다.

② 정보 기술을 이용하여 관련 부서와의 의사소통을 효과적으로 수행하고, 보다 효율적인 업무 수행을 가능하게 해준다.

③ 기술 요소가 통합된 인터페이스 형태로 구조화되어 사용 편의성 및 정보 가용성을 높여주는 방향으로 전개되고 있다.

④ 지식관리시스템의 일반적인 특징은 정보 자원의 증가, 정보 기술의 발달, 지식경영 시스템화 등이다.

⑤ 조직상 서로 연계된 업무 부서에서 취급하는 업무의 능률을 높이고 효과적으로 수행하기 위해 각종 정보 관련 기술로 구성된 정보시스템이다.

05 다음 설명의 괄호 안에 들어갈 내용을 쓰시오.

> (   )는(은) 컴퓨터에 지능을 부여하여 인간이 생각하고 판단하는 것과 같은 과정을
> 컴퓨터로 실현하려는 과학 분야로, 인간 지능의 메커니즘을 규명하는 것을 목표로 하는 언어학적 입장
> 과 인간의 지적 능력을 컴퓨터에 부가하는 것을 목표로 하는 공학적 입장에서 연구되고 있다.

_____

06 다음 중 전문가시스템의 유형에 속하지 않는 것은?

① 규칙 기반 전문가시스템　　　② 지식 기반 전문가시스템　　　③ 회계 기반 전문가시스템
④ 퍼지 전문가시스템　　　　　⑤ 신경망 전문가시스템

07 전문가시스템의 일반적인 구성 요소에 대한 다음 설명의 (가), (나)에 해당하는 내용을 각각 쓰시오.

> 전문가시스템은 전문 지식을 컴퓨터가 이해할 수 있는 형태로 표현하고 저장하는 (　(가)　), 저장
> 된 지식에 근거하여 추론을 수행하는 (　(나)　), 추론 과정을 설명하는 지식공학 도구, 사용자와
> 시스템 간의 인터페이스를 가능하게 하는 사용자 인터페이스로 구성된다.

(가) _____　　　　　　　　　(나) _____

08 전문가시스템 개발팀 중 다음 설명에 해당하는 것은?

> 전문가시스템을 설계하고 만들고 테스트할 수 있는 사람으로, 전문가시스템을 만들기 위해 어떤 일
> 을 해야 하는지 결정한다. 이들은 특정 문제를 푸는 방법을 알아내기 위해 전문가와 상담하는데, 상
> 담을 통해 전문가가 사실과 규칙을 다루는 데 어떤 추론 방법을 사용하는지 알아내고, 전문가시스
> 템에서 이를 어떻게 표현할지 결정한다. 그런 다음 기존의 개발 소프트웨어나 전문가시스템 틀을
> 선택하고, 지식을 표현할 프로그래밍 언어를 살펴본 후, 전문가시스템을 실제 작업 영역으로 옮겨
> 테스트하고 수정하여 통합한다. 따라서 이들은 전문가시스템의 초기 설계 단계부터 최종 단계, 그
> 리고 프로젝트가 완료된 후에도 시스템을 유지하는 일에 참여한다.

① 프로젝트 관리자　　　　　② 주제 전문가　　　　　③ 프로그래머
④ 최종 사용자　　　　　　　⑤ 지식공학자

01 국내 기업 중에서 지식경영으로 성공한 사례를 조사하여 리포트를 작성하시오.

02 지식관리시스템이 기업에 끼친 영향에 대해 토론하시오.

03 이세돌과 알파고의 바둑 대결을 보고 느낀 점을 발표하시오.

04 인공지능은 4차 산업혁명과 어떠한 연관이 있는지 알아보고, 앞으로 인공지능과 인간의 관계가 어떻게 될지 예측하여 리포트를 작성하시오.

05 전문가시스템의 사례를 알아보고, 인터넷에서 쉽게 찾을 수 있는 전문가시스템을 검색하시오.
  예: 환율, 주식투자, 사주팔자, 별점, 혈액형, 지도 등

다음은 논문 「신경망 분석을 이용한 축구 경기 승패 예측 모형 개발」의 일부를 발췌한 것이다. 다음을 읽고 주어진 주제를 조사하여 리포트를 작성하시오.

> 2006년 독일 월드컵의 참가국 32강 축구 승패 예측을 위해 아래와 같이 신경망 모형을 만들어 학습시켜 그 결과를 얻었다. 본 연구의 목적은 축구 경기 승패 예측 모형을 개발하여 예측률을 확인하는 것이며, 승패에 영향을 끼치는 기초적 내용 분석은 문헌 연구 및 전문가 회의를 통해 기록 내용 요인을 중심으로 조사했다. 파악된 기록 요인은 축구 경기 분석 프로그램과 수기록지를 활용하여 점수화했다. 점수화하기 전에 비디오로 2006년 월드컵 축구 대회 64개 경기를 녹화했으며, 점수화된 내용을 바탕으로 신경망 분석 프로그램을 이용하여 본 연구의 목적에 맞게 축구 경기 승패 예측률을 검증했다.
>
>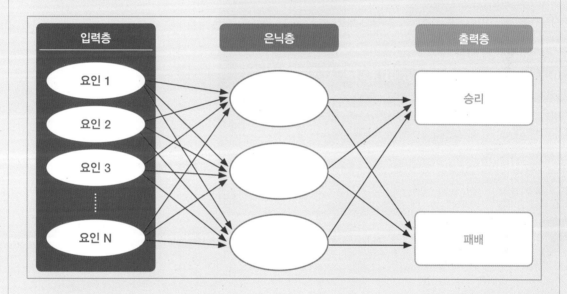
>
> ⓒ 김주학·노갑택·박종성·이원희, 「신경망 분석을 이용한 축구 경기 승패 예측 모형 개발: 2006 독일 월드컵 대회를 중심으로」, 체육과학연구, 제18권, 제4호, 2007

• 입력층의 요인 중 무엇을 가지고 승패를 예측하면 되는지 조사하시오.

• 예측한 결과와 실제 결과를 비교해보고 그런 결과가 나온 이유를 조사하시오.

전자상거래와 전자정부

학 | 습 | 목 | 표

- 전자상거래의 개념을 이해하고 특징과 유형을 파악한다.

- e-비즈니스 모델과 e-비즈니스 시스템에 대해 알아본다.

- 웹 2.0과 웹 3.0에 대해 알아본다.

- 전자정부의 개념을 이해하고 유형과 발전 단계를 살펴본다.

- 전자정부 2.0과 전자정부 3.0의 개념을 이해한다.

- 유비쿼터스 시티의 개념을 이해하고 하부 구조와 응용 서비스를 살펴본다.

전자상거래의 이해

01 전자상거래의 개념

전자상거래Electronic Commerce, EC는 기업이나 개인이 온라인 네트워크를 통해 재화나 서비스를 사고파는 형태의 거래를 말한다. 최근에는 보다 진화된 개념으로 전자상거래 대신 e-비즈니스라는 용어를 사용하기도 한다.

e-비즈니스에서 'e'는 'electronic'을 말하지만, e-비즈니스의 개념을 생각해본다면 '강화된'이라는 의미의 'enhanced'가 적합하다. 『e-비즈니스 바이블The Seven Steps to Nirvana』의 저자 모한비르 쇼니Mohanbir Sawhney는 e-비즈니스를 '기존의 고객 또는 잠재 고객을 위해 보다 뛰어난 가치를 창출할 수 있는 업무 처리 방식을 향상·개선·변화·창조해내기 위한 전자 네트워크 및 관련 기술'이라고 정의했다. 이는 e-비즈니스 산업의 분야를 확장할 수 있는 정의이며, 이를 토대로 기존의 모든 기업이 인터넷과 관련된 정보 기술을 이용하여 업무 혁신을 할 수 있다.

기업의 입장에서 볼 때 e-비즈니스는 기업의 업무 프로세스에 정보 기술과 인터넷 기술을 사용하는 것이라고 할 수 있다. 기업은 e-비즈니스 환경에서 정보의 교환과 활용, 업무 프로세스의 개선 등을 통해 기업의 내적 효율성을 달성하고, 기업 외적으로는 고객과의 관계를 강화하여 궁극적으로는 경쟁우위를 확보하려 한다.

TIP **모한비르 쇼니**: e-비즈니스 업계에서 '네트워크 시대의 케인스'라는 명성을 얻었으며, 노스웨스턴대학의 켈로그경영대학원에서 e-비즈니스 강의를 맡고 있다.

© Shutterstock

그림 11-1
전자상거래
기업이나 개인이 온라인 네트워크를 통해 재화나 서비스를 사고파는 형태의 거래를 말한다. 최근에는 보다 진화된 개념으로 전자상거래 대신 e-비즈니스라는 용어를 사용하기도 한다.

02 전자상거래의 특징

인터넷 사용자의 급속한 증가와 함께 전자상거래가 새로운 시장으로 급부상하여 현재는 기존의 상거래만큼 기업이나 소비자에게 커다란 영향을 미치고 있다. 기존의 전통적인 상거래 방식과는 다른 전자상거래의 특징은 다음과 같다.

단순한 유통 채널

기존의 상거래에서는 제품이 도매상과 소매상을 거쳐 소비자에게 전달되지만, 전자상거래는 인터넷을 통해 직접 소비자에게 전달되기 때문에 유통 채널이 단순하다. 이러한 이유로 소비자는 저렴한 가격에 제품을 구입할 수 있다.

제한이 없는 시간과 공간

인터넷은 24시간 접속할 수 있으며 전 세계 어디서든 연결이 가능하다. 제한된 영업 시간 내에만 거래할 수 있는 기존의 상거래와는 달리 언제 어디서나 인터넷을 통해 제품의 정보를 수집하고 전 세계의 제품을 거래할 수 있다는 것이 특징이다.

편리한 정보 획득

기존의 상거래는 시장조사 방식이나 영업사원이 파악한 정보를 재입력하는 방식으로 운영되었지만, 전자상거래는 인터넷을 통해 수시로 정보를 획득할 수 있기 때문에 매우 편리하다.

원투원 마케팅 가능

기존의 상거래는 소비자의 의사와 상관없이 기업이 일방적으로 마케팅 활동을 펼쳤다. 하지만 전자상거래는 인터넷을 통해 소비자와 일대일 통신을 할 수 있어 소비자와의 상호작용적인 원투원 마케팅one to one marketing 활동이 가능하다.

불필요한 판매 거점

기존의 상거래는 시장이나 상점 등 물리적인 공간 내에서 전시를 하여 거래하거나 고객을 직접 방문하여 판매하는 방식을 취했지만, 전자상거래는 네트워크를 통해 많은 정보를 제공하고 이러한 정보를 이용하여 제품을 판매한다.

고객 수요에 즉각 대응

기존의 상거래는 여러 단계의 유통 채널을 통해 판매하며 일방적인 마케팅 활동을 전개하지만, 전자상거래는 쌍방향 네트워크를 통해 고객에게 직접 판매함으로써 고객의 수요에 신속하게 대처할 수 있다.

적은 투자 비용

기존의 상거래는 영업점 운영을 위한 토지, 건물 등의 구매나 임대에 많은 자본이 필요했지만, 전자상거래는 인터넷 서버의 구입 또는 임대, 홈페이지 구축 등의 비용만 있으면 되기 때문에 경제적으로 매우 효율적이다.

표 11-1
전자상거래와 기존 상거래의 비교

구분	전자상거래	기존의 상거래
유통 채널	기업 ↔ 소비자	기업 ↔ 도매상 ↔ 소매상 ↔ 소비자
거래 지역	전 세계	일부 지역
거래 시간	24시간	제한된 영업 시간
수요 파악	온라인을 통해 수시로 획득하기 때문에 재입력이 필요 없음	영업사원이 획득하기 때문에 정보의 재입력 필요
마케팅 활동	쌍방향 통신의 일대일 마케팅	구매 의사와 상관없는 일방적인 마케팅
고객 대응	즉시 대응	지연 대응
판매 거점	사이버 공간	판매 공간 필요
소요 자본	웹 서버 이용, 홈페이지 구축 비용	도소매 영업점 운영에 많은 자금 필요

03 전자상거래의 분류

전자상거래는 흔히 경제 주체별 거래 방식으로 분류하는데 일반적으로 경제 주체는 기업, 소비자, 정부이다. 이러한 거래 주체에 따라 기업과 소비자 간의 전자상거래인 B2C, 기업과 기업 간의 전자상거래인 B2B, 기업과 정부 간의 전자상거래인 B2G, 정부와 소비자 간의 전자상거래인 G2C로 분류할 수 있다. 최근에는 소비자 간의 전자상거래를 의미하는 C2C Customer to Customer 의 형태도 늘어나고 있다.

B2C

B2C Business to Customer 는 인터넷을 통해 공급자인 기업과 고객인 소비자 간에 이루어지는 전자상거래를 말하며, 온라인 쇼핑몰이 대표적인 유형이다. 온라인 쇼핑몰은 창업 자본이 적게 들고 비즈니스 모델이 단순하여 초기에는 많은 사람이 창업을 시도했으나 경쟁이 치열하고 수익성이 취약하여 일부 업체를 제외하고는 대부분 영세하다. 그 밖에 인터넷 뱅킹, 증권 거래 등 금융 분야와 인터넷 게임 사이트는 대부분 B2C 유형에 해당된다.

B2B

B2B Business to Business 는 기업과 기업 간의 전자상거래를 말하며, 기업 간에 이루어지는 상거래에 따른 각종 전자문서 처리 및 원자재 판매, 공동 구매, 공동 판매, 협업에 의한 공동 기술 개발 등을 수행한다. B2B 전자상거래 사이트의 구축은 여러 기업이 표준을 두고 각축전을 벌이는 가운데 표준 개발을 위한 국가적 지원이 이루어지고 있다. B2B를 위한 솔루션은 고부가가치 산업으로 다국적 기업과 국내 SI 기업이 시스템 구축 시장을 놓고 치열한 경쟁을 벌이고 있다.

TIP 세계 B2B 시장을 제패한 중국 알리바바닷컴(www.alibaba.com)의 성공으로 이와 관련된 표준과 솔루션 전쟁은 일단락된 것으로 보인다.

B2G

B2G Business to Government는 기업과 정부 간의 전자상거래를 말한다. 일반적으로 B2C가 먼저 탄생하고 B2G가 훨씬 진화된 형태의 전자상거래 모델로 알려져 있지만, 사실 B2G는 1982년 미국 국방성의 전자입찰시스템인 CALS에서 시작되었다. CALS는 미국 국방성이 필요한 군수 물자를 민간으로부터 조달받기 위해 만든 전자입찰시스템이다. 입찰 규모가 매우 커서 전 세계의 기업이 미국 국방성에 물자를 조달하기 위해 전자입찰시스템을 사용함에 따라 다양한 기능이 추가되었고 지금도 발전하고 있다.

G2C

G2C Government to Customer는 전자정부e-government라고 알려진 유형이며, 전자정부를 통해 국민은 서류 발급, 연말정산, 세금 등의 각종 민원 서비스를 받을 수 있다.

그림 11-2
경제 주체별 전자상거래 분류

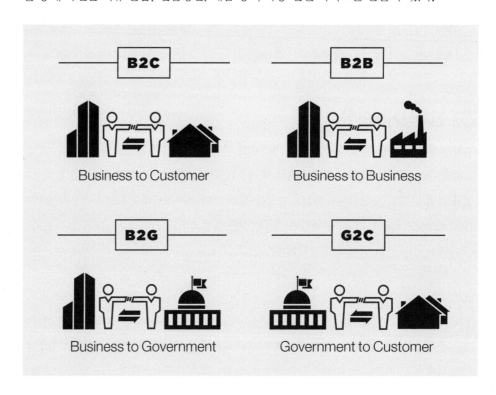

04 전자상거래의 발달 과정

전자상거래는 EDI(전자 데이터 교환)와 CALS의 발전에서 비롯되었다. 이후 B2C 전자상거래가 발전하면서 B2B 전자상거래가 정부 주도로 추진되었으며, 모바일 통신 기술의 발달로 이제는 모바일 커머스mobile commerce 시대에 들어섰다. 모바일 비즈니스가 국내에 정착한 것은 2004년경인데, 2005년 이후 유비쿼터스 컴퓨팅과 함께 RFID 등이 유행하기 시작하고 실시간기업RTE 등의 개념이 산업계에 확산되었다. 이처럼 전자상거래는 정보통신 기술의 발달에 따라 앞으로 얼마든지 새로운 형태로 탄생할 수 있다.

글로벌 컨설팅 그룹인 PWC(Price Waterhouse Coopers)는 인터넷 비즈니스의 성장이 채널 향상, 가치사슬 통합, 산업 전환을 거쳐 융합의 단계로 진전된다고 했다.

● **채널 향상:** 인터넷을 새로운 미디어로 간주하고 기업이 미디어를 충분히 활용할 수 있도록 기업 내부의 프로세스를 정비해나가는 것을 의미한다. 즉 회사의 제품을 홍보하거나 판매하는 수단으로 인터넷을 사용하는 것이다.

● **가치사슬 통합:** 전사적 자원 관리(ERP), 공급사슬 관리(SCM) 등을 통해 기업과 연결된 공급사 및 판매사(소비사, 공급처)와 정보를 공유하는 것을 말한다.

● **산업 전환:** 단위 회사의 공급사와 판매사뿐만 아니라 회사가 속한 산업 전체의 정보를 서로 공유하여 하나의 회사처럼 활동하는 것으로 e-마켓플레이스(e-marketplace)가 여기에 해당한다.

● **융합:** 융합 단계에서는 이종 산업 간의 연결이 시작되며, 궁극적으로는 모든 산업의 경계가 허물어져 모든 산업의 정보를 함께 공유한다.

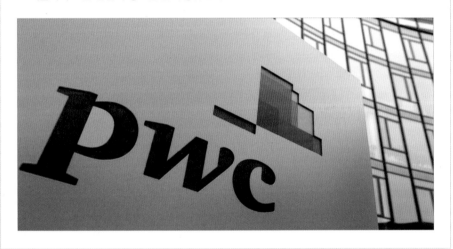

e-비즈니스 모델과 e-비즈니스 시스템

TIP e-비즈니스 모델은 특허청의 심사를 거쳐 특허를 인정해준다. 미국의 경우 1997년 개정된 특허법 705조항을 적용하여 비즈니스 모델 특허를 인정한다. 국내 비즈니스 모델 특허 심사 대상은 영업 방법에 관한 아이디어가 인터넷, 통신, 컴퓨터 기술을 기초로 하여 구체적 기술을 제시하면 특허를 받을 수 있다. 단, 영업 방법에 관한 아이디어 자체는 자연법칙을 이용한 기술적 사상의 창작이 아니므로 발명으로 볼 수 없어 특허 대상이 아님을 밝히고 있다.

01 e-비즈니스 모델의 개념

인터넷의 발달로 인터넷을 이용한 비즈니스가 활발히 진행되고 있다. 이런 상황에서 "많은 기업이 어떻게 인터넷을 통해 사업을 하는 것일까?"라는 질문을 할 수 있는데, 여기서 '어떻게'에 해당하는 말이 바로 **e-비즈니스 모델**e-business model이다. 즉 e-비즈니스 모델은 인터넷을 통해 사업을 하는 방법을 의미하며, 간단히 표현하여 수익을 창출하는 방법이라고 할 수 있다.

e-비즈니스 모델의 요소는 세 가지를 들 수 있다. 첫째는 상품, 정보, 서비스가 흐르는 구조 및 비즈니스에 참여하는 여러 사업 참여자와 그들의 역할을 기술하는 것이다. 둘째는 사업 참여자들이 누릴 수 있는 잠재적 이익을 기술하는 것이며, 셋째는 사업 참여자들의 직접적인 원천 수익을 정하는 것이다.

02 e-비즈니스 모델의 유형

e-비즈니스 모델의 유형은 그 기준에 따라 다양하게 분류할 수 있는데 그중 대표적인 분류 형태는 폴 티머스Paul Timmers의 분류 체계이다. 폴 티머스는 e-비즈니스 모델을 기능의 복잡도와 혁신의 정도에 따라 다음과 같이 열한 가지로 구분했다.

전자 상점

전자 상점e-shop은 가장 기본적인 e-비즈니스 모델로, 기업이나 점포의 웹 사이트에 기업 홍보, 제품 PR, 제품 주문 및 대금 지불 기능을 갖추었다.

전자 구매

전자 구매e-procurement는 B2B 형태로 인터넷을 이용하여 입찰 공고와 협상을 하고, 이를 통해 재화나 용역을 구매하는 모델이다. 구매자는 공급자 선택 폭이 넓어지고 저렴한 원가, 보다 나은 품질, 배달 및 구매 비용 절감 효과를 얻을 수 있다. 전자 구매를 통한 공동 구매도 가능하며, 이로써 글로벌한 인터넷 시장에서 더욱 큰 비용 절감 효과를 얻을 수 있다.

전자 경매

전자 경매e-auction는 전통적인 경매 기능을 인터넷을 통해 시행하는 것이다. 이는 경매되는 제품이나 서비스에 대한 정보를 멀티미디어로 제공하고 계약, 대금 결제, 배달 기능을 포함하는 사업 모델이다. 경매가 실제로 이루어질 때까지 물리적인 운송이 불필요하며 글로벌 소싱global sourcing이 가능하다.

전자 쇼핑몰

전자 쇼핑몰e-mall은 전자 상점을 한곳에 모은 것이다. 기업 간 전자상거래의 진화 형태인 e-마켓플레이스도 이 비즈니스 모델의 한 형태이다. 전자 쇼핑몰 운영자는 지원 기술 판매, 지원 서비스 제공, 광고 사업으로 수익을 추구하고, 고객은 전자 상점에서 쉽게 제품을 비교하고 쇼핑할 수 있다.

제삼자 시장

제삼자 시장third party marketplace은 오프라인 기업의 제품 카탈로그를 수요자의 사용자 인터페이스를 통해 제공하는 것으로, 상표의 선전, 대금 지불, 물류, 주문 등 매매 거래 절차 모든 단계의 서비스를 제공하기도 한다. 제공자의 수입원은 회원 가입비, 서비스 수수료, 거래 수수료, 광고 등이다.

가상 공동체

가상 공동체virtual community는 회원의 회비와 광고 수입이 주 수입원이다. 일반적으로 가상 공동체는 회원 가입자의 사이트 충성도를 이끌어내기 위해 만든다.

가치사슬 서비스 제공

가치사슬 서비스 제공value chain service provider은 전자 지불 기능, 로지스틱스와 같이 산업의 가치사슬상 특정한 기능을 특화하여 온라인으로 서비스를 제공하는 모델이다. 은행의 전자결제 인증 서비스부터 생산 관리, 재고 관리에 이르기까지 가치사슬상의 지원 활동이 모델의 핵심이다. 수입원은 주로 서비스 이용료이다.

가치사슬 통합

가치사슬 통합value chain integrator은 가치사슬상의 여러 단계를 묶어서 통합 서비스로 제공하는 모델로, 수입원은 컨설팅 비용이나 거래 수수료이다.

협력 작업 플랫폼

협력 작업 플랫폼collaboration platform은 기업 간에 공동으로 작업할 수 있도록 필요한 도구, 소프트웨어 및 동일한 인터페이스를 기업에 제공하는 서비스이다. 협동 디자인, 협동 엔지니어링, 협동 프로젝트 컨설팅에 활용된다.

TIP 글로벌 소싱: 제조업체가 자사의 핵심 역량을 전략 분야에 집중하면서 동시에 세계 각처에서 싼 부품을 조달함으로써 생산단가를 낮추려는 행위를 말한다. 이는 결국 부품을 세계 각처에서 싸고 신속하게 조달함으로써 경쟁력을 높이기 위한 부품 조달의 현지화 및 국제화로 해석할 수 있다. 유통업체도 전 세계를 대상으로 싸면서도 우수한 품질의 제품을 공급받는 시스템을 구축하고 있다.
© 한경 경제용어사전

TIP 가상 공동체: 가상 공간에서 형성된 공동체를 말하며, 여기에는 '가상의 시민'인 네티즌이 거주하고 있다. 지상의 현실 공동체와 달리 가상 공동체에서는 첨단 통신 네트워크의 발달로 초고속으로 쌍방향 대화가 가능하며, 동시에 다양한 규모의 공동체가 생성될 수 있다.
© 매일경제 용어사전

정보 중개

정보 중개information brokerage는 인터넷상에서 구할 수 있는 수많은 정보를 수집·가공하여 고객에게 제공하는 사업이다. 이는 구글과 같은 대부분의 인터넷 검색 사이트로 DB 판매, DB 이용료, DB상의 광고 수입이 주 수입원이다.

신용 서비스

신용 서비스trust and other services는 인터넷상에서 공증 서비스, 인증 서비스를 제공하는 모델이다. 수입원은 확인 서비스 수수료와 관련 소프트웨어 판매 등이다.

그림 11-3
폴 티머스의 e-비즈니스 모델 분류

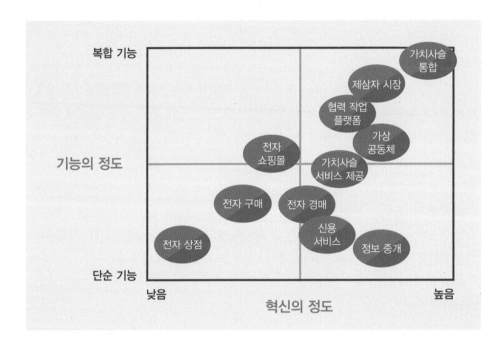

03 e-비즈니스 시스템의 등장

e-비즈니스 시스템e-business system에는 기업의 웹 사이트를 게시할 수 있는 웹 서버, 쇼핑몰을 구축하고 상품을 관리할 수 있는 머천트 서버, 고객이 상품 대금을 결제하는 전자지불 서버가 필수적이다. 또한 e-비즈니스 시스템과 연동하여 기업의 모든 업무를 처리할 수 있게 해주는 레거시 시스템legacy system이 필요하다.

e-비즈니스 기업은 모든 데이터가 결국 웹 사이트로 연결되기 때문에 기업의 기간 시스템으로 운영되는 ERP, 공급사와 물류 부분의 효과적인 정보시스템 통합을 위한 SCM, 고객 관계 관리를 위한 CRM이 필수적인 시스템이라 할 수 있다. 이러한 모든 시스템을 통합적으로 운용하는 데에는 제품 표준이 필요하며, 이러한 제품 표준을 관리하기 위한 PDM 역시 e-비즈니스의 하부 시스템으로 매우 중요하다.

TIP **레거시:** 컴퓨터 분야에서 과거부터 물려 내려온 기술, 방법, 컴퓨터 시스템 및 응용 프로그램으로 새로이 대체 가능한 기존의 기술을 말한다.

04 e-비즈니스 시스템의 구성 요소

e-비즈니스 시스템의 구성 요소인 웹 서버, 머천트 시스템 및 서버, 전자지불 서버에 대해 좀 더 자세히 알아보자.

웹 서버

웹 서버는 하이퍼텍스트 문서의 송수신을 위한 HTTP 프로토콜을 이해하고, 이에 따라 요청받은 동작을 수행하는 하나의 프로그램이다. 불규칙적으로 들어오는 요청을 인식하려면 서버 프로세스가 항상 동작해야 하는데 이러한 기능을 하는 서버 프로세스는 'http daemon'이다. http는 시스템에서 수행되는 하나의 데몬 프로세스이다. 따라서 서버를 설치한다는 것은 http 프로세스를 실행하는 일이며, 다시 말해 서버 프로그램을 실행한다는 의미이다. 서버 프로그램이 실행될 때는 서버의 서비스 환경에 대해 설정해놓은 파일을 참조하기 때문에 적절하게 환경을 설정해야 한다.

웹 서버의 종류는 웹 서버를 운영하는 시스템의 플랫폼(유닉스, 맥, 노벨넷웨어 서버, 마이크로소프트 윈도, 윈도 NT 서버 등)에 따라 분류할 수 있다. 흔히 윈도 NT 기반에서는 웹 서버로 IIS를 사용하고, 리눅스 계열에서는 아파치 웹 서버를 주로 사용한다.

머천트 시스템 및 서버

머천트 시스템merchant system은 상품 로드, 상품 전시, 가격 표시, 상품 검색, 장바구니 등을 담당하며, 머천트 서버, 스테이징 서버, 트랜잭션 서버, 데이터베이스관리시스템DBMS, 상용 서버를 사용하여 구축하는 종합 시스템이다. 각 서버 시스템은 DBMS, HTML, HTTP, RSA 데이터 암호시스템을 갖추어야 높은 가용성과 확장성 및 철저한 보안을 유지할 수 있다.

- **머천트 서버(merchant server)**: 고객이 쇼핑몰에서 쇼핑하면서 직접 물건을 선택할 수 있도록 쇼핑몰을 구축하는 서버이다.

- **스테이징 서버(staging server)**: 판매자가 고객에게 직접 서비스하기 전에 실제 상황과 동일한 환경에서 상품을 로드하여 디스플레이, 가격 등 여러 가지 요소가 자신이 원하는 형태로 로드되었는지 사전에 검토하기 위한 시스템이다. 특히 원격으로 상품을 로드, 검토, 업데이트하려는 쇼핑몰 운영자에게 유용하다. 또한 판매자는 신속하면서도 쉬운 방법으로 상품 정보를 추가하고 업데이트할 수 있어야 한다.

- **트랜잭션 서버(transaction server)**: 구매를 희망하는 상품에 대한 계산 과정에서 전자 영수증을 발급하는 쇼핑몰 계산대 역할을 한다. 즉 고객이 쇼핑몰을 통해 상품을 구매하면 신용카드, 계좌 이체 등을 통해 상품의 대가를 지불하는데, 지불 서버와 연계되어 고객이 결제하고 영수증을 받을 때까지의 모든 과정을 트랜잭션 서버가 담당한다.

전자지불 서버

SET Secure Electronic Transaction를 기반으로 하는 전자지불 서버는 고객 소프트웨어, 상인 서버, 지불 게이트웨이, 인증서버시스템, 전자결제 안전장치, 애스크로 서비스 등으로 구성된다.

- **고객 소프트웨어:** SET 프로토콜을 처리하기 위한 일종의 전자지갑 소프트웨어로 웹 브라우저의 헬퍼helper 프로그램으로 존재하며, 지불 처리할 때 상인 서버에서 전송되는 구동 메시지에 의해 시작되는 것이 일반적이다. 고객 소프트웨어의 주요 기능은 고객의 구매 및 지불 정보 보호, 인증서 및 개인키 관리, 거래 내용 관리, 상인 서버와 연동한 SET 전자지불 처리이다.

- **상인 서버:** 전자 상점 소프트웨어와 공존하거나 독립된 시스템으로 존재할 수 있으며, 고객의 구매 요구 및 지불 명령을 처리한다. 주요 기능은 상인의 공개키 및 개인키 관리, 거래 정보 보호 및 거래 내용 관리, 고객의 주문 처리, 지불 게이트웨이에 대한 인가 요구 및 대금 이체 요구 등이다.

- **지불 게이트웨이:** SET 지불 메시지를 은행망과 연동하여 처리하기 위한 일종의 지불 대행 시스템으로, 은행 자체에 존재하거나 믿을 수 있는 제3기관에서 운영한다. 지불 게이트웨이는 상인으로부터의 인가 메시지와 대금 이체 메시지를 은행망으로 전송하여 처리한다. 그 밖에 거래 사고 방지를 위한 거래 내용 관리, 신용도에 따른 인증 서버의 인증서 처리 리스트와의 연동, 상인 서버와의 연동 등이 주요 기능이다.

- **인증서버시스템:** 인증국에서 운영하는 인증서버시스템은 SET 거래에 참가하는 구성 요소에 대한 등록과 인증서 발행을 주요 목적으로 하며, 믿을 수 있는 기관이 운영하는 방식이어야 한다. 인증 서버의 주요 기능은 인증서 발행 및 관리, 잘못된 인증서를 알리는 인증서 취소 리스트의 운용, 은행망과 연동하여 고객 및 상인 인증서 취소 또는 재발행, 다른 인증 서버와의 연동 등이다.

- **전자결제 안전장치:** 전자결제 안전장치에는 SSL, IPS, 안심클릭 서비스, 공인인증서가 있다.

- **애스크로 서비스:** 제삼자에게 구매자의 결제 대금을 예치해놓았다가 배송이 정상적으로 완료되면 대금을 판매자에게 지급하는 거래 안전장치를 말한다. 구매자 입장에서는 대금 결제 후 상품이 배송되지 않는 것과 같은 사기 거래 피해를 예방할 수 있고, 판매자 입장에서는 상품 수령 후 소비자의 결제 거부, 거짓 주문에 따른 피해를 예방할 수 있다.

TIP **SSL:** 소비자가 온라인 쇼핑몰에서 물건을 구매할 때 웹 브라우저를 통해 사업자에게 제공하는 카드 정보를 암호화하여 사업자의 웹 서버로 전송하는 것이다.

TIP **IPS:** 국민카드와 비씨카드가 설립한 전자상거래용 결제 서비스이다.

SECTION 03 웹 2.0과 웹 3.0

01 웹 2.0의 개념

2005년 미국의 IT 전문 출판사 오라일리미디어의 팀 오라일리Tim O'Reilly는 웹 2.0의 개념을 가장 명확히 설명했다. 그는 **웹 2.0**을 '모든 기기를 포괄하는, 플랫폼으로서의 네트워크'라고 정의했는데, 이는 이후 웹 2.0을 대표하는 정의로 확산되었다. 웹 2.0은 '플랫폼으로서의 웹'이라는 특징이 있으며, 주요 키워드는 '사용자 기반 참여 문화', '집단지성,' '데이터 공유'이다.

웹 2.0은 단순히 상품명이나 특별한 기술의 표준을 의미하는 것은 아니며 일반적으로는 XML을 웹에 사용하는 것을 의미하기도 한다. 웹 2.0을 요약하면, 누구도 소유하지 않고 모든 사람이 사용할 수 있으며, 누구나 변경할 수 있는 데이터를 이용하여 다양한 사용자가 새롭게 콘텐츠를 창조하고 유통하여 정착시키는 것이라고 할 수 있다. 국내에서 이미 웹 2.0의 개념하에 서비스되고 있는 네이버의 블로그, 지식인 등은 웹 2.0의 대표적인 성공 사례이다.

윈도 PC 기반의 넷스케이프가 웹 1.0세대라면, 구글처럼 판매 또는 패키지화되지 않은 순수한 웹 애플리케이션으로 서비스하는 것이 웹 2.0이다. 구글의 지도 서비스인 구글 맵과 같이 AJAXAsynchronous JavaScript And XML를 사용하여 개발된 웹 서비스는 기존 데스크톱 애플리케이션의 외관과 비슷한 느낌이면서도 웹에서 모든 것을 할 수 있는 플랫폼 형태의 웹을 보여주었다.

그림 11-4
구글 맵
구글의 지도 서비스로 웹 2.0의 대표적인 예이다.

TIP **팀 오라일리:** 오라일리미디어의 창립자로 '오픈 소스'와 '웹 2.0'이라는 용어를 대중화했다.

TIP **AJAX:** 비동기식 자바스크립트 XML의 약자로, 하이퍼텍스트 표기 언어(HTML)만으로 어려운 다양한 작업을 웹 페이지에서 구현하여 이용자가 웹 페이지와 자유롭게 상호작용할 수 있도록 하는 기술이다.
© 한경 경제용어사전

구글 맵은 해커가 단순한 AJAX 인터페이스를 사용하여 구글 맵의 데이터를 재이용하고 곧바로 창조적인 시도를 함으로써 인기를 얻었다. 이와 같은 서비스 플랫폼의 단순성과 유연성은 구글의 성공 비결이라고 할 수 있다. 즉 다양한 서비스를 사용자가 선택하여 새롭게 만들 수 있는 플랫폼을 제공하는 것이 웹 2.0인 것이다. 하지만 여기서 가장 중요한 것은 소프트웨어가 아닌 특화된 데이터베이스이다.

PLUS NOTE | 웹 1.0

웹 2.0이 대두되기 전인 2004년 이전 대부분의 웹을 웹 1.0이라고 칭한다. 웹 1.0은 하이퍼링크 구조를 기반으로 하는 문서의 집합체이며, 정적인 HTML 문서로 구성되고 링크를 단순히 클릭함으로써 페이지를 이동하는 수준으로 모든 활동이 웹 브라우저만을 통해 이루어졌다. 또한 웹 1.0의 모든 자료는 체계적으로 분류되어 있고, 사용자는 해당 카테고리를 통해 자료를 검색 및 사용했다. 이러한 웹 1.0의 서비스는 정보 제공자가 제공하는 분류된 정보를 사용자가 단편적으로 수용하는 형태였다. 즉 웹 1.0은 정적인 방식으로 웹에 게시된 정보를 제공한 것이다. 다음 표에 웹 1.0과 웹 2.0을 비교하여 정리했다.

구분	웹 1.0	웹 2.0
광고 모델	• 대형 광고 위주	• 롱테일 광고
UCC	• 일회성 콘텐츠 • 비구조적 혹은 획일화된 구조	• 콘텐츠 이용의 다변화 • 집단지성
소프트웨어	• 웹을 활용한 소프트웨어 • 주기적인 소프트웨어 출시 • ASP(Active Server Page)	• 웹의 플랫폼화 • SaaS(Software as a Service) • 지속적인 서비스 업그레이드
사용자 접근	• 대규모 웹 사이트 위주 제작 • 사용자 트래픽	• 프로슈머 • 개방성 • 인터넷 탈중심화 • 매시업
마케팅	• 광고 등 일반 마케팅	• 구전 마케팅

02 웹 2.0의 특징

웹 2.0은 기존 웹과 달리 다음과 같은 특징을 가지고 있다.

플랫폼으로서의 웹

구글이나 아마존 등의 기업은 패키지 소프트웨어와 같은 예전 방식을 버리고, 웹을 플랫폼으로 활용하여 서비스로서 소프트웨어를 제공하는 새로운 방식을 채택하고 있다.

집단지성의 활용

웹 2.0에서는 사용자가 서비스에 참여하여 보다 많은 가치를 창출하게 해주는 것을 중요하게 여긴다. 집단지성collective intelligence은 피에르 레비Pierre Levy가 1994년에 발간한 책의 제목이기도 한데, 웹 2.0은 집단지성과 함께 롱테일long tail에 의한 개인화도 지원한다.

데이터가 차별화의 핵심

한 기업이 현재 어떤 데이터를 가지고 있으며 그것을 어떻게 관리할 것인지는 비즈니스 영역에서 주도권을 확보하고 영속성을 유지하는 잣대가 될 수 있다. 웹 2.0에서의 데이터를 흔히 데이터 2.0이라고 명명한다. 데이터 1.0이 데이터의 종류를 늘리는 데 집중했다면, 데이터 2.0은 데이터의 개념을 확장하는 방식으로 웹 서비스를 발전시킨다.

사라진 소프트웨어 배포 주기

물건이 아닌 서비스로 제공된다는 것은 인터넷 시대의 소프트웨어가 지닌 가장 큰 특징 중 하나이다.

다중 기기 지원

웹 2.0은 단일 기기를 넘어 PC나 스마트폰, 인터넷 서버 등 다양한 기기를 포괄하는 애플리케이션 설계가 필요하다.

풍부한 사용자 경험 제공

기존 웹과 달리 웹 2.0은 단순한 정보나 콘텐츠뿐만 아니라 다양한 애플리케이션을 제공한다. 그리고 이 서비스는 다양한 기기를 통해 풍부한 사용자 경험의 장소로 제공된다.

> **TIP 소프트웨어 생명주기:** 소프트웨어 제품의 개념 형성부터 운용·유지보수에 이르기까지 변화의 전 과정을 말한다. 대상이 되는 소프트웨어의 규모나 종류, 개발 방법론에 따라서 단계의 구분 방법이나 명칭이 다르다. 소프트웨어 생명주기에는 요구 분석, 설계, 실현, 품질 보증, 도입·검수, 운용·유지보수의 여러 단계와 경우에 따라서는 사용 정지 단계가 포함된다. 이러한 단계는 중복되기도 하고 반복되기도 한다.
> © IT용어사전

03 웹 2.0의 핵심 키워드

웹 2.0의 다양한 핵심 키워드를 살펴보자.

소셜화

소셜화socialization는 웹이 사용자들과 관계를 맺고 콘텐츠를 서로 공유하는 것을 의미한다. 소셜 애플리케이션의 기본 프로세스는 관계, 공유, 발견이다. 인터넷을 통한 서비스의 대상이 데이터에서 사람으로 확장되면서 서비스는 사람들 간의 교류가 중심이 되는 소셜 네트워크의 성격을 띠게 되었다. 데이터가 아닌 사람이 서비스의 대상이 될 때 서비스의 특징은 사람을 만나고 교류하는 재미와 그 사람을 통해 유용한 정보를 제공받는 재미라고 할 수 있다. 웹 서비스는 이러한 재미를 증진하는 방향으로 진화하고 있다.

그림 11-5
소셜 네트워크 서비스(SNS)
소셜화를 주도하는 애플리케이션
이다.

TIP **크라우드소싱:** 소셜 네트워
킹 기법을 이용하여 제품이나 지
식의 생성과 서비스 과정에 대중
을 참여시킴으로써 생산단가를 낮
추고 부가가치를 증대하며, 발생
된 수익의 일부를 다시 대중에게
보상하는 새로운 경영 혁신 방법
이다.

© IT용어사전

크라우드소싱

크라우드소싱crowdsourcing은 대중을 의미하는 '크라우드crowd'와 외주를 의미하는 '아웃소싱outsourcing'의 합성어로, 웹 2.0 시대의 신조어이다. 크라우드소싱은 기업이 많은 비용을 지불하고 콘텐츠를 획득해야만 하는 것을 대중이 대신 해준다는 개념으로, 앨빈 토플러의 프로슈머와 같은 맥락에서 이해하면 된다.

크라우드소싱을 통해 기업은 콘텐츠를 직접 제작하지 않고도 웹 사용자가 업로드하는 자료 교류의 커뮤니티를 제공하여 이익을 창출하고, 웹 사용자는 다른 사람의 콘텐츠를 공유하며 만족을 느낀다. 최근 UCC 등 미디어 콘텐츠의 형태가 다양화되면서 웹 사용자들의 활동이 증가하고 있다. 기업은 이러한 프로슈머의 특징을 더 잘 분석하기 위해 노력하면서 기업의 수익을 극대화할 수 있는 여러 가지 새로운 웹 서비스를 개발하고 있다.

어텐션

크라우드소싱이 보편화되면서 웹 사용자들은 정보의 홍수 속에 살고 있다. 시시각각 생성되는 콘텐츠가 수없이 많고 웹 사이트는 창조를 거듭한다. 그러므로 시간과 비용의 제약 하에 수많은 콘텐츠 중 꼭 보아야 할 콘텐츠를 필터링하는 기능이 웹 사용자들에게 필요하다. 대부분의 검색엔진은 콘텐츠의 분야별 순위를 알려주고 각 콘텐츠의 평점을 제시하는데 이러한 형태의 정보를 어텐션attention이라고 한다. 어텐션은 흩어진 관심사를 모아서 모든 사용자에게 필요한 정보를 주는 역할을 한다.

TIP 특정 사이트에서 영화를 보
려고 한다면, 영화 콘텐츠를 검색
한 후 그 영화가 얼마나 재미있는
지에 대한 평점을 보고 영화를 볼
것인지 말 것인지 판단하게 될 것
이다.

태깅

웹상에서는 이미지 UCC, 동영상 등 사용자가 분류해야 하는 형태의 콘텐츠가 매일 셀 수 없을 만큼 창조되고 있다. 이러한 콘텐츠의 정보를 활용하려면 각 콘텐츠에 생명을 불어넣는 작업이 필요한데 이를 태깅tagging이라고 한다. 태깅은 콘텐츠를 등록하는 사용자가 콘텐츠에 대한 설명을 꼼꼼하게 등록하는 것을 말하며, 이렇게 함으로써 텍스트 기반인 검색엔진이 콘텐츠를 쉽게 검색하고 공유하며 활용할 수 있다.

태깅은 정보를 찾거나 표시하고 분류하기 위한 방식으로, 기존에 사용하던 디렉터리 구조와는 다른 형태의 정보처리 방식이다. 즉 꼬리표(태그)를 추가할 수 있는 웹 페이지 등을 하나의 노드(데이터 노드)로 간주하고, 각 태그 자체를 다른 종류의 노드로 본다. 이 두 종류의 노드를 특정 관계로 맺어 정보를 분류하는데, 사용자가 직접 입력한 태그 정보를 토대로 콘텐츠가 분류 및 재정리된다. 태그가 있으면 이미지, 동영상 등 컴퓨터가 프로그래밍으로 분류할 수 없는 정보를 사용자의 필요에 따라 검색·분류할 수 있으며 웹에 누적된 자료를 재활용하기가 쉬워진다. 태그는 웹 2.0이 모든 서비스를 제공하는 데 근본적인 구조라고 할 수 있다.

RSS

RSS Really Simple Syndication 는 간단한 정보 조각을 전달하는 데 사용되는 XML 기반 데이터 표준 포맷이다. RSS로 포매팅된 정보는 RSS 표준 문법에 맞는 구조에 맞추어 정보의 의미를 가지게 된다. 표준 포맷이기 때문에 RSS로 만들어진 모든 정보는 같은 방법으로 구조화되며, 이러한 구조를 이해하는 모든 컴퓨터에서 공유할 수 있다. RSS에 맞추어 주기적으로 업데이트되는 XML 문서는 RSS 피드라고 한다. 정보를 피딩한다는 말은 어떤 정보를 RSS로 내보낸다는 것을 의미한다.

RSS는 콘텐츠의 출처인 채널 정보(사이트 이름, 사이트 URL, 설명, 운영자, 이미지 등)와 개별 아이템 정보(포스트 제목, 링크, 설명, 작성 날짜, 포스트와 관련된 미디어 파일 등)를 가지고 있다. RSS 목록을 관리하기 위한 포맷은 OPML Online Processor Markup Language 로, OPML 파일만 있으면 다른 RSS 리더에서도 자신이 구독하는 RSS 목록을 쉽게 등록하여 사용할 수 있다.

매시업

매시업 mashup 은 여러 요소를 섞는다는 뜻으로, 여러 가지 서비스와 데이터를 혼합하여 새로운 서비스를 만들어내는 것을 말한다. 매시업은 하나 이상의 소스에서 나온 콘텐츠를 결합하여 통합된 경험을 제공하는 웹 애플리케이션이라고 할 수 있으며, 단순히 '하나 이상의 데이터 소스'라고 표현할 수 있다. 다음 표에 구글 맵을 기반으로 매시업 서비스가 어떻게 이루어지는지 정리했다.

서비스	설명
뉴욕 인 더 무비스	구글 맵 + 뉴욕 명소 데이터
자동차 매물 정보 구글 맵 서비스	구글 맵 + 이베이
웨더 봉크	구글 맵 + 각종 서비스의 날씨

표 11-2
매시업 서비스의 예

AJAX

AJAX는 웹 브라우저(인터넷 익스플로러, 파이어폭스 등)에 기본으로 탑재된 자바스크립트를 기반으로 하는 기술 체제를 말한다. 즉 표준 웹 브라우저만으로 클라이언트/서버 시대 클라이언트 프로그램의 느낌을 재현하는 기술 트렌드이다. 기존 클라이언트/서버 수준의 복잡한 사용자 인터페이스를 웹에서 구현하려면 복잡한 CGI Common Gateway Interface 나 액티브 X 기반의 X-인터넷과 같이 윈도 프로그램을 웹 브라우저 위에 놓고 사용해야 했다. 하지만 AJAX는 실무자가 보다 쉽게 웹 클라이언트 애플리케이션을 구축할 수 있도록 통합된 환경을 제공한다.

롱테일

웹 2.0의 또 다른 큰 특징 가운데 하나는 롱테일 법칙이다. 롱테일은 「와이어드」의 편집장 크리스 헨더슨Chris Henderson이 주창한 것으로, '긴 꼬리(큰 시장)의 끝 부분에 해당하는 작은 시장과 개별적 요구로 이루어진 다수'를 의미한다. 웹 2.0에서의 롱테일 법칙은 인터넷 유통 혁명으로 사소한 다수가 시장의 중심에 서게 되었다는 것을 의미한다.

경제학에 파레토 법칙이라는 개념이 있는데, 이는 20%의 우량 고객이 80%의 매출과 이익을 발생시킨다는 것이다. 정보사회에서는 이를 롱테일이란 용어로 표현하기도 한다. 웹 2.0 시대에는 롱테일을 통해 상위 20%에게는 어텐션을, 하위 80%에게는 개인화를 추구하여 모든 웹 사용자를 만족시켜야 한다.

다음 그림은 롱테일을 그래프로 표현한 것이다. 가로축은 구성원을 나타내며, 좌측의 20%가 전체 시장(매출, 수익)의 80%를 구성한다는 것을 보여준다. 이는 인터넷의 발달로 그동안 수익성이 없어 소외되었던 80%를 기업의 고객으로 만들 수 있다는 의미이다.

그림 11-6
롱테일

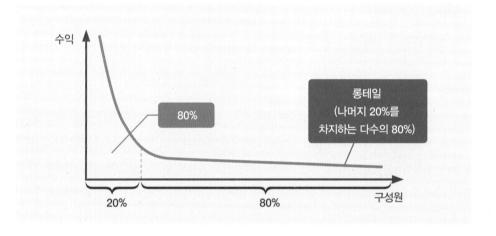

04 웹 서비스로서의 웹 2.0

웹 2.0 덕분에 수년 전부터 미래 IT 환경을 바꿀 IT 기술로 주목받은 웹 서비스가 단순한 사전적 용어를 넘어서 IT 환경과 생활 곳곳에 살아 있는 기술로 녹아들기 시작했다. 웹 서비스는 SOAP나 WSDL, UDDI 등의 표준 기술을 사용하여 네트워크에 연결된 다른 컴퓨터 간의 분산 컴퓨팅을 지원하는 소프트웨어와 기술을 말한다.

웹 서비스는 네트워크상에서 서로 다른 종류의 컴퓨터 간에 상호작용을 하기 위한 소프트웨어 시스템이며, 일종의 분산 컴퓨팅 기술이기도 하다. 웹 서비스는 '웹'과 '서비스'라는 말이 결합된 용어인 만큼 단순하게 해석하면 웹을 통해 서비스를 주고받는 것이다. 웹 서비스는 서로 다른 종류의 정보 기술을 이어주는 접착제로서의 역할을 충분히 수행하고 있다. 웹 2.0은 웹 서비스의 트렌드이지만 최근에는 웹 3.0이란 용어가 여기저기서 회자되고 있다.

05 웹 3.0

웹 2.0의 차세대인 웹 3.0의 개념은 2006년 「뉴욕타임스」의 기자 존 마코프John Markoff가 처음 언급하면서 사용되기 시작했다. 그 후 웹의 창시자 팀 버너스 리는 차세대 웹에 대해 거대한 데이터 공간을 통합하는 시맨틱 웹 위에 웹 2.0의 편리한 사용자 환경이 더해지면 엄청난 데이터 자원을 이용할 수 있게 될 것이라고 말했으며, 야후의 설립자 제리 양Jerry Yang은 웹 3.0을 사용자 스스로 프로그래머가 되어 비즈니스와 애플리케이션의 네트워크 효과를 창출하는 참여의 의미로 예견했다. 또한 구글의 CEO 에릭 슈미트는 기능이 융·복합되고, 어느 단말기에서도 사용 가능하며, 빠르고 고객 맞춤화가 가능한 웹일 것이라고 예측했다.

4차 산업혁명 시대에 보다 지능화된 웹을 활용하기 위해 시맨틱 웹, 상황 인식 등의 기술을 사용하여 수많은 데이터를 사용자가 편리하게 이용할 수 있는 환경이 웹 3.0이라고 할 수 있다. 웹의 발전 단계 특징을 보면, 웹 2.0은 유연한 형태의 데이터 교환 방식(RSS, Atom 등), REST, SOAP, WSDL 등을 활용한 Open API와 같은 기술로 진화된 웹 서비스가 가능했고, 웹 3.0의 경우 시맨틱 웹을 비롯하여 HTML5, 인공지능, 상황 인식 등의 기술이 더해져서 더욱 진화된 웹 서비스가 이루어질 것으로 전망된다.

© 류광택·이용건·조성배, 「미래 전자정부 모델에 대한 탐색적 연구: 지속 가능한 발전을 위한 전자정부 3.0의 가치와 개념을 중심으로」, 한국정책학회학술대회, 2012

전자정부

01 전자정부의 개념

전자정부e-government는 정보 기술을 국가 행정에 포괄적으로 도입하는 것을 말하며, '인터넷을 통한 정부 서비스 제공'이라는 협의의 개념으로 시작하여 공공 부문의 e-비즈니스를 의미하기도 한다. 기술적 관점에서 전자정부의 개념은 인터넷 정보 기술이 발달한 21세기의 정부로서 인터넷을 통해 국가의 행정 기능을 수행하는 것을 말하기도 한다. 전자정부의 개념이 소개된 것은 최근의 일이지만, 정보사회의 정점을 지나고 있는 시대적 상황 때문에 아직까지도 많은 학자가 전자정부의 개념을 정립하고 있는 실정이다. 현재 정보 기술이 급속히 발전하고 이에 따라 국민의 수준이 높아지고 있는 상황에서 대민 행정 서비스 포털사이트로서 전자정부의 개념이 다양하게 정의되고 있으며, 아직까지도 학자들 사이에 합의가 이루어진 바가 없다.

우리나라 전자정부법 제2조(정의)에서는 전자정부를 '정보 기술을 활용하여 행정기관의 사무를 전자화함으로써 행정기관 상호 간 또는 국민에 대한 행정 업무를 효율적으로 수행하는 정부'로 정의하고 있다. 미국의 경우, 2001년 5월 1일 미국 상원에 제출된 전자정부 법안에서는 전자정부의 개념을 '시민의 정부 정보와 서비스 접근을 고양하고, 정부 효율성을 제고하여 정부 운영 비용을 줄이고, 시민의 정부 참여 기회를 증대하기 위해 인터넷 기반의 정보 기술 사용을 요구하는 광범위한 조치를 규정하여 전자적 정부 서비스 및 운영을 관리하고 촉진하기 위한 것'으로 정의하고 있다.

그림 11-7
우리나라의 전자정부 형태
모바일 전자정부로 확대되고 있다.

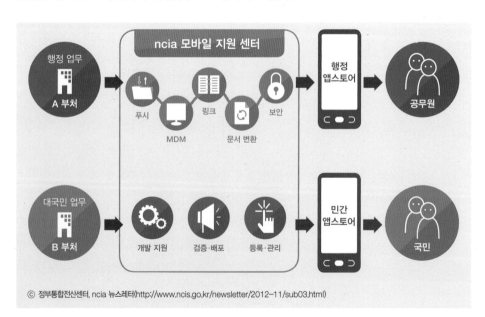

© 정부통합전산센터, ncia 뉴스레터(http://www.ncis.go.kr/newsletter/2012-11/sub03.html)

02 전자정부의 유형

전자정부는 '누구를 위한 정부인가?'와 '무엇을 위한 정부인가?'의 차원을 바탕으로 여섯 가지 전자정부로 유형화할 수 있다.

제1유형: 기술 관료적 전자정부

제1유형은 전자정부의 구현 목적으로 효율성 제고와 전자정부 구현 사업을 통해 국가가 이익을 보기 위한 유형이다. 이 유형의 경우, 정보 기술을 활용한 효율성 및 생산성 제고를 위해 정보통신 기술을 적극적으로 활용한다. IT 전문가 그룹의 적극적인 컨설팅 또는 자문을 통해 행정 책임자의 의지를 세워 기존의 정부를 전자정부로 변모시킨다. 비용 효율적 차원에서 전자정부 서비스를 통해 국민으로부터 세금을 잘 거두고 행정 비용을 절감할 수 있다는 인식에서 시작된 것이다.

제2유형: 효율적 대민 서비스 전자정부

제2유형의 전자정부는 정보통신 기술을 활용하여 일반 국민의 입장에서 효율성을 증진하는 것이 정부의 시각이다. 특히 이 유형은 우리나라를 포함한 세계 여러 나라의 정부와 학자들 사이에서 가장 광범위하게 공유되고 있다. 제2유형의 특징은 다음과 같다.

● 일반 국민이 보다 적은 비용과 노력을 들여 정부 서비스를 편리하게 받을 수 있는 정부

● 일반 국민이 정부 기관을 방문하지 않고 가정이나 직장에서 정부 서비스를 요청하고 받을 수 있는 정부

● 연중무휴, 매일 24시간 동안 시간적 단절 없이 운영되어 국민이 언제든지 정부 서비스를 받을 수 있게 하는 정부

● 정부 기관 사이의 업무 장벽이 사라지게 되어 국민이 어떤 기관을 통해서든 자신이 원하는 정부 서비스를 받을 수 있는 정부

● 국민이 원하는 서비스를 매우 신속하게 온라인 실시간으로 제공하는 정부

● 기존의 정부보다 국민의 돈을 적게 쓰면서 운영되는 정부

● 기존의 정부보다 적은 예산, 인력으로 운영되는 정부

● 공간적 제약이 없어 정부 청사 등의 부동산 비용을 최소화하는 정부

제3유형: 감시형 전자정부

전자정부의 구현 목적이 투명성 제고로, 전자정부의 이익 수혜 객체가 국민이 아닌 국가이다. 국민 개개인의 활동을 기록 및 보관하는 데 관심이 많고 범죄 가능성이 있는 개인에 대한 감시 체계, 대국민 도청·감청 기술 및 정보의 백업 능력을 우선시하는 정부로 전자정부가 잘못 악용되었을 때의 유형이라고 할 수 있다.

제4유형: 일반 국민에게 투명한 전자정부

일반 국민의 알 권리를 충족해주는 민주 정부, 일반 국민에게 투명한 정부로 민주화의 수준이 높고 선진화된 국가에서 나타나는 전자정부 형태이다. 스웨덴, 미국 등에서 20세기 말부터 추진하고 있는 전자정부의 형태이다.

제5유형: 전제적 전자정부

이 유형은 전자정부를 통해 국가 권력을 강화하고 국민을 통제하여 효율성 있는 국가를 건설하는 것이 목적이다. 시간이 흐름에 따라 민주화가 진전되는 상황에서는 이루어지기 어려운 형태의 전자정부이다.

제6유형: 민주적 전자정부

국민이 자신의 주권을 보다 강력하게 행사할 수 있으며 국민에 의해 정부가 통제된다. 정보통신 기술을 정치 분야에 도입하여 현대 간접민주주의를 직접민주주의로 대체하는 형태의 전자정부이다. 정보사회가 더욱 가속화되고 민주주의에 대한 국민적 인식이 합의에 도달한다면 새롭게 창조될 수 있는 이상적 민주주의라고 할 수 있다.

표 11-3
전자정부의 유형

무엇을 위한 정부인가? / 누구를 위한 정부인가?	국가	일반 국민
효율성 및 생산성 제고	제1유형: 기술 관료적 전자정부	제2유형: 효율적 대민 서비스 전자정부
투명성 제고	제3유형: 감시형 전자정부	제4유형: 일반 국민에게 투명한 전자정부
권력 강화	제5유형: 전제적 전자정부	제6유형: 민주적 전자정부

© 정충식, 「전자정부론」, 서울경제경영, 2007

03 전자정부의 발전 단계

전자정부의 발전 단계를 호주 국립감사원의 4단계론과 한국전산원의 4단계 모델로 나누어 살펴보자.

호주 국립감사원의 4단계론

호주 국립감사원은 호주 공공 기관이 어느 수준의 전자정부에 도달했는지 평가하기 위해 가로축은 IT 기술 수준, 세로축은 기능 및 서비스의 제공 범위를 기준으로 4단계로 나눈 전자정부 발전 모델을 만들었다. 세계 각국에서는 이 모델을 활용하여 전자정부 사업을 평가 및 관리하고 있다.

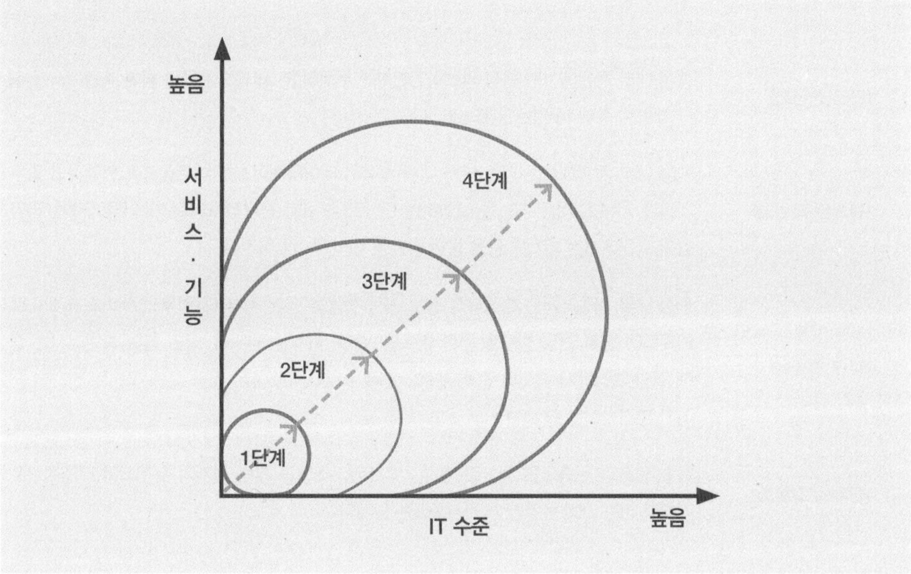

그림 11-8
호주 국립감사원의 4단계론

호주의 전자정부 단계별 특징은 다음과 같다.

단계	설명
1단계	자체적인 웹 사이트를 구축하여 공공 서비스를 제공하는 수준
2단계	인터넷 사용자가 공공 기관의 데이터베이스를 검색할 수 있는 수준
3단계	개인정보 보호가 강화되고 개인 사용자가 공공 기관의 거래에 참여할 수 있는 수준
4단계	개인 사용자가 다른 공공 기관이 공유한 정보를 검색할 수 있는 수준

표 11-4
호주의 전자정부 단계별 특징

한국전산원의 4단계 모델

우리나라의 정보화 성숙도를 평가하고 있는 한국전산원에서는 호주의 4단계 모델을 기반으로 전자정부의 발전 단계를 만들었다. 초기에는 단계별로 웹 구축, 상호작용, 거래, 변환 및 통합 단계로 정의했다.

TIP 우리나라는 UN의 전자정부 평가에서 2010년, 2012년, 2014년 3기 연속 1위를 기록하고 2016년에는 3위를 차지했다.

단계	설명
1단계(웹 구축)	일방적인 의사소통으로, 정부 각 부처가 홈페이지를 구축하고 홈페이지를 통해 대민 홍보 기능을 수행하는 단계이다.
2단계(상호작용)	구축한 홈페이지를 통해 일반 사용자와 상호작용을 하는 단계이다.
3단계(거래)	웹을 기반으로 국민 및 관련 기관과의 거래를 온라인으로 처리하는 단계이다.
4단계(변환 및 통합)	e-비즈니스를 통해 기존 업무를 혁신하는 단계이다.

표 11-5
한국전산원의 초기 전자정부
4단계 모델

현재는 균형 발전 모델로 새로운 전자정부 4단계 모델이 개발되었다.

표 11-6
새로운 전자정부 4단계 모델
(균형 발전 모델)

단계	설명
1단계(전산화)	행정 내부 차원에서는 행정 정보의 DB화에 주력하고, 서비스나 국민 참여 측면에서는 정부 제공 수준에 머무는 단계이다.
2단계(온라인화)	행정 내부 차원에서는 기존 부처 내 독립적인 데이터베이스를 네트워크로 연결하고 업무 처리와 서비스 제공 기능을 결합하는 단계로 부처별 전자적 서비스가 이루어지며, 국민 참여 차원에서는 게시판 등을 통한 양방향 협의가 이루어진다.
3단계(통합화)	행정 내부 차원에서는 범정부적 정보 공동 활용을 통해 정부 내 업무와 서비스가 하나로 연계되어 정부 단일 창구를 통한 원스톱 서비스가 가능해지며, 국민 참여 측면에서는 정책 결정 과정에서 사이버 정책 포럼(cyber policy forum) 등을 통해 국민의 전자적 참여가 본격화되는 단계이다.
4단계(무결절화)	통합 인프라 구축으로 정부와 민간 간의 역할 조정과 협력 관계가 촉진되어 대내적으로 경계가 없는 새로운 정부가 가시화되는 단계이다.

04 전자정부 2.0

웹 2.0의 흐름이 사회 전 부문으로 확산·적용됨에 따라 변화된 양상을 'Enterprise 2.0', 'Where 2.0', 'Library 2.0', 'Office 2.0', 'Education 2.0'과 같이 2.0이라는 용어를 덧붙여 명명하고 있다. 이러한 새로운 현상을 반영하듯, 최근에는 웹 2.0이 정부와 공공 부문에 어떠한 영향을 미치며, 정부에서 웹 2.0을 활용하여 정부 서비스를 개선할 수 있는 방안은 무엇인지에 대한 관심이 증가하고 있는데, 이러한 상황에서 등장한 것이 전자정부 2.0이다.

그림 11-9
우리나라 전자정부 사이트
정부24(https://www.gov.kr)

전자정부 2.0은 '정부 서비스'와 '웹 2.0'을 결합한 용어로, 정부 및 공공 부문에 웹 2.0 문화와 기술을 적용하여 구현하는 새로운 정부 서비스를 말한다. 이 개념은 윌리엄 에거 William Egger가 저서 『정부 2.0 Government 2.0』에서 정보 기술로 변화된 미래 정부의 모습을 논하면서 처음 사용한 것으로, 웹 2.0과 디지털화의 진전으로 미래에는 국민 중심의 정부 서비스와 국민의 참여 기회가 증대됨에 따라 보다 투명하고 민주주의적이며 효율적인 정부가 될 것으로 보았다.

또한 전자정부 2.0은 내부적으로는 정보 공유 및 커뮤니케이션의 활성화로 부처 간 협업이 증대되고 보다 효율적인 행정 업무 수행이 가능해진다. 대국민 서비스 차원에서는 웹 2.0 기술을 활용한 공공 정보 서비스의 고도화와 새로운 전자정부 서비스의 제공이 용이해지고 있다.

05 전자정부 3.0

4차 산업혁명의 도래와 함께 웹 3.0 개념이 새롭게 제기되면서 전자정부는 시대에 뒤지지 않기 위해 전자정부 3.0 개념을 도입하기 시작했다. 웹 3.0의 특징은 각각의 기능이 융·복합되고, 어떤 스마트 기기에서도 사용이 가능하며, 빠르고 고객 맞춤화가 가능한 웹·앱 서비스로서, 전자정부 3.0도 이러한 추세에 따라 웹 공간상의 개인화 및 시간과 장소의 제약을 받지 않는 단절 없는 서비스, 지능형 서비스의 맞춤화, 지능화된 서비스를 추구하고 있다. 전자정부 3.0이 제기된 배경으로는 정부의 재정 운영상 제약, 불확실한 정치·경제 환경 요인, 저출산·고령화에 따른 복지 수요 증가, 환경 자원 문제 심화 등 사회적 요구의 증대, 신기술 개발 경쟁의 가속화에 따른 스마트 기술 발전 등을 들 수 있다.

전자정부 3.0의 대표적인 사례는 시민 중심에서 시민 주도형 정부, 개인화 서비스, 360도 서비스이다. 국민 측면에서 삶의 질 개선, 행복, 참여 및 소통, 인간 중심, 다양성, 시민 주권의 가치가 중시될 것으로 여겨지며, 정부 측면에서는 공생 발전, 안전한 국가, 정부 효율성, 투명성, 사전 예측적 전자정부 등으로 나타날 수 있다. 또한 서비스 측면에서는 정보의 공유, 개방, 지능화, 선제적 서비스 등을 추구하고 있다.

SECTION 05 유비쿼터스 시티

01 유비쿼터스 시티의 개념

유비쿼터스 시티 Ubiquitous City, U-City는 첨단 정보통신 인프라와 유비쿼터스 정보 서비스를 도시 공간에 융합하여 도시 생활의 편의 증대와 삶의 질 향상, 체계적 도시 관리에 의한 안전 보장과 시민 복지 향상, 신산업 창출 등 도시의 제반 기능을 혁신할 수 있는 차세대 정보화 도시를 목표로 등장했다. 유비쿼터스 시티라는 용어를 사용하기 전에는 정보화 도시라는 용어를 사용하기도 했다.

유비쿼터스 시티는 언제 어디서나 통신이 가능한 유비쿼터스 기술과 도로, 건물, 시설물 등 도시 인프라가 융합된 지능형 인프라로 구성되며, 유비쿼터스 네트워크, RFID, 센싱, 상황 인지, 자율 대처 등 U-IT를 활용하여 노동, 교육, 교통, 환경 등 다양한 도시 서비스가 지능화된 형태로 도시 거주민에게 제공되는 도시를 말한다. 이를 통해 도시 거주민이 쾌적한 도시 생활을 영위하게 하고, 도시 관리자에게는 효율적인 도시 운영의 편리성을 제공한다. 유비쿼터스 시티의 구축은 부가적으로 국토의 균형 있는 발전과 함께 도시 거주민의 복지 향상에 이바지하고, 또한 관련 기술의 발달로 국가 성장 동력원으로 크게 작용할 것이다.

TIP 정보화 도시: 정보 기술의 발전 및 수요 패턴 변화에 맞게 '기존 택지 개발 방식에 보다 균일화된 초고속 인프라망을 구축하여 도시 정보시스템을 통해 도시 하부 및 주요 시설물에 대한 상황을 종합 관리하고, 또한 도시 내 각종 정보통신 서비스 구현을 통해 언제 어디서나 실시간으로 정보가 교류될 수 있는 정보 환경을 지향함으로써 효율적이고 체계적인 도시 운영과 거주민에 대한 삶의 질 향상에 기여하는 미래형 도시이다.

그림 11-10
유비쿼터스 시티
유비쿼터스 기술과 도시 인프라가 융합된 지능형 인프라로 구성된 도시를 말한다.

© Shutterstock

유비쿼터스ubiquitous는 '언제 어디서나 존재함'을 의미하는 라틴어에서 유래한 말이다. 일반적으로는 '유비쿼터스 컴퓨팅', 즉 언제 어디서나 손쉽게 컴퓨터에 접속하여 원하는 정보와 서비스를 제공받을 수 있는 환경을 의미한다. 이는 1998년 미국 제록스 팔로알토연구소의 마크 와이저가 처음 명명한 것으로, 기존 컴퓨터 환경, 즉 메인 프레임과 PC에 이은 제3의 정보혁명으로 '유비쿼터스 사회'를 예언한 바 있다.

유비쿼터스 환경이란 유비쿼터스 컴퓨팅이 일반화된 환경을 말하며, 유비쿼터스 시대의 정보통신 기술은 시공간을 뛰어넘어 무엇이든 할 수 있도록 새로운 기회를 제공한다. 단순히 인간 생활을 편리하게 하는 차원을 넘어 모든 활동과 관계에서 사물과 사람, 사람과 사람, 사물과 사물 간의 인터페이스가 가능한 시대의 도래가 예견되는 것이다.

유비쿼터스 시대에는 네트워크 기반 컴퓨팅 환경 속에서 실시간으로 갱신되는 데이터를 기반으로 원하는 정보를 얻을 수 있다. 유비쿼터스 시대는 다음과 같은 몇 가지 특징이 있다.

● 네트워크 접속이 상시 가능하다. 센서와 무선통신 기기 등을 통해 모든 정보통신 기기가 연결되어 어느 곳에서나 정보를 주고받을 수 있다.

● 삶의 터전인 공간 개념이 '머무름의 공간'에서 '흐름의 공간'으로 바뀐다.

● 네트워크 기반의 컴퓨터가 모든 사물에 내재되어 시각적으로 보이지 않으며 특별한 기기로 조작하지 않는다.

● 도시 거주민 각자의 상황에 맞게 언제 어디서나 연결된 컴퓨팅 기술로 원하는 정보를 얻으며, 이는 사용자의 관련 상황(장소, ID, 장치, 시간, 온도, 명암, 날씨 등)에 따라 주변 서비스가 변하는 통합된 신기술에 의해서만 가능하다.

결론적으로 유비쿼터스 시대의 특징은 빈틈없는 연결성, 모든 정보의 최신성, 비인지성, 정보의 실질성 등으로 요약할 수 있다.

유비쿼터스 환경: ICT 기반하에 유비쿼터스 컴퓨팅이 일반화된 환경을 말한다. ⓒ Shutterstock

02 유비쿼터스 시티의 하부 구조

유비쿼터스 시티의 하부 구조는 통신 인프라 공급 측면, 통신 인프라 수요 측면, 공공포털 시스템으로 구분하여 살펴볼 수 있다.

통신 인프라 공급 측면

통신 인프라 공급 측면에서는 도시 네트워크, 정보통신 관제센터, 주거 지역 네트워크, 업무·상업 지역 네트워크, 공공 네트워크로 구성된다.

- **도시 네트워크:** 유비쿼터스 네트워크는 3세대 이동통신과 휴대 인터넷, 무선 인터넷, 초광대역 인터넷을 기반으로 하기 때문에 스마트폰, 태블릿 PC, 노트북을 자유롭게 활용할 수 있는 네트워크의 구축이 필요하다. 유비쿼터스 시티에서는 이동 중에 스마트 기기를 자유롭게 이용할 수 있고 위치 기반 서비스LBS 등 다양한 서비스를 사용할 수 있다.

- **정보통신 관제센터:** 다양한 정보통신 서비스를 제공하는 정보통신 관제센터를 건립하여 정보시설, 관제시설, 통신시설을 구축하도록 함으로써 공공 서비스와 정보 서비스를 동시에 제공한다.

- **주거 지역 네트워크:** 아파트 단지와 단독주택 단지의 균일한 서비스를 목표로 하며, 이를 위해 모든 가정에 광케이블을 포설하는 FTTH Fiber To The Home를 실현했다. 또한 방송·통신 융합 서비스가 가능하도록 가구당 평균 100Mbps 이상의 대역폭을 제공할 수 있는 네트워크를 구축하고 있다.

- **업무·상업 지역 네트워크:** 중소기업이나 벤처기업이 저렴한 통신 비용으로 초고속 통신을 이용할 수 있도록 광 기반의 도시 네트워크를 구현하고 있다. 업무·상업 지역은 모든 건물에 광케이블을 제공하는 FTTO Fiber To The Office를 실현하여 1등급 이상의 정보통신 인증을 받을 수 있도록 하고 있다.

- **공공 네트워크:** 공원, 광장, 놀이터, 주차장, 공공 건물 등에서 스마트 기기의 자유로운 이용이 가능하도록 유비쿼터스 환경을 제공하고, 공공장소에 키오스크를 설치하여 스마트 기기를 소지하지 못한 주민을 위해 다양한 지역 정보 서비스를 제공하고 있다. 공공장소의 이용 편의성과 안전을 위해 방범, 방재, ITS 시스템 등을 구현하여 유관 기관과의 협력 체제를 통한 입주민의 삶의 질 향상을 도모한다.

통신 인프라 수요 측면

유비쿼터스 시티는 통신 인프라 수요 측면에서 유선통신망, 전용 회선, 광단국으로 구성된다.

- **유선통신망:** 유비쿼터스 시티 내의 통신을 위한 기본 인프라로 지역별 특성에 따라 다양한 회선의 종류와 수요가 예상된다. 예를 들어 주거 지역의 경우 음성 서비스를 위한 회선과 데이터 서비스를 위한 회선이 필요하다. 상업 지역, 업무 지역, 도시 지원 시설, 무선기지국 등도 유선 인프라를 필요로 하는데, 이런 곳은 사용하는 서비스의 종류에 따라 다양한 속도와 회선 종류가 필요하다.

TIP **위치 기반 서비스:** 이동통신망이나 위성 항법 장치(GPS) 등을 통해 얻은 위치 정보를 바탕으로 이용자에게 여러 가지 서비스를 제공하는 서비스 시스템이다.

TIP **FTTH:** '가정 내 광케이블' 혹은 '댁내 광케이블'로 불리는 광케이블 가입자망 방식으로 초고속 인터넷 설비 방식의 한 종류이다. FTTP라고도 한다.

- **전용 회선:** 전용 회선의 주요 수요처는 일반 가정의 개인보다는 공공 기관이나 기업, 사무실, 기타 공공 인프라가 주류를 이룬다. 기본 유선 인프라가 광케이블로 구축되기 때문에 다양한 고품질 서비스와 트래픽의 증가로 요구되는 충분한 대역을 제공할 수 있을 것이다.

- **광단국:** 광케이블로 도시 네트워크를 구현하려면 주요 위치마다 광단국 장비가 설치되어야 한다. 이러한 광단국이 위치하게 될 곳은 아파트 관리사무소 내 배선분배함MDF, 단독주택 지역 근처의 놀이터, 공공 기관이나 각 건물 지하의 통신 장비실 등이다.

공공포털시스템

공공포털시스템은 교통정보시스템, 방범시스템, 방재시스템, 전자민원시스템 등 매우 다양하다.

- **교통정보시스템:** 유비쿼터스 시티의 공공 네트워크 중 교통정보시스템과 연동된 도시 정보 관제센터의 교통시스템을 활용하여 공공포털시스템의 교통정보서비스시스템을 구성한다. 예를 들어 버스 위치 정보, 도착 예정 시간, 예상 소요 시간 등의 버스 배차 운행 정보를 제공하거나, 차량 항법 장치에 의한 차량 위치, 주정차 안내 서비스, 교통량에 따른 교통 통제 및 교통 상황 실시간 서비스, 버스 노선 안내 정보 등을 제공한다.

- **방범시스템:** 유비쿼터스 시티의 방범시스템은 민간 방범 회사에서 제공하지 못하는 공원, 가로, 광장 등의 공공장소에 대한 서비스를 포함한다. 즉 CCTV, 웹 카메라 등 원격 감시 장비를 사용한 주요 공공장소 실시간 모니터링 서비스, 범죄나 사고 발생 시 공공 콜센터 또는 공공 포털 웹 사이트를 통한 신고 접수, 도시 경찰 네트워크와 연계하여 처리한다.

- **방재시스템:** 방재시스템은 주요 시설물에 대한 재해 감시 화면을 제공하고 방재 데이터베이스를 구축함으로써 도시 취약 지역에 대한 정보를 제공한다. 재해가 발생하는 경우, 공공 콜센터나 공공 포털 웹 사이트를 통해 신고를 접수받고 주민의 빠른 상황 대처를 위해 재해 상황 및 재해 대처 정보를 제공한다.

- **전자민원시스템:** 온라인 민원 상담 서비스의 경우 도시 내의 공공 기관과 연동하여 시스템을 구성하며, 민원서류 발급 대행 서비스의 경우 도시 내 디지털물류시스템과 연동하여 민원서류 발급, 요금 지불, 택배 서비스를 제공한다.

> **TIP 방재시스템:** 호우, 태풍, 지진 등의 자연재해에 의한 사고를 미연에 방지할 목적으로, 연선에 설치된 우량계나 지진계 등 각 관측 기기의 관측치나 재해의 발생을 검지하는 각종 검지 장치의 정보를 신속히 관계 개소로 전달하고, 열차의 운행 관리 및 경비 체제의 확보에 유용하게 사용하는 체계를 말한다. 넓게는 관측·검지 방법, 정보 전달 방법, 시스템 운용 방법을 포함한 체계의 총칭이다.
> © 철도관련큰사전

03 유비쿼터스 시티의 응용 서비스

유비쿼터스 시티는 도시 시설 관리 서비스, 지하 매설물 관리 서비스, 교량 감시 서비스, 인공지능 가로등 서비스, 수도·전기·가스 원격 검침 서비스, 환경 정보 서비스, 하천 수질 관리 서비스, 수목 관리 서비스, 원격 진료 서비스, 독거노인 보호 서비스, 장애인용 거리 안내 서비스, 버스 정보 서비스, 주차 관리 서비스, 지능화 도로 서비스, 모바일 민원 행정 서비스 등과 같이 다양한 서비스를 제공한다.

- **도시 시설 관리 서비스**: 도시 주요 기반시설(도로, 터널, 건물)에 센서를 부착하고 시설물 모니터링 정보시스템을 구축하여 기반시설의 유지·관리를 수행한다.

- **지하 매설물 관리 서비스**: 지하 매설물의 종류, 위치, 깊이 등의 정보를 제공하는 서비스로, 지하 매설물을 RFID와 무선통신으로 관리하고 지하 매설물에 대한 각종 정보를 모바일로 제공한다.

- **교량 감시 서비스**: 교량에 감시시스템을 도입하여 교량 상태를 감시하고 중량 초과 차량을 관리한다. 교량의 상태 판정, 손상 여부 파악, 구조물 설계 안정성 검증 등에 활용한다.

- **인공지능 가로등 서비스**: 가로등을 거리의 밝기에 따라 자동으로 조절하고 통신의 수·발신 기지로 활용한다. 즉 무선 랜의 액세스 포인트와 가로등의 복합 용도로 사용한다.

- **수도·전기·가스 원격 검침 서비스**: 각종 계량기에 센서를 부착하여 사용량을 자동으로 검침하며, 가스 누출 등의 경우에는 이용자와 관리 기관에 알려주는 서비스이다.

- **환경 정보 서비스**: 각종 환경 정보를 모니터링하고 분석하여 환경 관련 사고를 예방하고 대응하는 통합환경정보관리시스템을 구축한다.

- **하천 수질 관리 서비스**: 오염도 측정 센서를 오염 사고 취약 지점에 설치하여 수질 상태를 측정한다. 무선 네트워크를 통해 주기적으로 모니터링하고 오염도 초과 시 담당자에게 알려준다.

- **수목 관리 서비스**: 특별 관리가 필요한 수목을 체계적으로 관리하기 위해 대상 수목에 RFID 태그를 부착하고 RFID 휴대용 리더기를 통해 수목 상태를 점검한다.

- **원격 진료 서비스**: 스마트 기기, 컴퓨터, 화상 장비를 통해 개인별 건강 수치와 관련된 정보를 제공한다. 이를 위해서는 혈당, 체지방, 맥박 등을 측정하는 센서가 필수적이다.

- **독거노인 보호 서비스**: 독거노인의 건강 상태를 확인하기 위해 생활 상황을 파악할 수 있는 장소 및 기구에 센서를 부착하여 움직임이 포착되지 않을 경우 자동으로 연락되게 한다.

- **장애인용 거리 안내 서비스**: 장애인에게 RFID 태그가 부착된 장애인증을 발급하고 장애인이 자주 이용하는 시설에 RFID 인프라를 구축하여 장애인이 안전하게 주요 시설을 찾아갈 수 있게 한다.

- **버스 정보 서비스**: GPS, 유·무선 장비가 내장된 자기 ID 발생기 및 정류장 단말기를 정류장에 설치하여 각종 버스 관련 정보를 제공한다.

- **주차 관리 서비스**: 주차 시 휴대용 단말기 등을 이용하여 주차 가능한 장소를 제공받고, 출차 시 주차 요금을 자동으로 정산하는 서비스이다.

- **지능화 도로 서비스**: 도로변에 설치된 관측 장비와 온도·습도 센서를 이용하여 통행 및 도로 상태 등의 정보를 주행 예정인 운전자에게 알려주는 서비스이다.

- **모바일 민원 행정 서비스**: 스마트 기기를 통해 민원 행정 서비스를 제공한다. 스마트 기기에서 직접 발급된 문서는 검증된 행정 문서로 활용된다.

4차 산업혁명 시대에 사물인터넷, 빅데이터, 클라우드 등 ICT 기술이 도시 분야 기술 패러다임의 변화를 주도하며 초연결사회로의 진전을 이끌고 있어 유비쿼터스 시티는 스마트시티(smart city)라는 명칭과 혼용되고 있다. 도시 재원을 효율적으로 활용하기 위해 정보통신 기술을 도시 공간에 적용한 것으로 스마트 시티를 정의함으로써 유비쿼터스 시티보다 좀 더 포괄적인 용어이다. 최근에는 스마트 시티를 기후 변화, 급속한 도시화 등에 따른 도시 문제를 해결하기 위해 ICT 등 첨단 기술을 활용하여 문제를 해결하고 삶의 질을 높이는 '지속 가능한 도시'라고 정의하고, 인공지능, 자율주행차, 드론 등과 함께 대표적인 4차 산업혁명의 핵심 분야 중 하나로 연구하고 있다.

ⓒ 김기대, 「4차 산업혁명과 스마트 시티」, 도시문제 52권 580호, 2017

01 전자상거래는 기업이나 개인이 온라인 네트워크를 통해 재화나 서비스를 사고파는 형태의 거래를 말한다.

02 e-비즈니스는 기존의 고객 또는 잠재 고객을 위해 보다 뛰어난 가치를 창출할 수 있는 업무 처리 방식을 향상·개선·변화·창조해내기 위한 전자 네트워크 및 관련 기술로 정의된다.

03 전자상거래는 거래 주체에 따라 기업과 소비자 간의 전자상거래인 B2C, 기업과 기업 간의 전자상거래인 B2B, 기업과 정부 간의 전자상거래인 B2G, 정부와 소비자 간의 전자상거래인 G2C로 분류할 수 있다.

04 e-비즈니스 모델은 인터넷을 통해 사업을 하는 방법을 의미하며, 간단히 표현하여 수익을 창출하는 방법이라고 할 수 있다.

05 e-비즈니스 모델의 유형은 다양하게 분류할 수 있는데 그중 대표적인 분류 형태는 폴 티머스의 분류 체계이다. 폴 티머스는 e-비즈니스 모델을 기능의 복잡도와 혁신의 정도에 따라 열한 가지로 구분했다.

06 e-비즈니스 시스템에는 기업의 웹 사이트를 게시할 수 있는 웹 서버, 쇼핑몰을 구축하고 상품을 관리할 수 있는 머천트 서버, 고객이 상품 대금을 결제하는 전자지불 서버가 필수적이다.

07 e-비즈니스 시스템의 구성 요소는 웹 서버, 머천트 시스템 및 서버, 전자지불 서버이다.

08 웹 서버는 하이퍼텍스트 문서의 송수신을 위한 HTTP 프로토콜을 이해하고, 이에 따라 요청받은 동작을 수행하는 하나의 프로그램이다.

09 머천트 시스템은 상품 로드, 상품 전시, 가격 표시, 상품 검색, 장바구니 등을 담당하며, 머천트 서버, 스테이징 서버, 트랜잭션 서버, 데이터베이스관리시스템, 상용 서버를 사용하여 구축하는 종합 시스템이다.

10 SET를 기반으로 하는 전자지불 서버는 고객 소프트웨어, 상인 서버, 지불 게이트웨이, 인증 서버시스템, 전자결제 안전장치, 애스크로 서비스 등으로 구성된다.

11 웹 2.0은 모든 기기를 포괄하는, 플랫폼으로서의 네트워크이다. 웹 2.0은 플랫폼으로서의 웹이라는 특징이 있으며, 주요 키워드는 '사용자 기반 참여 문화', '집단지성', '데이터 공유'이다.

12 웹 2.0의 특징은 플랫폼으로서의 웹, 집단지성의 활용, 데이터가 차별화의 핵심, 사라진 소프트웨어 배포 주기, 다중 기기 지원, 풍부한 사용자 경험 제공 등이다.

13 소셜화는 웹이 사용자들과 관계를 맺고 콘텐츠를 서로 공유하는 것을 의미한다.

14 크라우드소싱은 대중을 의미하는 '크라우드'와 외주를 의미하는 '아웃소싱'의 합성어로, 웹 2.0 시대의 신조어이다.

15 대부분의 검색엔진은 콘텐츠의 분야별 순위를 알려주고 각 콘텐츠의 평점을 제시하는데 이러한 형태의 정보를 어텐션이라고 한다.

16 콘텐츠의 정보를 활용하려면 각 콘텐츠에 생명을 불어넣는 작업이 필요한데 이를 태깅이라고 한다.

17 RSS는 간단한 정보 조각을 전달하는 데 사용되는 XML 기반 데이터 표준 포맷이다.

18 매시업은 여러 요소를 섞는다는 뜻으로, 여러 가지 서비스와 데이터를 혼합하여 새로운 서비스를 만들어내는 것을 말한다.

19 AJAX는 웹 브라우저(인터넷 익스플로러, 파이어폭스 등)에 기본으로 탑재된 자바스크립트를 기반으로 하는 기술 체제를 말한다.

20 웹 2.0에서의 롱테일 법칙은 인터넷 유통 혁명으로 사소한 다수가 시장의 중심에 서게 되었다는 것을 의미한다.

21 팀 버너스 리가 말하길, 웹 3.0 시대에는 차세대 웹에 대해 거대한 데이터 공간을 통합하는 시맨틱 웹 위에 웹 2.0의 편리한 사용자 환경이 더해지면 엄청난 데이터 자원을 이용할 수 있게 될 것이라고 했으며, 야후의 설립자 제리 양은 웹 3.0을 사용자 스스로 프로그래머가 되어 비즈니스와 애플리케이션의 네트워크 효과를 창출하는 참여의 의미로 예견했다.

22 전자정부는 정보 기술을 국가 행정에 포괄적으로 도입하는 것을 말하며, '인터넷을 통한 정부 서비스 제공'이라는 협의의 개념으로 시작하여 공공 부문의 e-비즈니스를 의미하기도 한다.

23 전자정부 2.0은 '정부 서비스'와 '웹 2.0'을 결합한 용어로, 정부 및 공공 부문에 웹 2.0 문화와 기술을 적용하여 구현하는 새로운 정부 서비스를 말한다.

24 전자정부 3.0은 웹 공간상의 개인화 및 시간과 장소의 제약을 받지 않는 단절 없는 서비스, 지능형 서비스의 맞춤화, 지능화된 서비스를 추구하고 있다.

25 유비쿼터스 시티는 언제 어디서나 통신이 가능한 유비쿼터스 기술과 도로, 건물, 시설물 등 도시 인프라가 융합된 지능형 인프라로 구성되며, 유비쿼터스 네트워크, RFID, 센싱, 상황 인지, 자율 대처 등 U-IT를 활용하여 노동, 교육, 교통, 환경 등 다양한 도시 서비스가 지능화된 형태로 도시 거주민에게 제공되는 도시를 말한다.

26 유비쿼터스 시티의 하부 구조는 통신 인프라 공급 측면, 통신 인프라 수요 측면, 공공포털시스템으로 구분할 수 있다.

01 다음 설명의 (가), (나)에 들어갈 내용을 각각 쓰시오.

> ((가)   )는(은) 기업이나 개인이 온라인 네트워크를 통해 재화나 서비스를 사고파는 형태의 거래를 말한다. 최근에는 보다 진화된 개념으로 ((가)   ) 대신 ((나)   )(이)라는 용어를 사용하기도 한다.

(가) _____   (나) _____

02 다음 중 전자상거래의 특징으로 적절하지 않은 것은?

① 가치사슬 통합   ② 단순한 유통 채널   ③ 편리한 정보 획득

④ 고객 수요에 즉각 대응   ⑤ 원투원 마케팅 가능

03 전자상거래를 경제 주체에 따라 분류한 유형 중 (가), (나), (다)에 해당하는 것을 각각 쓰시오.

> • ((가)   ): 전자정부라고 알려진 유형이며, 전자정부를 통해 국민은 서류 발급, 연말정산, 세금 등의 각종 민원 서비스를 받을 수 있다.
> • ((나)   ): 기업 간에 이루어지는 상거래에 따른 각종 전자문서 처리 및 원자재 판매, 공동 구매, 공동 판매, 협업에 의한 공동 기술 개발 등을 수행한다.
> • ((다)   ): 인터넷을 통해 공급자인 기업과 고객인 소비자 간에 이루어지는 전자상거래를 말하며, 온라인 쇼핑몰이 대표적인 유형이다.

(가) _____   (나) _____   (다) _____

04 폴 티머스가 분류한 e-비즈니스 모델의 유형 중 다음 설명에 해당하는 것은?

> 가장 기본적인 e-비즈니스 모델로, 기업이나 점포의 웹 사이트에 기업 홍보, 제품 PR, 제품 주문 및 대금 지불 기능을 갖추었다.

① 전자 상점   ② 전자 구매   ③ 전자 경매

④ 전자 쇼핑몰   ⑤ 가상 공동체

05 e-비즈니스 시스템의 구성 요소 중 다음 설명에 해당하는 것은?

> SET를 기반으로 하며 고객 소프트웨어, 상인 서버, 지불 게이트웨이, 인증서버시스템, 전자결제 안전
> 장치, 애스크로 서비스 등으로 구성된다.

① 웹 서버   ② 머천트 서버   ③ 스테이징 서버

④ 전자지불 서버   ⑤ 상용 서버

06 다음 중 웹 2.0에 대한 설명으로 적절하지 않은 것은?

① 일반적으로는 XML을 웹에 사용하는 것을 의미하기도 한다.

② 주요 키워드는 '사용자 기반 참여 문화', '집단지성,' '데이터 공유'이다.

③ 모든 기기를 포괄하는, 플랫폼으로서의 네트워크라고 정의할 수 있다.

④ 정보 제공자가 제공하는 분류된 정보를 사용자가 단편적으로 수용하는 형태를 취한다.

⑤ 누구나 변경할 수 있는 데이터를 이용하여 다양한 사용자가 새롭게 콘텐츠를 창조하고 유통하여 정착시
키는 것이라고 할 수 있다.

07 다음 중 웹 2.0의 특징으로 적절하지 않은 것은?

① 플랫폼으로서의 웹   ② 집단지성의 활용

③ 데이터가 차별화의 핵심   ④ 다중 기기 지원

⑤ 소프트웨어 배포 주기의 부활

08 웹 2.0의 핵심 키워드 중 다음 설명에 해당하는 것은?

> 기업은 콘텐츠를 직접 제작하지 않고도 웹 사용자가 업로드하는 자료 교류의 커뮤니티를 제공하여 이
> 익을 창출하고, 웹 사용자는 다른 사람의 콘텐츠를 공유하며 만족을 느낀다. 기업은 이러한 프로슈머
> 의 특징을 더 잘 분석하기 위해 노력하면서 기업의 수익을 극대화할 수 있는 여러 가지 새로운 웹 서비
> 스를 개발하고 있다.

① 소셜화   ② 어텐션   ③ 크라우드소싱

④ 매시업   ⑤ RSS

09 다음 설명의 괄호 안에 공통으로 들어갈 내용으로 적절한 것은?

> 경제학에 파레토 법칙이라는 개념이 있는데, 이는 20%의 우량 고객이 80%의 매출과 이익을 발생시킨 다는 것이다. 정보사회에서는 이를 ( )(이)란 용어로 표현하기도 한다. 웹 2.0 시대에는 ( )을(를) 통해 상위 20%에게는 어텐션을, 하위 80%에게는 개인화를 추구하여 모든 웹 사용자를 만족시켜야 한다.

① RSA
② DBMS
③ 롱테일
④ 태깅
⑤ AJAX

10 전자정부의 유형 중 다음 설명에 해당하는 것은?

> 이 유형의 전자정부는 정보통신 기술을 활용하여 일반 국민의 입장에서 효율성을 증진하는 것이 정부 의 시각이다. 특히 이 유형은 우리나라를 포함한 세계 여러 나라의 정부와 학자들 사이에서 가장 광범 위하게 공유되고 있다.

① 감시형 전자정부
② 기술 관료적 전자정부
③ 전제적 전자정부
④ 민주적 전자정부
⑤ 효율적 대민 서비스 전자정부

11 초기에 한국전산원에서 만든 전자정부 4단계 모델의 단계 중 (가), (나), (다)에 들어갈 내용을 각각 쓰시오.

> 웹 구축 → ((가)) → ((나)) → ((다))

(가) _____ (나) _____ (다) _____

12 유비쿼터스 시티에서 제공하는 서비스 중 다음 설명에 해당하는 것은?

> 가로등을 거리의 밝기에 따라 자동으로 조절하고 통신의 수·발신 기지로 활용한다. 즉 무선 랜의 액세 스 포인트와 가로등의 복합 용도로 사용한다.

① 교량 감시 서비스
② 인공지능 가로등 서비스
③ 지하 매설물 관리 서비스
④ 주차 관리 서비스
⑤ 수도·전기·가스 원격 검침 서비스

01 4차 산업혁명 시대에 전자상거래가 앞으로 어떻게 발전할 것인지 예상해보고 이에 대해 토론하시오.

02 해외 기업 중에서 e-비즈니스를 성공적으로 도입하여 성공한 사례를 조사하고 리포트를 작성하시오.

03 4차 산업혁명이 웹 2.0에서 웹 3.0으로의 전환에 어떤 영향을 끼칠지 발표하시오.

04 국내 전자정부 사이트에서 제공하는 서비스에 대해 알아보고, 편리한 점이 무엇인지 토론하시오.

05 한 도시를 선택하여 유비쿼터스 시티 추진 현황을 조사하고 리포트를 작성하시오.

다음은 논문 「핀테크의 부상과 금융업의 변화」의 일부를 발췌한 것이다. 다음을 읽고 주어진 주제를 조사하여 리포트를 작성하시오.

핀테크fintech는 'finance(금융)'와 'technology(기술)'의 합성어로 금융-IT 융합형 신기술·신산업을 의미한다. 지급 결제, 자금 중개, 위험 관리, 정보 관리 등 기존 금융 서비스의 모든 영역에 핀테크가 적용되며 전자상거래 분야에서 금융업의 혁신이 가속화되고 있다.

핀테크가 글로벌 금융권 및 IT 산업의 미래 성장 동력으로 주목을 받으면서 글로벌 핀테크 시장은 연평균 26.1%의 고성장을 기록하고 있다. 핀테크 기업에 대한 글로벌 투자 규모는 2008년 9억 3,000만 달러에서 2013년 29억 7,000만 달러로 5년 동안 연평균 26.1% 증가했다. 또한 기업 가치 10억 달러 이상의 금융 스타트업 업체 수는 2014년 1월 2개에서 2016년 2월 16개로 증가했다.

한국은 모바일 환경과 기술력으로 보았을 때 핀테크 산업이 발달하기에 좋은 조건을 갖추고 있으나 금융 산업의 규제로 인해 핀테크 산업의 발전이 지체되었다. 그런데 최근 정부는 핀테크 산업 지원을 위해 노력하고 있으며, 민간 영역에서도 다양한 핀테크 사업자가 등장하여 국내 핀테크 산업은 초기 성장기에 진입 중이다. 지급 결제 부문에서 카카오페이, 네이버페이, 삼성페이 등 다양한 사업자가 핀테크 서비스를 도입하여 초기 시장이 형성되었으며, 금융 회사와 IT 회사의 제휴 위탁을 통한 모바일 뱅킹, 앱 카드 등 신규 금융 서비스가 다양화되는 추세이다.

© 장우석·전해영, 「핀테크의 부상과 금융업의 변화」, 현대경제연구원 VIP리포트 16-10(통권 648호), 2016

• 핀테크와 관련된 기사에 블록체인이라는 용어가 많이 나오는데 블록체인이 무엇인지 조사하시오.

• 최근 새로운 통화 수단으로 비트코인 등의 가상 화폐가 등장하고 있다. 이러한 가상 화폐가 국내에서 실용화되려면 어떤 준비가 필요한지 조사하시오.

PART 04

경영정보시스템 관리

정보시스템
분석 및 설계

학|습|목|표

- 구조적 방법론에 대해 알아본다.
- 정보공학 방법론을 단계별로 학습한다.
- 객체지향 방법론의 개념을 이해하고 특징을 파악한다.
- UML의 등장 배경과 구성 요소를 알아본다.
- 정보 전략 계획의 개념을 이해하고 발달 과정을 알아본다.
- IT 아키텍처의 모델을 이해하고 유형을 파악한다.

정보시스템 개발 방법론

정보시스템 개발에서는 시스템 분석 및 설계가 중요하다. 사용자의 요구 사항을 분석하여 시스템 구조를 설계하는 활동에 들어가는 이 단계의 성공이 이후 단계의 성패에 영향을 주기 때문에 그동안 개발된 정보시스템 개발 방법론은 이 단계에 초점을 두고 있다. 정보시스템 개발 방법론에는 구조적 방법론, 정보공학 방법론, 객체지향 방법론이 있는데, 이 절에서는 구조적 방법론과 정보공학 방법론에 대해 알아보고 다음 절에서 객체지향 방법론을 자세히 다루겠다.

01 구조적 방법론

소프트웨어 개발 방법론software development methodology은 기술적 방법, 도구, 절차, 이 세 가지 요소와 이것들을 통합하는 단계에 대한 포괄적인 개념이다. **구조적 방법론** structured methodology은 소프트웨어 엔지니어인 에드워드 요든Edward Yourdon 등이 개발하여 보급된 이후 널리 사용되고 있는 소프트웨어 개발 방법론이다. 구조적 방법론에서 사용하는 도구는 자료 흐름도, 자료 사전, 소단위 명세서 등이 대표적이며, 주로 하향식 기능 분해functional decomposition 기법 등을 사용한다.

> TIP **소프트웨어 개발 방법론:** 소프트웨어를 생산하는 데 필요한 반복적인 과정을 정리한 것이다.

자료 흐름도

자료 흐름도Data Flow Diagram, DFD는 사용자의 요구 분석 사항을 파악하기 위해 자료의 흐름과 처리 절차를 도해하여 표현하는 방법으로, 처리 중심의 분석 기법이다.

구성 요소	기호	설명	업무 모델링 대상
자료 흐름 (data flow)	→	외부 입출력과 처리기, 처리기와 처리기 사이를 연결해주는 논리	주체 사이의 교환 정보(문서·카드·보고서, 입출력물, 이동 가능한 물체)
처리기 (process)	○	자료의 변환 과정, 변환 과정상 한 단계를 의미	현장의 활동 주체(업무 담당자, 부서·조직·기업, 업무 기기)
자료 저장소 (data store)	—	시스템상의 임시 자료를 저장하는 장소를 표현	장기적인 정보 저장 수단(문서, 파일, 데이터베이스)
관련자 (terminator)	□	자료의 공급처·출력처, 시스템의 외부 개체	현장 외부의 활동 주체(원시 입력의 출처, 작업 명령의 시작점, 최종 출력의 수취인)

표 12-1
자료 흐름도의 기호

자료 흐름도의 작성 법칙에는 자료 보존의 법칙, 최소 자료 입력의 법칙, 독립성의 법칙, 지속성의 법칙, 순차 처리의 법칙, 영구성의 법칙, 자료 변환의 법칙 등이 있다. 자료 흐름도를 작성하는 방법을 예를 통해 알아보자.

● **자료 보존의 법칙(data conservation rule):** 출력 자료는 반드시 입력 자료에서 생성되어야 한다는 법칙이다. 아래 왼쪽 그림은 사과를 입력했는데 오렌지 주스가 나올 리가 없기 때문에 잘못된 표현이며, 오른쪽 그림은 판매전표 작성 처리기에서 품명과 단가를 입력하여 판매전표가 생성되었기 때문에 자료 보존의 법칙에 맞는 자료 흐름도이다.

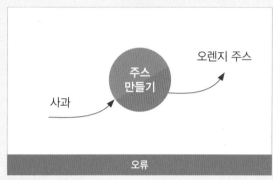 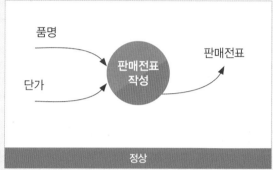

● **최소 자료 입력의 법칙(minimal data parsimony rule):** 자료 흐름도는 현실 세계를 누구든지 알 수 있도록 표현하는 모델링 기법이기 때문에 출력 자료 흐름을 생성하기 위해 반드시 필요로 하는 최소한의 자료만을 입력하는 것이 좋다.

● **독립성의 법칙(independence rule):** 각 처리기는 자신의 입출력 자료 흐름만 알면 되고, 이러한 자료 흐름의 출처에 대해서는 알 필요가 없다는 법칙이다. 해당 처리기의 입출력 자료 흐름의 정의가 변하지 않으면 다른 처리기에도 영향을 미치지 않기 때문에 각각의 처리기는 자신의 처리 방법을 자유롭게 수정할 수 있다. 그리고 이를 통해 유지보수가 용이한 시스템을 개발할 수 있다.

● **지속성의 법칙(persistence rule):** 처리기는 항상 수행되어야 하며, 어떤 자료 흐름을 기다릴 때를 제외하고 다시 시작하거나 멈춰서는 안 된다는 법칙이다. 처리기는 입력 자료 흐름이 나타나기만 하면 항상 수행할 준비를 갖추고 있어야 한다. 다음 그림은 한영 번역 처리기의 예이다.

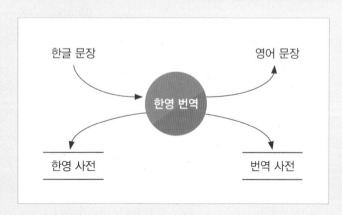

● **순차 처리의 법칙(ordering rule):** 자료 흐름을 통해 입력되는 자료는 도착하는 순서대로 처리하고, 자료 저장소에서 입력되는 자료는 순서에 관계없이 접근할 수 있다는 법칙이다.

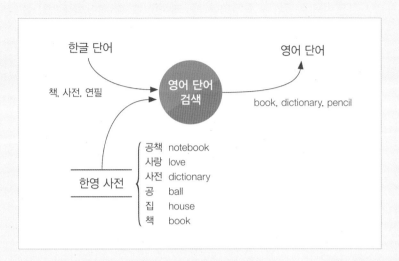

● **영구성의 법칙(permanence rule):** 자료 흐름의 자료는 처리된 후 없어지지만 자료 저장소의 자료는 사라지지 않는다는 법칙이다.

● **자료 변환의 법칙(data change rule):** 자료 변환은 처리기가 수행하는 변환의 형태에 따라 자료 본질의 변환, 자료 합성의 변환, 자료 관점의 변환, 자료 구성의 변환으로 구분할 수 있다.

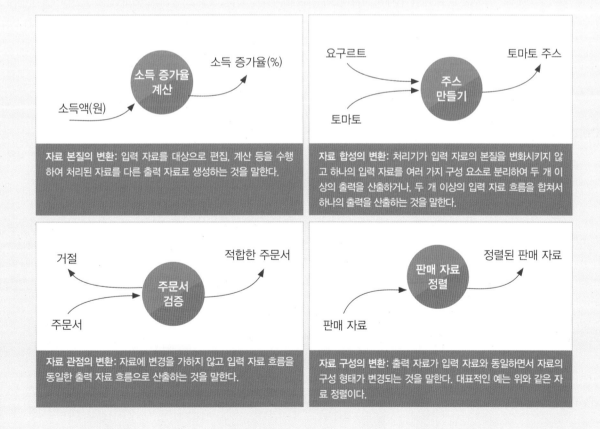

자료 본질의 변환: 입력 자료를 대상으로 편집, 계산 등을 수행하여 처리된 자료를 다른 출력 자료로 생성하는 것을 말한다.

자료 합성의 변환: 처리기가 입력 자료의 본질을 변화시키지 않고 하나의 입력 자료를 여러 가지 구성 요소로 분리하여 두 개 이상의 출력을 산출하거나, 두 개 이상의 입력 자료 흐름을 합쳐서 하나의 출력을 산출하는 것을 말한다.

자료 관점의 변환: 자료에 변경을 가하지 않고 입력 자료 흐름을 동일한 출력 자료 흐름으로 산출하는 것을 말한다.

자료 구성의 변환: 출력 자료가 입력 자료와 동일하면서 자료의 구성 형태가 변경되는 것을 말한다. 대표적인 예는 위와 같은 자료 정렬이다.

자료 사전

자료 사전data dictionary은 자료 흐름도에 나타난 자료 흐름, 자료 저장소, 자료 요소와 같은 자료 항목을 특별한 기호를 사용하여 그 내용을 쉽게 알아볼 수 있도록 정의한 것을 말한다. 자료 사전은 자료 이름의 중복 정의를 최소화하며 데이터베이스와 파일 설계의 기초 자료로 활용된다.

그림 12-1
자료 사전의 예

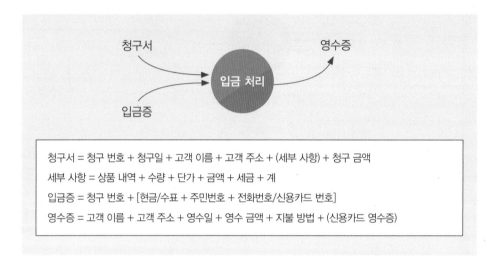

소단위 명세서

소단위 명세서mini specification는 계층화된 자료 흐름도의 최하위 계층 처리기 내에서 입력 자료 흐름을 출력 자료 흐름으로 변환하는 과정을 구체적으로 기술한 문서이다. 최소 단위 처리기가 수행하는 업무 처리 절차를 상세히 기술하고 처리 과정에서 수행하는 활동에 대해 보다 상세한 정보를 제공하는 도구이다.

그림 12-2
소단위 명세서의 예

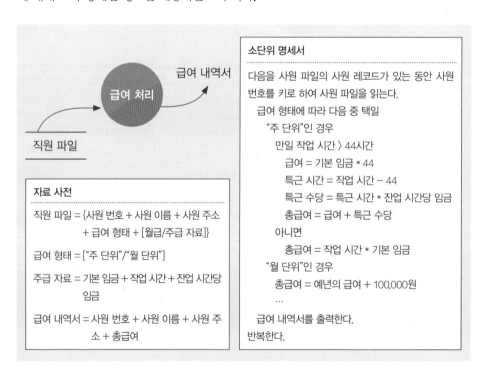

02 정보공학 방법론

정보공학 방법론information engineering methodology은 소프트웨어공학의 기술이 발전하면서 등장한 정보시스템 개발 방법론으로, 기업이나 기업의 핵심 부문이 요구하는 정보시스템의 계획, 분석, 설계, 구축에 필요한 정형화된 방법에 대한 전통적인 이론이다. 또한 시스템 개발 주기System Development Life Cycle, SDLC를 이용하여 대형 프로젝트를 진행하는 체계적인 방법론이기도 하다.

정보공학 방법론은 정보 전략 계획 수립 단계, 업무 영역 분석 단계, 정보시스템 설계 단계, 정보시스템 구축 단계라는 4단계 프로세스로 이루어진다. 또한 정보공학 방법론은 CASE Computer Aided Software Engineering 도구를 사용하고 CASE의 저장소를 이용하는데, CASE를 이용하면 자동으로 코드가 생성된다. 정보공학 방법론의 4단계 절차에 대해 좀 더 자세히 알아보자.

TIP **시스템 개발 주기:** 요구 분석→개념 설계→논리 설계→물리 설계→구현(코딩)→테스트→유지보수의 단계를 거친다.

1단계: 정보 전략 계획 수립

정보 전략 계획Information Strategy Planning, ISP은 대상 기업이 수립한 중·장기 경영 계획의 경영전략을 토대로 사업 전개에 필요한 총체적인 정보 체계를 제시하고, 향후 단위 또는 통합 정보 체계의 개발을 계획 및 통제하여 경영 요구에 의한 정보 기술 체계를 구축하는 것이다. 정보 전략 계획은 계획, 현황 분석, 요구 개요 정의, 구조 설정, 정보 전략 완성이라는 세부 공정으로 진행된다.

2단계: 업무 영역 분석

업무 영역 분석business area analysis은 기업의 일정 업무 영역에 대해 사용자의 요구를 정의하는 단계이다. 업무 영역을 분석하는 데에는 다음과 같은 방법이 있다.

● **업무 활동 분석:** 조직 구조와 업무 활동 및 업무 활동 간의 종속관계를 이해하기 위한 것으로, 사용자와의 검증이 가능하며 시스템 절차 설계의 토대를 만드는 작업이다.

● **데이터 분석:** E-R 다이어그램을 사용하여 기본 데이터 모형을 도시화한다.

● **상관 분석:** 데이터 모형에서 정의된 개체와 관계에 관한 단위 업무 활동의 사용도를 업무 활동과 데이터라는 두 가지 관점에서 검토하는 것이다.

● **모형 검증:** 모형의 완전성과 성능을 검증하는 단계로, 업무 활동과 개체 대비표로 활용한다.

3단계: 정보시스템 설계

정보시스템 설계information system design 단계는 데이터와 시스템의 구조 설계 및 기존 시스템에서 새로운 시스템으로의 전환 설계를 포함한다. 여기에는 프로젝트 설계, 데이터 구조 설계, 시스템 구조 설계, 시스템 전환 설계가 있다.

- **프로젝트 설계:** 단일 업무 영역을 연관성이 높은 몇 개의 설계 영역인 업무 시스템으로 분할하여 각 업무 시스템에 대한 작업 일정 설계 수립과 비용 수익 분석을 수행한다.
- **데이터 구조 설계:** 데이터의 구조적 측면과 무결성 측면을 보완하고 성능 조율 관점에서 데이터 구조를 재조정한 후 구축될 데이터베이스를 설계한다.
- **시스템 구조 설계:** 각 단위 업무 활동별로 무엇의 측면뿐만 아니라 어떻게 수행되는가를 상세하게 정의한 절차를 확정하고 각 절차 간의 자료 흐름과 통제 형태를 설계한다.
- **시스템 전환 설계:** 기존에 운영되던 업무 시스템이 있는 경우, 새롭게 구축될 업무 시스템으로의 전환 계획 및 방법을 강구한다.

4단계: 정보시스템 구축

정보시스템 구축information system construction 단계는 확정된 설계 명세로부터 데이터베이스 생성기와 프로그램 코드 생성기를 이용하여 데이터베이스와 실행 가능한 프로그램 코드를 생성하여 쉽게 완료하는 단계이다.

그림 12-3
정보공학 방법론의 프로세스

객체지향 방법론과 UML

01 객체지향 방법론의 개념

객체지향 방법론object-oriented methodology은 현실 세계에 존재하는 실체를 객체라는 독립된 단위로 구성하여 이 객체들이 메시지를 통해 시스템을 운영하도록 하는 개념이다. 객체지향 모형에서 실제 세계는 객체라 부르는 실체로 구성되어 있고, 객체는 클래스 계층에서 분류된다. 객체는 서로 간에 감추어진 메소드나 각 객체 내부에 캡슐화된 메시지를 보내면서 서로 관계하거나 소통한다. 객체지향 기법은 시스템 분석과 설계 단계뿐만 아니라 프로그래밍 단계에서도 생산성이 높다. 또한 자료 저장 방법과 자료 취급 방법을 지원할 자료 구조를 재정의하여 정보시스템의 패러다임이 진일보한 것이라고 볼 수 있다.

> TIP **클래스**: 공통되는 것들을 묶어서 대표적인 이름을 붙인 것이다. 클래스는 객체와 관련지어 생각하면 더 쉽게 이해할 수 있는데, 예를 들어 아반떼, 그랜저, 쏘나타, SM5, K7을 객체라고 한다면 승용차는 이러한 객체의 클래스가 된다.

PLUS NOTE | 객체

실세계에 존재하거나 생각할 수 있는 것을 객체(object)라고 한다. 흔히 볼 수 있는 책상, 의자, 전화기 같은 사물은 물론이고 강의, 수강 신청과 같이 개념으로 존재하는 것도 모두 객체이다. 다시 말해 사전에 나와 있는 명사뿐만 아니라 동사의 명사형까지도 객체인 것이다. 그리고 더 넓게 보면 인간이 생각하고 표현할 수 있는 모든 것이 객체이다. 이런 객체는 관점에 따라 다음과 같이 여러가지 개념으로 이해할 수 있다.

- **모델링 관점:** 객체는 명확한 의미를 담고 있는 대상 또는 개념이다.

- **프로그래머 관점:** 객체는 클래스에서 생성된 변수이다.

- **소프트웨어 개발 관점:** 객체는 소프트웨어 개발 대상으로, 어느 한 시점의 객체 상태를 나타내는 데이터와 해당 데이터를 처리하고 참조하는 동작을 의미하는 메소드(함수)를 모아놓은 '데이터 + 메소드' 형태의 소프트웨어 모듈이다.

실세계의 객체

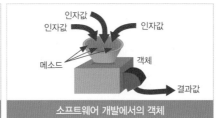

소프트웨어 개발에서의 객체

© 김치수, 『소프트웨어공학』, 한빛아카데미, 2015

객체지향 방법론은 1989년부터 10년 사이에 수십 개 이상으로 증가하여 표준화된 객체지향을 방법론에 적용하는 것이 현실적으로 불가능했다. 하지만 OOSE Object-Oriented Software Engineering, OMT Object Modeling Technique 등이 발표되면서 객체지향 방법론이 자리 잡게 되었고, 1990년대 중반에 이르러 UML로 통합되었다.

02 객체지향 방법론의 특징

객체지향 방법론은 기존의 소프트웨어공학 방법론과 달리 다음과 같은 특징이 있다.

- 기존의 소프트웨어공학 방법을 사용하여 유도한 아키텍처 설계와 달리 객체지향 설계는 계층적 제어를 표현하지 않는다.
- 객체지향 설계의 아키텍처는 제어의 흐름을 가진 객체 간의 협력으로 수행되는 관계이다.
- 서브 시스템 설계는 사용사례를 가지고 표현한 전체 고객 요구 사항과 외부적으로 관찰(객체 행위 모형)할 수 있는 이벤트 및 상태를 고려해서 유도된다.
- 클래스와 객체 설계는 CRC 카드Class-Responsibility-Collaboration card에 포함된 속성, 연산, 협력자의 서술로부터 매핑된다.
- 메시지 설계는 CRC 모형에서 기술한 속성, 연산, 협력을 사용하여 유도된다.

TIP **사용사례**: 외부 행위자와 상호작용하는 시스템의 요구 사항을 정의한 것이다.

TIP **CRC 카드**: 객체지향 소프트웨어 설계에서 사용되는 브레인스토밍 도구이다. 일반적으로 데이터를 설계할 때 어떤 객체가 필요하고 그것들이 어떻게 상호 연계될지 결정하는 데 사용한다.

표 12-2
정보시스템 개발 방법론의 비교

구분	구조적 방법론	정보공학 방법론	객체지향 방법론	CBD 방법론
등장 시기	1960년대	1980년대	1990년대	2000년대
목표	비즈니스 프로세스 자동화	경영전략적 정보시스템 구축	재사용 시스템	컴포넌트 개발 및 활용
산업 구조	소품종 대량생산	다품종 소량생산	인터넷 비즈니스	인터넷 비즈니스
접근 방법	프로세스 중심	데이터 중심	객체 중심 (데이터 + 프로세스)	컴포넌트 중심
생명주기 모델	폭포수	폭포수, 프로토타이핑	반복적 개발	반복적 개발
모델링	기능 모델링	데이터 모델링, 프로세스 모델링(이벤트 모델링)	객체 모델링(동적 모델링, 정적 모델링)	객체 모델링, 컴포넌트 모델링
개발 방식	top-down	top-down	bottom-up	bottom-up
자동화	수작업 가능	자동화 도구 요구	자동화 도구 필요	자동화 도구 필수

03 UML의 등장

UML Unified Modeling Language은 소프트웨어 개발 방법론 전문가인 그레이디 부치 Grady Booch, 이바르 야콥손Ivar Jacobson, 제임스 럼보James Rumbaugh가 객체지향 분석과 설계를 위해 1996년에 제시한 모델링 언어로, 1997년 11월 OMGThe Object Management Group로부터 표준으로 인정받은 대표적인 객체지향 모델링 언어이다.

1980년대에 객체에 관해 많은 연구가 진행된 결과 다양한 객체지향 프로그래밍 언어가 등장했다. 하지만 객체지향 개발을 위해서는 이러한 프로그래밍 언어 외에도 분석과 설계를 위한 효과적인 기법의 필요성이 인식되었다. 이에 따라 1990년 전후에 객체지향 방법론에 대한 많은 연구가 진행되어 다수의 방법이 제시되었다. 이러한 방법은 서로 차이가 있을 뿐만 아니라, 비슷한 점이 있더라도 표기 방식이 전혀 달라 사용자 입장에서는 매우 혼란스러웠다. 객체지향 방법 표준화의 필요성이 인식되면서 그레이디 부치, 이바르 야콥손, 제임스 럼보가 객체지향 방법의 절차로는 RUPRational Unified Process를, 모델링 언어로는 UML을 제시하게 되었다. 현재 UML은 모델링 언어로서 실질적인 표준으로 인정받고 세계적으로 가장 널리 쓰이고 있다.

TIP **UML**: 객체지향 분석/설계용의 모델링 언어로 기존의 객체지향 방법론과 함께 제안되어 모델링 언어 표기법의 표준화를 목적으로 한 것이다. UML은 방법론이 아니라 소프트웨어 개발에 사용되는 다이어그램을 정의하는 것으로, 소프트웨어 개발 시 산출물을 시각적으로 제공함으로써 개발자와 고객 또는 개발자 상호 간의 의사소통을 원활하게 할 수 있으며, 산업계 표준으로 채택되었기 때문에 UML을 적용한 시스템은 신뢰성이 있다.
© IT용어사전

04 UML의 구성 요소

UML은 사물, 사물 간의 관계를 나타내는 관계, 사물과 관계를 도형으로 표현하는 다이어그램으로 이루어진다.

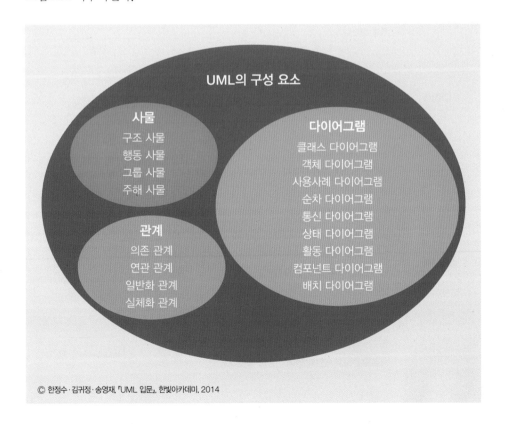

© 한정수·김귀정·송영재, 『UML 입문』, 한빛아카데미, 2014

그림 12-4
UML의 구성 요소

사물

사물은 추상적인 개념으로 UML 모델의 기본이 된다. 사물은 구조 사물, 행동 사물, 그룹 사물, 주해 사물로 구분할 수 있다.

● **구조 사물(structural things):** 시스템의 구조를 나타내는 사물로 UML 모델에서는 명사로 표현한다. 구조 사물은 모델의 정적인 부분이며 개념적·물리적 요소로 클래스, 인터페이스, 통신, 사용사례, 활성 클래스, 컴포넌트, 노드로 구성된다.

표 12-3
구조 사물의 구성

구조 사물	설명	표현
클래스	동일한 속성, 오퍼레이션, 관계, 의미를 공유하는 객체를 기술한 것이다. 클래스는 직사각형으로 표현하고 직사각형 안에 이름, 속성, 오퍼레이션을 넣는다.	
인터페이스	클래스 또는 컴포넌트의 서비스를 명세화하는 오퍼레이션을 모아놓은 것이다. 인터페이스는 원으로 표현하고 인터페이스명을 아래에 표시하거나 클래스 형식으로 나타내며, 스테레오 타입으로 '《interface》'를 사용한다.	
통신	상호작용을 정의하고 서로 다른 요소와 역할을 모아놓은 것이다. 실선으로 된 사각형으로 표현하고 사각형 안에 이름을 넣는다.	Communication
사용사례	시스템이 수행하는 활동을 순차적으로 기술한 것으로, 실선으로 된 타원으로 표현하고 타원 안에 이름을 넣는다.	Use Case
활성 클래스	활성의 두 가지 형태인 동작 상태, 활동 상태를 표시한다.	ActiveClass
컴포넌트	일반적으로 클래스, 인터페이스, 통신과 같이 서로 다른 논리 요소를 물리적으로 패키지화한 것이다. 컴포넌트는 탭이 달린 직사각형으로 표현하고 직사각형 안에 이름을 넣는다.	CarService. java
노드	노드는 실행할 때 존재하는 물리적 요소이다. 노드는 육면체로 표현하고 육면체 안에 이름을 넣는다.	NodeServer

- **행동 사물(behavioral things):** 시스템의 행위를 나타내는 사물로, UML 모델의 동적인 부분을 표현한다. 행동 사물은 직선으로 표현되는 메시지, 활동 순서, 상호작용, 상태 머신으로 이루어진다.

- **그룹 사물(grouping things):** 개념을 그룹화하는 사물로 탭이 달린 폴더로 표현하며, 각각의 요소를 그룹으로 묶는다.

- **주해 사물(annotation things):** 주석에 해당하며 접힌 사각형으로 표현한다.

관계

관계는 의존 관계, 연관 관계, 일반화 관계, 실체화 관계로 구분할 수 있다.

- **의존 관계:** 두 사물 간의 의미적 관계를 표현하며, 점선으로 된 직선을 사용하여 의존하는 사물을 향하게 한다.

- **연관 관계:** 구조적 관계로서 어떤 사물 객체가 다른 사물 객체와 연결되어 있음을 표현한다. 연관은 객체 간 구조적 관계를 나타내며, 연관에 참여하는 하나의 객체에 대해 상대 쪽에는 몇 개의 객체가 연결되어 있는지를 밝히는 것이 중요한 경우가 있는데, '몇 개'를 일컬어 연관 역할에 대한 다중성이라고 한다.

- **일반화 관계:** 클래스와 인터페이스 사이의 상속 관계를 표현하기 위해 일반화를 사용한다.

- **실체화 관계:** 인터페이스 및 인터페이스에 작동이나 서비스를 제공하는 클래스나 컴포넌트 사이의 관계를 지정하기 위해 실체화라는 개념을 사용한다.

다이어그램

다이어그램에는 사용사례 다이어그램, 클래스 다이어그램, 상태 다이어그램, 활동 다이어그램, 순차 다이어그램, 협동 다이어그램, 컴포넌트 다이어그램, 배치 다이어그램 등이 있다.

- **사용사례 다이어그램(use case diagram):** 사용사례 다이어그램은 누가 어떤 용도로 시스템을 사용하는지에 대한 명세서로, 이를 간단히 액터와 사용사례의 관계로 표현할 수 있다. 액터는 개발하려고 하는 시스템과 상호작용하는 사용자 또는 외부 시스템, 장치 등을 의미하며, 사용사례는 사용자와 컴퓨터 시스템 간의 전형적인 상호작용을 의미하고 시스템의 기능을 분류하는 역할을 한다. 사용사례 다이어그램은 시스템의 요구 사항을 액터와 사용사례의 관계로 시각적으로 표현한 것이다.

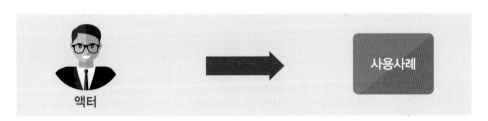

그림 12-5
액터와 사용사례

- **클래스 다이어그램(class diagram):** 클래스 다이어그램에는 시스템을 구성하는 객체의 다양한 정적 관계를 기술한다. 정적 관계에는 연관과 하위 타입이 주로 사용된다. 연관이란 두 클래스가 관련이 있다는 것이며, 예를 들면 수강관리시스템에서 학생이 강좌를 신청할 수 있음을 의미한다. 하위 타입이란 클래스 간에 상속을 받는다는 것이며, 예를 들면 학생이 등록 사용자의 일종임을 의미한다. 또한 클래스 다이어그램에는 클래스의 속성과 연산 및 객체의 연결 방법에 적용되는 제약 조건을 기술한다.

- **상태 다이어그램(state diagram):** 상태 다이어그램에는 한 객체가 자신의 생명주기 안에서 취할 수 있는 상태와 그 상태 간 전이를 일으키는 이벤트, 그리고 상태 간 변화에서 발생하는 작용을 표현한다.

- **활동 다이어그램(activity diagram):** 활동 다이어그램은 작업 흐름과 연계되어 병행 처리가 많은 행동 양식을 기술하기에 특별히 유용한 여러 기법을 조합한 것이다.

- **순차 다이어그램(sequence diagram):** 순차 다이어그램에는 객체를 수직 쇄선 위에 상자 모양으로 표시한다. 이 수직선을 객체의 생존선lifeline이라고 하는데 상호작용 동안 객체의 생존을 나타낸다. 각 메시지는 두 객체의 생존선 간 화살표로 표현한다. 이 메시지가 발생하는 순서는 위에서 아래로 순차적으로 표시한다. 다음 그림은 프로세스 관점에서 객체 간의 상호작용을 잘 표현한 순차 다이어그램의 예이다.

그림 12-6
순차 다이어그램의 예

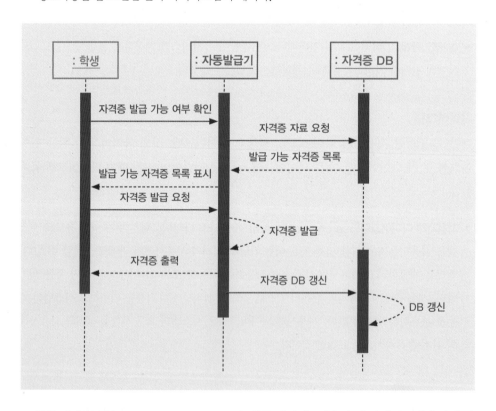

- **협동 다이어그램(collaboration diagram):** 협동 다이어그램은 순차 다이어그램과 같이 상호작용을 나타내는 또 다른 표현 기법으로, 객체는 상자 모양으로 나타내고 객체가 주고받는 메시지는 객체 간의 화살표로 표현한다. 사용사례를 구현하기 위한 메시지의 순서는 번호를 매겨 표시한다.

그림 12-7
협동 다이어그램의 예

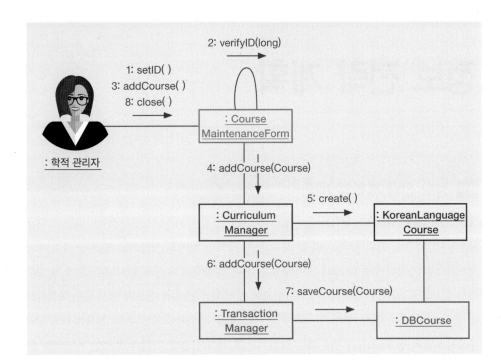

- **컴포넌트 다이어그램(component diagram)**: 컴포넌트 다이어그램은 시스템을 구성하는 실제 소프트웨어 컴포넌트 간의 구성 체계를 기술하므로 아키텍처를 표현하기에 좋다.

- **배치 다이어그램(deplyment diagram)**: 배치 다이어그램에는 시스템의 소프트웨어와 하드웨어 컴포넌트 간 물리적 관계를 표현한다. 다음 그림은 배치 다이어그램의 모델링 요소를 나타낸 것이다. 배치 다이어그램은 노드와 노드 간 연결로 구성되는데, 노드는 프로세서나 디바이스처럼 독립된 하드웨어 요소를 의미하며 보통 클라이언트 PC나 서버 워크스테이션, 때로는 간단한 주변장치나 메인프레임을 나타내기도 한다.

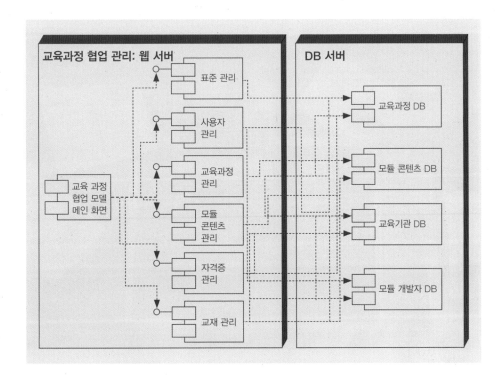

그림 12-8
배치 다이어그램의 예

정보 전략 계획

01 정보 전략 계획의 개념

정보 전략 계획 Information Strategy Planning, ISP은 흔히 정보시스템 기획이라는 의미로 사용된다. 업계나 현업에서는 ISP를 정보 전략 계획의 약어로 사용하고 있으나 그 의미는 정보시스템 기획의 범주를 크게 벗어나지 않는다. 일반적으로 정보 전략 계획은 조직 내부에서 정보화를 일관성 있게 추진할 수 있도록 장기적인 안목의 정보화 청사진을 작성하는데 필요하며, 이를 위해 현행 업무와 기존 시스템을 분석하고 이로부터 향후에 바람직한 정보시스템의 전체 모습을 마련하는 작업이므로, 정보시스템 기획과 유사한 개념으로 보아도 무방하다.

© 문대원·장시영, 『정보시스템 감리』, 명경사, 1998

　조직의 관점에서 계획은 조직의 목적과 목표를 달성하기 위한 행동 경로를 의미한다. 계획은 조직이 무엇을 해야 하는가에 대한 불확실성을 감소시켜 조직의 방향 정립에 도움을 주고, 조직의 활동과 성과 평가의 기반을 제공한다. 이러한 계획은 기획 활동에서 산출된다. 오늘날 ISP는 조직 기획의 주요한 한 분야를 차지하며 조직 전략과 연계되어 수행되는 추세이다. ISP의 기본 목적은 사용자들과의 의사소통 향상, 최고경영층 지원의 증대, 자원 할당과 자원 요구 사항에 대한 정확한 예측, MIS 부서 활성화를 통한 비즈니스 기회의 획득, 컴퓨터 활용의 제고 등이다.

그림 12-9
정보 전략 계획
ISP라고도 하며, 정보시스템 기획의 의미로 흔히 사용된다.

© Shutterstock

02 정보 전략 계획의 진화

ISP는 시대에 따라 다른 모습으로 발전되어왔다. 정보시스템의 시기적 변화에 따라 ISP는 다음과 같이 진화했다.

개별 기획

1970년대에 접어들면서 데이터베이스를 통한 조직 하위 부서들의 데이터 통합을 위해 ISP가 도입되었다. 이 당시 ISP를 위한 주요 방법론으로는 BSP Business Systems Planning, BICS Business Information Control Study, RNP Requirements, Needs, Priorities 등을 들 수 있다.

연결 기획

1970년대 후반 무렵 정보시스템 전략과 조직의 비즈니스 전략을 연계해야 할 필요성이 인식되기 시작했다. 조직의 사명, 목적, 전략 등과 같은 조직 전략 속성으로 구성된 조직 전략 집합을 시스템 목적, 제약 조건, 설계 원칙으로 구성된 MIS 전략 집합으로 전환하는 과정으로 MIS 전략적 기획을 정의했다. 다시 말해 ISP는 조직 전략과 정보시스템 전략 간의 조화를 강조한 것으로, 이때 사용된 ISP 방법론은 전략 집합 전환, CSF Critical Success Factor, 전략 격자, 가치사슬 방법론 등이다.

통합 기획

1980년대 중반 소위 전략정보시스템의 구축을 통해 경쟁우위를 달성하는 기업이 등장함에 따라 통합 기획의 중요성이 대두되었다. 이 시기에는 기업이 경쟁우위를 달성하기 위해 기업 전략과 정보 기술 간의 통합화를 이루었으며, ISP 활동에서는 경쟁 무기로서의 정보 기술을 사용하는 것이 주목적이었다. 또한 연결 기획에서 기업 전략이 정보시스템 전략에 단방향으로 영향을 주는 것과 달리, 통합 기획에서는 상호 양방향으로 기업 전략과 정보시스템 전략이 서로 피드백을 주는 특성이 있다.

전사적 아키텍처 기획

1990년대 중반 무렵부터 미국을 중심으로 전사적 아키텍처 기획, 즉 EAP가 활발하게 수행되기 시작했다. EAP는 조직이 정보 및 기술 관리상 발생하는 여러 문제를 극복하기 위해 탄생한 방법론으로, 기업 내 상호 연관된 모든 애플리케이션을 유기적으로 연동하여 필요한 정보를 중앙 집중적으로 통합·관리·사용할 수 있는 환경을 구축하는 기획 과정이라고 할 수 있다.

© Jang, S.Y., 「Influence of Organizational Factors on Information Systems Strategic Planning, Unpublished Doctoral Dissertation」, University of Pittsburgh, 1989

그림 12-10
정보 전략 계획의 진화

SECTION 04

IT 아키텍처

01 IT 아키텍처의 개념

TIP IT 아키텍처와 관련된 개념 중 정보 인프라는 조직의 컴퓨팅 자원을 지원하는 컴퓨터 하드웨어, 소프트웨어, 인터넷과 인트라넷을 포함한 네트워크 및 통신설비, 데 이터베이스, 정보 관리 요원 등을 말하며 통합, 운영, 문서화, 유지보수, 관리 등도 이에 포함된다.

정보시스템을 구축하려면 먼저 주요 업무의 정보 요구 사항을 개념화하고 이를 충족할 방법을 찾아야 한다. **IT 아키텍처**IT architecture는 조직의 정보 요구 사항에 대한 개념화의 결과, 즉 개략적인 그림이나 계획을 말한다.

IT 아키텍처는 일관성 있는 인터페이스를 제공하고 공유 가능한 구성 요소를 정의하여 조직의 하부 구조와 공통 서비스를 공유할 수 있게 하고, 개별 비즈니스시스템을 일관성 있고 통합된 방식으로 설계할 수 있는 기술 프레임워크의 근간을 제공한다. 결국 IT 프레임워크는 IT 전략과 IT 구현의 연결 고리 역할을 하며, IT 자원을 관리하고 구현하는 담당자가 참조할 수 있는 길잡이가 된다.

ISP를 통해 정보시스템 계획이 수립되는 것과 마찬가지로 IT 아키텍처는 전사적 아키텍처 기획EAP을 통해 구축된다. 전사적 아키텍처 기획은 기존의 ISP가 진화하여 그 범위를 확대하고 기술 아키텍처를 포함하도록 깊이를 더한 것이다.

© 장시영, 「전사적 아키텍처 기획(EAP)을 통한 IT 아키텍처의 구축」, 성균관대학교 경영연구소, 2001

02 IT 아키텍처의 모델과 유형

일반적으로 IT 아키텍처는 하드웨어의 역할을 기준으로 메인프레임 환경과 PC 환경, 그리고 이 두 가지가 혼합된 분산(네트워크) 환경으로 나눌 수 있다.

메인프레임 환경

메인프레임 환경에서 사용자는 덤 터미널dumb terminal을 이용하여 데이터를 입력하고 수정하며, 정보에 접근하여 업무를 처리한다. 메인프레임 아키텍처는 1980년대 중반까지 지배적인 아키텍처로 사용되었으나 오늘날에는 일부 조직만 사용하고 있다. PC를 스마트 터미널로 이용하는 확장된 메인프레임 아키텍처가 사용되었으나 여전히 많은 저장 공간과 처리 능력을 지닌 메인프레임이 중심 역할을 수행했다. 1997년경에는 네트워크 컴퓨터가 도입되어 집중화된 메인프레임 환경의 역할을 재정의했다. 거의 40년 동안 IBM 370 메인프레임 아키텍처와 해당 계열은 전 세계 기업체의 컴퓨팅 백본 역할을 해냈다.

장단점	내용
장점	• **안정성:** 370 시스템은 잘 알려져 있는 아키텍처로, 예측이 가능하여 시스템의 운영상 안정성이 확보되어 있다. • **보안성:** 고도의 데이터 보안성과 무결성을 지원한다. • **지원:** 애플리케이션의 유지보수를 위해 고도의 경험을 갖춘 프로그래머 집단이 확보되어 있다. • **애플리케이션 기반:** 경영 활동의 모든 단계와 유형을 지원하기 위해 수천 개의 안정화된 소프트웨어 애플리케이션이 개발되어 있다. 이러한 애플리케이션은 회사 내부 및 회사 간의 원활한 커뮤니케이션을 가능하게 한다.
단점	• **변화에 저항:** 소프트웨어 인프라는 전략적이라기보다 전술적이고 안정된 컴퓨터 애플리케이션의 유형을 위해 설계되어 있다. • **복잡성:** 소프트웨어 아키텍처는 최소한 여섯 개 계층으로 구성되어 있으며, 각각의 계층은 고도의 전문 기술을 갖춘 전문 인력이 주의 깊게 유지보수해야 한다. 또한 변화가 발생할 경우 프로그램 수정에 많은 노력이 필요하다. 이로 인해 오랜 개발 기간이 소요되며, 변화에 적응하기 어렵고 사용자의 요구 사항보다는 기술적 측면에 초점을 맞추어 기술 지원이 행해진다. • **비용:** 이 아키텍처에 대한 가격·성능 비율은 다른 시스템에 비해 매우 비싸다.

표 12-4
메인프레임 환경의 장단점

PC 환경

PC 환경에서는 PC가 모여 IT 아키텍처를 구성한다. PC는 상호 독립적으로 운영될 수 있으나 일반적으로는 전자 네트워크로 연결되어 사용된다. 이러한 PC 아키텍처는 중소 규모의 조직에서 흔히 사용된다.

분산 환경

분산처리distributed processing는 업무를 둘 이상의 컴퓨터에 나누어 처리하는 방식이다. 업무를 분산처리하는 컴퓨터는 메인프레임, 중형 컴퓨터, 마이크로컴퓨터, 또는 이러한 컴퓨터의 조합일 수도 있다. 또한 이것들은 한 지역에 있을 수도 있고 여러 지역에 흩어져 있을 수도 있다. 협력처리cooperative processing는 분산처리의 한 유형으로, 지역적으로 분산된 컴퓨터들이 특정 업무를 수행하기 위해 모여 팀을 이룬 경우이다. 분산 시스템이 조직 전체를 포괄하면 기업 시스템이 되는데, 이때 각 부분은 종종 인트라넷으로 연결된다.

메인프레임과 PC를 모두 보유한 환경은 매우 신축적이며 중간 또는 대형 규모의 조직에서 흔히 사용된다. 통신 네트워크, 특히 인터넷과 인트라넷을 통한 분산 컴퓨팅은 많은 조직의 지배적인 아키텍처가 되었다. 이러한 아키텍처는 조직 내, 조직 간 협력을 가능하게 하고 방대한 양의 데이터, 정보, 지식에 접근할 수 있게 하며 컴퓨팅 자원을 효과적으로 사용할 수 있게 한다.

TIP **분산처리:** 종래 중앙처리장치가 처리 또는 제어하던 기능을 여러 개의 처리장치에 분산하거나, 중앙에서 집중처리하던 것을 지방으로 분산하는 것을 말한다.
© 정보통신용어사전

클라우드 컴퓨팅 환경

최근 인터넷이 발달함에 따라 분산 컴퓨팅 기술도 클라우드 컴퓨팅으로 고도화되고 있다. 클라우드 컴퓨팅은 인터넷상의 서버를 통해 데이터 저장, 네트워크, 콘텐츠 사용 등 IT 관련 서비스를 한 번에 사용할 수 있는 컴퓨팅 환경이다. 즉 정보가 인터넷상의 서버에 영구적으로 저장되고 데스크톱, 태블릿 PC, 노트북, 넷북, 스마트폰 등의 정보 기기와 같은 클라이언트에는 일시적으로 보관되는 컴퓨터 환경을 말한다. 이를 통해 사용자의 모든 정보를 인터넷상의 서버에 저장하고, 각종 정보 기기로 이 정보를 언제 어디서든 이용할 수 있다.

클라우드 컴퓨팅을 도입하면 기업 또는 개인은 컴퓨터 시스템을 유지보수·관리하는 데 들어가는 비용, 서버 구매 및 설치 비용, 업데이트 비용, 소프트웨어 구매 비용 등 엄청난 비용과 시간, 인력을 줄일 수 있고 에너지 절감에도 효과적이다. 또한 PC에 자료를 보관하는 경우 하드디스크 장애 등으로 자료가 손실될 수도 있지만 클라우드 컴퓨팅 환경에서는 외부 서버에 자료가 저장되기 때문에 안전하게 자료를 보관할 수 있고, 저장 공간의 제약도 극복할 수 있으며, 언제 어디서든 자신이 작업한 문서를 열람·수정할 수 있다. 단점은 서버가 해킹당할 경우 개인정보가 유출될 수 있고, 서버 장애가 발생하면 자료 이용이 불가능하다는 것이다.

그림 12-11

클라우드 컴퓨팅

인터넷상의 서버를 통해 데이터 저장, 네트워크, 콘텐츠 사용 등 IT 관련 서비스를 한 번에 사용할 수 있는 컴퓨팅 환경이다.

01 정보시스템 개발 방법론에는 구조적 방법론, 정보공학 방법론, 객체지향 방법론이 있다.

02 구조적 방법론에서 사용하는 도구는 자료 흐름도, 자료 사전, 소단위 명세서 등이 대표적이며, 주로 하향식 기능 분해 기법 등을 사용한다.

03 자료 흐름도는 사용자의 요구 분석 사항을 파악하기 위해 자료의 흐름과 처리 절차를 도해하여 표현하는 방법으로, 처리 중심의 분석 기법이다.

04 자료 사전은 자료 흐름도에 나타난 자료 흐름, 자료 저장소, 자료 요소와 같은 자료 항목을 특별한 기호를 사용하여 그 내용을 쉽게 알아볼 수 있도록 정의한 것을 말한다.

05 소단위 명세서는 계층화된 자료 흐름도의 최하위 계층 처리기 내에서 입력 자료 흐름을 출력 자료 흐름으로 변환하는 과정을 구체적으로 기술한 문서이다.

06 정보공학 방법론은 소프트웨어공학의 기술이 발전하면서 등장한 정보시스템 개발 방법론으로, 기업이나 기업의 핵심 부문이 요구하는 정보시스템의 계획, 분석, 설계, 구축에 필요한 정형화된 방법에 대한 전통적인 이론이다.

07 정보공학 방법론은 정보 전략 계획 수립 단계, 업무 영역 분석 단계, 정보시스템 설계 단계, 정보시스템 구축 단계라는 4단계 프로세스로 이루어진다.

08 객체지향 방법론은 현실 세계에 존재하는 실체를 객체라는 독립된 단위로 구성하여 이 객체들이 메시지를 통해 시스템을 운영하도록 하는 개념이다.

09 UML은 1997년 11월 OMG로부터 표준으로 인정받은 대표적인 객체지향 모델링 언어이다. UML은 사물, 사물 간의 관계를 나타내는 관계, 사물과 관계를 도형으로 표현하는 다이어그램으로 이루어진다.

10 정보 전략 계획은 흔히 정보시스템 기획이라는 의미로 사용된다.

11 ISP는 정보시스템의 시기적 변화에 따라 개별 기획, 연결 기획, 통합 기획, 전사적 아키텍처 기획으로 진화했다.

12 IT 아키텍처는 조직의 정보 요구 사항에 대한 개념화의 결과, 즉 개략적인 그림이나 계획을 말한다.

13 IT 아키텍처는 하드웨어의 역할을 기준으로 메인프레임 환경과 PC 환경, 그리고 이 두 가지가 혼합된 분산(네트워크) 환경으로 나눌 수 있다.

01 다음 설명의 (가), (나)에 해당하는 내용을 각각 쓰시오.

((가))은(는) 기술적 방법, 도구, 절차, 이 세 가지 요소와 이것들을 통합하는 단계에 대한 포괄적인 개념이다. ((나))은(는) 소프트웨어 엔지니어인 에드워드 요든 등이 개발하여 보급된 이후 널리 사용되고 있는 ((가))이다. ((나))에서 사용하는 도구는 자료 흐름도, 자료 사전, 소단위 명세서 등이 대표적이며, 주로 하향식 기능 분해 기법 등을 사용한다.

(가) _____   (나) _____

02 다음은 자료 흐름도의 기호를 나타낸 표이다. 빈칸에 들어갈 구성 요소를 순서대로 나열한 것은?

구성 요소	기호	설명
	→	• 외부 입출력과 처리기, 처리기와 처리기 사이를 연결해주는 논리 • 화살표의 방향이 이름을 가진 자료 흐름의 방향
	○	• 자료의 변환 과정, 변환 과정상 한 단계를 의미 • 고유 번호로 구분하여 변환 과정을 체계화
	─	• 시스템상의 임시 자료를 저장하는 장소를 표현
	□	• 자료의 공급처, 출력처 • 시스템의 외부 개체

① 자료 흐름−처리기−자료 저장소−관련자
② 자료 흐름−자료 저장소−관련자−처리기
③ 처리기−관련자−자료 저장소−자료 흐름
④ 자료 저장소−자료 흐름−관련자−처리기
⑤ 관련자−처리기−자료 저장소−자료 흐름

03 다음 그림이 나타내는 자료 흐름도의 작성 법칙은?

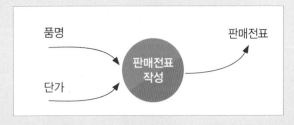

① 독립성의 법칙
② 지속성의 법칙
③ 영구성의 법칙
④ 자료 보존의 법칙
⑤ 최소 자료 입력의 법칙

04 다음 중 자료 변환의 법칙에 포함되지 않는 것은?

① 자료 본질의 변환　　　　② 자료 합성의 변환　　　　③ 자료 관점의 변환

④ 자료 생성의 변환　　　　⑤ 자료 구성의 변환

05 자료 사전에서 기호 '+'의 의미는?

① 정의　　　　　　　　　② 택일　　　　　　　　　③ 구성

④ 반복　　　　　　　　　⑤ 생략 가능

06 정보공학 방법론의 단계별 프로세스를 바르게 나열한 것은?

① 정보 전략 계획 수립 → 정보시스템 설계 → 정보시스템 구축 → 업무 영역 분석

② 정보 전략 계획 수립 → 업무 영역 분석 → 정보시스템 구축 → 정보시스템 설계

③ 정보 전략 계획 수립 → 정보시스템 구축 → 업무 영역 분석 → 정보시스템 설계

④ 정보 전략 계획 수립 → 정보시스템 설계 → 업무 영역 분석 → 정보시스템 구축

⑤ 정보 전략 계획 수립 → 업무 영역 분석 → 정보시스템 설계 → 정보시스템 구축

07 객체지향 방법론의 개념에 대한 설명에서 (가), (나)에 해당하는 내용을 각각 쓰시오.

> 객체지향 방법론은 현실 세계에 존재하는 (　　(가)　　)를(을) 객체라는 독립된 단위로 구성하여 이 객체들이 메시지를 통해 시스템을 운영하도록 하는 개념이다. 객체지향 모형에서 실제 세계는 객체라 부르는 (　　(가)　　)(으)로 구성되어 있고, 객체는 (　　(나)　　) 계층에서 분류된다.

(가) _____　　　　　　　　(나) _____

08 다음 중 객체지향 방법론의 특징으로 적절하지 않은 것은?

① 클래스와 객체 설계는 CRC 카드에 포함된 속성, 연산, 협력자의 서술로부터 매핑된다.

② 객체지향 설계의 아키텍처는 제어의 흐름을 가진 객체 간의 협력으로 수행되는 관계이다.

③ 메시지 설계는 CRC 모형에서 기술한 속성, 연산, 협력을 사용하여 유도된다.

④ 기존의 소프트웨어공학 방법을 사용하여 유도한 아키텍처 설계와 달리 객체지향 설계는 계층적 제어를 표현하지 않는다.

⑤ 조직 구조와 업무 활동 및 업무 활동 간의 종속관계를 이해하기 위한 것으로, 사용자와의 검증이 가능하며 시스템 절차 설계의 토대를 만드는 작업이다.

09 다음 중 UML에 대한 설명으로 적절하지 않은 것은?

① 사물, 사물 간의 관계를 나타내는 관계, 사물과 관계를 도형으로 표현하는 다이어그램으로 이루어진다.

② UML이 실질적으로 소프트웨어 개발에 소요되는 비용과 시간을 절감하고 소프트웨어의 품질을 향상하는 효과를 내기 위해서는 소프트웨어 모델의 재사용이 활성화되어야 한다.

③ 산업계 표준으로 채택되었기 때문에 UML을 적용한 시스템은 신뢰성이 있다.

④ 재사용을 촉진하려면 소프트웨어 모델을 구축할 때 분석 및 설계 패턴을 적용하고, 프로젝트의 소프트웨어 모델 산출물을 체계적으로 정리하여 아키텍처 참조 모델로 자산화하는 노력이 필요하다.

⑤ UML이 등장하면서 표준화된 객체지향을 방법론에 적용하는 것이 현실적으로 불가능해졌다.

10 다음 중 UML의 사물에 속하지 않는 것은?

① 구조 사물   ② 행동 사물   ③ 그룹 사물

④ 주해 사물   ⑤ 고정 사물

11 다음 그림이 나타내는 UML 다이어그램은?

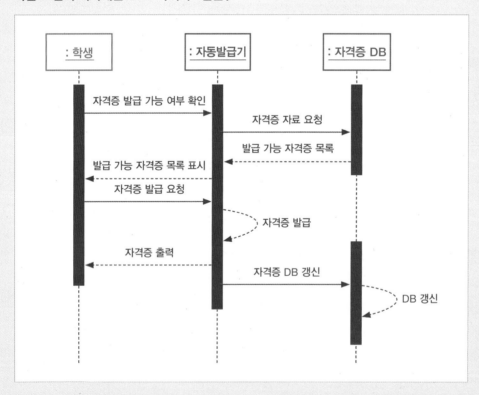

① 협동 다이어그램   ② 순차 다이어그램   ③ 클래스 다이어그램

④ 활동 다이어그램   ⑤ 상태 다이어그램

12 정보 전략 계획의 진화 과정 중 빈칸을 채우시오.

개별 기획 → 연결 기획 → 통합 기획 → (   )

_____

13 IT 아키텍처의 유형 중 메인프레임 환경의 장점이 아닌 것은?

① 안정성   ② 보안성   ③ 지원
④ 비용   ⑤ 애플리케이션 기반

14 다음 설명의 괄호 안에 공통으로 들어갈 내용을 쓰시오.

(   )은(는) 업무를 둘 이상의 컴퓨터에 나누어 처리하는 방식이다. 협력처리는 (   )의 한 유형으로, 지역적으로 분산된 컴퓨터들이 특정 업무를 수행하기 위해 모여 팀을 이룬 경우이다.

_____

01 자료 흐름도의 사례를 검색하여 작성해보고, 이에 대한 해석을 리포트로 작성하시오.

02 기업의 정보시스템 설계 사례를 찾아보고, 어떤 정보시스템 개발 방법론을 이용하여 설계했는지 예측하여 토론하시오.

03 4차 산업혁명 시대에 새롭게 등장할 것으로 보이는 정보시스템 개발 방법론은 어떤 방식일지 예상하여 발표하시오.

04 정보시스템 구축에 정보 전략 계획(ISP) 예산이 어느 정도 투입되는지 알아보고, 왜 그 정도의 예산이 투입되어야 하는지 토론하시오.

05 기업이 성공적으로 정보 전략 계획(ISP)을 수립한 사례를 조사하여 리포트를 작성하시오.

다음은 논문 「UML 기반의 전사적 자원관리시스템 개발 방법론」의 일부를 발췌한 것이다. 다음을 읽고 주어진 주제를 조사하여 리포트를 작성하시오.

성공적인 ERP 시스템 개발을 위해서는 합리적이고 다양한 모델링 표현력을 가진 방법론을 활용해야 한다. 이러한 개발 방법론은 ERP 구축에 중요한 도구가 되며, 타 방법론을 벤치마킹하여 환경에 맞는 차별성이 있어야 한다. 따라서 개발 방법론은 기본 구조를 바탕으로 다양한 업무 영역에 대해 높은 모델링 능력을 갖고 업무 중심의 접근에 대한 적용 원리가 합리적이고 유연해야 하며, CASE 도구 및 체계적 문서 관리를 위한 지원 도구가 있어야 한다. 이러한 방법론에는 ERP 공급 회사나 컨설팅 회사가 자체적으로 개발하여 보유하는 것을 활용할 수 있고, 범용적인 개발 방법론을 사용할 수도 있다. 즉 ERP를 자체적으로 개발하는 경우와 ERP 패키지packaged ERP system를 도입하는 경우in-house system, home-grown system로 분류되는데, 전자의 경우는 대표적으로 SAP R/3의 ASAP Accelerated SAP, 오라클의 AIM Application Implementation Methodology 및 KnowledgeWare의 ADW Application Development Workbench, PriceWaterhouse의 SMM System Management Methodology 등이다. 후자의 경우, 제임스 마틴의 정보공학 방법과 제임스 럼보가 제안한 OMT Object Modeling Technique 외에 현재 OMG Object Modeling Group의 표준 방법론으로 자리 잡은 UML 등이 있다.

- CASE(Computer Aided System Engineering) 도구로 개발할 경우 어떤 장점이 있는지 조사하시오.
- 현재 사용되고 있는 CASE 도구와 그 기능은 무엇인지 조사하시오.

CHAPTER

13

정보시스템
운영 및 통제

학 | 습 | 목 | 표

- 기업의 정보시스템 조직 구조와 직무의 변화에 대해 알아본다.

- CIO의 조직 내 위치와 주요 기능을 파악한다.

- 정보시스템 프로젝트 관리의 개념과 필요성을 이해한다.

- 정보시스템의 설치 및 유지보수 요령을 살펴본다.

- 정보시스템의 통제와 평가 및 감사에 대해 알아본다.

- IT 거버넌스와 BSC의 개념을 이해한다.

정보시스템 조직

01 조직 구조와 직무의 변화

정보시스템의 도입에 의한 조직 구조 변화와 관련하여 가장 많은 논쟁을 불러일으키는 주제는 정보시스템이 조직의 분권화를 촉진하느냐, 아니면 중앙집권화를 강화하느냐였다. 결론부터 이야기하자면 조직의 분권화가 이루어지고 명령 계층이 줄어들어 중앙집권화가 함께 이루어졌다. MIS가 도입되면서 직무 내용도 크게 변화했다. 직무 내용의 변화는 대체로 사무 비서직, 전문직, 관리직으로 나누어 살펴보는 것이 보통이다. 그중 특히 하급 사무직의 직무 변화 양상에 대한 논란이 많은데 이는 크게 두 가지 견해로 나눌 수 있다. 첫째는 컴퓨터의 이용과 더불어 자료 수집이나 단순 집계와 같은 수작업은 감소한 대신 컴퓨터 입력과 관련된 기계적이고 반복적인 업무가 증가했다는 주장이다. 둘째는 사무직과 전문직의 경계가 모호해져서 사무 업무 자체가 전문직의 계층으로 흡수되어 실제로 사무직의 업무 내용이 보다 충실해졌다는 주장이다.

미국에서 실시한 설문조사 결과, 워드프로세서의 이용과 함께 사무직에 요구되는 기술 수준이 오히려 높아졌음이 밝혀졌다. 한편 전문직의 변화에서도 대체로 전문직의 전문성이 약해지거나 그 문호가 넓어지는 경향이 나타나고 있다. 이는 특히 반복적 또는 체계화된 전문 업무의 경우 컴퓨터에 의해 자동화되어 높은 수준의 전문적 능력이 없는 사람도 비교적 쉽게 업무를 수행할 수 있다는 점을 지적한 의견이다.

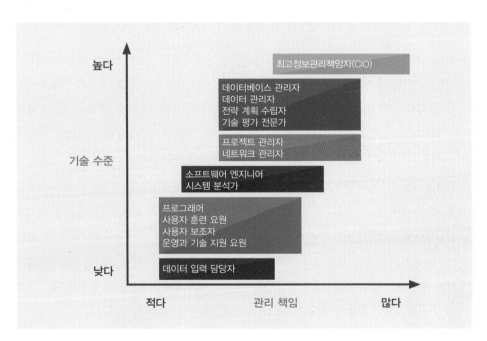

그림 13-1
정보화로 인한 부서의 인력 구성 변화

끝으로 MIS의 도입이 관리직에 끼치는 영향의 경우, 정보처리와 관련된 정보 수집·정리·보관 등의 사무 업무가 크게 줄고 그 대신에 정보의 활용에 필요한 분석력과 판단력, 직무 지식과 업무 계획 등 정신적 능력을 요구하는 업무가 증가할 것으로 보는 것이 일반적이다.

02 직무 환경의 변화

MIS가 도입되면 직무 내용뿐만 아니라 직무 환경에도 변화를 가져온다. 컴퓨터를 활용하기 위해서는 대체로 조직 내의 모든 자료나 업무 등의 표준화와 각종 절차의 일관성 있는 규정을 갖추는 것이 선결 조건이다. 그에 따라 직무 환경은 보다 공식화·구조화되는 경향을 보이는데, 이러한 경향은 관리직보다도 하위 사무직에서 더 크게 나타난다.

인력 구조의 변화

컴퓨터가 처음 기업 경영에 도입될 무렵 가장 큰 이점으로 주장된 것은 바로 인력 감소에 의한 원가 절감이었다. 결국 이러한 주장은 종업원들의 강한 반발을 초래하여 노사 분규의 쟁점이 되기도 했다. 하지만 MIS의 실행 범위가 점차 확대됨에 따라 관리 인력, 특히 중간 관리자의 감소 현상이 나타날 수도 있다. 이는 중간관리자에 의해 수행되는 대부분의 업무가 정형화되어 있어 쉽게 전산화가 가능하기 때문이다. 실제로 미국의 한 보험 회사에서는 전산화된 업무와 관련된 실무 경영자의 30% 이상이 감소되는 변화가 일어난 것으로 밝혀졌다.

조직 내 상호 관계의 변화

MIS가 도입되면서 조직 내 상호 관계에 큰 변화가 일어났다. 우선 커뮤니케이션이 증가하고 권한이 재분배되는 현상이 발생했다. 또한 부서 간 갈등이 증가하는 부작용도 있었다.

● **커뮤니케이션의 증가:** MIS가 점차 그 실행 범위를 넓혀가면서 정보시스템을 매개로 하는 더 광범위한 커뮤니케이션망이 형성되는 한편, 커뮤니케이션의 형태가 보다 직무 수행에 초점을 둔 성격을 띠게 되었다. 그러면서도 부서 구성원 간의 개인적 접촉이 함께 증가하는 현상이 나타났다. 조직 전체의 관점에서 볼 때는 컴퓨터의 활용이 증대될수록 경영관리 계층 내의 커뮤니케이션이 증가했다.

● **권한의 재분배:** MIS 부서는 모든 부서에 다양한 정보를 제공하여 MIS 부서로의 정보 집중화 현상이 발생한다. 그 결과로 조직 내 각 부서 간에 권력의 재분배가 이루어진다.

● **부서 간 갈등의 증가:** MIS 부서는 대부분의 다른 부서와 업무상 서로 연결되어 있을 뿐 아니라, 그 관계는 MIS 부서가 여타 부서를 일방적으로 지원하는 형태일 수밖에 없다. 게다가 MIS 실행 과정에서 발생하는 문제에 대한 각자의 책임 소재가 불분명한 경우가 많기 때문에 부서 간 갈등이 있을 수 있다.

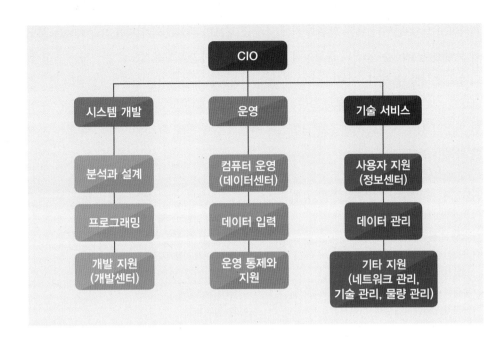

그림 13-2
정보 관리 부서의 일반적인 형태

03 CIO의 등장

선진국에서 조직 경영에 컴퓨터를 도입하기 시작한 1950년대 이후 MIS 부서와 그 책임자는 여러 가지 명칭으로 불리면서 위상도 변화했다. 처음으로 기업이 컴퓨터를 도입하고 활용할 때는 대부분의 경우 임금 계산과 같은 단순 경리 업무의 전산화를 수행하는 단위 부서장으로서의 역할에 그쳤다. 하지만 정보사회에서는 대부분의 기업이 경쟁우위의 기반을 정보 기술에 두고 있어 MIS 부서의 기능과 역할이 매우 중요해졌다. 그리하여 MIS 부서를 조직 전체적인 차원에서 관리하기 위해 최고경영층의 지원 아래 상당히 높은 지위의 간부가 관리 책임을 맡게 되었고, 기업은 최고정보관리책임자CIO를 CFO, COO와 함께 공식 임원으로 조직화하고 있다.

시기	책임자의 명칭(예시)	운영 목표
1960년대	컴퓨터센터 소장	• 업무보다는 기술적 효율성에 중점을 둠 • 컴퓨터 활용 분야의 탐색
1970년대	DP 실장(전산실장)	• 데이터의 신속한 처리를 통한 업무 자동화에 중점을 둠 • 컴퓨터 활용률의 극대화 추구
1980년대	MIS 실장	• 중간관리자의 정보 요구 충족에 중점을 둠
1990년대 이후	CIO	• 정보 기술을 경쟁 전략의 도구로 인식 • SIS 구축 및 활용의 활성화에 중점을 둠

표 13-1
MIS 책임자의 명칭과 운영 목표

최근 국내외적으로 CIO에 대한 인식이 크게 높아지고 있다. 대부분의 대기업이 오래전부터 전임 CIO 제도를 시행해온 미국에서는 1997년 8월부터 모든 연방정부 및 산하 기관에 CIO의 임명을 의무화하는 '정보 기술 관리 개혁법'을 제정했다. 이에 자극을 받은 우리나라도 1998년부터 모든 정부 부처에 국장급 '정보화 책임관'의 임명을 의무화하는 제도를 도입했다. CIO는 조직의 정보화를 총괄하여 정보 자원을 효율적으로 관리하는 최고 책임자로 정의할 수 있다. 이처럼 CIO의 정의가 직위를 제한하지는 않지만, 실제로 임무를 제대로 수행하려면 조직 내에서 상당히 높은 직위여야 한다. 따라서 일반적으로 CIO라 하면 기업의 경우 적어도 임원급의 직위로서 기업의 주요 전략 회의에 참여할 수 있는 자격을 가져야 한다.

표 13-2
MIS 부서 책임자와 CIO의 비교

전통적인 MIS 부서 책임자	CIO
• 기술 관리자의 역할 수행	• 기능 부서 임원의 역할 수행
• 기획 및 통제에 역점을 둠	• 전략적·정치적 입장 견지
• 구조적 및 책임 소재가 확실한 과업	• 개념적·미래 지향적 과업
• 명료하게 규정된 역할 및 상호 관계	• 혼합적 역할 및 다양한 상호 관계
• 수동적 환경 대응	• 적극적 환경 대응
• 부서 내 업무에 직접 관여	• 외부 업무 지향
• 기술적·관리적 능력	• 사업적·조직적 감각 추가
• IT 공급의 관리	• IT 수요의 관리

한편 조직 내에서 CIO가 수행해야 하는 역할은 여러 가지 조직의 대내외적 환경에 따라 다소 달라질 수 있기 때문에 이에 대해 획일적인 지침을 제시하기는 어렵다. 하지만 원칙적으로 CIO는 다음과 같은 역할을 수행해야 한다.

● 각급 경영자들이 컴퓨터 및 정보시스템의 능력과 한계에 대해 올바르게 이해할 수 있도록 하기 위한 교육 및 지원

● 사용자 부서의 관리 책임자나 실무 담당자에 대한 기술적 조언 및 교육

● 새로운 정보 기술의 지속적인 탐색 및 이를 필요로 하는 부서에의 보급

● 조직의 장기 계획과 관련된 정보시스템의 역할에 대한 해석 및 정의

● 조직의 사명이나 전략적 목표에 부합하는 중·장기 정보시스템 계획의 수립 및 실행

● 중·장기 정보시스템 계획의 달성에 필요한 각종 표준 및 절차 등의 개발

● 사용자 부서의 요구 사항에 대한 정확한 분석

● 새로운 시스템의 개발 시 신뢰도를 높일 수 있는 절차의 확립

● 새로운 시스템의 테스트 및 설치 과정에서 현업 부서에 대한 기술적 지원

● 모든 현행 시스템의 효율적이고도 신뢰도 높은 운영 보장

● 현행 시스템의 유지보수가 적시에 이루어지도록 보장

● 일상적인 시스템 운영 통제를 위한 정책, 계획 및 일정 등의 수립

● 시스템 요원에 대한 적절한 인사 관리

● 컴퓨터 시스템의 효율성, 정확성, 신뢰성 제고를 위한 각종 절차의 확립

정보시스템 프로젝트 관리

01 프로젝트 관리의 개념 및 필요성

프로젝트 관리project management 는 다양한 산업 분야에서 사용되는 용어로, 프로젝트를 진행할 때 보다 효율적으로 프로젝트를 관리하여 성공적으로 프로젝트를 수행하게 하는 일을 말한다. 즉 프로젝트의 선정부터 끝까지 프로젝트의 일정 관리, 자금 관리, 인력 관리 등 모든 부분이 프로젝트 관리에 포함된다고 할 수 있다.

　정보시스템 프로젝트 관리information system project management 는 특정 비즈니스 목표를 달성하기 위해 정보시스템을 구축할 때 새로운 정보시스템의 개발, 기존 정보시스템의 개선 및 기업 IT 인프라의 업그레이드를 포함한다. 정보시스템이 대규모화됨에 따라 프로젝트 수행에 고도의 기술 지식이 필요하며, 이 때문에 프로젝트 관리는 프로젝트 관리자Project Manager, PM 가 전담하는 것이 추세이다. 또한 PM 하부 구조로 프로젝트 리더 Project Leader, PL 를 두어 프로젝트 관리를 분담하는 경우도 있다.

TIP 프로젝트 관리자: 프로젝트 추진을 관리하는 책임자를 말한다.

PLUS NOTE | 프로젝트 관리 지식 체계

현재 미국의 비영리 법인인 프로젝트관리협회(Project Management Institute, PMI)가 제정한 프로젝트 관리 지식 체계(Project Management Body Of Knowledge, PMBOK)가 널리 알려져 있다. 프로젝트 관리 지식 체계는 최신의 연구 결과를 바탕으로 4년마다 개정되고 있다. 프로젝트 관리 지식 체계는 프로젝트를 다음과 같은 관점에서 분류 및 관리한다.

- 통합 관리(project integration management)
- 범위 관리(project scope management)
- 일정 관리(project time management)
- 원가 관리(project cost management)
- 품질 관리(project quality management)
- 인적자원 관리(project human resource management)
- 의사소통 관리(project communications management)
- 위험 관리(project risk management)
- 조달 관리(project procurement management)
- 이해관계자 관리(project stakeholder management)

정보시스템 프로젝트의 경우 프로젝트 완성까지의 시간을 고려한다면 성공보다는 실패율이 매우 높은 편이다. 거의 모든 조직에서 정보시스템 프로젝트는 처음에 예상했던 것보다 더 많은 시간과 비용이 소요되고, 설사 완료했다고 해도 시스템이 제대로 작동하지 않는 경우가 허다하다. 정보시스템이 처음의 기대와 부합되지 않는 상황도 발생할 수 있고 단위 시스템의 목표가 달성되지 않을 수도 있다. 따라서 정보시스템 프로젝트는 잘 관리되어야 하고, 이는 곧 프로젝트의 성공과 실패를 좌우한다고 할 수 있다. 다음은 프로젝트의 성공을 가늠하는 대표적인 기준이다.

● 예산을 초과하는 비용의 발생 여부

● 예상치 못한 일정의 지연

● 처음에 기대한 수준 이하의 기술적 성능

● 목표로 하는 정보시스템 구축의 실패

02 프로젝트 관리의 목표

프로젝트 관리의 목표는 한마디로 제한된 시간 내에 일정 및 진도 관리를 통해 제한된 자원과 최적의 비용으로 양질의 성과를 내는 것이라고 할 수 있다. 프로젝트 관리의 내용은 프로젝트 목표의 명확화, 합리적인 프로젝트 예산 수립, 프로젝트 진행 계획 수립, 품질 계획 수립, 원가/가치 분석, 실적 및 계획을 비교하는 과정 및 위험 관리를 포함한다.

목표의 명확화
전체 시스템의 기능과 요건은 무엇인가, 특별한 기능은 무엇인가, 필요한 연구, 디자인이나 생산 기술은 무엇인가, 필요한 자원은 무엇인가 등을 명확히 한다. 특히 프로젝트의 범위를 정해야 한다.

프로젝트 예산 수립
인력 계획, 재료·설비 계획, 용역 계획, 자본 예산, 자금 예산 등으로 구성된다.

프로젝트 진행 계획 수립
프로젝트 진행 계획은 흔히 PERT/CPM Program Evaluation and Review Technique/Critical Path Method과 갠트 차트Gantt chart로 이루어진다. PERT는 주어진 프로젝트가 얼마나 완성되었는지 분석하는 방법으로, 특히 각각의 작업에 필요한 시간을 계산함으로써 모든 프로젝트를 끝내는 최소 시간이 어느 정도인지 알 수 있다. PERT는 1950~1960년대 미국 정부 기관 및 민간 기업 등에서 널리 실용화되면서 발전된 계획 관리 기법으로, 현재는 프로젝트 관리에 보편화된 기법이다.

TIP **갠트 차트:** 목적과 시간, 이 두가지 기본적 요소를 이용하여 만드는 그래프로 헨리 갠트(Henry Gantt)가 고안했다. 갠트 차트는 공정 관리 등에 쓰인다.
© 컴퓨터인터넷IT용어대사전

갠트 차트는 프로젝트 일정 관리를 위한 바 형태의 도구로, 각 업무별로 일정의 시작과 끝을 그래픽으로 나타내어 전체 일정을 한눈에 볼 수 있다. 또한 각 업무 사이의 관계를 파악할 수도 있다. 1980년대에 들어서 개인용 컴퓨터로 갠트 차트를 쉽게 만들 수 있게 되었고, 이 갠트 차트 프로그램을 기본으로 현재 여러 가지 형태의 프로젝트 관리 프로그램이 만들어져 사용되고 있다.

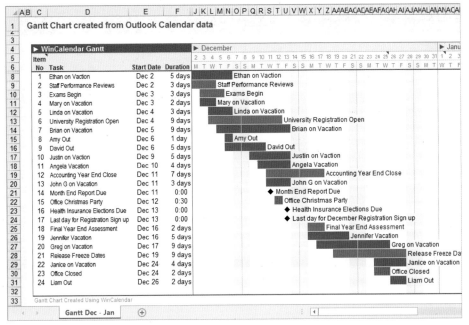

ⓒ http://www.wincalendar.com/gantt-chart

그림 13-3
갠트 차트의 예

품질 계획 수립

프로젝트가 목표로 하는 품질과 신뢰성에 관해 표준을 설정하여 이를 관리한다.

원가/가치 분석

최소의 원가로 프로젝트의 가치를 최대로 하기 위한 가치 분석을 수행하면서 프로젝트를 진행한다. 또한 실적을 수시로 측정하여 계획과 차이가 있는 부분에 대해서는 신속한 조치를 취하고, 계획을 수정할 수 있도록 피드백을 제공한다.

위험 관리

프로젝트 관리에서 위험이란 프로젝트의 성공을 위협할 현존하는 위험과 함께 잠재적인 위험을 말한다. 프로젝트 관리에서의 위험은 프로젝트의 크기, 구조 및 프로젝트 참가자의 기술적 경험에 따라 크게 좌우된다. 이 위험은 프로젝트의 시간과 비용을 증가시키기 때문에 충분히 관리해야 한다. 위험 관리는 정보시스템 자산에 피해를 줄 수 있는 위협의 영향을 확인·통제·제거·최소화하는 전체 과정을 말한다. 위험 관리는 위험 분석, 위험 처리에 대한 결정, 보호 대책의 선정 및 구현, 잔여 위험 분석 등을 포함하는 순환적인 과정으로 이루어진다.

PLUS NOTE | 프로젝트 관리 소프트웨어

최근의 정보시스템 개발 환경은 매우 복잡하고 규모가 커서 컴퓨터의 지원을 필요로 한다. 대표적인 프로젝트 관리 소프트웨어는 마이크로소프트 프로젝트(Microsoft Project)로, 이는 네트워크 차트(PERT)와 갠트 차트를 지원한다. 파일 확장자는 mpp이다. 프로젝트 관리 소프트웨어는 마이크로소프트 프로젝트 말고도 국내외에서 다양하게 개발되고 있다.

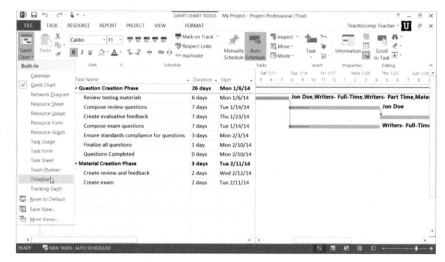

마이크로소프트 프로젝트

정보시스템 설치 및 유지보수

01 소프트웨어 확보

조직이 필요한 소프트웨어를 확보하는 과정은 하드웨어를 확보하는 경우와 비슷하다. 특히 소프트웨어를 외부에서 구입할 때, 하드웨어 구입의 경우와 그 과정, 선정 기준 및 방법, 기타 고려 사항 등에 유사한 점이 매우 많다. 그러나 소프트웨어의 경우 하드웨어보다 훨씬 다양한 확보 방법이 있고, 또한 다양한 방법 중 어떤 것을 선택하는지에 따라 구체적인 과정에 다소 차이가 있기 때문에 이 문제는 더욱 복잡한 양상을 띤다. 따라서 여기서는 소프트웨어 확보의 유형과 과정을 살펴보자. 기업이 소프트웨어를 확보하기 위해 선택할 수 있는 다양한 대안은 크게 자체 개발, 외주 개발, 패키지 도입으로 나눌 수 있다.

자체 개발

기업이 자체적으로 보유한 전문 인력을 활용하여 필요한 소프트웨어를 개발하는 방법으로, 전통적으로 가장 널리 사용되었다. 일반적으로 자체 개발 방법의 가장 큰 장점은 내부적으로 지식과 경험이 축적된다는 것과 회사의 기밀이 외부에 유출될 위험이 적다는 것이다. 그러나 자체 개발 방법은 다른 방법에 비해 상대적으로 인력, 시간, 비용 등이 많이 소요된다는 단점이 있다. 특히 소프트웨어 패키지를 도입하는 경우와 비교해보면 문제가 매우 심각하다. 그 밖에도 수준 높은 소프트웨어 개발 인력을 확보하기가 매우 어렵다는 점과, MIS 부서가 회사 내에서 신뢰를 얻지 못한 경우 소프트웨어의 개발 및 활용 과정에서 사용자 부서의 큰 저항을 받게 될 가능성이 있다는 점도 자체 개발에 의한 소프트웨어 확보의 단점으로 지적할 수 있다.

© Shutterstock

그림 13-4
소프트웨어 자체 개발
기업이 자체적으로 보유한 전문 인력을 활용하여 필요한 소프트웨어를 개발하는 방법이다.

외주 개발

소프트웨어를 확보하기 위해 외주 개발을 할 경우, 개발 주체가 외부 인력이라는 것 외에는 자체 개발과 거의 비슷한 과정을 거치게 된다. 외주 개발 시 용역업체를 선정하는 과정이 추가되어야 하는데, 그 과정은 앞서 하드웨어 확보 과정에서 설명했던 방법과 매우 유사하다. 즉 업체를 선정하려면 우선 타당성 조사와 요구 분석을 기초로 제안 요청서를 작성하여 용역업체에 발송하고 업체로부터 제안서를 접수한다. 이어서 제안서를 비교·평가하여 최적 업체를 선정하고 계약을 체결하게 된다.

외주 개발의 가장 큰 장점은 자체 인력이나 기술적 능력의 부족을 극복할 수 있다는 것이다. 특히 처음 MIS를 도입하려는 조직의 경우, 미래에 대한 확신도 없이 자체 인력을 확보하는 위험을 피하기 위해 흔히 외주 개발 방법을 이용한다. 전문 용역 기관이 보유한 소프트웨어 개발 지식과 경험을 활용할 수 있다는 것도 외주 개발의 장점으로 들 수 있다. 또한 외주 개발을 하면 자체 개발보다 개발 기간을 단축할 수 있는 경우가 많다. 하지만 외주 개발은 용역 기관과의 의사소통에 어려움이 따르기도 한다.

시스템, 소프트웨어, 서비스 등의 발주는 발주 계획, 제안 요청서 준비, 제안서 평가 및 사업자 선정, 계약 체결, 사업 수행 관리, 검수 및 인수시험 등의 프로세스를 포함한다. 공공 부문 소프트웨어 사업 발주·관리 프로세스를 적용하는 발주 대상은 소프트웨어 사업이며, 발주 사업 유형은 정보 전략 계획, 개발, 운영, 유지보수 등이다. 발주·관리 프로세스는 크게 발주 준비 및 계약 관리, 사업 관리 및 종료, 사후 관리의 3단계를 거치면서 진행된다.

그림 13-5
공공 부문 소프트웨어 사업 발주·관리 프로세스

패키지 도입

응용 소프트웨어 패키지를 외부에서 도입(구입, 임차)하는 방법은 여러 가지 소프트웨어 확보 방법 중에서 가장 주목할 만하다. 조직의 입장에서는 짧은 시간 안에 저렴한 비용으로 필요한 소프트웨어를 확보할 수 있으며, 사회 전체적으로도 같은 내용의 소프트웨어를 중복 개발하지 않아도 되므로 매우 효율적인 방법이기 때문이다. 특히 인적·물적 자원의 제약을 많이 받는 우리나라 중소기업의 전산화를 활성화하려면 소프트웨어 확보 방법을 소프트웨어 패키지 도입 방법으로 전환해야 한다. 기업에서 사용하는 응용 소프트웨어를 통합적으로 패키지화하여 판매하는 형태의 시스템을 전사적 자원 관리ERP 라고 하는데, 이를 도입하면 다음과 같은 이점이 있다.

- **개발 기간 단축:** ERP 패키지는 기업의 기간 업무 전체를 대상으로 설계된 기성품 소프트웨어 제품이기 때문에 시스템 개발에서 행해지는 업무 분석, 설계, 프로그래밍 등의 단계를 생략할 수 있다. 그리고 ERP 패키지 공급업체가 제공하는 모범 실무를 반영한 업무 모델의 템플릿을 이용하거나 프로세스를 표준화한 도입 방법을 활용하여 ERP 시스템의 본격 가동까지의 개발 기간을 대폭 단축할 수 있다.

- **개발 비용 절감:** ERP 패키지가 제공하는 업무 모델이나 기능을 최대한 활용하여 현재의 업무를 패키지에 가능한 한 부합시킴으로써 추가적인 시스템 개발에 필요한 비용을 대폭 삭감할 수 있다. 또한 유지보수가 용이하고 서비스가 충실하기 때문에 ERP 패키지 도입 후의 운용 비용도 절감할 수 있다.

- **도입에 따른 리스크 최소화:** 패키지 소프트웨어로서의 완성도와 신뢰성이 보증된 패키지는 개발 시에 상정된 모든 이용 환경에서 가동될 수 있다. 따라서 대폭적인 수정이나 커스터마이징을 적용하지 않는 한 도입에 따른 각종 리스크를 줄일 수 있다.

- **단계적 도입 가능:** 생산, 판매, 회계, 인사 등의 기간 업무 각각에 대응한 모듈로 구성된 패키지에서 각 모듈 간의 독립성이 고도로 유지되며, 통합 데이터베이스를 매개로 관련된 도입 기업의 사정에 따라 수요가 많은 모듈부터 단계적으로 구축할 수 있어 ERP 패키지 도입에 따르는 리스크를 최소화할 수 있다.

- **축적된 노하우 활용:** ERP 패키지를 이미 도입한 선진 기업의 성공 사례나 같은 업종 기업의 활용 사례를 통해 축적된 기업 모델 또는 업무 흐름이 템플릿으로 풍부하게 제공되어 자사의 시스템 구축에 참고할 수 있다.

그림 13-6
소프트웨어 패키지 도입

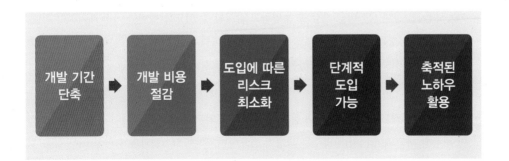

도입 방식	장점	단점
사체 개발	• 개발자 간, 사용자 간 의사소통이 가능하다. • 시스템 개발 중에 요구 사항이 변경될 경우 이를 신속히 반영할 수 있다. • 개발 과정에서 발생하는 경험과 지식, 기타 부산물이 조직 내에 축적된다.	• 인력, 시간, 비용이 과다하다. • 우수한 전문 인력의 자체 확보가 어렵고, 그나마도 이직률이 매우 높다. • 체계적인 소프트웨어 개발 계획이 미비한 경우가 있다. • 유지보수에 과다한 노력이 필요한 경우가 있다.
외주 개발	• 인력, 장비 등의 추가 투자 없이 소프트웨어를 확보할 수 있다. • 개발 기간과 비용이 단축된다. • 소프트웨어 개발 전문 업체의 전문성을 활용할 수 있다.	• 조직의 기밀이 유출될 가능성이 있다. • 문제 발생 시 조직 간에 업무 협조 및 의사소통에 어려움이 있다. • 소프트웨어 품질에 대한 보증이 어렵다. • 적합한 용역업체를 선정하기 어렵다.
패키지 도입	• 시간과 비용 면에서의 효율성이 높고 불확실성이 낮다. • 인력, 설비 등의 추가 투자 없이 소프트웨어를 확보할 수 있다. • 전문 지식 없이 전산화 추진이 가능하다.	• 요구 사항에 꼭 맞는 패키지가 공급되지 않는 경우가 있다. • 상황 변화에 따라 급속한 프로그램 변경, 확장 등이 어렵다. • 패키지 가격의 적정성을 판단하기 어렵다.

02 정보시스템 설치

정보시스템의 성공적인 작동을 위해서는 개발 이후의 정보시스템 설치에 세심한 주의가 필요하다. 정보시스템은 먼저 설치 환경을 준비한 후 설치 및 점검에 들어가며 시스템 전환으로 마무리한다.

설치 환경 준비

정보시스템을 설치하기 위해 시스템 주변 환경을 정비해야 한다. 물리적 환경, 기능적 환경, 소프트웨어 환경으로 나누어 이를 살펴보자.

- **물리적 환경:** 중요한 파일이나 프로그램을 보관하기 위한 방화 저장소, 화재 감지 장치 설비, 보안 자물쇠, 고의적 파손에 대한 방비, 안정적인 작동을 위한 항온·항습·방진 설비, 자동전압조정기AVR 등이 갖춰져야 한다.

- **기능적 환경:** 전체 시스템을 가장 잘 운영하고 감시할 수 있도록 설비를 적정 배치해야 한다. 사용자나 운영자가 최소의 노력으로 편리하게 컴퓨터를 사용할 수 있도록 하고 신체 피로를 줄일 수 있게 키보드와 모니터의 높이를 조절한다. 또한 인체공학적 측면에서 조명, 소음 등의 세심한 배려가 필요하다.

- **소프트웨어 환경:** 자체 개발한다면 문제가 없겠으나 외부 조달 소프트웨어의 경우에는 조직이 보유한 하드웨어 사양에 맞추는 과정이 필요하며, 기존 시스템과의 호환성 여부 등을 검토해야 한다.

TIP **자동전압조정기:** 교류전압의 불규칙한 전압 변동을 자동적으로 조정하여 일정한 전압을 부하에 공급하므로 컴퓨터 및 주변 장치의 효율적인 운영과 신뢰할 수 있는 동작 상태를 보장할 수 있는 장비이다.

설치와 점검

정보시스템 설치 장소에 대한 준비가 끝나면 하드웨어와 필요한 프로그램을 설치하고 이에 대한 점검 활동도 수행한다. 하드웨어 설치는 주로 공급자 측의 기술자가 하며, 정상적 기능 수행 여부에 대한 점검도 공급자 측에서 담당하는 경우가 보통이다.

시스템 전환

새로운 시스템을 설치한 후 운영하는 것은 매우 어렵고 조심스러운 작업이다. 이를 위해서는 과거의 시스템에서 사용하던 인력, 절차, 설비, 입출력 양식, 데이터베이스 등을 새로운 시스템이 요구하는 형태로 전환하는 작업이 필요하다.

이와 같은 전환 작업 중에서 가장 중요한 것은 일반적인 파일 전환과 시스템 전환이다. 파일 전환은 이미 사용하던 파일을 새로운 시스템에 적합한 파일로 변환하는 것을 의미한다. 처음 구축하는 시스템의 경우에는 문서로 된 자료를 컴퓨터가 이용할 수 있는 파일로 전환하는 작업이며, 이 같은 파일 전환은 많은 인력과 시간이 소요되는 대규모 작업이 될 수도 있다. 새로운 파일이 설계되면 기존 파일에 들어 있는 여러 자료를 새로운 파일의 구조와 형식에 맞게 전환하여 새로운 파일에 기억시켜야 한다. 시스템 전환은 기존 시스템의 사용을 중단하고 새로운 시스템을 사용하는 것을 말한다. 시스템 전환은 다음과 같이 세 가지 유형으로 나뉜다.

- **일시 전환**: 기존 시스템의 사용을 일시에 완전히 중단하고 새로운 시스템으로 대체하는 전환 방법이다. 이는 가장 간단하고 비용과 시간이 적게 드는 방법이지만 새로운 시스템에 문제가 있을 경우 업무가 마비되는 위험이 따른다.

- **병렬 전환**: 새로운 시스템의 성능이 확인될 때까지 기존 시스템과 병행해서 사용하는 유형으로, 가장 위험이 적은 방법이지만 번거롭고 많은 비용이 든다.

- **단계적 전환**: 새로운 시스템을 여러 개의 하위 시스템 또는 모듈로 나누고 단계적으로 가동하여 성공적일 때 점진적으로 한 부분씩 추가하는 유형이다. 가장 합리적인 방법이지만, 한 모듈이 다른 부분과 연관될 때 여러 가지 문제점이 발생할 수도 있다.

ⓒ Shutterstock

그림 13-7
정보시스템의 설치
정보시스템은 먼저 설치 환경을 준비한 후 설치 및 점검에 들어가며 시스템 전환으로 마무리한다.

03 정보시스템 유지보수

TIP **오퍼레이터:** 조작자, 즉 직접 컴퓨터를 조작하는 사람이다. 오퍼레이터는 컴퓨터의 기능은 물론 컴퓨터로 처리하는 업무의 체계 및 오퍼레이션 노트를 이해하고 소정의 스케줄에 따라서 작업을 한다. 오퍼레이션 노트는 그 업무의 작업에 필요한 사항을 기술한 조작 순서이다.

© 정보통신용어사전

MIS 자원이 확보되고 시스템이 구축되면 일련의 점검 과정을 거친 후 사용자 부서의 환경에 설치 및 운영된다. 그런데 처음부터 완전무결한 시스템을 만들어낼 수 없기 때문에, 시스템 설치가 완료되어 폐기될 때까지 전 운영 과정 동안 시스템의 정상 상태를 유지하고 환경 변화에 따른 사용자의 요구 변화를 수용하기 위한 지속적인 노력이 필요하다.

또한 새로운 정보시스템을 보다 효율적으로 운영하려면 관련 인력의 교육훈련이 필수적이다. 새로운 시스템을 운영할 오퍼레이터의 교육, 시스템의 실행과 유지를 담당할 프로그래머의 교육, 입력 요원과 사용자의 교육도 필요하다.

정보시스템 통제

01 정보시스템 통제의 개념

정보시스템의 주요 기능 중 하나는 조직의 운영, 관리, 전략적 의사결정 및 관련 활동에 대한 경영자의 통제 기능을 향상하는 것이다. 하지만 이러한 목적을 제대로 달성하려면 정보시스템 자체에 대한 통제가 적절히 이루어져야 한다. 즉 정보시스템 기능의 정상적인 수행에 지장을 초래하는 불법적 행위나 착오, 재해 등을 방지하거나 그 피해를 최소화하는 관리적 행위가 바로 정보시스템 통제이다.

정보시스템 통제는 상당한 수준의 전문가가 수행해야 하는데, 최근 국내에서는 사단법인 한국정보시스템감사통제협회가 구성되고 CISA Certified Information System Auditor 자격시험 제도를 통해 전문적인 MIS 감사 인력을 확보함으로써 MIS 감사 전문 인력의 부족 현상을 극복하려는 노력이 활발히 진행되고 있다.

TIP **CISA:** 정보시스템감사통제협회(ISACA)가 인증하는, 시스템을 독자적으로 점검·평가할 수 있는 국제 자격이다.

그림 13-8
정보시스템 통제
정보시스템 기능의 정상적인 수행에 지장을 초래하는 불법적 행위나 착오, 재해 등을 방지하거나 그 피해를 최소화하는 관리적 행위를 말한다.

© Shutterstock

02 정보시스템 통제의 유형

컴퓨터 시스템 내에서 사용하는 처리 방법은 수작업 시스템에 적용되는 것과 다르기 때문에 통제하는 수단도 다르다. 이와 같은 통제 기법의 목적은 자료 처리 기능 자체의 효율성을 보승하는 것이다. 정보시스템과 관련된 통제는 통제의 대상에 따라 일반 통제와 응용 통제로 분류할 수 있으며, 오류의 흐름에 따라서는 예방 통제, 검출 통제, 수정 통제로 분류할 수 있다.

일반 통제

일반 통제(관리 통제)는 계획된 방법으로 정보시스템의 개발, 이행, 운용이 제대로 이루어지는지 확인하는 것으로 자료 처리 자원(하드웨어, 소프트웨어, 자료 등)에 대한 취득, 개발, 사용, 유지 등과 관련된다. 일반 통제는 조직의 계층 및 시스템 설비 내에서 수행되는 중요한 기능과 관련하여 여러 가지로 분류되지만 관리적 통제, 시스템 개발에 대한 통제, 하드웨어와 시스템 소프트웨어에 대한 통제, 접근 통제 등으로 나눌 수 있다. 다음 표는 MIS와 관련된 각종 문서화 작업에 포함해야 할 내용을 문서화 대상을 중심으로 분류 및 요약한 것이다.

표 13-4
문서화 통제의 내용

문서화 영역	문서화의 내용	
시스템 영역	• 시스템 설명 • 시스템 흐름도 • 파일의 배치 • 프로그램 수정에 관한 사항 • 시스템 백업 절차 • 시스템 구조도	• 데이터 흐름도 • 입출력 형태에 관한 설명 • 관련 통제에 관한 설명 • 감사에 관한 설명 • 자료 사전 • 프로그램에 대한 서술적 설명
프로그램 영역	• 프로그램 순서도 • 입출력 형태 • 컴퓨터 조작 요원에 대한 지침 • 오류 발견 및 통제에 관한 사항	• 테스트 관련 기록 • 파일 구조와 레코드 배치에 관한 설명 • 파일 보유 절차
운영 영역	• 전반적 설명 • 입출력의 균형화 절차 • 시스템 회복 절차 • 하드웨어에 관한 사항 • 콘솔 메시지에 관한 설명과 컴퓨터 조작 요원의 대응 지침	• 셋업 지침 • 배포 절차 • 응급조치에 대한 지침 • 감사에 관한 설명
사용자 영역	• 시스템에 관한 전반적 설명 • 시스템 흐름도 • 입력 형태에 관한 설명 • 통제 절차 및 각 절차의 책임자에 관한 사항	• 데이터 흐름도 • CRT 이용 지침
파일 영역	• 오류 수정 절차 등 입력에 대한 지침 • 파일 보관 절차 • 파일에 대한 기록 절차	• 파일 백업 절차 • 파일 접근에 대한 제한

© 김세중 외 4인, 「경영정보학 개론」, 무역경영사, 2000

응용 통제

응용 통제는 입력 통제, 프로세싱 통제, 데이터베이스 통제, 통신 통제로 구분할 수 있다.

- **입력 통제:** 데이터의 입력 과정에서 발생할 수 있는 오류를 제거하기 위해 입력된 데이터를 확인하는 것이다.

- **프로세싱 통제:** 시스템 처리 과정에서의 오류 통제 방법에 관련된 것이다. 처리 과정의 적절한 시점에 중요한 데이터의 합계를 검토했거나 입력이 제대로 되었더라도 처리 과정에서 고의적인 데이터 변경 같은 불법 행위가 있을 수 있기 때문에 이에 대비해야 한다. 오퍼레이터의 실수를 방지하기 위해 테이프, 디스크 등 파일 저장 매체의 겉표지를 잘 갖추어야 하며, 각 매체나 파일 내에도 적절한 테이블을 명확히 지정한다.

- **데이터베이스 통제:** 시스템 내에 저장된 데이터를 보호하기 위한 통제로 백업과 복구, 시스템의 제약적 접근 등이 포함된다. 백업과 복구는 데이터베이스의 손상에 대비한 것이고, 시스템의 제약적 접근은 불법적 접근과 변조에 대비한 통제이다.

- **통신 통제:** 정보시스템의 구성 요소 중 위협에 가장 민감한 요소이다. 전파에 의해 송수신되는 정보가 불법 침입자나 사용을 허가받은 사람에 의해 누출될 수도 있고, 해커가 통신망에 침입하여 정보나 메시지를 도청·파괴·변조할 수도 있는데, 이를 통제하는 것이 통신 통제이다.

정보시스템 평가 및 감사

01 정보시스템 평가

정보통신 기술의 발전으로 많은 학자와 선진 기업은 IT의 전략적 활용을 강조하고, 업무 가치 증대와 생산성 향상 등 조직의 운영 효율화 및 경영 혁신에 IT를 활용하는 연구를 수행해왔다. 기업들은 IT 투자를 통해 업무 수행 및 의사결정을 지원하는 데 정보의 가용성, 적시성, 신속성 등 다양한 효과를 기대했다. 하지만 이러한 지속적인 IT 투자를 통해 업무 생산성을 향상하고 수익성을 확보하려는 의도에도 불구하고 지속적인 IT 투자와 기업의 생산성 지표 사이의 상관관계가 명확하게 규명되지 않는 상황이다.

한편 기업들은 IT 투자와 실제적인 기업 생산성 향상의 관계에 대해 의문점을 제기하기 시작했다. 세계적인 전략 컨설팅 전문 업체인 매킨지글로벌연구소McKinsey Global Institute 의 조사에 따르면 59개 산업군 중 53개 군에서 IT 투자가 생산성에 전혀 기여하지 않는다고 결론 내렸고, 일부 군에서는 IT 투자가 노동 생산성 증가에 효과적이지 않은 것으로 파악되었다.

정보시스템 평가 현황

정보시스템을 평가하는 전통적 방법으로는 재무적 접근 방식, 확률적 접근 방식, 다중 접근 방식이 있다. 또한 로버트 캐플런Robert Kaplan과 데이비드 노턴David Norton이 1990년대 초반에 소개한 BSC Balanced Score Card 접근 방식도 많이 사용하고 있는데, 이는 최

© 서한준·이정훈·오부연, 「IT 투자와 성과에 미치는 영향 요인의 상관관계 분석: 발전된 IS 성공모형」, *Entrue Journal of Information Technology*, 2003

© Solow, B., Bosworth, B., Hall, T., Triplett, J., 「Understanding the con-tribution of Information Technology relative to other factors」, McKinsey's Global Institute, 2001

그림 13-9
정보시스템 평가
정보시스템 평가 방법으로는 재무적 접근 방식, 확률적 접근 방식, 다중 접근 방식이 있다.

© Shutterstock

표 13-5
정보시스템 평가의 전통적 방법

구분	방법론	주요 내용
재무적 접근 방식	EVA (Economic Value Added)	기업 수익의 총합에서 영업 활동을 수행하기 위해 투입된 자본 비용을 차감하는 기법
	TCO (Total Cost of Ownership)	IT 조직, 업무, 프로세스상의 비용적 낭비 요소를 파악하여 이를 정량적 데이터로 제공하는 기법
	TEI (Total Economic Impact)	IT 도입의 비용 요소에 수익과 유연성을 결합하고 그 리스크를 반영하는 기법
	EVS (Economic Value Sourced)	가치 창출의 원천을 수익 증대, 생산성 제고, 사이클타임 감소, 위험 감소로 한정하고 각 원천으로부터 기업의 가치를 측정하는 기법
	IP (Information Productivity)	단순 재무제표 기반 지표에 운영 측면의 지표를 추가하여 ROM (Return On Management)을 통해 정보화 투자 및 효과를 측정하고 분석하는 기법
확률적 접근 방식	AIE (Applied Information Economics)	불확실성을 확률분포도로 표현하여 기대 기회 손실을 최소화할 수 있는 변수에 대한 민감도 분석을 수행하는 기법
	ROV (Real Option Valuation)	환경의 불확실성을 고려한 의사결정을 위한 모형으로 블랙-숄스의 옵션가격 결정 모형을 비금융 자산으로 확장한 기법
다중 접근 방식	TVO (Total Value Opportunity)	조직의 관점에서 기능과 재무적인 성과를 정의하여 정보화가 조직에 미칠 영향을 다각도로 분석하는 기법
	IO (Information Orientation)	인적자원 중심의 정보화 효과성의 측정 도구로서 정보 행동 및 가치, 정보 관리 실행, 정보 기술 실행 관점에서 분석하는 기법
	IPM (IT Portfolio Management)	기업의 포트폴리오와 관련된 모든 IT 투자 대상 프로젝트의 우선순위를 선정하고 자원을 할당하는 기법
	IE (Information Economics)	재무적 평가 요소뿐만 아니라 무형적 평가를 지수화하여 종합적 평가 방법을 제시하는 기법

© 임춘성·유은정·문형준, 「KPI 기반의 정보화 수준 진단 방법론 개발 및 적용」, *Entrue Journal of Information Technology*, 2006

근 정보시스템 평가 경향이 기업의 전산시스템에 대한 직접적인 감사뿐만 아니라 전사적인 경영에까지 컨설팅 범위가 넓어진 이유라고 할 수 있다. 이러한 정보시스템 평가는 IT ROI라는 명칭과 컨설팅 주제로 정보시스템 투자에 따른 성과 측정 및 평가가 현업에서 이루어지고 있다.

IT ROI를 포함한 정보시스템 평가 방식은 [표 13-5]에 제시한 여러 가지 과학적 측정 방법을 통해 분석이 수행되었다. 또한 전형적인 재무적·정량적 측정 방법부터 측정 가능한 정성적 평가 방법까지 다양하게 제시되었다. 그러나 측정 방법의 장단점이나 다양한 평가 시점 및 기업 환경에 근거한 복합적 측정 방법이 제시되지 않고 평가자의 주관이나 실무적인 차원에서 이루어지고 있는 것으로 보인다.

TIP ROI(Return on Investment): 투자 자본 수익률을 말한다. 어느 회사건 투자를 한다. 건물, 기계, 유가증권 등 투자의 대상은 무궁무진하다. 따라서 투자는 자산이라는 등식이 성립한다. 그러나 투자 재원은 주주들이 납입한 자기 자본과 외부 차입금으로 나누어진다. 문제는 투자가 얼마나 수익성이 있는가에 달려 있다.
© NEW 경제용어사전

공공 기관의 IT ROI

공공 기관에서도 IT의 성과 평가IT ROI가 지속적으로 이루어지고 있으나 대부분 민간 분야에서 개발된 방법론을 공공 분야에 적용하는 실태이다. 민간 분야에서 개발된 방법론 중에서 공공 분야 정보화 사업 평가에 가장 많이 쓰이는 방법론은 CBA Cost-Benefit Analysis 와 BSC Balanced Scored Card, 최근 공공 분야의 IT 투자 ROI 측정을 위해 새롭게 제시되고 있는 VMM Value Measuring Methodology 과 VOI Value Of Investment 이다.

- **CBA(비용 효과 분석):** 투자 비용과 재무적 이익을 분석하는 전통적 재무 분석 기법으로 기업에서 널리 사용되며 NPV Net Present Value, IRR Internal Rate of Return 등과 같은 기법을 사용하여 산출한다.

- **BSC(균형 성과 관리 지표):** 한 조직의 성과와 경쟁력을 종합적으로 평가하는 모형으로 현재 국내외 많은 기업이 채택하고 있다. BSC는 기업의 성과를 재무, 내부 프로세스, 고객, 학습 및 성장의 관점에서 평가하여 현재 성과와 미래 성과의 균형을 확보한다는 취지를 가지고 있다. BSC는 현재 많은 기업에서 도입하여 사용하는 평가시스템이므로 뒤에서 자세히 설명하겠다.

- **VMM(가치 평가 방법론):** 미국 사회보장청과 연방조달청의 의뢰로 하버드대학이 중심이 되어 개발한 기법이다. 전통적인 ROI에서는 고려되지 않던 비용 및 전자정부 서비스와 관련된 가치의 위험을 파악·고려하고 비용을 측정·정의하여 그 사회적 파급 효과까지 포함한다는 점에서 정부 등 공공 기관에 보다 합리적인 방법론으로 평가되고 있다.

- **VOI(투자 가치 방법론):** EU의 산하 기구인 IDA Interchange of Data between Administrations 에서 제시한 기법이다. VOI는 EU 회원국 행정부 간에 정보를 공유하기 위한 TESTA Trans-European Service for Telematics between Administration 사업의 투자 가치를 추정하려고 개발한 모형으로, 모든 성과를 화폐적 가치로 전환하여 평가하는 것이 특징이다.

표 13-6
ROI 방법론의 장단점

기법	장점	단점
CBA	• 투자 대안별로 정량적 수치를 비교함으로써 객관적인 상대 평가 가능 • 적용이 용이	• 분석에 불확실한 가정을 도입하여 현실과 괴리된 결론 도출 • 무형 효과의 정량화가 어려움
BSC	• 다양한 성과 지표에 대한 종합적 정량화로 요소별 문제점 및 개선점 도출	• 정성 지표의 정량화 과정에 평가자의 주관이 개입되므로 명확한 프로세스 모델 개발이 필요
VMM	• 가중치 분석으로 사업 전략 및 경영 성과와 IT 성과 간의 관계를 일관성 있게 평가 가능	• 정부나 개별 부처의 IT 투자 전략 목표 체계에 상대적으로 소홀함 • 사전 평가에 비중을 두어 사후 평가가 약함
VOI	• 모든 성과 지표를 단일 가치로 표기하여 가치 간 비교가 용이	• 비화폐적 가치를 화폐적 가치로 전환할 때 주관이 개입됨

ⓒ 장원석·이은정, 「공공 분야 IT ROI 평가 Framework에 관한 연구: 한국에서의 적용 가능성을 중심으로」, *Entrue Journal of Information Technology* 제4권 제2호, 2005

전략과 평가 지표의 연계

성공적으로 전략을 실행하기 위해서는 명확한 전략 방향을 정립하고 이를 중심으로 목표 수립, 점검, 피드백 등의 활동이 체계적으로 이루어지는 관리시스템을 구축해야 한다. 그런데 이러한 관리시스템이 효율적으로 운영되려면 전략과 지표가 체계적으로 연계되어야 한다. 명확한 지표가 제시되면 기업 내의 구성원들은 자신들이 해야 할 일을 구체적으로 인식하고 이를 달성하기 위해 보다 바람직한 의사결정을 내릴 수 있다.

일반적으로 성과 지표의 결과는 보상과 연계되기 때문에 구성원들을 주인 의식과 목표 달성에 대한 동기를 보다 강하게 갖게 된다. 따라서 기업의 전략 방향과 연계된 지표를 설정하면 기업의 목표 달성이 더욱 용이해진다. 반면 지표가 잘못 설정되면 기업 활동에 악영향을 미칠 수 있다. 예를 들어 신제품 개발을 통한 제품 리더십 전략을 중시하는 기업에서 운영 효율성 및 통제 관련 지표만을 주로 활용한다면 구성원들의 창의성 발휘와 획기적인 신제품 개발이 어려워질 수 있다.

전략과 평가 지표를 연계하는 경우 지표 점검을 통해 과연 기업이 추구하는 전략이 제대로 실행되는지 쉽게 확인할 수 있으며, 동시에 위와 같은 현상이 발생하는 근본 원인을 분석할 수 있다. 물론 그 원인을 분석하려면 기존 관리의 중점인 재무 지표 이외에 이러한 결과를 발생시키는 원인을 파악할 수 있게 하는 선행 지표도 관리해야 한다. 그럼으로써 단순히 결과만을 점검하는 것이 아니라 원인 분석을 통해 현재의 문제를 인식하고 문제 해결 방안을 모색할 수 있으며 향상된 전략이 실행된다.

02 IT 거버넌스

IT 투자 성과를 관리하는 차원에서 IT를 더 효과적으로 운영·지배·관리하기 위해 **IT 거버넌스**IT governance의 개념이 등장했다. IT 거버넌스는 기업의 조직 및 목표와 IT를 연계하고 IT 자원을 효과적으로 활용하기 위한 IT 활동을 전사적, 사업부별, 팀별, 개인별로 세분화하여 역할과 책임을 정립하는 지배 구조를 말한다. 이러한 활동에 따라 관련된 성과 측정을 지속적으로 모니터링·통제·관리하여 다시 전사적 IT 활동에 반영하는 순환 구조를 띤다. IT 거버넌스의 도입으로 기존에 각 조직별로 이루어졌던 IT 활동이 통합적인 관점으로 전환되어 원활한 예산 관리가 가능해졌다.

ITGI IT Governance Institute에서는 [그림 13-10]과 같이 IT 거버넌스 프로세스 프레임워크를 계획 및 조직, 도입 및 구축, 운영 및 지원, 모니터링으로 구분하여 IT 기획부터 관리까지 포괄적으로 관리하고, 각 영역에 따라 34개의 세부 프로세스를 정의했다. 그리고 프로세스에 바탕을 둔 거버넌스 프레임워크를 관리하기 위해 성과 평가를 CSF Critical Success Factor, KGI Key Goal Indicators, KPI Key Performance Indicators로 정의하여 관리한다.

TIP IT 거버넌스: IT 자원과 정보, 조직을 기업의 경영전략 및 목표와 연계하여 경쟁우위를 확보할 수 있도록 하는 의사결정 및 책임에 관한 프레임워크이다. 이사회와 경영진의 책임 아래 수행되는 기업 지배 구조의 일부로 존재하며 리더십과 조직 구조, 프로세스 통제 및 관리 체제로 구성된다.
© IT용어사전

TIP KPI: 목표를 성공적으로 달성하기 위해 핵심적으로 관리해야 하는 요소에 대한 성과 지표를 말한다.
© 시사경제용어사전

그림 13-10
IT 거버넌스의 영역과 34개 관리 프로세스

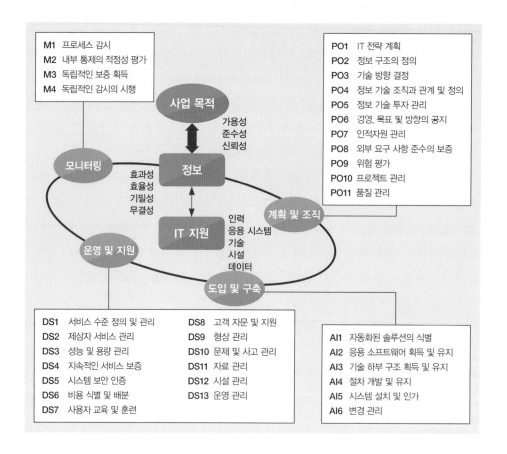

M1 프로세스 감시	PO1 IT 전략 계획
M2 내부 통제의 적정성 평가	PO2 정보 구조의 정의
M3 독립적인 보증 획득	PO3 기술 방향 결정
M4 독립적인 감시의 시행	PO4 정보 기술 조직과 관계 및 정의
	PO5 정보 기술 투자 관리
	PO6 경영, 목표 및 방향의 공지
	PO7 인적자원 관리
	PO8 외부 요구 사항 준수의 보증
	PO9 위험 평가
	PO10 프로젝트 관리
	PO11 품질 관리

사업 목적 — 가용성 / 준수성 / 신뢰성

모니터링 — 효과성 / 효율성 / 기밀성 / 무결성 — 정보

IT 지원 — 인력 / 응용 시스템 / 기술 / 시설 / 데이터

계획 및 조직

운영 및 지원

도입 및 구축

DS1 서비스 수준 정의 및 관리	DS8 고객 자문 및 지원
DS2 제삼자 서비스 관리	DS9 형상 관리
DS3 성능 및 용량 관리	DS10 문제 및 사고 관리
DS4 지속적인 서비스 보증	DS11 자료 관리
DS5 시스템 보안 인증	DS12 시설 관리
DS6 비용 식별 및 배분	DS13 운영 관리
DS7 사용자 교육 및 훈련	

AI1 자동화된 솔루션의 식별
AI2 응용 소프트웨어 획득 및 유지
AI3 기술 하부 구조 획득 및 유지
AI4 절차 개발 및 유지
AI5 시스템 설치 및 인가
AI6 변경 관리

03 BSC

최근 BSC가 전략을 실행하기 위한 지표 관리 및 프로세스 운영의 핵심 도구로 주목받고 있다. BSC는 로버트 캐플런과 데이비드 노턴이 1990년대 초반에 소개한 개념으로, 기업의 성과를 단순히 재무 지표만이 아니라 고객, 내부 비즈니스 프로세스, 학습 및 성장의 관점에서 종합적이고 균형적으로 관리하는 접근법이다. 이를 통해 전략과 구성원들의 일상업무 간 균형, 재무 지표와 비재무 지표 간 균형, 상하 조직 레벨 간 균형, 단기 성과와 장기 성과 간 균형 등 기업 성과에 영향을 미치는 다양한 요소 간의 균형을 추구하고, 이러한균형을 통해 지속적인 발전을 도모하게 된다.

그림 13-11
BSC
기업의 성과를 단순히 재무 지표만이 아니라 고객, 내부 비즈니스 프로세스, 학습 및 성장의 관점에서 종합적이고 균형적으로 관리하는 접근법이다.

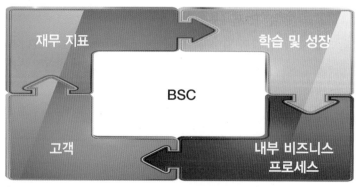

BSC의 등장 배경

지난 수십 년간 전통적 경영관리는 재무적 측정 지표에 너무 편중했다는 비난을 받아왔는데, 이는 현대사회가 전통적 경영관리가 출현했던 때와는 아주 달라졌기 때문이다. 또한 재무적 측정치는 경쟁적 환경을 통해 조직을 이끌어나가고 평가하는 데 부적절하다는 인식이 확산되고 있다. 그것은 과거 지향적인 후행 지표에 불과하며, 기업의 미래 비전이나 재무적 가치의 창출을 위해 현재 혹은 미래에 취해야 할 행동에 대한 적절한 지침을 제공하지 못하기 때문이다. 재무적 측정치는 단기적 성과만을 지나치게 강조하고 고객 및 경쟁적 측면을 무시하며 산출 지향적이기 때문에 투입 및 경영 과정을 무시하는 경향이 있었다. BSC의 등장 배경은 다음과 같이 요약할 수 있다.

- **단기적 성과만을 지나치게 강조:** 미래 이익 창출의 요소가 되는 연구·개발, 사원의 교육훈련 및 기타 단기적 재무 성과에 반하는 모든 지출을 억제하여 궁극적으로는 기업의 미래 경쟁력을 떨어뜨리는 원인이 되었다.

- **고객 및 경쟁적 측면 무시:** 오늘날 많은 기업은 고객에게 초점을 맞추는 고객 만족이 가장 큰 추세임에도 불구하고, 전통적인 재무적 측정치는 고객이 자사를 어떻게 보는지 아무런 정보도 제공하지 못했다. 또한 기존의 재무 성과 측정치는 고객의 입장에서 최대 관심사인 품질, 시간, 원가, 서비스 등에 관한 정보도 제공하지 못했다.

- **재무적 측정치가 산출 지향적:** 재무적 측정치는 조직 운영 수준과의 연계성이 부족하며, 상위 경영자들이 기업의 한계 상황을 정확히 이해하지 못해 기업의 전략을 효과적으로 수행하지 못했다. 뿐만 아니라 종업원들은 자신들이 기업의 비전이나 전략 수행에 얼마나 기여하는지 알지 못하므로 목표 일치라는 관점에서 큰 어려움이 있다.

BSC의 정의

재무적 측정 지표의 문제점이 부각되고 기업 경영에서 정보나 지식과 같은 무형 자원의 중요성이 커짐에 따라 기존의 재무적 지표 외에 비재무적 정보를 측정할 수 있는 성과 지표의 개발이 요구되었다. 이런 상황에서 등장한 것이 BSC이다.

BSC는 과거의 결과물인 재무 지표에만 의존한 기업 성과 측정의 한계를 극복하고 미래의 경쟁력을 향상하기 위한 지표로, 기존 재무 지표(매출액, 순이익), 고객(고객 만족도, 신규 고객 창출), 내부 비즈니스 프로세스(혁신, 운영), 학습 및 성장(직원 역량, 정보시스템 능력) 등의 관점에서 균형 있게 평가하는 방식이다. BSC는 전략(목표)에 근거하여 네 관점의 핵심 성공 요소CSF를 측정 가능한 핵심 성과 지표KPI로 구체화하여 조직 전체의 전략 목표에 대한 커뮤니케이션 수단을 제공하고 전사 역량을 전략 목표에 집중함으로써 사업 전략을 실행으로 전환해주는 새로운 경영 프레임워크라고 할 수 있다.

BSC의 구성 요소

BSC는 평가 관점, 핵심 성공 요소CSF, 핵심 성과 지표KPI, 목표, 인과관계 등을 활용하여 평가를 진행한다.

그림 13-12
BSC의 구성 요소
BSC는 평가 관점, 핵심 성공 요소, 핵심 성과 지표, 목표, 인과관계 등을 활용하여 평가를 진행한다.

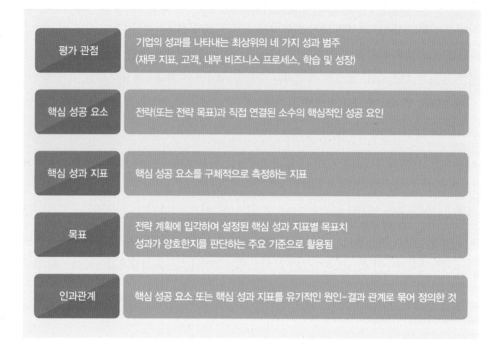

평가 관점	기업의 성과를 나타내는 최상위의 네 가지 성과 범주 (재무 지표, 고객, 내부 비즈니스 프로세스, 학습 및 성장)
핵심 성공 요소	전략(또는 전략 목표)과 직접 연결된 소수의 핵심적인 성공 요인
핵심 성과 지표	핵심 성공 요소를 구체적으로 측정하는 지표
목표	전략 계획에 입각하여 설정된 핵심 성과 지표별 목표치 성과가 양호한지를 판단하는 주요 기준으로 활용됨
인과관계	핵심 성공 요소 또는 핵심 성과 지표를 유기적인 원인-결과 관계로 묶어 정의한 것

BSC의 가장 중요한 요소는 평가 관점인데, BSC는 조직의 전략을 재무 지표 관점, 고객 관점, 내부 비즈니스 프로세스 관점, 학습 및 성장 관점으로 측정하고 핵심 성과 지표로 전환하여 관리한다. 네 가지 관점은 상호 인과관계가 있으므로 이를 통해 경영관리 및 성과를 고려한 경영이 가능하다.

- **재무 지표 관점**: 고객 만족, 품질 향상 등 운영의 성과가 재무적 성공으로 이어지는 것은 아니며, 운영의 성과가 수익 창출이라는 재무적 목표를 달성하지 못한다면 기업의 차원에서 운영의 성과를 재검토해야 한다. 즉 고객, 내부 비즈니스 프로세스, 학습 및 성장 관점의 목표는 장기적으로 수익 창출이라는 재무적 목표와 연계되어야 한다.

- **고객 관점**: 고객을 위한 가치를 창출하는 방법, 이러한 가치에 대한 고객의 요구를 만족시키는 방법, 고객이 그 가치에 대해 비용을 지불하고자 하는 이유 등이 제시되어야 한다. BSC의 고객 관점에서 기업은 자사의 전략에 맞는 고객 및 시장을 세분화하고, 이 시장에서 성과 측정을 위한 지표를 규정한다. 이 관점의 핵심적인 결과물 측정 지표는 고객 만족과 고객 유지, 신규 고객 확보, 고객 수익성, 목표 시장에서의 시장 점유율과 고객 점유율 등을 포함한다.

- **내부 비즈니스 프로세스 관점**: 고객 중심적 측정 지표가 중요하지만, 이러한 측정 지표는 기업이 고객의 기대에 부응하기 위해 기업 내적으로 무엇을 해야 하는가에 대한 측정 지표로 전환되어야 한다. 내부 비즈니스 프로세스 관점은 고객 관점을 만족시키기 위해 경영관리 측면에서 필요한 업무 절차, 의사결정, 성과 향상에 목적을 두며, 고객의 요구를 만족시키기 위한 내부 경영관리에 초점을 둔다.

● **학습 및 성장 관점**: BSC의 재무 지표, 고객, 내부 비즈니스 프로세스 관점의 목표를 달성할 수 있게 하는 하부 구조를 제시하며, 이 관점의 목표 및 측정 지표는 다른 세 가지 관점에서 탁월한 결과를 달성할 수 있도록 하는 동인이다. 따라서 학습 및 성장 관점에서의 측정은 기업의 하부 구조가 되는 직원 역량, 시스템 역량, 동기부여 및 권한 위임과 같은 조직 문화 등 조직 역량의 강화를 바탕으로 지원의 만족도, 유지도, 생산성에 관련된 핵심 성과 지표를 통해 이루어진다.

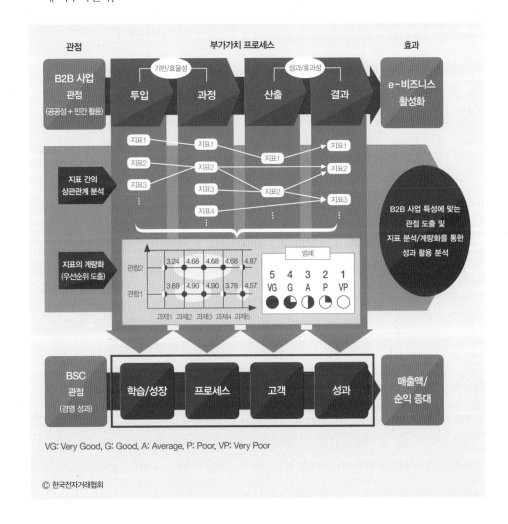

그림 13-13
B2B 사업의 BSC 평가 모형

04 정보시스템 감사 기법

정보시스템 개발 과정에 독립적인 제삼자가 들어와서 수행하는 검토 활동을 감리라고 한다. 전통적인 시스템에서 자료와 프로그램을 감사하는 데에는 여러 가지 기법이 있는데, 그중에서 EDP 감사 기법은 업무 처리 통제와 과정을 주로 다루기 때문에 입력, 처리, 출력의 세 과정에서 입출력 중심과 처리 중심으로 나누는 것이 적절하다. EDP 감사 기법은 감사 객체인 시스템과 자료가 고객의 실제 시스템과 자료인지, 아니면 감사인이 준비한 시스템과 자료인지에 따라 구분할 수 있다.

정보시스템 감리는 주로 정보 관련 기술사가 수행한다. 또한 CISA 자격증을 취득하면 소프트웨어 감리 기관에 취업하여 감리를 수행할 수 있다. 국내 감리의 유형은 다음과 같이 분류할 수 있다.

- **기술 감리**: 기술적 측면에서 정보 기술의 타당성 검토, 신기술에 대한 유연성 검토, 정보 기술 자원의 품질 검토, 제품 평가를 통한 문제점 식별 및 프로세스에 반영한다.
- **비용 감리**: 정보시스템 사업의 계약 내용과 비용 간의 타당성, 실행의 적절성을 검토하며, 정보시스템 도입 관련 사전 원가 계산과 사업 종료 단계의 정산 작업을 수행한다.
- **성과 감리**: 정보시스템 투자의 효과성과 효율성, 정보 기술 활용의 최종 성과를 평가한다.
- **사업 감리**: 사업의 성공적 수행이 목적이다.
- **운영 감리**: 정보시스템의 안정성, 효과성, 보안성 확보가 목적이다.
- **사전 감리**: 감사에 착수하기 전 일정, 조직, 예산에 대한 감리이다.
- **진행 감리**: 프로젝트 진행에 대한 감리로 표준 절차 준수, 프로젝트 관리를 포함한다.
- **사후 감리**: 종료 시점에 감리를 실시하며 요구 사항 충족도, 투입 비용, 기간의 적정성, 품질, 성능, 사용자 교육, 문서화를 평가한다.

입출력 중심의 감사 기법

입출력 중심의 감사 기법에는 테스트 데이터법과 ITF법이 있다.

- **테스트 데이터법(Test Data, TD)**: 컴퓨터를 이용한 감사의 한 방법으로, 감사인이 작성한 테스트 데이터를 준비하고 실제로 사용하는 프로그램으로 처리한 결과와 미리 데이터를 집계한 결과를 비교하여 회계시스템의 정당성을 평가하는 것이다. 또한 감사인이 처리할 거래를 알고 결과를 예상대로 확인했다면 고객의 업무 처리가 옳다고 본다.
- **ITF법(Integrated Test Facility)**: ITF법은 주로 온라인 시스템의 감사에 사용하며, 통합 검사 기능, 실시간 시험 자료법이라고도 한다. 이는 가동 중인 컴퓨터에 실제 데이터와 가공한 테스트 데이터를 보내서 미리 계산한 예상 결과와 대조함으로써 피감사 시스템의 타당성을 평가하는 방법이다.

처리 중심의 감사 기법

처리 중심의 감사 기법에는 EAM과 GAS가 있다.

- **EAM(Extranet Access Management)**: 고객이 대량의 거래를 처리하는 경우, 감사인은 합당한 검사와 분석을 하기 위해 고객이 준비한 자료를 선별하려는 목적으로 고객의 업무 처리 소프트웨어에 감사 모듈을 설치하기도 한다. 예를 들면 모듈은 고객 계정의 거래를

감시하여 감사인이 지정한 일정액 이상의 거래를 지속적으로 선택할 수 있다. 이렇게 선별된 거래는 나중에 분석하기 위해 따로 저장된다.

- **GAS(Generalized Audit Software):** 감사인이 준비한 감사용 프로그램으로 초기에는 샘플링용으로 많이 쓰였으나 성능이 향상되면서 사용자 중심의 인터페이스를 사용하고 전문화된 감사 소프트웨어가 가진 기능도 흡수했다. GAS 패키지는 고객의 자료 파일에서 여러 가지 감사 절차를 수행할 수 있도록 다양한 기능을 갖추고 있다.

01 정보시스템이 도입되면 조직의 분권화가 이루어지고 명령 계층이 줄어들어 중앙집권화가 함께 이루어진다.

02 CIO는 조직의 정보화를 총괄하여 정보 자원을 효율적으로 관리하는 최고 책임자이다.

03 기업이 소프트웨어를 확보하기 위해 선택할 수 있는 다양한 대안은 크게 자체 개발, 외주 개발, 패키지 도입으로 나눌 수 있다.

04 소프트웨어의 자체 개발은 기업이 자체적으로 보유한 전문 인력을 활용하여 필요한 소프트웨어를 개발하는 방법으로, 전통적으로 가장 널리 사용되었다.

05 외주 개발의 가장 큰 장점은 자체 인력이나 기술적 능력의 부족을 극복할 수 있다는 것이다.

06 응용 소프트웨어 패키지를 외부에서 도입하면 조직의 입장에서는 짧은 시간 안에 저렴한 비용으로 필요한 소프트웨어를 확보할 수 있으며, 사회 전체적으로도 같은 내용의 소프트웨어를 중복 개발하지 않아도 되므로 매우 효율적이다.

07 정보시스템은 설치 환경을 준비한 후 설치 및 점검에 들어가며 시스템 전환으로 마무리한다.

08 정보시스템 통제는 정보시스템 기능의 정상적인 수행에 지장을 초래하는 불법적 행위나 착오, 재해 등을 방지하거나 그 피해를 최소화하는 관리적 행위이다.

09 정보시스템 통제에서 일반 통제는 계획된 방법으로 정보시스템의 개발, 이행, 운용이 제대로 이루어지는지 확인하는 것으로 자료 처리 자원에 대한 취득, 개발, 사용, 유지 등과 관련된다. 응용 통제는 입력 통제, 프로세싱 통제, 데이터베이스 통제, 통신 통제로 구분할 수 있다.

10 정보시스템을 평가하는 전통적 방법으로는 재무적 접근 방식, 확률적 접근 방식, 다중 접근 방식이 있다.

11 공공 분야 정보화 사업 평가에 가장 많이 쓰이는 방법론은 CBA와 BSC, 최근 공공 분야의 IT 투자 ROI 측정을 위해 새롭게 제시되고 있는 VMM과 VOI이다.

12 IT 거버넌스는 기업의 조직 및 목표와 IT를 연계하고 IT 자원을 효과적으로 활용하기 위한 IT 활동을 전사적, 사업부별, 팀별, 개인별로 세분화하여 역할과 책임을 정립하는 지배 구조를 말한다.

13 BSC는 기업의 성과를 단순히 재무 지표만이 아니라 고객, 내부 비즈니스 프로세스, 학습 및 성장의 관점에서 종합적이고 균형적으로 관리하는 접근법이다.

14 정보시스템 감사에서 입출력 중심의 감사 기법에는 테스트 데이터법과 ITF법이 있고, 처리 중심의 감사 기법에는 EAM과 GAS가 있다.

01 다음 설명의 (가), (나)에 해당하는 내용을 각각 쓰시오.

> 정보시스템의 도입에 의한 조직 구조 변화와 관련하여 가장 많은 논쟁을 불러일으키는 주제는 정보시스템이 (　　(가)　　)를(을) 촉진하느냐, 아니면 (　　(나)　　)를(을) 강화하느냐였다. 결론부터 이야기하자면 (　　(가)　　)가(이) 이루어지고 명령 계층이 줄어들어 (　　(나)　　)가(이) 함께 이루어진다.

(가) _____   (나) _____

02 다음 중 MIS의 도입이 직무에 끼친 영향으로 적절하지 않은 것은?

① 사무직과 전문직의 경계가 확실해졌다.

② 컴퓨터 입력과 관련된 기계적이고 반복적인 업무가 증가했다.

③ 전문직의 전문성이 약해지거나 그 문호가 넓어지는 경향이 나타나고 있다.

④ 컴퓨터의 이용과 더불어 자료 수집이나 단순 집계와 같은 수작업이 감소했다.

⑤ 워드프로세서의 이용과 함께 사무직에 요구되는 기술 수준이 오히려 높아졌다.

03 다음 중 전통적인 MIS 부서 책임자의 특징은?

① 수동적 환경 대응   ② IT 전략을 바탕으로 한 현업 선도

③ 기능 부서 임원의 역할 수행   ④ IT 수요의 관리

⑤ 혼합적 역할 및 다양한 상호 관계

04 다음 중 CIO가 수행해야 할 역할이 아닌 것은?

① 시스템 요원에 대한 적절한 인사 관리

② 사용자 부서의 요구 사항에 대한 정확한 분석

③ 모든 현행 시스템의 효율적이고도 신뢰도 높은 운영의 보장

④ 일상적인 시스템 운영 통제를 위한 정책, 계획 및 일정 등의 수립

⑤ 책임 소재가 확실한 과업만 수행하며 명료하게 규정된 역할 및 상호 관계 유지

05 기업이 소프트웨어를 확보하는 방법 중 (가), (나), (다)에 해당하는 것을 각각 쓰시오.

> • ((가)): 조직의 입장에서는 짧은 시간 안에 저렴한 비용으로 필요한 소프트웨어를 확보할 수 있으며, 사회 전체적으로도 같은 내용의 소프트웨어를 중복 개발하지 않아도 되므로 매우 효율적인 방법이다.
> • ((나)): 소프트웨어 개발 주체가 외부 인력이다.
> • ((다)): 기업이 자체적으로 보유한 전문 인력을 활용하여 필요한 소프트웨어를 개발하는 방법이다.

(가) _____   (나) _____   (다) _____

06 다음 중 ERP 도입의 이점으로 적절하지 않은 것은?

① 단계적 도입 가능   ② 축적된 노하우 활용   ③ 개발 비용 절감

④ 책임 증가   ⑤ 도입에 따른 리스크 최소화

07 정보시스템의 설치 과정 중 다음 설명에 해당하는 것은?

> 기존 시스템의 사용을 중단하고 새로운 시스템을 사용하는 것으로 그 유형이 일시 전환, 병렬 전환, 단계적 전환으로 나뉜다.

① 시스템 설치   ② 시스템 전환   ③ 시스템 유지

④ 시스템 보수   ⑤ 시스템 점검

08 정보시스템 통제 중 (가), (나)에 해당하는 것을 각각 쓰시오.

> • ((가)): 계획된 방법으로 정보시스템의 개발, 이행, 운용이 제대로 이루어지는지 확인하는 것으로 자료 처리 자원(하드웨어, 소프트웨어, 자료 등)에 대한 취득, 개발, 사용, 유지 등과 관련된다.
> • ((나)): 입력 통제, 프로세싱 통제, 데이터베이스 통제, 통신 통제로 구분할 수 있다.

(가) _____   (나) _____

09 다음 설명에 해당하는 것은?

> 정보시스템 기능의 정상적인 수행에 지장을 초래하는 불법적 행위나 착오, 재해 등을 방지하거나 그 피해를 최소화하는 관리적 행위를 말한다.

① 정보시스템 평가　　　　② 정보시스템 감사　　　　③ 정보시스템 통제
④ 정보시스템 설치　　　　⑤ 정보시스템 유지보수

10 정보시스템 평가 방법 중 재무적 접근 방식의 방법론과 그에 대한 설명으로 바르지 않은 것은?

① EVA: 기업 수익의 총합에서 영업 활동을 수행하기 위해 투입된 자본 비용을 차감하는 기법
② TCO: IT 조직, 업무, 프로세스상의 비용적 낭비 요소를 파악하여 이를 정량적 데이터로 제공하는 기법
③ TEI: IT 도입의 비용 요소에 수익과 유연성을 결합하고 그 리스크를 반영하는 기법
④ EVS : 기업의 포트폴리오와 관련된 모든 IT 투자 대상 프로젝트의 우선순위를 선정하고 자원을 할당하는 기법
⑤ IP: 단순 재무제표 기반 지표에 운영 측면의 지표를 추가하여 ROM을 통해 정보화 투자 및 효과를 측정하고 분석하는 기법

11 다음 중 공공 분야 정보화 사업 평가에 많이 쓰이는 방법론이 아닌 것은?

① CBA(Cost-Benefit Analysis): 비용 효과 분석
② BSC(Balanced Scored Card): 균형 성과 관리 지표
③ TVO(Total Value Opportunity): 총 가치 기회
④ VMM(Value Measuring Methodology): 가치 평가 방법론
⑤ VOI(Value Of Investment): 투자 가치 방법론

12 다음 설명의 괄호 안에 공통으로 들어갈 내용을 쓰시오.

> IT 투자 성과를 관리하는 차원에서 IT를 더 효과적으로 운영·지배·관리하기 위해 (　　　　)의 개념이 등장했다. (　　　　)는(은) 기업의 조직 및 목표와 IT를 연계하고 IT 자원을 효과적으로 활용하기 위한 IT 활동을 전사적, 사업부별, 팀별, 개인별로 세분화하여 역할과 책임을 정립하는 지배 구조를 말한다.

13 다음 중 BSC가 등장하게 된 배경으로 적절하지 않은 것은?

① 재무적 측정치가 산출 지향적이었다.

② 재무적 측정치는 조직의 기밀 유출 가능성이 있었다.

③ 재무적 측정치는 단기적 성과만을 지나치게 강조했다.

④ 전통적 경영관리는 재무적 측정 지표에 너무 편중했다.

⑤ 재무적 측정치는 고객이 자사를 어떻게 보는지 아무런 정보도 제공하지 못했다.

14 다음 중 BSC의 구성 요소가 아닌 것은?

① 재무적 측정치   ② 평가 관점   ③ 핵심 성공 요소(CSF)

④ 인과관계   ⑤ 핵심 성과 지표(KPI)

15 정보시스템 감사 기법 중 다음 설명에 해당하는 것은?

> 컴퓨터를 이용한 감사의 한 방법으로, 감사인이 작성한 테스트 데이터를 준비하고 실제로 사용하는 프로그램으로 처리한 결과와 미리 데이터를 집계한 결과를 비교하여 회계시스템의 정당성을 평가하는 것이다. 또한 감사인이 처리할 거래를 알고 결과를 예상대로 확인했다면 고객의 업무 처리가 옳다고 본다.

① ITF법   ② 테스트 데이터법   ③ EAM

④ GAS   ⑤ SCARF

01 정보시스템의 도입으로 조직 구조와 직무의 전면적인 변화를 겪은 기업의 사례를 조사하여 리포트를 작성하시오.

02 4차 산업혁명 시대에 CIO의 위상과 역할이 어떻게 변화할 것인지 예상해보고 이에 대해 토론하시오.

03 자신이 기업을 경영한다면 소프트웨어를 도입할 때 자체 개발, 외주 개발, 패키지 도입 중 어떤 방법을 사용할지 발표하시오.

04 정보시스템을 평가할 때 어떤 방법이 가장 유용할지 토론하시오.

05 정보시스템의 감사 기법에 대해 알아보고, 국내 기업의 도입 사례를 조사하여 리포트를 작성하시오.

다음은 논문「균형 성과표를 활용한 전자의무기록시스템의 성과 측정 모형 개발」의 일부를 발췌한 것이다. 다음을 읽고 주어진 주제를 조사하여 리포트를 작성하시오.

대부분의 병원은 EMR 시스템을 사용하고 있으며, 시대적 변화에 따라 의료정보시스템에 대해 더 많은 역할 수행이 기대되고 있다. 이에 본 연구는 BSC를 활용하여 EMR 시스템의 성과 측정 지표와 모형을 제시하고자 하며, 연구의 세부 목적은 다음과 같다. 첫째, 선행 연구를 통해 병원정보시스템의 EMR 성공 요인을 도출한다. 둘째, 성공 요인을 BSC 관점별로 구성하여 인과관계를 분석한다. 셋째, 인과관계가 성립되는 EMR 성과 지표와 모형을 제시한다.

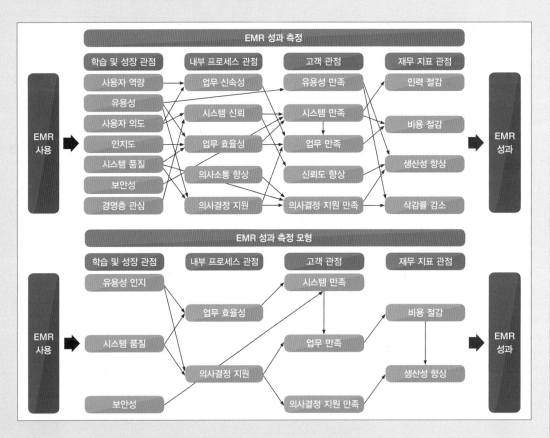

© 이경희·김영훈·부유경,「균형 성과표를 활용한 전자의무기록시스템의 성과 측정 모형 개발」, 서울의료원, 을지대학교 대학원 의료경영학과

- 위의 사례에서 BSC의 네 가지 관점이 무엇인지 조사하시오.

- 네 가지 관점으로 보는 이유를 조사하시오.

가용성 availability 인가받은 사용자가 정보 자산에 대해 적절한 시간에 접근할 수 있도록 하는 것을 의미한다.

가치사슬 value chain 기업에서 경쟁 전략을 세우기 위해 자신의 경쟁적 지위를 파악하고 이를 향상할 수 있는 지점을 찾는 데 사용하는 모형이다.

개념적 기술 conceptual skill 조직에 대한 큰 그림 및 각 하위 부분과의 관계를 제시할 수 있는 능력으로 계획, 조직화, 통제, 체계 구축, 문제 분석, 의사결정, 조정 및 권한 위임 업무에 필요하다.

개방시스템 open system 무작위적이고 정의되지 않은 입력을 포함하여 정보, 물질, 에너지 등을 환경과 교환하며 사람이나 기업 같은 시스템이 여기에 속한다.

개인용 컴퓨터 Personal Computer, PC 마이크로프로세서를 탑재하여 만든 컴퓨터이다. 마이크로컴퓨터, 데스크톱 컴퓨터, 또는 줄여서 데스크톱이라고 부른다.

개인정보 personal data 살아 있는 사람에 관한 정보를 말하며 이름, 주민등록번호 등과 같이 특정인을 알아볼 수 있는 정보를 나타내기도 한다.

객체관계 DBMS object-relational DBMS 관계 데이터 모델에 객체지향 개념을 도입한 객체관계 데이터 모델을 사용한다.

객체지향 방법론 object-oriented methodology 현실 세계에 존재하는 실체를 객체라는 독립된 단위로 구성하여 이 객체들이 메시지를 통해 시스템을 운영하도록 하는 개념이다.

객체지향 DBMS object-oriented DBMS 더 복잡한 응용 분야의 데이터를 관리하려는 사용자의 요구를 충족하기 위해 제안된 것으로, 새로운 유형의 데이터 저장과 데이터의 복잡한 분석 및 처리를 지원한다.

갠트 차트 Gantt chart 목적과 시간, 이 두 가지 기본적 요소를 이용하여 만드는 그래프로 헨리 갠트가 고안했다.

거래처리시스템 Transaction Processing System, TPS AIS(Accounting Information System)라고도 하며, 기업의 가장 기초적인 활동인 업무 거래를 지원하는 시스템을 의미한다.

경영 management 조직의 목표 달성을 위해 자원을 효율적으로 활용하는 여러 가지 동태적인 활동을 말한다.

경영전략 management strategy 기업이 나아가야 할 미래의 방향을 설정하고, 기업의 목적과 목표를 달성하기 위한 행동 지침을 규정한 것을 말한다.

경영정보시스템 Management Information System, MIS 경영관리층에 정보를 제공하는 정보보고시스템을 의미한다. 좁은 의미로는 경영관리자 중심의 정보시스템, 넓은 의미로는 컴퓨터 기반의 정보시스템이라고 할 수 있다.

경영 혁신 management innovation 경영전략의 본질은 기업이 변화하는 것인데, 이러한 변화를 말한다.

경영 환경 management environment 기업(조직)을 둘러싸고 있거나 기업에 직간접적으로 영향을 미치는 기업 내외부의 모든 요인을 의미한다.

경쟁 전략 competitive strategy 기업 경영전략의 최고 권위자인 마이클 포터는 기업이 취할 수 있는 경쟁 전략을 비용우위, 차별화, 집중화로 구분했다. 이러한 세 가지 경쟁 전략 중 어느 하나를 효율적으로 수행하기 위해서는 전력 투구와 이를 뒷받침하는 조직상 정비가 필요하다.

경험재 experience good 재화를 구매하거나 실험적으로 사용해야만 특성을 알 수 있는 상품을 말한다.

계층 DBMS hierarchical DBMS 데이터베이스를 트리 형태로 구성하는 계층 데이터 모델을 사용한다.

계획 plan 미래 지향적인 목표를 달성하기 위해 사전에 상황을 예측하고 행동 지침을 예정하는 기능으로, 경영자가 예감보다는 어떤 방법, 계획, 또는 논리에 기초하여 자신의 목표와 행동을 생각하는 과정이다.

공개키 암호시스템 public key cryptosystem 공개키는 공개되어 있고 개인키는 거래 당사자 간 하나씩만 있으면 되기 때문에 대칭키에 비해 키의 개수를 상대적으로 적게 유지할 수 있으며, 키를 전송할 필요가 없어 상대적으로 안전한 시스템이지만, 암호화를 위한 키의 크기가 상대적으로 크기 때문에 컴퓨팅 수행 능력이 떨어질 수 있다.

공리주의 utilitarianism 19세기 중반 영국에서 나타난 사회사상으로 가치 판단의 기준을 효용과 행복의 증진에 두어 '최대 다수의 최대 행복' 실현을 윤리적 행위의 목적으로 보았다.

공유지의 비극 tragedy of commons 수자원이나 토지 자원 등 공유 자원의 이용을 개인의 자율에 맡길 경우 서로의 이익을 극대화함에 따라 자원이 남용되거나 고갈되는 현상이다.

공인인증서 certificate 공인인증 기관이 발행하는 전자정보 형태의 사이버 거래용 인감 증명서로, 인터넷 뱅킹이나 온라인을 통한 신용카드 거래에서 거의 필수적으로 사용되고 있다.

과업 환경 task environment 개별 기업의 경영 활동 수행에 직접적으로 영향을 끼치는 환경으로, 주로 기업의 이해관계 집단으로 구성된다.

관계형 데이터베이스 relational database 일련의 정형화된 테이블(관계)로 구성된 데이터 항목의 집합이다.

관계 DBMS relational DBMS 데이터베이스를 테이블 형태로 구성하는 관계 데이터 모델을 사용하며, 레코드 간의 관계를 실제 자료로 표현한다.

교체비용 switching cost 어떤 제품을 사용하던 소비자가 다른 제품으로 소비를 전환하려 할 때 부담해야 하는 비용을 말한다.

구조적 방법론 structured methodology 소프트웨어 엔지니어인 에드워드 요든 등이 개발하여 보급된 이후 널리 사용되고 있는 소프트웨어 개발 방법론이다. 구조적 방법론에서 사용하는 도구는 자료 흐름도, 자료 사전, 소단위 명세서 등이 대표적이며, 주로 하향식 기능 분해 기법 등을 이용한다.

군집 분석 cluster analysis 어떤 목적 변수를 예측하기보다는 속성이 비슷한 것들을 묶어서 몇 개의 의미 있는 군집으로 나누어 분석하는 것이다.

규모의 경제 economies of scale 투입 규모가 커질수록 장기 평균비용이 줄어드는 현상을 말하며, 생산량을 증가시킴에 따라 평균비용이 감소하는 특징이 있다.

규칙 기반 전문가시스템 rule-based expert system 전문가로부터 얻은 전문 지식을 조건문 형태의 규칙으로 표현한다.

그룹의사결정지원시스템 Group Decision Support System, GDSS 의사결정지원시스템의 일종으로, 의사결정 관련 모임에 참가한 사람들을 지원하기 위한 소프트웨어, 하드웨어, 전산 언어, 처리 절차의 집합으로 구성된 시스템이다.

그린 IT Green IT IT 산업에서 에너지 비용 증가에 대처하고 지구온난화를 방지하기 위해 제시된 개념이다. 친환경적이고 지속 가능한 IT 산업 성장을 위한 대안이다.

기밀성 confidentiality 인가된 사용자만 정보 자산에 접근할 수 있는 것을 의미한다.

기억장치 memory device 입출력 데이터와 연산 처리 결과를 저장하는 장치로 주기억장치와 보조기억장치로 나눌 수 있다.

기업 전략 corporate strategy 기업의 종합적인 관점에서 비전과 목표를 설정하고, 각 사업 분야에 경영자원을 배분 및 조정하는 활동을 의미한다.

네트워크 보안시스템 network security system 외부의 공격으로부터 내부의 시스템을 보호하는 시스템으로 소프트웨어와 하드웨어를 총망라한다.

네트워크 DBMS network DBMS 데이터베이스를 노드와 간선을 이용한 그래프 형태로 구성하는 네트워크 데이터 모델을 사용한다.

놀런의 단계 모형 The Nolan Stage Model 성장 단계와 경영시스템의 여러 가지 특징을 대응시키는 모형으로 정보시스템의 발달 과정을 설명하는 이론이다. 기업이 현재 수준에서 어떤 단계의 정보 기술 활용 능력이 있고, 다음으로 발전시켜야 할 단계가 무엇인지 파악하도록 도와준다.

다기준 의사결정 multi-criteria decision making 평가 기준이 다수인 경우, 각 기준하에서 선택 대상으로 고려하는 다수 대안의 선호도를 각각 측정하고 이를 종합하여 최선의 대안을 선택하는 과정을 말한다.

다목적 의사결정 multi-objective decision making 의사결정의 목적이 두 개 이상일 때 내리는 의사결정을 말한다.

다중화 multiplexing 여러 정보의 흐름을 하나의 큰 전송선으로 공유하여 전송함으로써 전송 효율을 높이는 것을 말한다.

다지점 전송 multipoint transmission 둘 이상의 통신장치가 하나의 회선을 공유하는 전송 방식이다.

단말 장치 terminal unit 데이터 통신의 송신자나 수신자의 끝에서 신호를 보내는 장치이다.

대인관계 기술 human relations skill 의사소통과 동기부여에 관한 것으로, 관리자가 사람들과 함께 일할 수 있도록 하며 리더십, 코칭, 사기 진작, 권한 위임, 훈련, 지도, 지원 등의 기술과 관련된다.

대칭키 암호시스템 symmetric key cryptosystem 공개키 암호시스템보다 암호화 키의 크기가 상대적으로 작아서 효과적인 암호시스템을 구축할 수 있다.

대형 컴퓨터 mainframe computer 주로 대기업, 은행, 연구소 등에서 사용되는 컴퓨터로 다수의 사용자가 동시에 업무를 처리할 수 있도록 설계되었다.

데이터마이닝 data mining 대용량 데이터 내에 존재하는 관계, 패턴, 규칙 등을 탐색하고 모형화하여 유용한 지식을 추출하는 일련의 과정을 말한다.

데이터 마트 data mart 데이터웨어하우스와 사용자 사이에 중간층이 필요한데 이 중간층을 말한다.

데이터 모델링 data modeling 관계형 데이터베이스를 사용하기 위해서는 필요한 자료의 성격을 미리 규정하고 체계화하는 노력이 선행되어야 하는데 이를 데이터 모델링이라고 한다.

데이터베이스 DataBase, DB 특정 조직의 여러 사용자가 공유하여 사용할 수 있도록 통합해서 저장한 운영 데이터의 집합이다.

데이터베이스관리시스템 DataBase Management System, DBMS 파일시스템이 가진 데이터 중복과 데이터 종속 문제를 해결하기 위해 제시된 소프트웨어이다.

데이터웨어하우스 data warehouse 기업 등의 조직에서 여러 해 동안 축적하여 생긴 조직의 데이터와 외부 데이터를 주제별로 통합하여 별도의 조작 없이 즉시 여러 각도에서 분석을 가능하게 하는 통합 데이터베이스시스템이다.

데이터 통신 data communication 멀리 떨어져 있는 송신자 컴퓨터와 수신자 컴퓨터 또는 입출력 장치를 통신 회선으로 연결하여 데이터를 처리하고 전송하는 것을 말한다.

데이터 통신망 data communication network 통신망에 접속된 컴퓨터 간에 데이터를 송수신할 때 경로를 설정하는지 여부에 따라 교환 통신망과 방송 통신망으로 나뉜다.

데이터 통합 기법 data integration method 데이터 수집의 어려움은 데이터 보강으로 해결할 수 있으며, 데이터 보강을 위해 데이터 통합 기법을 사용한다.

도메인 네임 domain name 인터넷의 숫자 주소를 외우지 않아도 쉽게 사용할 수 있는 인터넷 기본 구성이다.

디도스 DDoS, Distributed Denial of Service 분산 서비스 거부 또는 분산 서비스 거부 공격으로도 불린다. 네트워크의 공격 대상이 수용할 수 있는 능력 이상의 정보를 제공하거나 사용자 또는 네트워크의 용량이 초과되어 정상적으로 작동하지 못하게 하는 공격이다.

로보틱스 robotics 인간과 유사한 동작을 수행할 수 있는 기계의 연구·개발 분야로, 이미 기업 활동의 각 분야에서 실용화되어 생산성을 높이는 데 크게 기여하고 있다.

롱테일 long tail 긴 꼬리(큰 시장)의 끝 부분에 해당하는 작은 시장과 개별적 요구로 이루어진 다수를 의미한다.

리스크 risk 확실성에 노출된 정도를 의미하며 부정적 상황 외에 긍정적 가능성도 내포한다. 특히 금융에서 많이 사용되는 리스크란 용어는 불확실한 미래 상황에 노출된 상태로 미래의 결과에 따라 좋을 수도 있고 나쁠 수도 있다. 따라서 부정적인 결과만을 의미하는 위험(danger)과 구분해야 한다.

매시업 mashup 여러 요소를 섞는다는 뜻으로, 여러 가지 서비스와 데이터를 혼합하여 새로운 서비스를 만들어내는 것을 말한다.

머천트 시스템 merchant system 상품 로드, 상품 전시, 가격 표시, 상품 검색, 장바구니 등을 담당하며, 머천트 서버, 스테이징 서버, 트랜잭션 서버, 데이터베이스관리시스템, 상용 서버를 사용하여 구축한 종합 시스템이다.

메시지 교환망 message switching network 메시지 전송은 송신 측 노드에서 메시지를 받아 적절한 회선이 빌 때까지 저장했다가 메시지의 길이 그대로 다음 노드로 전송하는 방식을 취한다.

명시적 지식 explicit knowledge 언어화나 형식화가 가능한 객관적인 지식을 말한다. 말로 표현이 가능하고 분절화된 명시적 지식(디지털 지식)이다.

무결성 integrity 적절한 권한을 가진 사용자가 인가된 방법으로만 정보를 변경할 수 있도록 하는 것을 의미한다.

무어의 법칙 Moore's law 인터넷 경제의 3원칙 가운데 하나로, 마이크로칩의 밀도가 18개월마다 두 배로 늘어난다는 법칙을 말한다.

물류정보시스템 logistic information system 운송, 보관, 하역, 포장, 유통가공 등 물류에 대한 모든 정보 관리를 지원하는 전산시스템을 말한다.

바코드 bar code 검은 선, 흰 선의 굵기와 배열의 조합으로 정보를 표현하는 부호 체계이다.

방화벽 firewall 외부의 공격으로부터 시스템을 보호하고 내부의 중요한 정보가 유출되지 않도록 차단하는 하드웨어와 소프트웨어를 말한다.

배치 다이어그램 deplyment diagram 시스템의 소프트웨어와 하드웨어 컴포넌트 간 물리적 관계를 표현한다.

범위의 경제 economies of scope 하나의 기업이 두 가지 이상의 제품을 함께 생산할 경우, 두 가지를 각각 따로 생산하는 경우보다 생산비용이 적게 드는 현상이다.

병렬 전송 parallel transmission 각 데이터 비트 하나하나에 대응하는 통신 회선이 있어서 비트 블록을 한 번에 전송하는 방식이다.

병원정보시스템 Hospital Information System, HIS 병원 내에서 이루어지는 업무에 대한 모든 정보 관리를 지원하는 전산시스템을 말한다.

불확실성하의 의사결정 decision making under uncertainty 발생 가능한 여러 상황이나 각 대안과 상황에 따른 의사결정의 결과를 추정할 수는 있지만 상황의 발생 확률을 전혀 예측할 수 없는 경우를 말한다.

브레인스토밍 기법 brainstorming technique 참여자들이 자유롭게 의견을 제시하고 의견에 대한 토의를 통해 창조적인 아이디어를 도출하는 기법이다.

비용우위 전략 overall cost leadership strategy 산업에서의 비용우위를 달성하는 전략을 말한다.

빅데이터 big data 급증하는 디지털 환경에서 기존의 데이터베이스시스템으로 처리하기 어려운 대규모의 데이터를 말하며, 많은 양의 정형 데이터와 비정형 데이터가 포함된다.

빅데이터 기술 big data technology 대규모의 데이터 중에서 가치 있는 정보를 선별하여 결과를 분석하는 기술이다. 빅데이터 기술을 통해 분석한 결과를 이용하면 미래 예측이나 예산 절감이 가능하다.

사무적 기술 technical skill 특정 분야(제품의 판매나 개발)나 부서(마케팅이나 정보시스템)의 업무를 수행할 수 있는 능력을 의미한다.

사물인터넷 Internet of Things, IoT 각종 사물에 컴퓨터 칩과 통신 기능을 내장하여 인터넷에 연결하는 기술을 말한다.

사용사례 다이어그램 use case diagram 누가 어떤 용도로 시스템을 사용하는지에 대한 명세서이며, 이를 간단히 액터와 사용사례의 관계로 표현할 수 있다.

사용자 인터페이스 user interface 사용자와 시스템 간의 의사소통을 매개하는 프로그램으로, 사용자가 데이터를 입력하거나 추론 결과를 제공받고 전문가시스템을 용이하게 개발 및 이용할 수 있도록 하는 기관이다.

사이버 불링 cyber bullying 온라인상에서 특정 대상에게 의도적·반복적으로 적대적 발언 등의 악의적 행위를 하는 것을 말한다.

상태 다이어그램 state diagram 한 객체가 자신의 생명주기 안에서 취할 수 있는 상태와 그 상태 간 전이를 일으키는 이벤트, 상태 간 변화에서 발생하는 작용을 표현한다.

상충하의 의사결정 decision making under conflict 각 대안의 결과를 확실하게 알 수 없다는 점에서 불확실성 하의 의사결정과 동일하다.

소셜화 socialization 웹이 사용자들과 관계를 맺고 콘텐츠를 서로 공유하는 것을 의미한다.

소프트웨어 software 하드웨어를 구성하는 각 장치의 동작을 제어하는 명령어의 집합으로 프로그램이라고도 부른다.

소프트웨어 개발 방법론 software development methodology 기술적 방법, 도구, 절차, 이 세 가지 요소와 이것들을 통합하는 단계에 대한 포괄적인 개념이다.

속성 attribute 테이블의 각 열을 말하며, 필드(field)라고도 한다.

순차 다이어그램 sequence diagram 객체를 수직 쇄선 위에 상자 모양으로 표시한다. 이 수직선을 객체의 생존선이라고 하며 상호작용 동안 객체의 생존을 나타낸다. 각 메시지는 두 객체의 생존선 간 화살표로 표현한다.

슈퍼컴퓨터 super computer 일기예보, 핵실험 등 계산할 양이 많은 작업을 빠른 속도로 처리하기 위해 설계된 컴퓨터로 성능, 크기, 가격 면에서 가장 큰 컴퓨터의 종류이다.

스니핑 sniffing 네트워크에서 주고받는 데이터를 도청하여 사용자의 ID, 비밀번호, 이메일 내용, 쿠키 등을 가로챈다.

스파이웨어 spyware 무료 또는 유료로 배포되는 소프트웨어에 들어 있는 일종의 프로그램 모듈을 통칭한다.

스푸핑 spoofing '속이다'라는 의미로, 공격자가 MAC 주소, IP 주소, 이메일 주소와 같은 자신의 정보를 위장하여 정상적인 사용자나 시스템이 위장된 가짜 사이트를 방문하도록 유도하고 정보를 빼가는 수법이다.

시나리오 분석 scenario analysis 여러 경영 상황을 만들어두고 해당 상황에 따른 결과를 바탕으로 미래를 예측하는 기법이다.

시분할 다중화 Time Division Multiplexing, TDM 시간을 타임 슬롯이라는 기본 단위로 나누고 각 채널에 차례로 분배하는 방식이다.

시스템 system 하나의 구역 또는 기능 단위로 이루어진 여러 개의 독립된 구성 인자 개체가 전체 목표를 달성하기 위해 유기적으로 결합되어 있는 하나의 집합체 또는 실체라고 표현할 수 있다.

시스템 다이내믹스 system dynamics 피드백, 동적 역학, 시뮬레이션을 이용하여 시스템과 조직 전체의 관점에서 조직의 문제를 다루는 분야이다.

시스템 소프트웨어 system software 하드웨어를 작동시키는 기본 소프트웨어로, 컴퓨터 시스템의 다양한 구성 요소를 조정하고 응용 소프트웨어가 특정 컴퓨터 하드웨어에서 사용될 수 있게 한다.

시스템 접근 system approach 시스템의 개념을 이용하여 전체적인 상호 관계성을 추구함으로써 주어진 문제를 해결하기 위한 시스템 사고방식이다.

시스템 통합 System Integration, SI 기업이 필요로 하는 전산시스템을 구축해주는 서비스를 말한다.

신경망 모형 분석 neural network analysis 경험을 통해 학습하는 인간 두뇌의 신경망 활동을 모방한 데이터마이닝 기법이다.

신경망 전문가시스템 neural network expert system 생물학적인 신경망을 모사하는 시스템이다.

신뢰성 reliability 정보 이용자가 정보를 신뢰할 수 있어야 한다는 것을 의미한다.

신뢰재 credence good 재화를 구매하여 이용해보아도 그 재화의 특성을 정확히 파악할 수 없는 상품을 말한다.

신호 변환 장치 signal conversion equipment 서로 다른 컴퓨터 신호 방식과 통신 회선 신호 방식을 상호 변환하는 역할을 담당한다. 모뎀과 디지털 서비스 장치가 대표적이다.

실무자 staff 실제 업무를 맡아 처리하는 사람을 지칭한다. 일반적으로 일선관리자에 의해 통제되고 현장에서 업무를 수행하기 때문에 현장 실무자, 업무 담당자라고도 한다.

실시간기업 Real-Time Enterprise, RTE 하부 조직에서부터 최고 의사결정권자에 이르기까지 모든 정보와 지식을 실시간으로 공유하는 것을 말한다.

악성 프로그램 malicious program 컴퓨터에 악영향을 끼칠 수 있는 모든 소프트웨어를 말한다. 멀웨어(malware) 또는 악성 코드라고 부르기도 한다.

암묵적 지식 tacit knowledge 말이나 언어로 표현할 수 없는 주관적인 지식을 말한다. 분절화되지 않은 감정적 색채를 가진, 개인적이며 경험적인 지식(아날로그 지식)이다.

암호시스템 encryption system 대칭키 알고리즘을 이용한 대칭키 암호시스템과 공개키 알고리즘을 이용한 공개키 암호시스템으로 크게 분류할 수 있다.

암호화 encryption 암호를 사용하여 평문을 암호문으로 변환하는 것을 말한다.

어텐션 attention 대부분의 검색엔진은 콘텐츠의 분야별 순위를 알려주고 각 콘텐츠의 평점을 제시하는데, 이러한 형태의 정보를 어텐션이라고 한다.

업무 영역 분석 business area analysis 기업의 일정 업무 영역에 대해 사용자의 요구를 정의하는 단계이다.

연관 규칙 분석 association analysis 상품이나 서비스의 거래 기록 데이터로부터 상품 간의 연관성을 측정하여 연관성이 많은 상품을 그룹화하는 군집화 기법의 일종이며, 흔히 장바구니 분석이라고 한다.

영상인식시스템 vision recognition system 인간과 대등한 수준으로 사물의 형상을 인식할 수 있는 시스템이다.

워크스테이션 workstation 대형 컴퓨터보다는 작고 느리지만, 개인용 컴퓨터보다는 크고 빠른 중형 규모의 컴퓨터이다.

웜 worm 독립적으로 자기복제를 실행하여 번식하는 컴퓨터 프로그램 또는 실행 가능한 코드이다.

웹 버그 web bug 인터넷 사용자가 모르는 사이에 사용자에 관한 정보를 유출하거나 심지어 사용자의 시스템을 파괴할 수 있는 기술이다.

웹 서버 web server 하이퍼텍스트 문서의 송수신을 위한 HTTP 프로토콜을 이해하고, 이에 따라 요청받은 동작을 수행하는 하나의 프로그램이다.

웹 2.0 web 2.0 누구도 소유하지 않고, 모든 사람이 사용할 수 있으며, 누구나 변경할 수 있는 데이터를 이용하여 다양한 사용자가 새롭게 콘텐츠를 창조하고 유통하여 정착시키는 것이라고 할 수 있다.

웹 3.0 web 3.0 4차 산업혁명 시대에 보다 지능화된 웹을 활용하기 위해 시맨틱 웹, 상황 인식 등의 기술을 사용하여 수많은 데이터를 사용자가 편리하게 이용할 수 있는 환경이다.

위성 마이크로파 satellite microwave 지상에서 약 35,860km 상공에 위성을 띄워놓고 지상의 여러 송수신국을 서로 연결한다. 흔히 GPS(위치정보시스템)와 대용량 데이터 전송에 이용한다.

위치정보시스템 Global Positioning System, GPS 위성을 이용하는 자동위치추적시스템으로 지구상 모든 이동체의 거리 및 속도를 측정하는 시스템이다.

위험하의 의사결정 decision making under risk 미래에 특정 상황이 발생할지 여부를 확률적으로 알고 있는 경우의 의사결정이다.

유비쿼터스 시티 Ubiquitous City, U-City 언제 어디서나 통신이 가능한 유비쿼터스 기술과 도로, 건물, 시설물 등 도시 인프라가 융합된 지능형 인프라로 구성되며, 유비쿼터스 네트워크, RFID, 센싱, 상황 인지, 자율 대처 등 U-IT를 활용하여 노동, 교육, 교통, 환경 등 다양한 도시 서비스가 지능화된 형태로 도시 거주민에게 제공되는 도시를 말한다.

윤리 ethics 사람을 다스리는 이치이며, 사람이 지켜야 할 도리, 곧 실제 도덕규범이 되는 원리이자 인륜이라고 할 수 있다.

응용 소프트웨어 application software 문서 작성, 그림 편집, 동영상 제작, 인터넷 검색 같은 특정 업무를 할 때 사용하는 프로그램을 말한다. 대표적인 예로 MS Office, 한글, 포토샵 등이 있다.

의사결정 decision making 경영자가 기업의 경영 상태 전반에 대한 방향을 결정하는 일을 말한다.

의사결정나무 decision tree 마디로 구성된 하향식 나무 구조로서 데이터 사이의 의미 있는 관계를 체계적으로 발견하여 분류나 예측의 목적으로 활용한다.

의사결정나무 분석 decision tree analysis 분류 및 예측에 자주 이용되는 데이터마이닝 기법이다.

의사결정 모델 decision model 의사결정 문제를 효과적으로 해결하기 위해서는 의사결정자와 의사결정 분석가, 영역 전문가 등의 의견을 교환하고 수렴할 필요가 있다. 이 경우 시각적 표현이 가능한 의사결정 모델이 필요하다.

의사결정지원시스템 Decision Support System, DSS 기업을 경영할 때 당면하는 여러 가지 의사결정 문제를 해결하기 위해 복수의 대안을 개발하고 비교 및 평가하여 최적의 대안을 선택할 수 있도록 의사결정 과정을 지원하는 정보시스템이다.

이동통신 cellular communication 지역을 여러 소규모 셀로 나누고 각 셀마다 설치된 안테나가 신호 전송을 담당하는 모바일 기술로 휴대전화에 사용된다.

이해성 understanding 정보 이용자가 해당 정보에 대해 내용의 의미를 정확하게 이해하는 것을 말한다.

인공지능 Artificial Intelligence, AI 컴퓨터에 지능을 부여하여 인간이 생각하고 판단하는 것과 같은 과정을 컴퓨터로 실현하려는 과학 분야로, 인간 지능의 메커니즘을 규명하는 것을 목표로 하는 언어학적 입장과 인간의 지적 능력을 컴퓨터에 부가하는 것을 목표로 하는 공학적 입장에서 연구되고 있다.

인증시스템 authentication system 인증을 하고자 하는 주체에 대해 식별을 수행하고 이에 대한 인증 서비스를 제공하는 시스템이다.

인터넷 Internet 전 세계에 연결된 수많은 컴퓨터와 서로 다른 네트워크 사용자들이 접속되어 있는 컴퓨터 통신망으로, 네트워크의 네트워크라고 할 수 있다.

일관성 consistency 일정 기간을 두고 정보를 정기적으로 생산하는 경우, 정보 이용자가 정보를 서로 비교할 수 있어야 한다는 것이다.

일반 환경 general environment 기업의 외부에 존재하면서 기업의 의사결정이나 기업 활동에 영향을 미치는 환경을 의미한다.

일선경영층 supervisory management 종업원들을 직접 감독하고 그들의 성과를 평가할 책임을 지는 사람으로, 종업원보다 한 단계 높은 수준에 있기 때문에 일반적으로 일선관리자라고도 한다.

입력장치 input device 외부로부터 문자, 소리, 그림, 영상 등의 데이터를 전달받는 장치이다. 대표적인 입력장치는 키보드, 마우스, 스캐너이고 이 외에도 디지털카메라, 마이크, 생체 인식기(지문 인식, 홍채 인식) 등이 있다.

자료 사전 data dictionary 자료 흐름도에 나타난 자료 흐름, 자료 저장소, 자료 요소와 같은 자료 항목을 특별한 기호를 사용하여 그 내용을 쉽게 알아볼 수 있도록 정의한 것을 말한다.

자료 흐름도 Data Flow Diagram, DFD 사용자의 요구 분석 사항을 파악하기 위해 자료의 흐름과 처리 절차를 도해하여 표현하는 방법으로, 처리 중심의 분석 기법이다.

자연어처리시스템 natural language processing system 일상생활의 자연어를 인간처럼 인식하고 구사하는 컴퓨터 시스템을 말한다. 즉 키보드, 마우스와 같이 다양한 입력 도구를 사용하는 대신 음성으로 데이터를 입력하거나 전달하면 컴퓨터가 음성을 분해하여 전기 신호로 변환하고, 이것을 다시 컴퓨터 명령어로 바꾸는 것이다.

잠금 효과 lock-in effect 교체비용이 커서 기존에 사용하던 제품이나 업그레이드 제품을 계속 사용하는 현상을 말한다.

저작권 copyright 인간의 사상이나 감정 등을 독창적으로 표현한 창작물에 대해 창작자가 가진 독점적이고 배타적인 권리이다.

적시성 timeliness 정보 이용자가 의사결정을 할 시점에 필요한 정보를 제공하는 것을 말한다.

적절성 relevance 정보가 정보 이용자의 이용 목적에 적합한 것을 말한다.

전략격자 모형 strategic grid model 기업이 경영전략을 수행하는 데 정보 기술이 미치는 영향과 그 영향을 고려하여 전략적 방향을 분석하는 도구이다.

전략정보시스템 Strategic Information System, SIS 정보 기술을 경영전략에 활용하기 위해 구축한 정보시스템으로, 산업 내의 경쟁우위 확보, 유지 및 계획을 지원하는 것을 주 기능으로 하는 시스템을 말한다.

전문가시스템 Expert System, ES 전문가의 지식과 경험을 컴퓨터라는 도구를 이용하여 재구성하고, 이를 토대로 추론하여 정보를 습득하는 시스템이라 할 수 있다. 즉 전문가가 아닌 사람들이 전문가시스템을 통해 전문가의 능력을 활용할 수 있도록 구성된 소프트웨어이다.

전자상거래 Electronic Commerce, EC 기업이나 개인이 온라인 네트워크를 통해 재화나 서비스를 사고파는 형태의 거래를 말한다. 최근에는 보다 진화된 개념으로 전자상거래 대신 e-비즈니스라는 용어를 사용하기도 한다.

전자서명 digital signature 기존의 인감 또는 서명처럼 개인의 신원을 인증하기 위해 전자적 문서에 서명하는 것을 말한다.

전자정부 e-government 정보 기술을 국가 행정에 포괄적으로 도입하는 것을 말하며, '인터넷을 통한 정부 서비스 제공'이라는 협의의 개념으로 시작하여 공공 부문의 e-비즈니스를 의미하기도 한다.

전자정부 2.0 e-government 2.0 '정부 서비스'와 '웹 2.0'을 결합한 용어로, 정부 및 공공 부문에 웹 2.0 문화와 기술을 적용하여 구현하는 새로운 정부 서비스를 말한다.

점대점 전송 point-to-point transmission 컴퓨터에서 각 터미널로 연결할 때 일대일 방식으로 직접 연결하는 전송 방식으로, 데이터를 송수신할 때 전용 회선을 사용한다.

정보 information 사용자에게 유용한 형태로 가공된 자료라고 할 수 있다. 특정 목적을 위해 광(光) 또는 전자적 방식으로 처리되어 부호, 문자, 음성, 음향, 영상 등으로 표현된 모든 종류의 자료 또는 지식을 말한다.

정보공학 방법론 information engineering methodology 소프트웨어공학의 기술이 발전하면서 등장한 정보시스템 개발 방법론으로, 기업이나 기업의 핵심 부문이 요구하는 정보시스템의 계획, 분석, 설계, 구축에 필요한 정형화된 방법에 대한 전통적인 이론이다.

정보 기술 Information Technology, IT 컴퓨터나 정보통신에 관한 기술을 총칭하는 것으로 정보시스템의 중요한 구성 요소이다. 또한 인터넷의 발달로 통신이 정보 기술의 주요한 요소가 되면서 ICT라고 표기하기도 한다.

정보보고시스템 Information Reporting System, IRS 관리 활동에 필요한 정보를 제공하는 시스템을 의미한다.

정보사회 information society 정보통신 기술의 발달로 사용할 수 있는 정보의 양이 많아지고 정보의 활용이 모든 업무의 중심이 되면서 정보가 부(富) 창출의 원천이 되는 사회를 말한다.

정보시스템 information system 조직의 운영, 의사결정, 통제 및 관리 등을 지원하기 위해 데이터를 수집·저장·검색하고 목적에 맞게 처리하여 필요한 사람에게 정보를 제공하는 요소들의 집합을 말한다.

정보시스템 구축 information system construction 확정된 설계 명세로부터 데이터베이스 생성기와 프로그램 코드 생성기를 이용하여 데이터베이스와 실행 가능한 프로그램 코드를 생성하여 쉽게 완료하는 단계이다.

정보시스템 보안 information system security 정보시스템의 불법적 접근, 절취, 물리적 손상을 방지하기 위한 안전 관리 및 기술적인 대책을 총칭한다.

정보시스템 보안 기술 information system security technology 컴퓨터 범죄를 억제하고 정보 자산을 보호하기 위한 기술 및 시스템을 말한다.

정보시스템 설계 information system design 데이터와 시스템의 구조 설계 및 기존 시스템으로부터 새로운 시스템으로의 전환 설계를 포함한다.

정보시스템 프로젝트 관리 information system project management 특정 비즈니스 목표를 달성하기 위해 정보시스템을 구축할 때 새로운 정보시스템의 개발, 기존 정보시스템의 개선, 기업 IT 인프라의 업그레이드를 포함한다.

정보윤리 information ethics 윤리 문제를 정보 또는 정보사회의 관점에서 조명한 것으로, 정보를 다루는 데 있어 개인 또는 조직 구성원의 행동이나 규범 체계로서 그들의 행동이나 태도의 옳고 그름, 좋고 나쁨, 윤리적인 것과 비윤리적인 것을 구분하고 판단하는 체계적인 기준이라고 할 수 있다.

정보재 information good 디지털화가 가능한(0과 1의 비트 형태로 운송·저장할 수 있는) 제품을 말한다. 책, 영화, 음악, 기술, 소프트웨어, 음성통신, 데이터 서비스 등을 포함한다.

정보 전략 계획 Information Strategy Planning, ISP 일반적으로 조직 내부에서 정보화를 일관성 있게 추진할 수 있도록 장기적인 안목의 정보화 청사진을 작성하는 데 필요하며, 이를 위해 현행 업무와 기존 시스템을 분석하고 이로부터 향후에 바람직한 정보시스템의 전체 모습을 마련하는 작업이므로 정보시스템 기획과 유사한 개념으로 보아도 무방하다.

정보통신 information communication 통신 회선을 통해 단말기를 멀리 떨어진 곳의 다른 단말기 또는 컴퓨터에 연결하여 정보를 송수신하는 것을 의미한다.

정보통신 기술 information communication technology 멀리 떨어진 정보원과 정보 목적지 사이에서 정보를 전송하고 처리하는 기술을 말한다. 이때 정보원과 목적지는 컴퓨터, 스마트폰 등이 될 수 있다.

정의론 a theory of justice 정의의 원리를 개인적 자유라는 전통적인 자유주의자의 이념, 부와 권력의 보다 평등한 분배라는 평등주의적 이념을 혼합한 것으로 파악했다.

조직 organization 공동의 목표를 이루기 위해 함께 일하는 사람들의 모임으로, 다수의 인간이 여러 가지 목표를 달성하기 위해 상호작용하고 그들의 행동을 조정하는 유기적인 집합체라고 할 수 있다.

조직도 organization chart 조직 구성원 사이의 관계를 보여주고 조직의 업무를 분화하는 시각적 도구로서, 누가 특정 업무의 수행에 책임을 지고 보고 체계가 어떠한지 등을 알려준다.

주파수 분할 다중화 Frequency Division Multiplexing, FDM 작은 주파수 대역을 점유하는 여러 신호를 각각 상이한 방송 주파수로 변조하여 넓은 주파수 대역을 가진 하나의 전송로에 동시에 전송하는 방식이다.

중간관리층 middle management 전술적 계획과 통제를 책임지는 일반 관리자, 부서장, 지사 등을 말한다.

중앙처리장치 Central Processing Unit, CPU 컴퓨터 시스템 전체를 제어하는 장치로, 다양한 입력장치로부터 자료를 입력받아 처리한 후 그 결과를 출력장치로 보내는 일련의 과정을 제어하고 조정하는 일을 수행한다.

중역정보시스템 Executive Information System, EIS 최고경영층의 의사결정에 필요한 정보를 적시에 제공하고, 필요한 경우 의사결정을 지원하는 시스템이다.

지능정보시스템 Intelligent Information System, IIS 인공지능 기술을 활용하여 구축된 다양한 유형의 정보시스템을 포괄적으로 지칭한다.

지상 마이크로파 terrestrial microwave 약 50km 간격으로 설치된 중계탑을 통해 데이터를 전송한다. 전송 속도가 매우 빠르며, 주로 전화 회사나 데이터 통신업자가 이용한다.

지식 knowledge 어떤 대상에 대해 배우거나 실천을 통해 알게 된 명확한 인식이나 이해 또는 알고 있는 내용이나 사물을 의미한다.

지식경영 knowledge management 조직 내의 지식을 지식관리시스템의 데이터베이스에 각각 저장하고 이를 공유하여 모든 조직원이 함께 활용하는 경영 방식을 의미한다.

지식공학 도구 knowledge engineering tool 결론의 원인과 추론 과정을 설명하는 사용자 인터페이스 기관으로, 기존 소프트웨어와 다른 특징 중의 하나이다.

지식관리시스템 Knowledge Management System, KMS 조직상 서로 연계된 업무 부서에서 취급하는 업무의 능률을 높이고 효과적으로 수행하기 위해 각종 정보 관련 기술로 구성된 정보시스템이다.

지식 기반 전문가시스템 knowledge-based expert system 컴퓨터 시스템에서 인간의 지식을 이용하는 깃을 목적으로 한다.

지식재산권 intellectual property right 사람의 창조적 활동 및 경험 등에 의해 창출되거나 발견된 문학, 예술, 과학, 등록상표, 상호 등과 같은 무형적인 것 중에서 법으로 보호할 만한 가치가 있는 것에 대해 법이 부여하는 모든 권리를 뜻한다.

직렬 전송 serial transmission 각 데이터 비트가 하나의 통신 회선을 이용하여 1비트씩 차례로 전송되는 방식이다.

집중화 전략 focusing strategy 특정 구매 집단이나 생산 라인별 부문, 또는 지역적으로 한정된 시장을 집중적인 목표로 삼는 전략이다.

차별화 전략 differentiation strategy 기업이 판매하는 제품이나 용역을 차별화하는 전략이다.

최고경영층 top management 사장과 전략적 계획을 수립하는 핵심 중역으로 구성된다. 최고경영자, 최고운영책임자, 최고재무책임자, 최고정보관리책임자 등이 최고경영층에 포함된다.

추론 엔진 reasoning engine 주어진 문제를 해결하기 위해 저장된 지식과 데이터를 이용하여 얻고자 하는 결과를 추론하는 기관이다.

출력장치 output device 수행된 결과를 문서나 그림 형태로 사용자에게 전달하는 장치이다. 대표적인 출력장치는 모니터, 프린터, 스피커이다.

침입탐지시스템 Intrusion Detection System, IDS 실시간으로 해당 지역에 외부인이 침투하는지 감시하고 이를 관리자에게 보고하는 기능을 수행한다. 설치 위치와 목적에 따라 호스트 기반 IDS와 네트워크 기반 IDS로 나눌 수 있다.

컴포넌트 다이어그램 component diagram 시스템을 구성하는 실제 소프트웨어 컴포넌트 간의 구성 체계를 기술하므로 아키텍처를 표현하기에 좋다.

컴퓨터 computer 전자회로를 이용하여 입력된 데이터를 자동으로 처리한 후 결과를 즉시 출력하거나 이후에 사용할 수 있도록 저장하여 관리하는 기계로, 하드웨어와 소프트웨어로 구성된다.

컴퓨터 바이러스 computer virus 하나의 악의적인 코드로 스스로를 복제하여 컴퓨터를 감염시키는 컴퓨터 프로그램의 일종이다.

컴퓨터 범죄 computer crime 컴퓨터를 이용하여 불법적인 행동을 하거나 컴퓨터 시스템에 해를 끼치는 행위를 말한다.

컴퓨터 시스템 computer system 데이터의 판독, 기록, 계산, 판단, 조합, 분류 등의 데이터 처리 기능이 모두 한 대의 기계 시스템에 결집되어 다양한 기능을 가진 장치를 말한다.

코드 분할 다중화 Code Division Multiplexing, CDM 하나의 물리적인 회선을 통해 여러 채널의 정보를 같이 보내는 다중화 기술이다.

쿠키 cookie 개인이 특정 사이트에 접속했을 때, 다음 방문 시 편리하게 사용할 수 있도록 정보를 시스템에 저장해놓는 파일이다.

크라우드소싱 crowdsourcing 대중을 의미하는 '크라우드'와 외주를 의미하는 '아웃소싱'의 합성어로, 기업이 많은 비용을 지불하고 콘텐츠를 획득해야만 하는 것을 대중이 대신 해준다는 개념이다.

키 key 테이블 내의 튜플들을 서로 구별할 수 있는 필드의 집합으로, 유일한 값을 가져야 한다.

탐색재 search good 소비자가 특정 제품을 구매하기 전에 사전 조사 과정을 통해 특성을 파악할 수 있는 상품을 말하며, 생선, 채소, 고기, 옷, 가구 등은 탐색재의 성격이 강하다.

태깅 tagging 콘텐츠를 등록하는 사용자가 콘텐츠에 대한 설명을 꼼꼼하게 등록하는 것을 말하며, 이렇게 함으로써 텍스트 기반인 검색엔진이 콘텐츠를 쉽게 검색하고 공유하며 활용할 수 있다.

테스트 데이터법 Test Data, TD 컴퓨터를 이용한 감사의 한 방법으로, 감사인이 작성한 테스트 데이터를 준비하고 실제로 사용하는 프로그램으로 처리한 결과와 미리 데이터를 집계한 결과를 비교하여 회계시스템의 정당성을 평가하는 것이다.

통신 소프트웨어 communication software 데이터 통신망을 관리하는 소프트웨어로, 데이터 통신시스템 장치 간의 하드웨어 제어와 데이터 송수신 기능을 담당한다.

통신 제어 장치 communication control unit 컴퓨터와 통신 회선 사이에서 서로 다른 데이터 취급 방법과 전송 속도 등을 조절하는 장치이다.

통신 프로토콜 communication protocol 컴퓨터 사이에서 통신할 때는 정해진 말과 약속이 필요한데 이를 프로토콜, 즉 통신 규약이라고 한다.

통신 회선 communication line 송신자와 수신자를 연결해주는 물리적인 통로를 말한다.

튜플 tuple 테이블의 각 행을 말하며, 레코드(record)라고도 한다.

트로이 목마 trojan horse 정상적인 프로그램처럼 보이지만 실행하면 악성 코드를 실행하는 형태의 악의적 프로그램을 말한다.

파일시스템 file system 오래전부터 사용된 정보처리시스템으로 데이터를 파일로 관리할 수 있도록 파일을 생성·삭제·수정·검색하는 기능을 제공하며, 운영체제와 함께 설치되어 응용 프로그램별로 필요한 데이터를 별도의 파일로 관리한다.

패킷 교환망 packet switching network 회선 교환망과 메시지 교환망의 장점을 결합하고 단점을 최소화한 교환 방식이다.

퍼지 전문가시스템 fuzzy expert system 불확실성을 다루는 퍼지 논리를 사용한다.

프로슈머 prosumer 생산소비자라고 일컬으며, 소비자가 생산을 하여 기업이 생산성을 높이는 개념이다.

프로젝트 관리 project management 다양한 산업 분야에서 사용되는 용어로, 프로젝트를 진행할 때 보다 효율적으로 프로젝트를 관리하여 성공적으로 프로젝트를 수행하게 하는 일을 말한다.

핀테크 FinTech 'finance(금융)'와 'technology(기술)'의 합성어로, 금융과 IT의 융합을 통한 금융 서비스 및 산업의 변화를 통칭한다.

하둡 Hadoop 더그 커팅, 마이크 카파렐라가 구글 맵리듀스(Map Reduce) 알고리즘을 구현하면서 만들어진 빅데이터의 대표적인 엔진이다.

하드웨어 hardware 모니터, 하드디스크, 프린터와 같이 컴퓨터와 관련된 모든 물리적 장치로 입력 기능, 출력 기능, 처리 기능, 저장 기능을 담당한다. 이러한 기능에 따라 하드웨어는 입력장치, 출력장치, 중앙처리장치, 기억장치로 구분할 수 있다.

해킹 hacking 다른 사람의 컴퓨터 또는 정보시스템에 침입하여 정보를 빼내는 행위를 말한다.

협동 다이어그램 collaboration diagram 순차 다이어그램과 같이 상호작용을 나타내는 또 다른 표현 기법으로, 객체는 상자 모양으로 나타내고 객체가 주고받는 메시지는 객체 간의 화살표로 표현한다.

호텔정보시스템 Property Management System, PMS 호텔에서의 PMS는 정보 흐름의 허브로서 예약 모듈, 체크인, 체크아웃, 고객 계정, 고객 기록, 객실 경영 등의 업무 처리를 수행한다.

확률적 시스템 probabilistic system 확률적 행위의 측면에서 설명할 수 있는데, 일반적으로 시스템은 무엇을 할 것인지에 대한 착오가 생길 수 있다.

확실성하의 의사결정 decision making under certainty 대안을 선택할 때 어떠한 상황이 발생할 것인지를 확실하게 알고 있는 경우의 의사결정을 말하며, 수학적 계산을 통해 그 해답을 정확히 파악할 수 있다.

확정적 시스템 deterministic system 예측이 가능한 방식으로 작동하며 부분 간의 상호작용을 확실하게 알 수 있다.

활동 다이어그램 activity diagram 작업 흐름과 연계되어 병행 처리가 많은 행동 양식을 기술하기에 특별히 유용한 여러 기법을 조합한 것이다.

회선 교환망 circuit switching network 데이터 통신이 일반 전화망처럼 송신 측과 수신 측 사이에 회선을 설정하고 데이터를 전송한 후 회선을 해제하는 단계를 거친다.

휴대용 컴퓨터 mobile computer 원하는 작업을 이동하면서 할 수 있도록 만든 컴퓨터이다.

BPR Business Process Reengineering 정보 기술은 기업이 경쟁우위를 차지할 수 있도록 경영 혁신을 도와주는 도구인데, 정보 기술을 활용한 경영 혁신을 BPR이라고 한다.

BSC Balanced Score Card 과거의 결과물인 재무 지표에만 의존한 기업 성과 측정의 한계를 극복하고 미래의 경쟁력을 향상하기 위한 지표로, 기존 재무 지표(매출액, 순이익), 고객(고객 만족도, 신규 고객 창출), 내부 프로세스(혁신, 운영), 학습 및 성장(직원 역량, 정보시스템 능력) 등의 관점에서 균형 있게 평가하는 방식이다.

B2B Business to Business 기업과 기업 간의 전자상거래를 의미하며, 기업 간에 이루어지는 상거래에 따른 각종 전자문서 처리 및 원자재 판매, 공동 구매, 공동 판매, 협업에 의한 공동 기술 개발 등을 수행한다.

B2C Business to Customer 인터넷을 통해 공급자인 기업과 고객인 소비자 간에 이루어지는 전자상거래를 의미하며, 온라인 쇼핑몰이 대표적인 유형이다.

B2G Business to Government 기업과 정부 간의 전자상거래 형태를 의미한다.

CALS Computer At Light Speed 일반적으로 주요 장비 또는 지원 체계를 개발하기 위한 설계·제작 과정과 이를 운영·유지하는 보급, 조달 등의 군수 지원(물류 지원) 과정을 BPR을 통해 조정하고 동시공학적으로 업무를 처리하는 과정이다.

CRM Customer Relationship Management 기업이 고객과 관련된 자료를 분석하여 고객 중심으로 자원을 집중하고, 이를 바탕으로 고객의 특성에 맞는 마케팅 활동을 하는 과정이다. CRM 시스템은 고객관계관리시스템이라고도 한다.

DNS Domain Name System 특정 네트워크에 속한 특정 호스트에 접속하기 위해 일일이 숫자로 된 IP 주소를 기억하지 않고 도메인 네임만으로도 접속이 가능하도록 도메인 네임을 IP 주소로 전환해주는 시스템이다.

EAM Extranet Access Management 고객이 대량의 거래를 처리하는 경우, 감사인은 합당한 검사와 분석을 하기 위해 고객이 준비한 자료를 선별하려는 목적으로 고객의 업무 처리 소프트웨어에 감사 모듈을 설치하기도 한다.

EDI Electronic Data Interchange 회사 간 업무를 처리할 때 종이로 된 문서(또는 서류)를 교환하는 대신에 컴퓨터로 처리할 수 있는 구조화되고 표준화된 양식으로 EDI 네트워크를 통해 서로 데이터를 교환하는 방식을 말한다.

ERP Enterprise Resource Planning 기업의 생산, 물류, 재무, 회계, 영업, 구매, 재고 등 기간 업무 프로세스를 통합적으로 연계 및 관리해주며, 기업 내외부적으로 발생하는 정보를 서로 공유하고 새로운 정보를 생성하며 빠른 의사결정을 도와주는 기업 통합 정보시스템을 말한다.

e-비즈니스 e-business 기존의 고객 또는 잠재 고객을 위해 보다 뛰어난 가치를 창출할 수 있는 업무 처리 방식을 향상·개선·변화·창조해내기 위한 전자 네트워크 및 관련 기술을 의미한다.

e-비즈니스 모델 e-business model 인터넷을 통해 사업을 하는 방법을 의미하며, 간단히 표현하여 수익을 창출하는 방법이다.

e-비즈니스 시스템 e-business system 기업의 웹 사이트를 게시할 수 있는 웹 서버, 쇼핑몰을 구축하고 상품을 관리할 수 있는 머천트 서버, 고객이 상품 대금을 결제하는 전자지불 서버가 필수적이다.

GAS Generalized Audit Software 감사인이 준비한 감사용 프로그램으로 초기에는 샘플링용으로 많이 쓰였으나 성능이 향상되면서 사용자 중심의 인터페이스를 사용하고 전문화된 감사 소프트웨어가 가진 기능도 흡수했다.

G2C Government to Customer 전자정부라고 알려진 유형이며, 전자정부를 통해 국민은 서류 발급, 연말정산, 세금 등의 각종 민원 서비스를 받을 수 있다.

ITF법 Integrated Test Facility 주로 온라인 시스템의 감사에 사용하며 통합 검사 기능, 실시간 시험 자료법이라고도 한다. 가동 중인 컴퓨터에 실제 데이터와 가공한 테스트 데이터를 보내서 미리 계산한 예상 결과와 대조함으로써 피감사 시스템의 타당성을 평가하는 방법이다.

IT 거버넌스 IT governance 기업의 조직 및 목표와 IT를

연계하고 IT 자원을 효과적으로 활용하기 위한 IT 활동을 전사적, 사업부별, 팀별, 개인별로 세분화하여 역할과 책임을 정립하는 지배 구조를 말한다.

IT 아키텍처 IT architecture 조직의 정보 요구 사항에 대한 개념화의 결과, 즉 개략적인 그림이나 계획을 말한다.

IT 융합 IT convergence IT 자체가 사회 전반으로 영역을 확대하고 기존의 전통적인 산업과 융합되면서 경제·사회·문화와 같은 다양한 분야의 수요를 충족하기 위한 개념으로 변천되고 있는데 이를 IT 융합이라고 정의한다.

KPI Key Performance Indicator 목표를 성공적으로 달성하기 위해 핵심적으로 관리해야 하는 요소에 대한 성과 지표를 말한다.

LAN Local Area Network 협소한 지역에 분산된 컴퓨터를 네트워크로 연결해놓은 것을 말한다.

OSI Open System Interconnection 특정 메이커에 의존하지 않는 독립적인 기관이 정해준 표준적인 통신 규약으로 네트워크 아키텍처의 국제 헌장이라고 할 수 있다. OSI는 총 일곱 개의 층으로 표준화되었다.

PDM Product Data Management 기업 간 전자상거래 구현에 중요한 역할을 담당하며, 제품 정보의 관리와 공유를 위해 동시공학적 접근 방법으로 전자적 문서 관리를 처리하게 하는 전자상거래 지원 도구이다.

PERT Program Evaluation and Review Technique 주어진 프로젝트가 얼마나 완성되었는지 분석하는 방법으로, 특히 각각의 작업에 필요한 시간을 계산함으로써 모든 프로젝트를 끝내는 최소 시간이 어느 정도인지 알 수 있다.

POS Point of Sales 유통업체로부터 소스마킹(바코드, RFID)된 단품의 판매 기록이 수록되어 있는 POS 데이터를 구매 시점에 스캐너로 읽으면 각종 판매 정보가 기록 및 저장되며, 소매상의 경영 활동에 관한 각종 정보를 판매 시점에 파악하여 관리하는 것을 가능하게 하는 종합적 소매 정보시스템이라고 할 수 있다.

P3P Platform for Privacy Preference W3C(World Wide Web Consortium)에서 개발한 개인정보 보호 표준 기술 플랫폼으로, 웹 사이트에서 이루어지는 데이터 처리에 관한 표준을 제시한다.

RFID Radio Frequency IDentification 사물에 부착된 기기를 통해 사물의 실시간 정보를 확인하고 주변 상황의 정보를 감지할 수 있는 센서의 명칭으로 전자 태그라고 부른다.

RSS Really Simple Syndication 간단한 정보 조각을 전달하는 데 사용되는 XML 기반의 데이터 표준 포맷이다.

SCM Supply Chain Management 기업 전체의 최적화에 머물렀던 정보, 물류, 현금에 관련된 업무 흐름을 공급사슬 전체의 관점에서 재검토하여 정보의 공유화와 업무 처리의 근본적인 변혁을 꾀하고 공급사슬 전체의 효율을 향상하려는 경영 방식을 말한다.

TCP/IP Transmission Control Protocol/Internet Protocol 네트워크에 접속하기 위해 인터넷에서 사용되는 100가지 이상이 프로토콜을 모아놓은 프로토콜의 집합이다.

UML Unified Modeling Language 방법론이 아니라 소프트웨어 개발에 사용되는 다이어그램을 정의하는 것으로, 소프트웨어 개발 시 산출물을 시각적으로 제공함으로써 개발자와 고객 또는 개발자 상호 간의 의사소통을 원활하게 할 수 있으며, 산업계 표준으로 채택되었기 때문에 UML을 적용한 시스템은 신뢰성이 있다.

4차 산업혁명 The Fourth Industrial Revolution 3차 산업혁명을 기반으로 하여 디지털, 생물학, 물리학 등의 경계가 없어지고 융합되는 기술혁명, 또는 인터넷을 통해 모아진 인간의 행위와 생각을 온라인상의 거대한 데이터 저장고에 넣어 활용하는 일련의 경제적 활동으로 정의할 수 있다.

국내 문헌

1 KIPA, 「SW 컨버전스 진행 양상과 향후 변화」, S/W 산업 동향, 2007

2 KRI, 「KRI 리포트」(2016년 11월 14일)

3 강내영, 「한중 온라인상에서의 저작권 규제 현상 연구: 소리바다와 산미엔샹(三面向)을 중심으로」, 현대중국 연구, 제10집 제1호, 2008

4 강문설·김태희, 「객체지향 소프트웨어 개발 방법론의 표준화: UML」, 정보처리학회지, 제5권 제5호, 1998

5 강영철 외 2인(역), 「전략·경쟁 분석」, Prentice Hall, 2005

6 고응남, 「New 정보통신 개론」, 한빛아카데미, 2015

7 곽수일·강석호, 「생산관리」, 박영사, 1978

8 국과위, 「국가융합기술발전 기본계획」, 2008

9 권구혁 외 3인(역), 「경영학의 이해」, 생능출판사, 2008

10 권인희, 「지식재산권 보호 기간의 변천과 의의」, 과학기술법연구, 제22집, 2013

11 김경환·김종석(역), 「맨큐의 경제학」, 교보문고, 2008

12 김권수, 「호텔정보시스템의 전략적 적용에 관한 연구」, 관광경영학연구, 제9호, 2000

13 김기대, 「4차 산업혁명과 스마트 시티: 2017년도 중점 스마트 시티 추진 정책 방향」, 도시문제, 제52권 제 580호, 2017

14 김도형 외 2인(역), 「프로그래밍 언어(제2판)」, 사이텍미디어, 2005

15 김도훈·문태훈·김동환, 「시스템 다이나믹스」, 대영문화사, 1999

16 김범열, 「전략 실행과 BSC」, LG주간경제, 2002

17 김상연, 「4차 산업혁명의 핵심 동력 '소프트파워'」, 포스리 이슈리포트, 2016

18 김성희·김재경·장기진, 「인터넷과 전자상거래」, 무역경영사, 2000

19 김성희·박홍국·전기정, 「정보 기술과 의사결정」, 영지문화사, 1994

20 김세중 외 4인, 「경영정보학 개론」, 무역경영사, 2000

21 김연희, 「데이터베이스 개론」, 한빛아카데미, 2013

22 김영기·박성택, 「국내 모 SI 업체의 UML 활용 현황에 관한 연구: 설문 분석을 중심으로」, *Entrue Journal of Information Technology*, Vol.6, No.2, 2007

23 김영선, 「부동산 거래 활성화를 위한 전자거래시스템에 관한 연구」, 경영정보연구, 제18호, 2006

24 김용겸, 「정보시스템 관련 지식 및 기술의 신분류 구조」, 기업경영연구, 제16권 제4호, 2009

25 김용욱, 「유통정보시스템」, 한국학술정보(주), 2006

26 김우주 외(역), 「경영정보시스템(제13판)」, 시그마프레스, 2013

27 김위찬, 「블루오션 전략」, 교보문고, 2005

28 김은홍, 「경영정보학 개론」, 다산출판사, 2002

29 김인주, 「정보화 수준 성숙 모델 기반의 통합 평가시스템 개발」, 박사학위 논문, 연세대학교, 1999

30 김재경 외 3인, 「정보화 사회와 MIS」, 무역경영사, 2004

31 김정미·정필운, 「u-City로 바라보는 미래 도시의 모습과 전망」, 유비쿼터스 사회 연구 시리즈, 제8호, 2005

32 김정훈·조춘만, 「u-City 구현을 위한 정책과제와 추진 전략」, 한국지리정보학회지, 제10권 제4호, 2007

33 김주학·노갑택·박종성·이원희, 「신경망 분석을 이용한 축구 경기 승패 예측 모형 개발: 2006 독일 월드컵대회를 중심으로」, 체육과학연구, 제18권, 제4호, 2007

34 김치수, 『소프트웨어공학』, 한빛아카데미, 2015

35 김학균, 「4차 산업혁명의 명암(ISSUE)」, 연합뉴스 동북아센터 월간 마이더스, 2016

36 류광택·이용건·조성배, 「미래 전자정부 모델에 대한 탐색적 연구: 지속 가능한 발전을 위한 전자정부 3.0의 가치와 개념을 중심으로」, 한국정책학회 학술대회, 2012

37 마이클 포터, 『경쟁론』, 세종연구원, 2007

38 문대원·장시영, 『정보시스템 감리』, 명경사, 1998

39 문송천·김유정, 『의뢰자-제공자 데이터베이스』, 집현전, 1997

40 미래창조과학부, 「초연결 디지털 혁명의 선도 국가 실현을 위한 사물인터넷 기본계획(안)」, 2014

41 민미경, 「전문가시스템의 지식 구조와 응용에 관한 연구」, 서경대학교 산업기술연구소, 2013

42 박경섭·최성만(역), 『엑셀을 활용한 부동산 금융과 투자』, 부연사, 2006

43 박기정·황영훈·이주성, 「그린 정보화 수준 평가 방법론의 개발 및 적용」, *Entrue Journal of Information Technology*, Vol.8, No.1, 2009

44 박기현, 『쉽게 배우는 데이터 통신과 컴퓨터 네트워크』, 한빛아카데미, 2013

45 박두순 외 5인, 『빅데이터 컴퓨팅 기술』, 한빛아카데미, 2014

46 박순달, 「시스템의 개념과 분류」, MORS.K, 제3권 제1호, 1977

47 박유정, 「정보사회와 해석학적 정보윤리」, 인문학연구, 제20호, 2012

48 박종성·주인중, 「국가 직무능력표준 개발 사업(2005) V-국가 직무능력 개발 지침서」, 한국직업능력개발원, 2005

49 박화규, 「UML 기반의 전사적 자원관리시스템 개발 방법론」, *Journal of the Korean Institute of Plant Engineering*, Vol.7, No.1, 2002

50 백민정·손승희, 「조직의 정보윤리 실천이 구성원의 정보보안 인식과 행동에 미치는 영향에 관한 연구」, 경상논총, 제28권 제4호, 2010

51 서한준·이정훈·오부연, 「IT ROI 방법론의 개발 및 적용: 금융기업 사례를 중심으로」, *Entrue Journal of Information Technology*, Vol.4, No.1, 2005

52 서한준·이정훈·오부연, 「IT 투자와 성과에 미치는 영향 요인의 상관관계 분석: 발전된 IS 성공 모형」, *Entrue Journal of Information Technology*, Vol.2, No.2, 2003

53 손용업·이상호, 『사이버 시장의 경쟁원리』, SIGMAINSIGHT, 2001

54 신승혁, 「IoT 환경에서 실시간 빅데이터 수신을 위한 센서 게이트웨이에 관한 연구」, 한국항행학회논문지, 2015

55 신영진, 「소셜 네트워크 서비스(SNS)의 역기능 사례 검토 및 정보윤리를 통한 개선 방안에 관한 연구」, 공공정책과 국정관리, 제10권 제3호, 2016

56 안중호·박철우, 『인터넷과 전자상거래(제3판)』, 홍문사, 2001

57 양경훈·김성근, 『경영정보 관리』, 문영사, 2005

58 양대일, 『정보보안 개론(개정판)』, 한빛아카데미, 2013

59 오하영 외, 「IPv6 네트워크 환경에서 MCGA를 고려한 통합적인 보안 관리 방안」, 정보처리학회 논문지 C, 제14권 제1호, 2007

60 유상인·이소현·김희웅, 「스마트워크 활성화를 위한 탐색적 연구: 시스템 사고 접근」, *Entrue Journal of Information Technology*, Vol. 12, No.3, 2013

61 유은영·진현정, 「의사결정나무 모형을 이용한 공연예술 시장의 소비자 그룹 분석」, 소비자학연구, 제25권 제6호, 2014

62 유재경, 『창업을 위한 회계원리』, 혁신연구소, 2008

63 윤석철, 『프린시피아 메네지멘타』, 경문사, 1996

64 이건창, 「성공적인 지식경영시스템 운영 전략을 통한 조직 혁신과 성과 향상에 관한 사례연구」, 지식경영연구, 2011

65 이건창, 『경영정보시스템』, 무역경영사, 2005

66 이건창, 『인터넷과 경영』, 무역경영사, 2006

67 이경희·김영훈·부유경, 「균형성과표를 활용한 전자의무기록시스템의 성과 측정 모형 개발」, 서울의료원, 을지대학교 대학원 의료경영학과, 2015

68 이동규 외 2인, 「주택 정책 규제 수단으로서 DTI 규제 정책의 효과 분석」, 한국정책학 회보, 제18권 제4호, 2009

69 이동명 외 2인, 『컴퓨터 사이언스(개정판)』, 한빛아카데미, 2015

70 이동훈 외 5인, 「국가직업능력표준시안-e비즈니스」, 한국직업능력개발원, 2004

71 이동훈, 『e-비즈니스 원론』, 정일, 2004

72 이동훈, 『유통관리사 2급-유통정보』, 이든북스, 2007

73 이동훈, 『전자상거래와 e-비즈니스의 이해(개정3판)』, 한빛미디어, 2015

74 이명호 외 2인, 『현대 경영과학』, 학연사, 2004

75 이영찬, 「지식경영의 동태적 가치사슬 모형 구축」, 정보시스템연구, 제17권 제3호, 2008

76 이재규(KAIST), 강의 노트(Expert Systems), 2010

77 이재규 외 5인, 『전문가시스템 원리와 개발』, 법영사, 1996

78 이재규 외 5인, 『전자상거래 원론(제3판)』, 법영사, 2002

79 이재용 외 5인, 「스마트 도시 성숙도 및 잠재력 진단 모형 개발과 적용 방안 연구」, 국토연구원, 2016

80 이지원, 「정보 기술을 활용한 BPR(Business Process Reengineering) 성공 전략」, 인터넷비즈니스연구, 제7권 제1호, 2006

81 이창용·송보미·박용태, 「고객 요구 기반 신제품-서비스의 설계: 의사결정나무 및 연관성 분석 기법을 통한 접근법」, 대한산업공학회, 2009 추계학술대회 발표 논문

82 임금순, 「IT 거버넌스의 전략적 중요성」, 시사컴퓨터, 2004

83 임춘성·유은정·문형준, 「KPI 기반의 정보화 수준 진단 방법론 개발 및 적용」, *Entrue Journal of Information Technology*, Vol. 5, No.2, 2006

84 장우석·전해영, 「핀테크의 부상과 금융업의 변화」, 현대경제연구원, VIP리포트, 16-10(통권 648호), 2016

85 정경수, 「바람직한 정보사회 구현을 위한 정보윤리관의 정립 연구」, 정보통신연구진흥원 학술기사, 1995

86 정근채, 「u-City 서비스 모델을 활용한 미래형 유비쿼터스 도시 구축 전략」, *Entrue Journal of Information Technology*, Vol.6, No.1, 2007

87 정원준, 「클라우드 컴퓨팅의 활성화를 위한 법적 제 문제(I): 개인정보 보호 관련 쟁점」, 정보통신방송정책, 제26권 제20호, 2014

88 정충식, 「전자정부론」, 서울경제경영, 2007

89 조기조, 「객체지향 환경에 EDP 감사 기법 적용 시의 문제 연구」, 정보시스템연구, 제7권 제2호, 1998

90 조춘만·김정훈, 「u-City 서비스, 기술, 기반시설의 연계성 확보 방안」, *The Journal of GIS Association of Korea*, Vol.17, No.3, 2009

91 주대영·김종기, 「초연결 시대 사물인터넷(IoT)의 창조적 융합 활성화 방안」, 산업연구원, ISSUE, 2014

92 주인중 외 4인(한국직업능력개발원), 「IT 전략 기획 및 관리 운영 분야 직무능력 모형 개발」, 정보통신부, 2007

93 지식경제부, 「지식경제부의 IT 융합 R&D 체계」, 2012

94 지은희, 「Government 2.0, 웹 2.0 시대의 공공 서비스」, S/W 인사이트, 2007

95 천명호 외 3인, 「SNS에서 개인정보 유출 방지를 위한 개인정보 유출 위험도 측정 방법」, 정보보호학회논문지, 제23권 제6호, 2013

96 천홍말, 「SNS와 빅데이터의 활용이 소셜커머스 활성화에 미치는 영향」, 물류학회지, 제23권 제5호, 2013

97 최지현·최종원·윤웅익, 「IoT Platform 기술 동향」, 정보처리학회지, 제23권 제3호, 2016

98 최희식·김상균, 「인터넷 윤리」, 한빛아카데미, 2015

99 한국정보산업연합회, 「정보윤리와 디지털 사회」, 2005

100 한국정보화진흥원, 「새로운 미래를 여는 빅데이터 시대」, 2013

101 한정수·김귀정·송영재, 「UML 입문」, 한빛미디어, 2009

102 홍범석, 「개인정보 보호 관련 규제 체계와 주요 이슈」, 방송통신정책, 제25권 제22호, 2013

103 홍성걸, 「디지털 시대의 정보보호와 네트워크 보안」, 지역정보화, 제33권, 2013

104 황기연, 「제4차 산업혁명과 핵심 이슈」, Urban Affair, July 2016

해외 문헌

105 Anthony, R. N., *Planning and Control Systems: A Framework for Analysis*, Harvard University Press, Cambridge, 1965

106 Bakos, J. Y., A strategic analysis of electronic marketplaces, *MIS Qearterly*, September, 1991

107 Bakos, Y., The emerging role of electronic marketplaces on the Internet, *Communications of the ACM*, August, 1998.

108 Chou, S. T., Migration to the Web: A Web financial information system server, *Decision Support Systems*, 23, 1998.

109 Date, C. J., *Introduction to Database Systems*, Addison-Wesley Publishing Company, 1995

110 Goodpaster, K., *Business Ethics: The Field and the Course*, LightningSource Inc, 1983

111 Hanson, W., *Principles of Internet Marketing*, South Western College Publishing, 1999

112 Harrison, E. F., *The Managerial Decision-making Process*, Houghton Mifflin Co., 1975

113 Hoffman, D. L. and Novak, T. P., "Marketing in hypermedia computer-mediated environments: Conceptual foundations," *Journal of Marketing*, 60(July), 1996

114 ITU, "The Internet of Things," 2005

115 Jang, S. Y., "Influence of Organizational Factors on Information Systems Strategic Planning," Unpublished Doctoral Dissertation, University of Pittsburgh, 1989

116 Jeong, B., Entrue Service Portfolio for RTE, Entrue Consulting, 2005

117 Klein, B, *Dynamic Economics*, Harvard University Press, 1977

118 Kotler, P., *Marketing Management*, Prentice Hall, 2005

119 Logistics Integration Agency, "US Army CALS Implementation Plan," 1995

120 Mingay, M., "Green IT: A New Industy Shock Wave" Gartner, Gartner RAS Core Research Note G00153703, 2007

121 NATA, Information Technology Training Package, ICA99, 2002

122 NWCET, Preparatory Program for Information Technology, 1999

123 O'Connor, G. C. and O'Keefe, B., Viewing the Web as a marketplace: The case of small companies, *Decision Support Systems*, 21, 1997

124 Parker, C. and Thomas, C., *Management Information System*, McGraw-Hill, 1994

125 Porter, M., *Competitive Advantage*, The Free Press, 1985

126 Porter, M. E. and Miller, V., How information gives you a competitive advantage, *Havard Business Review*, Jul-Aug, 1985

127 Smith, W., Product differentiation and market segmentation as alternative marketing strategies, *Journal of Marketing*, 21, July, 1956

128 Solow, B., Bosworth, B., Hall, T., and Triplett, J., "Understanding the contribution of information technology relative to other factors," McKinsey's Global Institute, 2001

129 Strquss, J. and Frost, A., *E-Marketing*, Prentice Hill, 2001

130 Wells, J. D., Fuerst, W. L., and Choobinceh, J., "Managing information technology(IT) for one to one customer interaction," *Information & Management*, 35, 1994.